权威·前沿·原创

皮书系列为

“十二五”“十三五”“十四五”时期国家重点出版物出版专项规划项目

智库成果出版与传播平台

云南青年发展报告

（2024）

ANNUAL REPORT ON THE DEVELOPMENT OF YOUTH IN YUNNAN (2024)

主　　编／周学斌　赵攀峰
执行主编／梁双陆
副 主 编／徐琰超　崔庆波　杨孟禹

社会科学文献出版社
SOCIAL SCIENCES ACADEMIC PRESS (CHINA)

图书在版编目（CIP）数据

云南青年发展报告.2024 / 周学斌，赵攀峰主编；梁双陆执行主编.--北京：社会科学文献出版社，2024.12.--（青年发展蓝皮书）.-- ISBN 978-7-5228-4597-5

Ⅰ.D432.6

中国国家版本馆 CIP 数据核字第 2025718QL8 号

青年发展蓝皮书
云南青年发展报告（2024）

主　　编 / 周学斌　赵攀峰
执行主编 / 梁双陆
副 主 编 / 徐琰超　崔庆波　杨孟禹

出 版 人 / 冀祥德
责任编辑 / 罗卫平
文稿编辑 / 周晓莹　王红平
责任印制 / 王京美

出　　版 / 社会科学文献出版社 · 人文分社（010）59367215
地址：北京市北三环中路甲 29 号院华龙大厦　邮编：100029
网址：www.ssap.com.cn
发　　行 / 社会科学文献出版社（010）59367028
印　　装 / 天津千鹤文化传播有限公司

规　　格 / 开 本：787mm × 1092mm　1/16
印 张：28.75　字 数：439 千字
版　　次 / 2024 年 12 月第 1 版　2024 年 12 月第 1 次印刷
书　　号 / ISBN 978-7-5228-4597-5
定　　价 / 168.00 元

读者服务电话：4008918866

《云南青年发展报告（2024）》
编　委　会

于浩洋　罗薇薇　徐　典　罗珺文　林　勤
肖　禹　张　杨　赵　松　马宇峰　罗智通
刘　艺　罗文仲　周　颖　李　毅　段霁娥
李明波　吴风辰　王星星　罗应敏

主要编撰者简介

周学斌 汉族，博士，教授。先后在云南大学、昭通学院、西南林业大学工作，现任云南大学党委书记。

赵攀峰 汉族，中国共产主义青年团云南省委员会书记，云南省十四届人大常委会委员，中共中央党校（国家行政学院）研究生。

梁双陆 彝族，云南石屏人，经济学博士。先后在云南省经济研究所、云南大学发展研究院、云南大学经济学院工作，历任云南大学发展研究院副院长（主持工作）、云南大学经济学院副院长（主持党政工作）、院长、党委书记，现任云南大学政府非税收入研究院执行院长、研究员、博士生导师、博士后合作导师，研究方向为政府非税收入、财税体制改革，研究兴趣为边疆经济学、次区域国际经济一体化、国民经济运行与宏观经济治理、创新经济与产业发展等领域。主讲“空间经济学”“应用经济学研究方法论”“比较税制”“中国财税前沿问题专题”等课程。入选云南省中青年学术与技术带头人、云南省宣传文化系统“四个一批”人才、云南省人大财经委咨询专家、云南高校新型智库“沿边开放与经济发展”智库负责人、云南省高层次人才文化名家、云南省委联系专家。主持完成国家软科学研究计划重大招标课题 1 项、国家社科基金课题 3 项、教育部人文社科课题 1 项、省社科重大课题 2 项、省级课题 12 项，出版学术专著 7 部、译著 1 部，编著合著 10 部，发表学术论文 80 余篇，学术成果获中国发展研究奖一等奖 1 项，省社科优秀成果奖一等奖 3 项、二等奖 1 项、三等奖 4 项。

摘要

《云南青年发展报告》是共青团云南省委和云南大学联合编撰的蓝皮书，总体上反映云南青年在共青团中央和共青团云南省委领导下的发展态势和青年发展工作进展。《云南青年发展报告（2024）》由总报告、分报告、专题报告三部分构成。总报告回顾了自党的十八大以来云南青年发展的背景、成效和经验启示，并结合新形势、新任务、新要求，提出了团结带领新时代云南青年砥砺前行的对策建议。分报告围绕《云南省中长期青年发展规划（2018—2025年）》，从云南青年思想道德、教育、健康、婚恋、就业创业、公共文化事业、社会融入与社会参与、维护青少年合法权益、预防青少年违法犯罪和社会保障等十大领域，通过问卷调查、部门调研、案例分析、统计分析等方法，以经济学、社会学、政治学、管理学等多学科视角，系统分析总结了自党的十八大以来云南青年发展的特点和一般性规律，深入分析了青年发展所取得的成效和经验启示；围绕新阶段青年发展面临的新形势、新任务，剖析了云南青年发展所面临的一些挑战和困难，提出了一定的建议，从而更高质量推进云南青年发展。专题报告重点围绕习近平总书记提出的“努力把云南建设成为我国民族团结进步示范区、生态文明建设排头兵、面向南亚东南亚辐射中心”等“三个定位”，关注现代化产业体系构建、乡村振兴、民族地区经济社会发展、高水平开放、科教兴滇等五大重点领域，以及青年发展型城市（县域）试点建设进程，为云南青年如何更高质量地参与建设提出了对策建议。

本书认为，新时代云南青年对党和国家具有高度的认同感和发展信心，中国特色社会主义道路自信、理论自信、制度自信、文化自信逐渐增强，中华民族共同体意识不断铸牢。云南青年群体思想道德水平不断提升，受教育质量全面提高，身心健康得到有效促进，婚恋观念更加文明、健康和理性，就业创业活力显著增强，精神文化生活更加丰富，社会融入和社会参与更加主动，合法权益得到有效维护，违法犯罪预防成效明显，社会保障体系更加完备。青年群体投身“三个定位”及重点领域建设更加积极主动，参与范围大幅扩大，参与质量大幅提高，使云南整体上表现出更团结、更美丽、更开放的新局面。

立足全面推进强国建设、民族复兴伟业的关键时期，云南青年应该更加自觉地勇于担当，增强中华民族共同体意识，积极投身于中国式现代化的云南实践中，实现未来的持续发展，在进一步全面深化改革、推进中国式现代化大潮中砥砺前行，奋力谱写青春飞扬的人生。

关键词： 云南青年　青年发展　乡村振兴

目 录

Ⅰ 总报告

Ⅱ 分报告

Ⅲ　专题报告

皮书数据库阅读**使用指南**

CONTENTS

I General Report

II Sub-reports

Ⅲ Special Topic Reports

总报告

B.1 党的十八大以来云南青年发展报告

中国共产主义青年团云南省委员会课题组*

摘　要： 中国特色社会主义新时代，是中国青年成长成才、建功立业的最好时代。本报告旨在系统梳理自党的十八大以来在以习近平同志为核心的党中央的坚强领导下，在云南省委、省政府的高度重视下，云南青年发展在思想道德、教育、健康、婚恋、就业创业、公共文化事业、社会融入与社会参

* 课题组组长：赵攀峰，中国共产主义青年团云南省委员会书记，云南省十四届人大常委会委员，中共中央党校（国家行政学院）研究生，研究方向为区域经济、青年发展、新闻传播等。课题组主要成员：王建刚，中国共产主义青年团云南省委员会副书记，研究方向为产业经济、区域经济、青年发展；郑茗戈，中国共产主义青年团云南省委员会副书记，研究方向为区域经济、高校教育、青年发展；栾丽华，中国共产主义青年团云南省委员会维护青少年权益部部长，研究方向为青年发展、少先队工作；吴斌，中国共产主义青年团云南省委员会机关党委（人事处）处长，研究方向为党的建设、产业经济、青年发展；黄政道，中国共产主义青年团云南省委员会维护青少年权益部副部长，研究方向为社会治理、青年发展；朱春华，中国共产主义青年团云南省委员会志愿者和社会联络部一级主任科员，研究方向为青年发展、志愿者工作；张黎，中国共产主义青年团云南省委员会青年发展部四级调研员，研究方向为区域经济、青年发展；王薇淇，中国共产主义青年团云南省委员会青年发展部三级主任科员，研究方向为区域经济、青年发展；张争，中国共产主义青年团云南省委员会办公室副主任，研究方向为社会治理、青年发展。

与、维护青少年合法权益、预防青少年违法犯罪、社会保障等方面取得的显著成效，并深入总结宝贵经验；同时，结合当前国家和云南发展背景，分析未来云南青年发展需求更加多元、思想观念更加活跃、发展环境更加开放、成长路径更加丰富、政策诉求更加强烈的形势，提出通过强化顶层设计、加强协同联动、明确工作重点、创新工作思路、重视宣传教育、发挥指标监测体系作用，团结带领新时代云南青年充分发挥生力军和突击队作用，在改革发展稳定第一线建功立业、接续奋斗，为谱写中国式现代化云南篇章贡献青春力量。

关键词： 青年发展　高质量发展　云南

一　党的十八大以来云南青年发展背景

（一）党中央对广大青年充分信任、寄予厚望

党的十八大以来，以习近平同志为核心的党中央高度重视青年、热情关怀青年、充分信任青年，推动我国青年发展事业实现全方位进步、取得历史性成就。[①] 党始终把青年看作国家的未来、民族的希望，在党的十八大、党的十九大、建党百年庆祝大会、党的二十大等重大场合，都用专门篇幅寄语青年、寄望青年工作。党的十八大报告指出："全党都要关注青年、关心青年、关爱青年，倾听青年心声，鼓励青年成长，支持青年创业。"党的十九大报告指出："全党要关心和爱护青年，为他们实现人生出彩搭建舞台。"党的二十大报告指出："全党要把青年工作作为战略性工作来抓，用党的科学理论武装青年，用党的初心使命感召青年，做青年朋友的知心人、青年工

① 《新华社评论员：书写为中国式现代化挺膺担当的青春篇章》，中国政府网，2024 年 5 月 3 日，https://www.gov.cn/yaowen/liebiao/202405/content_6949060.htm。

作的热心人、青年群众的引路人。”这些寄语让广大云岭青年备受鼓舞、倍感振奋。

习近平总书记立足党和国家事业后继有人、中华民族永续发展的战略高度，始终把党的青年工作放在治国理政的重要位置，深刻阐明了党的青年工作的地位作用、目标任务、职责使命、实践要求，科学回答了新时代培养什么样的青年、怎样培养青年，建设什么样的共青团、怎样建设共青团等重大课题，形成了习近平总书记关于青年工作的重要思想，推动制定了新中国历史上第一部国家级青年发展专项规划——《中长期青年发展规划（2016—2025 年）》，为做好新时代党的青年工作提供了根本遵循。在庆祝中国共产主义青年团成立 100 周年大会上，习近平总书记对共青团提出“坚持为党育人，始终成为引领中国青年思想进步的政治学校”“自觉担当尽责，始终成为组织中国青年永久奋斗的先锋力量”“心系广大青年，始终成为党联系青年最为牢固的桥梁纽带”“勇于自我革命，始终成为紧跟党走在时代前列的先进组织”的殷切希望；对各级党委（党组）提出“要倾注极大热忱研究青年成长规律和时代特点，拿出极大精力抓青年工作，做青年朋友的知心人、青年工作的热心人、青年群众的引路人”的重要指示。这充分体现了习近平总书记对青年和青年工作的关心和关怀、对新时代青年的信任和厚望，激励引导广大云岭青年以昂扬的奋斗姿态投身全面建设社会主义现代化国家新征程。

在中国共产党的坚强领导下，新时代云南青年发自内心地感恩党、感恩领袖，坚定不移地忠诚于核心、拥戴核心、维护核心、捍卫核心；勇于追梦逐梦，团结在党的旗帜下坚定理想；敢于挺膺担当，投身于新时代伟大变革中攻坚克难；甘于吃苦奉献，置身于波澜壮阔的伟大斗争中磨砺成长；勤于拼搏奋斗，阔步在复兴伟业的征途上绚丽绽放：以实际行动践行“请党放心、强国有我”的铮铮誓言。

（二）云南高质量发展为云岭青年提供广阔舞台

自党的十八大以来，习近平总书记先后两次到云南调研考察，四次给云

南干部群众回信，对云南工作作出一系列重要指示批示，明确要求云南“闯出一条跨越式发展的路子来，努力成为我国民族团结进步示范区、生态文明建设排头兵、面向南亚东南亚辐射中心”，系统构成了云南发展的根本遵循。① 近年来，云南牢记习近平总书记的殷殷嘱托，深入贯彻习近平总书记考察云南重要讲话精神，制定实施3年上台阶、8年大发展、15年大跨越的“3815”战略发展目标，持续壮大资源经济、园区经济、口岸经济，以高质量跨越式发展推进中国式现代化云南实践，为广大云岭青年担当使命、成长成才、建功立业搭建了广阔舞台。

自党的十八大以来，云南地区生产总值从2012年的1.1万亿元增加到2023年的3万亿元，发展质量持续提升。② 扛牢生态保护重任，绿色发展底色越来越鲜明。云南城市空气优良天数比率多年来稳定在98%左右，城市空气质量连续7年位居全国前列，2023年PM2.5平均浓度21.8微克/米^3，比全国平均水平低近30%。云南主要河流出境水质优良率达100%，每年为长江、珠江输送超过1000亿立方米的优质水源。大力发展特色优势产业，转型升级步伐越来越稳健。云南把发展特色优势产业作为主攻方向，因地制宜发展新质生产力，2021~2023年全省产业投资年均增长21%、工业投资年均增长20.4%。2023年，云南绿色铝产能增加到633万吨，硅光伏产业增加值连续22个月保持25%以上的增速，新能源电池产业实现了从无到有、从小到大的突破发展；农业重点产业全产业链产值达2.5万亿元，旅游总收入达1.44万亿元，现代物流业总收入达8520亿元。③ 扩大开放，辐射带动能力越来越强劲。云南主动融入和服务高质量共建“一带一路”，坚持以大开放促进大发展，中越、中老、中缅国际大通道高速公路国内段全部建成，与南亚东南亚通航城市数量居全国前列，中缅油气管道安全平稳运行，建成

① 《【不负韶华　奋进跨越】闯出一条高质量跨越式发展的路子来》，云南省人民政府网站，2020年1月13日，https://www.yn.gov.cn/ztgg/jdbyyzzsjzydfxfyqj/gcls/yw/202003/t20200317_192654.html。

② 数据来源：《云南统计年鉴2023》，中国统计出版社，2023。

③ 数据来源：云南省国资委。

14 条跨境电力联网通道，与南亚东南亚国家贸易额从 2013 年的 725 亿元增长至 2023 年的 1258 亿元。[①] 全力保障和改善民生，各族群众生活越来越红火。云南每年将 74%左右的财政资金用于民生，着力解决群众急难愁盼问题，更好满足群众就业、上学、看病、养老等方面的需求。云南推动政策、项目、资金向民族地区倾斜，民族地区通航运营的机场达 11 个，所有民族地区的行政村都实现了通硬化路、通邮、通 4G 网络。

在推动经济社会全方位发展的过程中，云南省委、省政府认真贯彻落实以习近平同志为核心的党中央关于青年工作的重要部署，用党的科学理论武装青年，用党的初心使命感召青年，全心全意服务青年、促进青年发展，推动云南青年发展事业取得明显成效，云岭青年拥有更优越的发展环境、更广阔的成长空间、更有力的政策支持、更可靠的社会保障、更温暖的组织关怀，营造出青年人人都能成才、人人皆可出彩的生动局面。

（三）《云南省中长期青年发展规划（2018—2025年）》为云南青年发展锚定目标方向

为贯彻落实中共中央、国务院印发的《中长期青年发展规划（2016—2025 年）》，促进云南青年更好成长发展，2018 年 8 月，中共云南省委、省政府印发实施《云南省中长期青年发展规划（2018—2025 年）》（以下简称《规划》），把青年发展摆在全省工作全局中更加重要的战略位置，整体思考、科学规划、全面推进，不断巩固和扩大党执政的青年群众基础，带领云岭青年为谱写中国梦的云南篇章贡献智慧力量。

《规划》以习近平新时代中国特色社会主义思想为指导，牢牢把握为实现中华民族伟大复兴中国梦而奋斗的时代主题，通过全面贯彻落实以习近平同志为核心的党中央关于青年工作的决策部署，引导广大青年坚定不移听党话、跟党走；通过坚持以青年为本，尊重青年主体地位，把服务与成才紧密结合，让青年有更多获得感；通过紧紧围绕云南发展总体目标和要求，从战

---

① 数据来源；云南省商务厅。

略高度看待青年发展事业，党委加强领导，政府、群团组织、社会等各方面协同施策，在全省共同营造有利于青年发展的良好环境。《规划》提出，到2020年，初步形成符合云南实际的青年发展政策体系和工作机制，广大青年思想政治素养和全面发展水平不断提升，在全省经济社会发展各领域的生力军和突击队作用进一步发挥；到2025年，云南青年发展政策体系和工作机制更加完善，广大青年思想政治素养和全面发展水平显著提升，广大青年幸福感、获得感明显增强。《规划》分“序言”“指导思想、根本遵循、总体目标”“发展领域、发展目标、发展措施”“重点项目”“组织实施”五个部分，从青年思想道德、青年教育、青年健康、青年婚恋、青年就业创业、青年文化、青年社会融入与社会参与、维护青少年合法权益、预防青少年违法犯罪、青年社会保障等10个方面，提出44项工作措施，同时，推动实施青年思想引领工程、青年素质提升工程、青年就业创业创新计划、青年文化精品工程、青年生态文明建设工程、青年网络文明建设工程、云南青年志愿者行动、青年民族团结进步示范区工程、云南与国外及港澳台地区青年交流工程、青少年事务社会工作专业人才队伍建设工程、青春助力乡村振兴计划等11个重点项目。

为推进《规划》的纵深实施，2020年1月，云南省委办公厅、省政府办公厅联合印发《关于建立云南省青年工作联席会议制度的通知》，建立起云南省青年工作联席会议制度，49家联席会议成员单位认真履职，16个州（市）级、129个县（市、区）成立联席会议、出台本级规划；2023年，组织召开云南省青年工作联席会议联络员会议，印发《青年发展规划工作指导手册》，形成重点工作清单；2024年，“深入实施青年发展规划”被写入云南省政府工作报告，齐抓共管、服务青年的工作合力在全省层面基本形成，云南青年成长发展环境不断优化。

二　党的十八大以来云南青年发展成效

在云南省委、省政府的高度重视和坚强领导下，全省各级、各部门为促进青年发展做了大量卓有成效的工作，把中长期青年发展规划的实施作为“省之要事”，为青年的成长发展提供更加多元的供给，云岭青年幸福感、获得感明显增强，在推动云南高质量跨越式发展的生动实践中实现着自身的成长发展。

（一）云南青年思想道德水平不断提升

理想指引人生方向，信念决定事业成败。新时代云南青年把树立正确的理想、坚定的信念作为立身之本，努力成长为党、国家和人民所期盼的有志青年。

1. 引领青年筑牢信仰之基

把学懂弄通做实习近平新时代中国特色社会主义思想作为首要政治任务，积极加强习近平新时代中国特色社会主义思想的青年化阐释，加强对青年的政治引领。持续开展“云岭青年大学习”“红领巾爱学习”等线上主题团课，1.25 亿人次参与学习。组建“青年讲师团”“红领巾巡讲团”，依托“万名团干上讲台、当好思想引领员”等各类主题宣讲和主题团队课，深入青少年开展理论宣讲累计 2 万余场次。广泛引领青年做党的创新理论的坚定信仰者和忠实实践者，推动县（市）两级、省属高校、厅局企业持续开展“青年马克思主义者培养工程”，累计培养青年骨干 15 万余人次。①

2. 引领青年深入践行社会主义核心价值观

持续开展“向上向善好青年”评选活动，在各个行业、社会各个方面，引导云南青年把社会主义核心价值观作为基本遵循，注重社会公德、职业道德、家庭美德、个人品德的养成，弘扬讲社会责任、讲公平竞争、讲诚信守约的价值取向。组织云南青年积极向张桂梅、杨善洲、高德荣、朱有勇、张顺东李国秀夫妇等一批全国重大先进典型学习，大力弘扬劳动精神、奋斗精神、奉献精神、创造精神、勤俭节约精神。动员云南青年广泛参与各种形式的关爱他人、关爱社会、关爱自然系列志愿服务活动，带动引领更多的人做

---

① 数据来源：云南省教育厅。

好事、做善事、做志愿者，推动全社会形成公益性、社会性、自愿性、经常性的志愿服务氛围。

3. 引领网络新风尚

不断加强网上共青团建设，丰富青年工作网络载体，实现国内重要互联网平台全进入、全覆盖，官方微博多次被评为“全国十大团委微博”“云南十大政务微博”。全面实施产品化战略，累计制作网络文化产品 100 余个，全网点击量超 40 亿次。持续推进“千联万聚常引”工程，强化与青年网络主播的日常联系，发布并倡导青年网络主播签署《云南新青年新主播自律公约》。在全国率先开设面对大学生的融媒体思政栏目《你好，大学生!》，累计线上参与量 1000 万余次。[①] 引导云南青年积极参与网络文明志愿者行动，参与监督并遏制网上各种违法和不良信息传播，为构建清朗网络空间贡献力量。

（二）云南青年整体受教育质量全面提高

知识改变命运，教育改变人生。新时代云南教育改革深入推进，公共教育服务体系更加完善，云南青年整体受教育质量全面提高。云南青年亲眼见证、亲身经历了教育事业取得的历史性成就，享受了更加公平、更高质量的教育，学习的主动性、自觉性进一步提高，科学文化素养迈上新台阶。

1. 受教育程度明显提升

云南持续推进县域城乡一体化发展，推进义务教育基本均衡攻坚工作，探索教育的优质均衡发展政策措施。通过深化考试招生制度改革，形成分类考试、综合评价、多元录取的考试招生模式，健全了促进公平、科学选才、监督有力的体制机制，构建了链接沟通各级各类教育、认可多种学习成果的终身学习立交桥。根据《第七次全国人口普查公报》，云南省 15 岁及以上人口的平均受教育年限从 2010 年的 7. 76 年提升至 2020 年的 8. 82 年。截至 2021 年末，云南省高等教育在学学生人数 150. 15 万人，比 2013 年的 78. 95

① 数据来源：云南共青团。

万人增长 90.18%；高中阶段在校生数 173.70 万人（含中等职业教育），比 2013 年的 133.27 万人增长 30.33%；高等教育毛入学率 53.03%，比 2013 年的 25.80%增长 27.23 个百分点。

2. 受教育渠道更加多元

随着全省“十三五”“十四五”教育事业发展规划的出台，更高水平普及、青年受教育程度不断提高、受教育渠道更加丰富的教育体系被推动构建。青年学生通过参与“第二课堂成绩单”开阔视野、了解社会、提升综合素质，在大中专学生“三下乡”“大学生志愿服务西部计划”“重走改革开放路、砥砺爱国奋斗情”等社会实践活动中得到锻炼。2021 年 12 月，云南省教育厅等十部门联合印发《关于促进在线教育健康发展的实施意见》，构建起在线教育资源供给体系，打造 6 个线上线下融合应用环境，让青年有了更为多样的学习途径。随着云南职业教育的发展，截至 2021 年末，全省高职（专科）院校 50 所；普通高等教育专科共招生 20.46 万人，在校生规模达到 52.86 万人。①

3. 受教育条件不断改善

2021 年，云南教育经费总投入 1673.75 亿元，比上年增长 0.71%，新时代云南青年的受教育条件不断优化提质。在推进区域内职业教育高质量发展的背景下，全省新增 75 所中职学校；全省共有 17 个职教园区（16 个投入使用）。② 通过实施义务教育薄弱环节改善与能力提升工程，加大普通高中建设投入力度，改善特殊教育学校办学条件。进一步完善农村家庭经济困难学生教育帮扶机制，通过设立 5 年过渡期（2021~2025 年），按照“老生老办法、新生新办法”的原则，执行普通高中脱贫家庭经济困难学生生活费补助、普通高校学费奖励政策，对家庭经济困难学生予以重点帮扶。

（三）云南青年身心健康得到有效促进

青年强则国强，强健的体魄、阳光的心态是青年成长成才的重要前提。

---

① 《云南省 2021/2022 学年初全省教育事业发展统计公报》，云南省教育厅网站，2022 年 3 月 23 日，https：//jyt. yn. gov. cn/article/ea3894f26a7f4e9eb15617726b246c61. html。

② 数据来源：云南省教育厅。

新时代云南青年素质过硬，首先就体现为身心素质更好更强，能够经得起风雨、受得住磨砺、扛得住摔打。

1. 青年体质更加强健

近年来，随着《云南省加强全民健身场地设施建设发展群众体育若干措施》《云南省科学健身指导体系建设方案》《关于加快发展全域体育基地　推动高原特色体育强省建设的实施意见（征求意见稿）》等系列政策的出台，全省全民健身基础设施建设不断提速，云南青年在蓬勃发展的体育事业中广泛受益，身体素质不断提升。2016～2021 年，全省投入 10.04 亿元，新建县级体育场馆 44 个，29 个少数民族自治县、25 个沿边县的沿边自然村和 30 个边境小康示范村基本实现体育设施“全覆盖”，全省公益性社会体育指导员超过 10 万人。[①] 2022 年，《云南省人民代表大会常务委员会调研组关于云南省全民健身运动情况的调研报告》显示，经常参加体育锻炼人数的占比为 39.2%，国民体质测定合格率提升到 90.8%。各类国际、全国体育赛事活动获奖数（金银铜牌）从 2012 年的 54 枚上升到 2022 年的 196 枚。

2. 青年心理健康受到广泛关注

2020 年，云南省开通“守望云心”心理服务平台，统筹全省 12 个高校心理健康教育与咨询示范中心资源，邀请省内外心理、教育、医疗领域相关专家录制专题讲座近 50 期。全省 16 个州（市）均设立了 12355 青少年服务台，云南昆明 12355 青少年服务台被认定为全国 10 家“12355 区域中心”之一，各级 12355 青少年服务台开展心理健康服务活动 1500 余场次，直接服务青少年及其相关群体 20 万余人次。2024 年，开展云南省全面加强和改进新时代学生心理健康工作专项行动，促进学生思想道德素质、科学文化素质和身心健康素质协调发展。目前，全省高校实现 100%设立心理健康教育与咨询中心、100%配备心理健康教育专职专业教师、100%开展新生心理测评、100%开设心理健康教育公共必修课、100%为学生开展心理健康服务，

① 数据来源：云南省人民政府。

全省中小学配备心理健康辅导室 7604 个，配备率达 57%，全省中小学专兼职心理健康教育教师 28700 人，达到教育部每校至少配备一名专兼职心理健康教师的要求。①

3. 特殊青年群体身心健康得到悉心呵护

实施营养改善计划十余年来，云南省共投入各级营养膳食补助资金 449.94 亿元、食堂建设资金 80 多亿元，全面改善农村义务教育学生营养健康状况，助力控辍保学和脱贫攻坚工作。2021 年，中央下达云南省特殊教育补助资金 2150 万元，省级安排 200 万元，用于新建特殊教育学校、改善办学条件。② 2021 年，云南省启动第五轮防治艾滋病人民战争，艾滋病感染者发现率、治疗率、治疗有效率分别为 92.5%、92.2%、95.9%。③ 2022 年，昆明市成立青少年心理健康服务中心，与 19 家社会心理咨询机构建立合作关系，组建了由 317 名专业人员组成的服务队伍，打造“全链条、一体化”青少年心理健康工作新模式。2023 年，云南启动成人及儿童青少年人群精神障碍调查和心理健康促进项目，对成人及儿童青少年的精神障碍现患情况和分布规律展开调查，并在此基础上对调查中识别的重点人群试点干预工作。全省各级关工组织筹措资金 3019.03 万元，通过多种途径开展助学、助困、助医、助残、助孤活动，救助 34.17 万名青少年，帮扶 36.79 万名学生继续完成学业。④

（四）云南青年的婚恋观更加文明、健康、理性

恋爱成家是青年的人生大事和普遍需求，婚恋观的健全与否对青年的人生观、世界观和价值观有着重要影响。做好青年婚恋工作，不仅直接关系到青年的健康发展，也关系到社会的和谐稳定。近年来，云南青年婚姻家庭和生殖健康服务水平进一步提升，青年的相关法定权利得到

① 数据来源：云南省人民政府。

② 数据来源：云南省教育厅、云南省财政厅。

③ 数据来源：《2021 云南统计年鉴》，http：//stats. yn. gov. cn/Pages_ 22_ 2310. aspx。

④ 数据来源：云南省关心下一代工作委员会。

了更好的保障。

1. 青年婚恋观、家庭观的教育引导更加到位

通过开设选修课、专题讲座、主题团日等方式，将婚恋教育纳入高校教育体系，结合实际案例进行婚恋关系、家庭关系、亲子关系的教育，强化青年对情感生活的尊重意识、诚信意识和责任意识。宣传、文化部门和新闻媒体等广泛传播正面的婚恋观，坚决抵制负面婚恋观，将倡树婚恋文明新风融入培育和践行社会主义核心价值观工作体系，形成积极健康的婚恋舆论导向。结婚登记政策不断优化，自2023年8月15日起云南省全面试点实施内地居民婚姻登记"全省通办"，加快实现婚姻登记省内异地办理，提供更加优质、便捷、高效的婚姻登记服务。婚庆礼仪更加文明节俭，自2022年以来，云南围绕高价彩礼、大操大办等突出问题开展专项治理，省委文明办、农业农村办公室、民政、共青团、妇联等多部门共同开展"抵制高额彩礼　倡导文明婚俗"主题宣传活动，丰富婚恋文明的时代内涵和实践载体。"最美家庭""五好家庭"等选树活动成效明显，引导广大青年树立正确的家庭观念，倡导传承优良家教家风，培育爱国爱家、相亲相爱、向上向善、共建共享的社会主义家庭文明新风尚。

2. 青年婚恋交友服务内容更加丰富

依托民政、卫生计生、司法等专业力量，加强对专兼职心理咨询师和婚恋咨询、婚姻调解等社工队伍的培训，引导社会力量开展专业化咨询，丰富社区服务机构、医疗机构、婚介机构的咨询功能，提高青年婚恋咨询和指导的可及性和专业性。各级团组织结合青年特点开展服务和引导工作，通过线上咨询、婚恋讲堂、面对面沟通等多种方式，帮助青年解除思想压力和心理困惑，提高青年社会融入、情绪管理、情感经营能力，引导青年端正择偶观念和家庭观念。各级团组织在"2·14""5·20""七夕""春节"等节点联合地方党政部门、婚恋服务企业等组织机构，开展形式多样的青年交友、相亲、婚介等活动，组织单身青年参加文体娱乐、兴趣培养、技能提升、社会服务等健康向上的集体活动，拓展青年社会交往的广度和深度，从而丰富青年交友择偶的机会。整合民政部门、团组织、市

场机构、社会组织的阵地和平台资源，将线上优势与线下服务深度融合，依托“青年之声”等团属媒体、团组织微博、微信公众号等，拓展延伸实体服务阵地功能，进一步扩大服务覆盖范围、优化青年体验。

3. 青年婚姻和生育合法权益得到进一步保障

中共云南省委、云南省人民政府出台《关于优化生育政策促进人口长期均衡发展的实施方案》，建立积极生育支持政策体系，不断优化完善服务管理制度，提高优生优育服务水平。2023 年 1 月 1 日至 2025 年 12 月 31 日，对新出生并户口登记在云南的二孩、三孩分别发放 2000 元、5000 元的一次性生育补贴，并按年度发放 800 元育儿补助；对新出生并户口登记在云南的婴幼儿购买意外伤害险的给予每人每年 50 元参保补贴。[①] 将生育友好作为用人单位承担社会责任的重要衡量指标，鼓励用人单位制定有利于职工平衡工作和家庭关系的措施，依法协商以集体合同或女职工权益保护专项集体合同的方式确定有利于照顾婴幼儿的灵活休假和弹性工作方式。依法处理包办、买卖等侵犯青年婚姻自由的行为，严格落实女性青年在怀孕、生育和哺乳期间依法享有的物质和假期等方面的各项权利。对育龄劳动歧视、家庭暴力、财产纠纷等侵犯青年婚姻和生育合法权益的行为，动员律师等专业力量，为青年提供必要帮助。

（五）云南青年就业创业活力明显增强

就业是最大的民生工程，是稳经济大盘的重要支撑。青年是推动经济社会发展的重要力量，是中国式现代化建设的生力军，青年就业创业事关民生福祉和社会稳定。云南青年积极投身云南高质量跨越式发展热潮，在经济社会建设各领域大展身手。

1. 就业创业政策更加完善

近年来，云南相继出台《云南省进一步稳就业促发展惠民生 20 条措施》《云南省支持青年创业兴乡三年行动（2024—2026 年）》《关于进一步

① 数据来源：云南省人民政府。

推动高校毕业生等青年就业创业17条措施》等一揽子政策，持续开展“彩云雁归”创业计划、“兴滇英才支持计划”、“创翼云南”创业大赛、“云南青年创业省长奖”等活动，通过不断加大政策支持力度，稳定机关事业单位岗位规模，扩大国有企业招聘规模，实施就业见习万岗募集计划，加大技能培训支持力度，发放一次性扩岗补助，鼓励企业吸纳就业，鼓励引导青年到基层特别是乡村振兴领域就业创业，给予一次性创业补贴和创业担保贷款扶持毕业生创业，强化兜底帮扶，多措并举稳定和扩大就业岗位，为青年就业创业提供了强力支持。2020~2023年，云南省城镇新增就业人数从49.35万人增长至53.98万人。①

2. 就业创业服务更加有力

云南省人社厅、云南共青团等部门开展的“就业政策进校园”“千企万岗直播送岗”“离校未就业高校毕业生服务攻坚行动”“团团陪伴·就有‘位’来”等专项行动，全方位为高校毕业生等青年求职者提供充分政策宣介、岗位信息供给和公共就业服务。包括高校毕业生等青年群体在内的各类求职者均可通过关注各级公共就业服务机构线上线下发布的活动预告，主动参与招聘活动和专项行动。青年在就业过程中发现或遇到“黑职介”、虚假招聘、就业歧视、用人单位违反试用期规定等情形时，可向劳动保障监察机构进行举报或投诉，或者向劳动人事争议仲裁机构申请仲裁。全省开展创业培训力度不断加大，组建了省级高校毕业生创业培训师资库，每年组织大学生创业培训不少于20000人。在“彩云雁归”创业计划实施过程中，培育打造一批优质劳动者返乡创业园，给予最高不超过200万元的资金补助，吸引和扶持高校毕业生等重点群体返乡入乡办实业、带动就业，助推乡村振兴。②

3. 就业创业激励更加充分

2023年、2024年全省每年设置5000个岗位，招聘1万名优秀高校毕业

① 数据来源：2022年度《云南省中长期青年发展规划（2018—2025年）》统计监测报告。

② 数据来源：云南省人民政府。

生等青年到基层就业，并可享受岗位补助；毕业 3 年内的高校毕业生在云南省行政区域内乡镇、村企业就业，签订 6 个月以上劳动合同，且从 2022 年 1 月 1 日起算基层服务期满 6 个月的，可得到 5000 元的一次性基层就业奖补；参与“三支一扶”计划的青年，服务期满 6 个月，可得到一次性安家费 3000 元。返乡创业做电商的高校毕业生，可免费参加网络创业培训；享受贷免扶补创业小额贷款扶持，且持续经营 1 年以上的创业人员、稳定吸纳就业 3~5 人（含 5 人）的可得到 3000 元补贴，稳定吸纳就业 6 人以上（含 6 人）的可得到 5000 元补贴；成功创业且稳定经营 1 年以上的创业者，经过评选认定，按照规定可得到最高 30000 元的一次性创业补贴。①

（六）云南青年精神文化生活更加丰富多彩

文化是一个国家、一个民族的灵魂。文化兴国运兴，文化强民族强。没有高度的文化自信，没有文化的繁荣兴盛，就没有中华民族伟大复兴。青年是推动历史发展和社会进步的重要力量，更是坚定文化自信的关键主体。为深入贯彻习近平文化思想，更好引导青年传承中华优秀传统文化、弘扬社会主义先进文化，云南省将青年文化工作摆在青年发展工作中的重要位置。

1. 文化精品不断涌现

自党的十八大以来，云南省委、省政府高度重视文艺工作，依托丰富多样的民族文化资源，大力推进文化强省建设和“文化润滇”行动，召开云南省推进文艺繁荣发展座谈会，出台《关于加强文艺工作的实施意见》等一系列政策文件，为推动青年文化事业发展提供了有力支撑。充分发挥“云南少数民族文艺创作精品工程”“云南文化精品工程”等重点文艺精品项目评奖引导带动作用，鼓励文化机构、文艺工作者特别是青年文化人才，创作生产激励当代青年奋发向上、崇德向善，传承中华文明，体现云南特色的文化精品。以电影《九零后》《一点就到家》《我本是高山》，话剧《桂梅老师》《农民院士》，纪录片《西南联大》等为代表的一批精品力作享誉

① 数据来源：云南省人民政府办公厅。

全国，以富于新时代审美取向和云南特色的属性铸魂育人，不断丰富和满足了当代青年多样化、高品质的精神文化需求。

2. 青年文化活动更加丰富

公共文化资源配置更加均衡，城乡公共文化设施布局、服务提供、队伍建设、资金配置持续优化，推动实施文化信息资源共享、数字图书馆、数字博物馆、数字文化馆项目建设，实现共建共享。至2023年末，全省共有各种艺术表演团体103个、文化馆149个、公共图书馆151个、博物馆186个。[①] 较之5年前，与青年联系最紧密的博物馆数量增加最多，这也与近年来年轻人“博物馆热”持续升温的现象相呼应，本质上体现了青年对传统文化的认同逐渐增强。广泛开展优秀文化作品全省性展演，组织开展“文化大篷车·千乡万里行”“文艺名家进校园进军营进厂矿”“戏曲艺术进校园”等惠民演出活动，引导青年积极参与文化遗产保护、传统工艺振兴、民间文艺传承。开展“云港澳台青年圆桌会议”、“滇港同行·青春筑梦”2023年滇港大学生交流活动等，加强云南青年与各国青年的人文交流，学习、吸收、借鉴世界优秀文化成果，讲好云南故事、传播好云南声音。

3. 青年文化人才更加出彩

建立和实施云岭文化名家工程、兴滇人才、“四个一批”人才和云南青年表演艺术家、云南省优秀青年演员等授誉制度和人才培养工程，举办5届云南省青年演员比赛，极大地促进了云南省艺术人才的培养。加强后备文化人才队伍建设，积极开展各类艺术人才培训活动，申办国家艺术基金首个“少数民族艺术人才培养项目”，采取学校与剧团联合培养、定向招生的办学方式，遴选有潜质的青年艺术人才到全国知名高等艺术院校进修深造。充分利用国家级赛事展演平台和开展全省重大艺术活动积极为艺术人才的成长搭建平台、创造条件、提供舞台，让一批艺术人才骨干在重大艺术活动中崭露头角、挑起大梁。

① 数据来源：《云南统计年鉴2023》。

（七）云南青年社会融入与社会参与更加主动

青年的社会融入与社会参与伴随着青年成长的全过程，无论是对青年个人价值、社会价值的实现，还是对整个国家和民族的长远发展，都具有重要而深远的意义。云南省不断丰富和畅通青年社会融入与社会参与的渠道和方式，引导青年更加主动、自信地适应社会、融入社会。

1. 党领导下的以共青团为主导的青年组织体系更加健全

云南共青团深入实施以政治建设为统领的云岭青年心向党“1+5”工程，深化推进共青团改革，优化共青团组织设置，履行好共青团引领青年、组织青年、服务青年三项职责使命，一体化推进青联、学联、少先队建设，以加强团的基层组织建设、增强组织的政治功能和社会功能为牵引，巩固传统组织形态，探索行业性团支部、团工委等功能型团组织建设，更多更广地覆盖新兴领域青年和流动青年。不断强化团干部队伍建设，形成专职、挂职、兼职相结合的队伍结构，直属团组织团干部协管率达到100%，99.03%的村（社区）团支部（总支）书记进入“两委”班子。2011~2022年，全省基层团委、团工委、团总支数量从9100个增长到14016个，基层团支部数量从85500个增长到119451个，累计建立社会领域团组织6.08万个；全省2527所中学中职全部建立团组织。同时，推动快递、网约车行业建立团建联盟、出台联盟管理公约。①

2. 青年社会组织在社区治理中优势凸显

在党委和政府的领导下，在各部门的支持下，共青团云南省委围绕党政中心和青年诉求，推动、支持青年社会组织参与城乡社区治理，并取得良好成效。青年社会组织在基层社会治理中的优势日渐凸显，他们投身社会事务、参与协商民主、救助困难青少年群体、预防青少年违法犯罪、参与突发性公共事件。目前，云南的青年社会组织参与城乡社区治理路径及方式整体呈现多元化、个性化、精准化发展。如宣威市益博社会工作服务中心在曲靖

① 数据来源：各州市团委。

市最大的扶贫搬迁点复兴社区开设了“四点半课堂”，为青少年和社区老年人服务，促进了邻里之间的互动与交流；昆明12355青少年服务台、昆明市红嘴鸥青少年事务服务中心等青少年社会组织，承接政府购买项目参与社区治理，加强了与政府、社会组织、社区及社区居民之间的沟通，获得了参与社区治理的途径以及自身生存发展的资源，使社区治理主体由单一主体向多元主体参与转变，更好地满足了社区居民多样化的复杂需求。此外，自新冠疫情发生以来，云南共青团组织青年和青年社会组织全力参与防控阻击战，协同各种社会力量以多种形式参与抗疫工作，参与搭建应急保障网络，其成为突发公共事件中一支不可缺少的力量。

3. 青年成为经济社会发展新动力

云南省坚持围绕中心、服务大局，聚焦“3815”战略发展目标，立足“三大经济”，深入实施“贷免扶补”“创业担保贷款”等成熟的金融扶持政策，完善“云南青年创业省长奖”“创青春”“双创之星”等表彰活动，充分发挥共青团的组织优势、动员优势和思想引领优势，激励青年在各行各业积极建功。围绕发展资源经济，以“一县一星”和“一业一星”为载体，培育高原特色农业、文旅康养、绿色能源、生物医药、新材料等云南优势资源产业和民族特色链上的青年人才集群，积极助力云品出滇。围绕发展口岸经济，积极发挥青年企业家协会等团体作用，通过举办创业分享会及青创赛事等深化与青创人才和企业的交流合作，积极推动云品出国。围绕发展园区经济，聚焦重大产业集群和重大建设项目，擦亮青年文明号、青年突击队、青年安全生产示范岗等“青”字号品牌，引导广大青年弘扬职业文明，立足岗位建新功。

4. 广大青年积极投身乡村振兴

引导广大云岭青年厚植爱农情怀，练就兴农本领，云南省持续开展“青力支农·联动振兴”活动，扎实推进“青联组织服务千村”计划，以深化青联改革为契机，实现青联组织人才智力优势与乡村振兴发展需求深度融合。强化青年服务基层的实践能力，每年组织开展云南省大中专学生志愿者暑期“三下乡”社会实践活动、大学生暑期“返家乡”社会实践活动，常态化开展大学生社区实践计划，实现全省 129 个县（市、区）全覆盖开展社会实践活动。结合云南省省情，每年提供西部计划岗位不少于 3500 个①，岗位设置坚持向相对贫困地区和村基层倾斜，严格落实基层导向、乡村导向，助力云南乡村振兴，推动边疆经济社会发展。开展乡村振兴优秀青年人才选树培育工作，深化实施云南共青团助力乡村振兴青年人才开发行动，开展“乡村振兴青年先锋”、“农村青年致富带头人”、农村青年致富“领头雁”等典型选树工作，组织开展青年电商人才培训，为青年人才的成长创业保驾护航。近年来，以滇西小哥、农大丁同学、“新农人”大萌等为代表的一批网络红人在建设乡村一线中脱颖而出；云南大学多年生稻团队荣获“第 28 届中国青年五四奖章集体”。这些成果和荣誉无一不是引导广大青年在乡村振兴的大舞台上建功立业的榜样。

5. 青年志愿服务工作亮点纷呈

云南省坚持围绕大局、服务社会需求、突出青年特色，深化青年志愿服务工作，组织引导广大青年大力弘扬“奉献、友爱、互助、进步”的志愿精神，全力做好全民阅读大会、中国国际旅游交易会、国际人才交流会等重大赛会志愿服务，招募志愿者近万人。以云南青年志愿者协会为牵引，探索建立省市县三级青年志愿服务机制，推动基层普遍建立青年志愿服务队，动员团员青年注册成为志愿者，积极开展无偿献血、“团团陪伴·助力双减”等志愿服务活动。广泛联系和服务云南省留学归国青年，积极动员和吸纳留学归国青年、在滇留学生加入国际传播志愿者队伍，发挥自身优势、传播中国声音。自 2017 年以来，共有近 500 万名青年注册成为志愿者，团结凝聚青年社会组织 603 个。②

（八）云南青年合法权益得到有效维护

青年群体是社会的新生力量，他们初出茅庐，不具备成人世界的诸多经

---

① 数据来源：2022 年度《云南省中长期青年发展规划（2018—2025 年）》统计监测报告。

② 数据来源：共青团云南省委、云南省文明办、云南省教育厅、云南省民政厅。

验，很容易遭遇成长的烦恼，甚至是合法权益遭到侵害。合法权益的维护是青年成长的保障，对青年合法权益的维护直接决定着这支生力军动力是否强劲、活力是否充沛。随着法治云南建设的纵深推进、法律法规的不断完善，云南青年的合法权益得到了强有力的保障。

1. 维护青年权益的法规体系更加健全

自党的十八大以来，云南致力推进法治建设和司法行政高质量发展，坚持围绕中心、服务大局，加强重点领域立法，积极回应群众关切，出台《法治云南建设规划（2021—2025年）》《云南省法治政府建设实施纲要（2021—2025年）》《云南省法治社会建设实施纲要（2021—2025年）》，搭建起法治云南建设的“四梁八柱”，细化81项具体指标和26项定量指标。2012~2022年，制定省的地方性法规45件、修改95件（次）、废止30件，批准州（市）地方性法规134件，批准民族自治地方自治条例和单行条例142件，群众对全省法治建设综合满意率从2017年的91.09%上升到2021年的97.60%。[①]

2. 青年权益保护机制不断健全

公共法律服务惠民工程被列入云南省政府年度惠民实事，围绕“一条主干、四张网”模式，建成法律服务实体平台15923个，实现州（市）、县、乡、村四级全覆盖。2012~2021年，全省建成法律服务实体平台1.5万余个、规范化社区矫正中心129个、社区矫正教育基地76个、法律援助工作站2819个，为青年提供全业务、全时空自助式服务，“12348”热线平台提供“7天×24小时”不间断接线服务，基本实现法律服务“指尖办”和“键上办”。“青少年维权岗”创建活动不断深化，2016~2019年共创建“青少年维权岗”103个，及时受理和处理青少年矛盾纠纷，优化青少年成长环境。[②] 云南共青团推出“一部手机找团团”平台，为青年提供全方位服务。

3. 从严打击侵害青少年合法权益行为

人民法院、人民检察院、公安部门和司法行政机关按职责分工依法严惩

① 数据来源：云南省民政厅、云南省司法厅。

② 数据来源：2022年度《云南省中长期青年发展规划（2018—2025年）》统计监测报告。

利用未成年人实施黑恶势力犯罪的行为，对拉拢、胁迫未成年人参加有组织犯罪的，从严追诉、从重量刑，形成打击合力。加强未成年人毒品预防教育，引导未成年人从小认清毒品危害，自觉抵制毒品，依法严厉惩治引诱、纵容未成年人从事吸贩毒活动的违法犯罪分子。积极救助、妥善安置被拐卖未成年人，切实维护未成年人合法权益，维护社会和谐稳定。持续加大对使用童工等违法问题的整治力度，预防并严厉打击拐骗童工、使用童工等违法犯罪行为，有效遏制非法用工问题。依法查处生产、销售用于未成年人的假冒伪劣食品、药品、玩具、用具和相关设施设备的违法犯罪行为，确保生产、销售的产品符合国家或者行业标准，有效维护未成年人的人身安全和身心健康。

（九）预防青少年违法犯罪成效明显

预防青少年违法犯罪是一项关系党和国家工作全局的战略工程，集专业性、复杂性、持续性、挑战性于一体。云南省各级各部门不断完善预防青少年违法犯罪的综合防控体系，充分发挥各级各部门、群团组织和社会力量的作用，推动形成群策群力、协调联动、齐抓共管的工作机制，不断开创云南省预防和减少青少年违法犯罪工作新局面。

1. 未成年人法治宣传教育更加有力

云南省实现未成年人法治宣传教育全覆盖，宣传、教育、司法、团委、妇联、民政等多部门联动发力，聚焦《中华人民共和国未成年人保护法》《中华人民共和国预防未成年人犯罪法》《中华人民共和国家庭教育促进法》等法律法规的贯彻落实，利用媒体平台开展未成年人法治直播课、网络法治课程等线上宣讲活动，同时围绕预防校园欺凌、防性侵等主题组织开展法治讲座、检察开放日、参观法治教育基地、知识竞赛等线下法治宣讲活动，用符合未成年人身心特点的方式和语言让他们爱听、想听、听得懂，从而真正达到法治教育的目的。聚焦法治宣传工作的短板弱项，聚焦重点区域和重点对象精准发力，深入开展普法强基补短板专项行动，着力提升普法针对性、实效性，夯实普法基层基础，增强全民法治意识，建设更高水平的平安云南、法治云南。

2. 青少年成长环境持续优化

清理和整治社会文化环境，加大“扫黄打非”“净网专项”工作力度，打击各类侵权盗版行为和非法出版活动，加强对影视节目、网络视听节目的审查，强化以未成年人为题材和主要销售对象的出版物市场监管。开展文明校园创建活动，加强校园周边环境治理和安全防范工作，严格落实禁止在中小学校园周边开办上网服务营业场所、娱乐场所、彩票专营场所等相关规定。依法采取必要惩戒措施，有效遏制校园欺凌、校园暴力等案（事）件发生。持续推动“双零”“共青团四点半课堂”“重罪未成年人重返社会”等重点项目建设及其他相关工作，整合政府、家庭、学校、社会、司法等各方力量，促进未成年人健康成长，助推平安云南建设。

3. 重点青少年群体服务管理工作更加精准

共青团云南省委大力推进“为了明天”预防青少年违法犯罪工程，按照“小试点、大事业”“小社工、大民生”“小地方、大格局”“小项目、大品牌”的工作思路，通过省级多部门联动、专家一对一督导跟进、在地团组织和社工机构协同配合，分布在城中村、民族地区、边境乡镇的多个省级试点项目落地良好、有效开展，进一步加强了对闲散及流浪未成年人、流动儿童、涉毒涉艾青少年、边疆涉毒青少年、不良及严重不良行为青少年等重点青少年群体的矫治及预防干预，构建起符合云南省经济社会发展、具有边疆民族地区特点的青少年维权及预防犯罪社会服务体系。同时，加强专门学校建设和专门教育工作，推动建立未成年人法治教育中心，拓宽有严重不良行为未成年人接受教育矫治的渠道，不断提高教育矫治水平。例如：文山州着力加强文山市第十二中学等专门学校建设，坚持把心理干预、行为矫治同文化课程相结合，建立学校、家庭、社会“三位一体”教育机制；昭通市加大与专业法律机构的协调力度，推动成立了“昭通市青少年法治宣传警示教育中心”“昭通市青少年公益法律援助中心”“昭通市未成年人保护委员会”等。

4. 预防未成年人违法犯罪的政策机制更加完善

全省各级各部门认真贯彻落实云南省《关于进一步深化预防青少年违

法犯罪工作的实施意见》精神，结合工作职能扎实推进各项工作，形成了群策群力、齐抓共管的工作局面。通过出台《云南省进一步加强预防未成年人违法犯罪工作方案》、修订《云南省预防未成年人犯罪条例》、召开预防青少年违法犯罪工作推进会、成立云南省预防未成年人违法犯罪工作领导小组等一系列有针对性的工作措施，进一步加强了预防青少年违法犯罪工作的政策、机制、队伍和阵地建设，推动全省预防青少年违法犯罪工作实现了新突破。云南省各级各部门的很多经验和做法走在全国前列：团省委与省检察院于 2018 年 4 月，在全国率先签署了《关于合作构建云南省未成年人检察工作社会支持体系框架协议》；省人民检察院联合共青团等有关单位积极构建未成年人检察工作社会支持体系，成立全国首家省级层面未成年人检察专家咨询委员会，推动落实“一号检察建议”；省民政厅以“三区三州”等贫困地区为重点，选派专业社工为农村“三留守”人员提供专业社工服务。

（十）云南青年社会保障体系更加完备

在国家整体的社会保障制度框架下，云南青年社会保障发展的制度与政策环境不断优化，初步形成以宪法为根基，以劳动法、就业促进法、社会保险法、慈善法、退役军人保障法等为主干，以相关法律、工作条例为配套，以部门规章为补充的社会保障法律法规体系，云南青年高质量发展的社会保障安全网越织越密、越织越牢。

1. 人社服务不断扩面

云南深入实施全民参保计划，全省基本养老保险参保人数从 2012 年底的 2511 万人增加到 2022 年 8 月的 3258 万人，增幅 29.75%；工伤保险参保人数从 295 万人增加到 559 万人，增幅 89.49%；失业保险参保人数从 224 万人增加到 348 万人，增幅 55.36%。修订完善人社公共服务项目实施标准 23 项、办事指南 240 项，21 个事项实现“跨省通办”、136 个事项实现“省内通办”。[①] 及时出台《关于维护新就业形态劳动者劳动保障权益的实施意

① 数据来源：云南省人力资源和社会保障政务门户。

见》，填补制度空白，2012～2021 年帮助 48.93 万劳动者补签劳动合同。连续多年调整工伤保险长期待遇，失业保险金标准提高至最低工资标准的 90%，2021 年发放失业保险金 15.34 万人，人均失业保险金水平为 1356 元/月。①

2. 生育负担逐步减轻

云南省出台支持三孩生育待遇政策，落实三孩出生后生育相关待遇，优化生育服务等级系统模块。2021 年全省共通过备案托育机构 170 家，较 2020 年新增托位 4.02 万个。增设父母育儿假，对子女不满 3 周岁的，由所在单位分别给予夫妻双方每年累计 10 天的育儿假，对有两个以上不满 3 周岁子女的再增加 5 天。妇幼保健机构建设力度不断加大，2012～2022 年，床位数从 5139 个增长到 10208 个，增幅 98.64%；工作人员数从 6836 人增长至 23747 人，增幅 247.38%。②

3. 社会救助力度持续加大

云南以最低生活保障、特困人员供养、受灾人员救助、医疗救助、教育救助、住房救助、就业救助、临时救助 8 项社会救助制度为主体，以社会力量参与为补充，着力提升社会救助水平。从 2019 年开始，每年安排 3 亿元民政事业专项补助资金用于开展社会救助服务，2022 年实施临时救助 100.15 万人次、城市和农村最低生活保障人数 262.5 万人。在新冠疫情期间，下发《做好受疫情影响困难群众基本生活工作的通知》，对受疫情影响基本生活出现困难的群众，将符合条件的及时纳入救助范围，2021 年支出 1.39 亿元。全省 51.6 万重度残疾人和重病患者参照“单人户”纳入低保范围，488 名 16 周岁以上未成年人纳入特困供养。③

三　云南青年发展的经验启示

在新时代的背景下，云南青年发展事业取得显著成效，云南青年在经济

① 数据来源：云南省人力资源和社会保障政务门户、云南省人民政府。

② 数据来源：云南省人力资源和社会保障政务门户。

③ 数据来源：云南省人民政府。

建设主战场、科技创新最前沿、疫情防控第一线、基层实践大熔炉、社会发展新领域肩负使命、奋力拼搏、攻坚克难，展现了自信自强、昂扬向上的精神风貌，用实际行动践行了“请党放心、强国有我”的铮铮誓言，为谱写中国式现代化云南篇章贡献了青春力量。这些成绩值得认真总结、汲取经验，推动青年发展取得新的更大成绩。

（一）必须坚持“党管青年”原则

中国共产党始终把青年看作是推动历史发展和社会前进的重要力量，“党管青年”原则是党的青年工作理论的重大创新，是青年发展事业始终沿着正确方向前进的根本保证，既包含着对青年的历史作用特别是青年在党的事业发展中极端重要性的充分肯定，又包含着党对青年一代的关心爱护、殷切期望和严格要求，对于激励广大青年在实现中国梦进程中建功立业、接续奋斗，对于确保党和国家事业后继有人、兴旺发达，具有重大而深远的意义。坚持“党管青年”原则，有利于青年工作的力量整合和青年发展的资源供给，反映了中国特色社会主义青年运动方向的本质要求。党是中国特色社会主义事业的领导核心，云南省青年工作政策的主体是各级党委、人大、政府和共青团组织。全省各级党委作为青年工作的领导者，是青年政策制定和实施的主导者，各级人大、政府和共青团组织都是在各级党委领导下开展工作。人大作为立法机关，是参与制定青年法律的主体；政府及其组成部门作为行政机关，是制定青年法规、规章的主体，对大量的青年事务进行管理；共青团作为联系青年的桥梁和纽带，是制定青年工作规范性文件的主体，专职开展青年工作。各级党委提出青年工作的目标要求，全面领导青年工作，直接或者间接通过人大、政府和共青团制定不同层级、不同效力的青年政策，为青年的生存权、健康权、教育权、就业权、参与权等提供物质资金支持，促进青年健康成长、全面发展。

（二）必须坚持“青年优先发展”原则

在我国革命、建设、改革的历史进程中，青年群体都扮演了独特的社会角色，发挥了不可替代的积极作用，党和国家事业的发展凝聚了一代又一代青年的汗水和智慧。当代青年是实现第二个百年奋斗目标的主力军，活跃在社会发展的各个领域，是当下现代化建设的有生力量，是国家的未来、民族的希望。云岭青年能否得到发展、如何实现发展、得到何种发展，不仅关系到青年，而且关系到云南“3815”战略发展目标的达成、云南高质量跨越式发展的成效以及中华民族伟大复兴中国梦的最终实现。采取有效措施推进青年发展，是党和国家事业保持兴旺发达的战略举措。云南省在制定青年工作政策时，坚持以青年为本，充分尊重青年主体地位，注重体现内容的伦理性、过程的公正性和结果的公益性，既符合青年需求，也符合社会要求，从物质层面到精神层面、从思想层面到行为层面、从自身发展层面到服务社会层面，想方设法地破解青年发展的难题，着力优化青年优先发展的规划环境、公平且有质量的教育环境、激励青年施展才华的就业环境、保障青年基本住房需求的居住环境、缓解青年婚恋生育养育难题的生活环境、促进青少年身心成长发展的健康环境、有效保护青少年权益免受意外伤害和非法侵害的安全环境，最大限度地促进青年成长发展，使青年工作政策不仅成为“关于”青年的政策，也成为“为了”青年的政策，让青年成为社会发展的主体、主人，在高质量发展中彰显青春力量。

（三）必须坚持“协同发力”原则

青年发展的工作，不仅需要党和政府制定政策、调配资源，也需要群团组织、企事业单位履职尽责，还需要社会各界广泛参与。云南省青年工作政策大部分分散在一般公共政策之中，一些公共政策只有个别条文涉及青年事务，需要进行综合性的分析研判。同时，在目前青年思潮多元、群体分层化、利益多样化的形势下，青年工作政策的内容更加复杂，也更具专业性，需要进行系统规划和统筹推进。基于上述情况，在政策出台过程中，由各级党委牵头、有关政府部门参与，建立起云南省青年工作联席会议制度，形成齐抓共管格局。第一，发挥党委领导作用，确保青年工作政策服务于党的青年工作；第二，党政部门共同参与、各自发力，形成合力；第三，共青团具体承担协调、督促职责，由广泛联系青年的共青团组织来统筹实施青年工作。联席会议扛牢扛实自身职责任务，贯彻落实党中央、国务院关于青年工作的决策部署和省委、省政府工作要求；研究青年工作、提出青年政策、协调青年事务，协调解决青年工作中的重大问题；统筹推动各地青年发展规划落实；研究制定关于落实青年发展规划的重要措施和重点项目，指导、督促、调研、检查青年发展规划在各地区各部门的落实情况；研究建立青年发展工作指标监测体系，健全青年发展监测数据库；完成党委、政府交办的其他任务。同时，设立的青年联席会议办公室积极推进联席会议日常工作，及时通报有关情况，协调开展有关工作，督促落实联席会议议定事项，形成了立体式的责任落实体系。

（四）必须坚持“实践检验”原则

衡量政策的标准脱离不了实践，任何政策都必须得到实践的检验。再好的政策，其效果必须经过实际的执行才能得以发挥。云南青年工作政策的一个重要标准就是能够经受实践检验，这种检验可能是长期的，也可能是短期的。在政策实施过程中，通过对每一个环节进行总结研判，发现问题并解决问题，推动各项政策取得积极成效。比如，为确保政策的实践检验得到具体体现，中共云南省委、云南省人民政府印发《云南省中长期青年发展规划（2018—2025年）》（以下简称《规划》），涵盖青年思想道德、青年教育、青年健康、青年婚恋、青年就业创业、青年文化、青年社会融入与社会参与、维护青少年合法权益、预防青少年犯罪、青年社会保障等10部分，涉及24项具体工作目标，包含各项指标45个。通过开展年度监测，各项监测指标由各牵头统计部门按照相应的时间节点进行采集，对数据进行分析并上报联席会议办公室汇总，从而掌握《规划》实施进展情况，梳理有成效的青年政策措施，总结有效做法和成功经验，查找存在问题和不足，研究提出改进策略和建议。借助指标体系，能够更好地了解掌握青年发展规律，更有效地服务引领青年成长发展，更精准地完善政策措施，推动联席会议各成员

单位及各级党委政府增强落实《规划》目标任务、增强青年全面发展的主体意识和责任意识。

（五）必须坚持“重点突破”原则

在推进规划落实的过程中，云南把青年发展型城市（县域）建设作为全面贯彻落实党的二十大精神和习近平总书记关于青年工作的重要思想的具体体现，作为推进中国式现代化、助力经济社会高质量发展的内在要求，作为推动《规划》纵深实施、促进青年发展的重要载体，以系统思维认识、谋划和促进青年发展型城市（县域）建设工作，推动青年创新创造活力与城市创新创造活力相互激荡、青年高质量发展和城市高质量发展相互促进，让青年发展成为全社会共同的理念、行动、责任和事业，真正实现云南对青年更友好、青年在云南更有为。昆明市、曲靖市麒麟区、蒙自市、临沧市临翔区成功入选第一批全国试点城市（县域）并进入终评环节，推荐红河州、临沧市、玉溪市、盘龙区、大理市、腾冲市、建水县申报第二批全国试点城市（县域），评选确定曲靖市、玉溪市 2 个城市和西山区、五华区、官渡区、盘龙区、东川区、呈贡区、昭阳区、永仁县、开远市、文山市、思茅区、孟连县、大理市、双江县、云县等 15 个县域为省级试点城市（县域），青年发展型城市规模持续扩大。试点城市聚焦本地区重点领域、重点群体、重点业态，围绕促进青年高质量发展，在优化规划环境、教育环境、就业环境、居住环境、生活环境、健康环境、安全环境等方面全面发力，实现了城市和青年之间良性互动、双向奔赴。青年发展型城市（县域）建设的全方位推进，为云南青年整体发展起到了以点带面的作用，为《规划》的实施有效“增势”“赋能”。

四　云南青年发展面向未来的形势

当前，云南尚属于经济欠发达地区，面对我国社会主要矛盾发生变化和青年人口结构调整、青年流动性以及新兴行业快速发展、低收入群体基数依旧较大等新形势新任务，必须从“党和国家事业要发展，青年首先要发展”

的战略高度，认真分析研判青年发展过程中存在的机遇以及面临的种种挑战，系统谋划和思考青年发展工作，以缓解云南青年发展的后顾之忧。

（一）云南青年发展需求更加多元

青年高质量发展，物质丰裕是基础。中国创造了世所罕见的经济快速发展和社会长期稳定“两大奇迹”，2023 年国内生产总值超过 126 万亿元，稳居世界第二。[①] 超过 2500 万名贫困青年彻底摆脱贫困，云南青年同全国青年一起，迈向更高水平的小康生活。随着时代的发展，云南青年物质发展环境更为优越，精神成长空间更为富足，获得更多人生出彩机会，享受更全面的保障支持，他们的需求也日益多样化，从满足生存转向享受生活，从有衣穿到穿得时尚、穿出个性，从吃饱饭到吃得丰富、吃出健康，从能出行到快捷通畅、平稳舒适，对自身发展也提出了新的要求，有了更高的期待，这就需要满足青年在学习、生活、工作、住房、消费等方面的需求，打造与青年发展相适应的成长环境，使青年感受到云南高质量发展带来的归属感和获得感。

（二）云南青年思想观念更加活跃

随着时代的变迁，云南青年思想活跃、思维敏捷、观点新颖，探索未知劲头足，接受新生事物快，主体意识、参与意识强，对实现人生发展有着强烈渴望。同时，有的青年存在阅历不广、容易从自身角度和理想状态的角度来认识和理解世界的局限性，可以通过历史对比、国际比较、社会观察、亲身实践，深刻领悟党的领导、领袖领航、制度优势、人民力量的关键作用。从调查结果来看，绝大多数云南青年对中国特色社会主义道路由衷认同，对实现中华民族伟大复兴充满信心。此外，网络的高速发展，使虚拟世界成为青年学习、生活、工作的主要活动场域，在给青年生活带来便利的同时，也给青年发展带来不少的问题，对网络信息的过度依赖影响青年的思想道德。

---

① 数据来源：《中国统计年鉴 2023》，中国统计出版社，2023。

在此背景下，培养青年正确的价值观，显得尤为重要，需要在价值取向、思维特点、行为习惯、生活方式等方面，对云南青年进一步加强引导。

（三）云南青年发展环境更加开放

建设面向南亚东南亚辐射中心，是以习近平同志为核心的党中央着眼于新的时代背景和全国战略布局，为云南确立的新坐标、新定位、新使命，也给广大云南青年携手世界各国特别是南亚、东南亚各国青年共同推进构建人类命运共同体提供了有利契机。当前，中越、中老、中缅国际大通道高速公路国内段全部建成，云南与南亚东南亚通航城市数量居全国前列，中缅油气管道安全平稳运行，建成 14 条跨境电力联网通道。云南同 120 个国家（地区）建立了跨境人民币结算渠道，加快打造枢纽型口岸、智慧口岸，推动形成优势互补、协调发展的高质量开放合作新平台。与南亚东南亚国家共建 37 个联合创新平台、14 个国家级国际科技合作基地和 74 个省级国际科技合作基地，与南亚东南亚国家缔结 51 对国际友好城市，建设 30 对边境友好村寨。新时代云南青年以前所未有的深度和广度认识世界、融入世界，在对外交流合作中更加理性包容、自信自强。①

（四）云南青年成长路径更加丰富

新时代的云南青年，物质条件显著改善，精神成长空间更为广阔，享有高质量的教育机会，支持其发展的制度体系不断完善，成长成才的渠道更加畅通多元。随着中国从制造大国走向制造强国，人工智能等技术快速迭代、制造业不断升级，对高素质产业工人提出更高要求，云南青年作为全省科技创新的中坚力量，在实现科技自立自强中发挥着生力军和突击队作用。在区域协调发展战略深入实施大背景下，云南青年逐渐由单向的“孔雀东南飞”转变为多向的“自由随心飞”，在自己喜欢的城市寻找发展机会。云南青年在平凡岗位上奋斗奉献，在急难险重任务中冲锋在前，在基层一线经受磨

① 数据来源：云南省人民政府。

砺，在创新创业中走在前列，在社会文明建设中引风气之先，积极投身于中国式现代化建设云南篇章的伟业。

（五）云南青年政策诉求更加强烈

作为最积极、最活跃、最有生气的群体，青年政治和社会参与是衡量民主政治建设的一项重要指标。近年来，云南结合青年发展规划的实施，出台了一系列利于青年发展的规章制度，并持续加大政策宣传力度。2023 年，云南省级和地市新增出台青年发展政策 152 件，其中一些政策力度之大、涵盖之广，引起了社会的广泛关注。[①] 云南青年身处社会各领域、各行业，对政府政策十分关切，通过各种渠道反映自身成长发展诉求。特别是随着新兴职业在经济社会发展中的作用越来越突出，为更好地表达自身政治诉求、获得社会接纳，新兴青年开始积极尝试承担更多社会责任和公共事务，在与政府部门、群团组织、团属社会组织开展合作上表现出较高的积极性，谋求政策集成给青年群体发展以更多支持和帮助，并在此基础上为自己争取更多的发展机会，提高自己的身份认同，在现有的政治参与制度框架内为本群体发声、代言，谋求和争取群体的利益。

五　团结带领新时代云南青年砥砺前行

青年工作，抓住的是当下、传承的是根脉、面向的是未来，关乎党和国家的前途命运。云南全面落实习近平总书记对云南工作的重要指示精神，统筹推进“五位一体”总体布局、协调推进“四个全面”战略布局，围绕构建“两型三化”现代产业体系，推动实现“3815”战略发展目标，实现云南经济社会高质量跨越式发展，需要全省各级各部门统筹发力，团结带领各族青年充分发挥生力军和突击队作用，在改革发展稳定第一线建功立业、接续奋斗。

① 数据来源：云南省人民政府。

（一）强化顶层设计

在各级国民经济和社会发展五年发展规划编制、实施、评估过程中，积极争取体现青年发展的专门内容，推动青年发展与其他专项规划有效衔接，积极推动各级党政出台一系列标志性扶持政策、实施一系列普惠性实事项目，增强青年政策的系统性、集成性、协同性。要树立青年优先发展的理念，从更宽阔的视角来看待当前青年群体，用不断发展的观念来处理青年社会事务，在国家整体社会保障制度框架下，厘清青年高质量发展与青年社会保障的逻辑关系，探究青年群体如何在幼有所育、学有所教、劳有所得、病有所医、老有所养、住有所居、弱有所扶上取得制度突破，并从社会保险、社会救助、社会福利、社会优抚、补充性社会保障等角度系统构建起覆盖全体青年、统筹城乡、公平统一、可持续的多层次社会保障体系。

（二）加强协同联动

云南省制度改革已进入系统集成、协同高效的新阶段，各项改革能否形成整体合力尤为重要。要用好青年工作联席会议制度，明确责任分工和工作程序，确保各项工作有序进行，通过全体会议、专题会议、联络员会议等形式，及时通报青年社会保障发展的基本状况，减少因社会保障管理体制不顺畅导致的资源重复配置和运行效率低下等问题。要推动建立和完善各级党委领导下的青年发展规划实施工作机制，团组织具体承担协调、督促职责。要建立跨部门的合作机制，促进信息共享和合作衔接，提高服务的一体化程度。同时，要准确把握青年发展各个方面之间、青年工作领域和其他相关领域之间的衔接配套，强化统筹谋划和协调推进的意识。

（三）明确工作重点

进入新时代，青年发展面临着许多新矛盾和新问题。要及时适应经济社会发展新形势，加大对重点青年人群、重点项目领域的关注力度。在重点人群方面，要加大对灵活就业青年、新生代农民工、大学毕业生、返乡就业青年以及退役青年军人、残疾青年、街头流浪青年、家庭困难的失学失业失管青年等群体的关注力度。在重点项目方面，要紧盯青年群体在社会保障方面的烦心事、操心事、揪心事，紧盯制约青年社会保障高质量发展的“硬骨头”和“险滩急流”。

（四）创新工作思路

青年发展是民生事业中的大工程，要不断加强对青年的服务，提升工作效能。要探索新型服务模式，积极引入社会力量参与青年发展工作，支持和培育社会企业在青年发展工作中的创新项目，实现社会责任与经济效益的双赢。要加大对数字化技术的使用力度，不断优化青年发展有关事项的在线申请、查询、审核、转移接续等功能，提高服务效率和便捷性。要强化青年参与意识，相关部门或部门委托的相关机构应建立用户交流平台，定期与各类青年进行座谈、听取青年的意见和建议，提高服务质量和针对性。要拓宽国际视野，及时关注国外青年发展情况，通过总结优秀做法、汲取经验教训，不断完善本地制度。

（五）重视宣传教育

广泛、深入、有效地开展青年发展政策宣传是确保青年发展工作提质扩面取得实效的关键一环，要持续加大对青年发展政策的宣传力度。相关部门可针对不同的目标受众，开展广泛而有针对性的宣传，引导青年转变风险防控意识。同时，充分利用互联网和社交媒体平台，发挥好新媒体平台的力量，积极发布相关政策、实用知识和成功案例等，经常性地组织青年发展政策宣传活动，重视青年的参与性和互动性，依托专业队伍，组建青年志愿者团队，在校园、社区、企业等地开展志愿服务和宣传活动，提升青年发展政策在社会上的知晓度。

（六）发挥指标监测体系作用

不断探索完善基于《规划》监测指标体系之上的数据分析、舆情研判、问题预警和数据运用机制，有针对性地调整和完善促进青年发展的政策措施，适时动态调整监测指标的内容和范围，更好地服务青年发展。用好第七次人口普查有关材料，探索建立 14~35 周岁青年人口数据库。依托社会专业力量开展云南青年发展指标监测工作，委托科研机构开展第三方政策评估。建立省级规划专家委员会和青年发展智库，并鼓励各级建立相关组织机构，发布青年群体和青年政策课题研究，举办各类青年发展研讨交流论坛，定期向党委和政府报送高质量的研究成果和政策建议。

分报告

B.2
云南青年思想道德发展报告

颜 曌 王书祥 陈敬松*

摘 要： 教育引导并帮助青年形成正确思想观念和道德观点，是保障青年成为地区与国家发展强大力量的重要环节。针对云南青年思想道德的发展，共青团云南省委联合大中小学，从国家战略的高度认识并规划青年的发展问题，积极构建“大思政”格局，以青年思想道德建设为重点，切实增强协同育人的合力。调查结果显示，云南青年思想道德观念整体态势积极向上，有坚定的政治立场，有科学的世界认知，有积极的人生态度，也有浓厚的法治意识和崇高的道德追求。未来，云南青年思想道德发展可以进一步通过强化对青年的价值观教育和引导、完善青年思想道德建设体制机制、提升思想道德建设队伍能力素质、打造青年思想道德建设实践平台、创新网络思想道德建设方式方法等，久久为功帮助云南青年成长成才。

* 颜曌，云南大学马克思主义学院团委书记，研究方向为思想政治教育；王书祥，云南大学马克思主义学院博士研究生，研究方向为思想政治教育；陈敬松，云南大学马克思主义学院博士研究生，研究方向为马克思主义中国化。

关键词： 思想道德　云南青年　“大思政”格局

青年是国家和民族的希望，是实现中华民族伟大复兴的生力军。习近平总书记强调：“历史和现实都告诉我们，青年一代有理想、有担当，国家就有前途，民族就有希望，实现我们的发展目标就有源源不断的强大力量。”①云南省委、省政府高度重视青年培养工作，制定《云南省中长期青年发展规划（2018—2025年）》，提升关心爱护青年成长工作的制度性、体系性。在青年成长成才的长期进程中，思想道德具有重要作用，既是青年成才的重要标准，也是青年成长的强大助力。云南要落实青年发展规划，把云南建设成为我国民族团结进步示范区、生态文明建设排头兵、面向南亚东南亚辐射中心，就必须重视青年思想道德建设，全面把握青年思想道德发展现状，提升青年工作针对性。把握青年思想道德发展现状，首先要明确思想道德的主要内容。佘双好认为，在我国，思想道德更多的与社会主义意识形态相联系，特指社会主义思想道德，包括社会主义理想信念，无产阶级世界观、人生观、价值观、社会主义道德基本要求等，是与社会主义生产关系相适应、与社会主义法律规范相协调、与中华民族传统美德相承接的社会主义思想道德。② 基于这一观点，思想素质、政治素质、道德素质、法治素质在思想道德素质的内容结构中得到凸显。本报告把握其中主要方面，采取分层抽样、随机抽样相结合的方法面向云南省在校学生、党政机关青年、事业单位青年、国有企业青年、自由职业青年等发放问卷，共收回61050份，回收率100%，有效率100%，进而在数据分析的基础上从政治观、世界观、人生观、法治观和道德观五个方面展现当前云南青年思想道德发展现状。

① 中共中央文献研究室编《习近平关于青少年和共青团工作论述摘编》，中央文献出版社，2017，第3页。

② 佘双好：《青少年思想道德现状及健全措施研究》，中国社会科学出版社，2010，第7页。

一　云南促进青年思想道德发展的主要做法

长期以来，共青团云南省委以及全省各大中小学以习近平新时代中国特色社会主义思想为指导，深入贯彻习近平总书记关于青年工作的重要思想和考察云南重要讲话精神，坚持党对一切工作的领导，坚持服务党和国家工作大局，坚持落实立德树人根本任务，激发各主体的积极性、主动性，促进云南青年思想道德发展。

（一）思想上高度认识并总体谋划

习近平总书记指出："人是有思想的，正确行动来源于正确思想，错误行动来源于错误思想。"[①] 促进青年思想道德发展，要在思想上高度重视，进而才能在正确的思想认识指引下更好把握现状、发现问题、克服困难，不断提升相关工作主体的积极性和创造性。云南省委、省政府不断提升对促进青年思想道德发展相关工作的认识。如《2024 年云南省人民政府工作报告》着眼于科教强省，提出实施立德树人工程、培育一批思政教育品牌等举措，突出青年思想道德建设在全省工作中的地位。在提升思想认识的同时，云南省委、省政府还统筹谋划全省青年思想道德建设相关工作。首先是针对全省工作制定规范性文件。如云南省委、省政府立足云南青年发展实际，对标国家发展要求，制定《云南省中长期青年发展规划（2018—2025 年）》《关于培育和践行社会主义核心价值观的实施意见》等文件，明确青年思想道德发展目标，细致提出发展举措。共青团云南省委、云南省青年联合会、云南省学生联合会、少先队云南省工作委员会、云南省教育厅等部门聚焦云南青年思想道德发展，或单独或联合发布《共青团云南省委实施"三严三实"专题教育有关制度的意见》《关于认真学习宣传贯彻党的十九届六中全会精

① 中共中央文献研究室编《习近平关于社会主义政治建设论述摘编》，中央文献出版社，2017，第 156 页。

神的通知》《关于认真学习宣传贯彻党的二十大精神的实施意见》等文件。其次是设置专门领导机构，如共青团云南省委学习贯彻习近平新时代中国特色社会主义思想主题教育领导小组办公室等。规范性文件的发布实施以及专门领导机构的设置使得相关工作能够更好聚焦青年思想道德发展，与时俱进突出某一阶段的工作重点，有效调动多方资源，深化多部门间的协同联动，促进全省范围内工作的统筹推进。

（二）构建并完善“大思政”格局

构建“大思政”格局是党的十八大以来党和国家深入推进的重点工作，回答了培养什么人、怎样培养人、为谁培养人这一教育的根本问题。“大思政”的深入实施有利于落实立德树人根本任务，提升广大青年思想道德水平，造就一批又一批德才兼备的社会主义人才。云南省坚决贯彻落实中央决策，积极构建并完善“大思政”格局，不断促进全省青年思想道德水平提升。一是构建大平台。一方面，积极推动学校思想政治理论课建设发展。积极营造“学校抓好思政课是责任、教师讲好思政课是光荣、学生学好思政课是财富”的良好氛围，深入落实云南省作为深化新时代学校思政课改革创新先行试点地区的5项任务，进一步建强马克思主义理论学科、加强思政课教师集体备课工作、建立学校党组织书记和校长带头抓思政课机制，促进课程思政建设，支持建设一批充满思政元素、发挥思政功能的省级课程思政示范课程，建设一批校级示范课程，形成示范带动作用。另一方面，通过多种主题教育和社会活动扩展“大思政”平台。如在共青团中央支持下广泛开展大学生“三下乡”暑期社会实践活动，并且结合云南特点设置“禁毒防艾”“民族团结”“铸牢中华民族共同体意识”等主题。与时俱进开展“理想点亮人生”“遵纪守法、从我做起”“学雷锋、心向党、讲品德、见行动”“老少共筑中国梦”“辉煌与梦想”“学党史、颂党恩、跟党走”等主题教育活动。充分发挥“五老”队伍重要作用，通过典型示范、总结推广、质量提升三个阶段，以“五老”队伍建设完善提升全省范围内家庭、社会等场所的教育成效，更好引领青年思想道德发展。创新打造“云岭师生说”

理论宣讲比赛等思政教育品牌活动，着力建设完善全省高校思政教育第一课——张桂梅思政大讲堂。二是建设大师资。完善教师队伍、提高师资力量是“大思政”格局完善发展的重要因素，云南省制定实施《云南省关于进一步加强新时代中小学思想政治理论课教师队伍建设的若干措施》，不断推动全省范围内学校思政课教师按比例配齐，改革完善教师评价体制，通过集中培训、搭建交流学习平台、深入实施集体备课等措施帮助教师不断提升教学水平。三是面向大群体。云南省积极推进大学生、中学生、小学生思想政治教育一体化建设，抓紧抓好学生群体的教育引导。同时，面向企业青年、机关青年、农村青年等青年群体开展思想政治教育引领活动，始终关心全省青年思想道德的发展。

（三）突出青年思想道德建设重点

青年思想道德建设与发展千头万绪，需要紧随时代变化把握青年思想道德发展状况，细致分析时代因素与特点，解决种种问题，克服种种困难，要求掌握科学工作方法，善于抓住主要矛盾、关键部分，牵住“牛鼻子”。云南省在推进青年思想道德建设工作中始终重视突出重点，抓住主要方面。一是突出思政课主渠道。思政课是落实立德树人根本任务的关键课程，是促进青年思想道德发展的主要阵地。云南省制定实施《关于推进高校课程思政建设的指导意见》《关于深化新时代学校思想政治理论课改革创新的若干措施》，不断加强党对思政课建设的领导，增强思政课的思想性、理论性和亲和力、针对性，建设一支政治强、情怀深、思维新、视野广、自律严、人格正的思政课教师队伍，从多方面推动思政课建设发展。二是突出社会主义核心价值观、铸牢中华民族共同体意识等内容。社会主义核心价值观是青年思想道德发展要牢牢把握的基本方面，必须不断推动广大青年学习践行社会主义核心价值观。云南省始终重视面向青年的社会主义核心价值观教育，在《云南省中长期青年发展规划（2018—2025 年）》等具有总体性的谋划中始终突出社会主义核心价值观相关内容。同时，民族团结进步示范区、生态文明建设排头兵、面向南亚东南亚

辐射中心的鲜明定位以及云南作为全国世居少数民族最多、跨境民族最多、特有民族最多、人口较少数民族最多、自治地方及实行民族区域自治的民族最多的省份，铸牢中华民族共同体意识、维护民族团结十分重要。云南省积极推进铸牢中华民族共同体意识教育和民族团结进步教育，通过制作张贴标语、开设铸牢中华民族共同体意识有关课程、组织云南省铸牢中华民族共同体意识宣讲团、建设铸牢中华民族共同体意识教育实践基地等途径，覆盖企业、农村、机关、校园、社区等场所，促进中华民族共同体意识在青年等群体中得到有效铸牢。

二　云南青年思想道德的发展现状

伟大时代呼唤伟大精神，崇高事业需要道德力量支撑。云南青年成长发展于进行伟大斗争、建设伟大工程、推进伟大事业、实现伟大梦想的奋进征程中，磨砺了自身思想道德素质。云南青年具有坚定政治观，鲜明拥护中国共产党的坚强领导，认同党的路线方针政策，以实际行动推进中华民族共同体建设，为社会进步、国家富强贡献力量。云南青年具有科学世界观，高度认同马克思主义理论的科学性，自觉学习马克思主义的世界观和方法论，在领会基础上科学运用，更好认识世界、解决实际问题。云南青年具有积极人生观，既明确自身人生目标，又以崇高的人生理想不断砥砺自身成长。云南青年具有鲜明法治观，认真学习中国特色社会主义法律体系，对法治力量充满信心，坚定尊法守法学法用法。云南青年具有崇高道德观，不仅形成了正确的道德认知，更坚持知行结合，在强烈道德感指引下采取自觉行动。

（一）云南青年拥有坚定的政治立场

第一，云南青年是中国共产党执政兴国的坚定拥护者。中国共产党在历史与人民的选择中取得领导地位，没有中国共产党团结带领各族人民的矢志奋斗，就没有革命的胜利，也就没有改革事业的一往无前。面对以中国式现代化全面推进中华民族伟大复兴的时代任务，更要毫不动摇坚持党的全面领导，确保“五位一体”总体布局下各方面事业具有坚强领导力量，促进国家富强、民族振兴、人民幸福。云南青年坚定拥护中国共产党的领导，肯定中国共产党的先进性。同时，云南青年自觉团结在党中央的周围，贯彻党的路线方针政策。云南青年期待成为中国共产党一分子的动机十分纯洁，绝大多数是因为信仰共产主义、为使自己活得充实而寻找一种精神寄托、为他人和社会多做贡献、能够更好地发挥自己的社会作用并早日成才，分别占比83.33%、54.75%、80.41%、71.42%（见图1）。

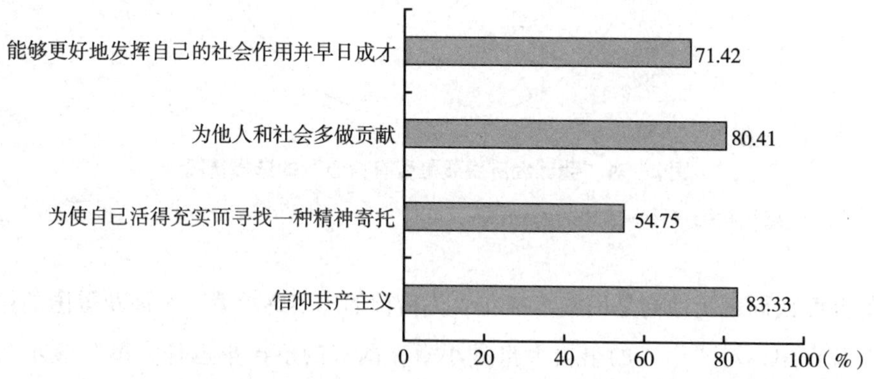

图1　对“选择加入中国共产党理由”的选择情况

资料来源：根据调研数据整理所得。

在期待加入中国共产党、坚定拥护党的领导的基础上，云南青年对党所领导的事业发展前途也充满信心。当前，不论是社会发展、国家富强、人民幸福还是国际竞争等方面，经济发展都十分关键，经济建设也是中国共产党执政兴国的重大任务。调查数据显示，云南青年对我国经济发展充满信心，持非常有信心和有信心态度的人数占比达到94%（见图2）。云南青年对中国共产党的向往以及对党领导的坚定信心都表明云南青年是中国共产党执政兴国的坚定拥护者，是党领导下实现中华民族伟大复兴的蓬勃力量。

第二，云南青年是民族精神与时代精神的忠实继承者。民族精神以爱国主义为核心，时代精神以改革创新为核心，云南青年对爱国主义和改革创新

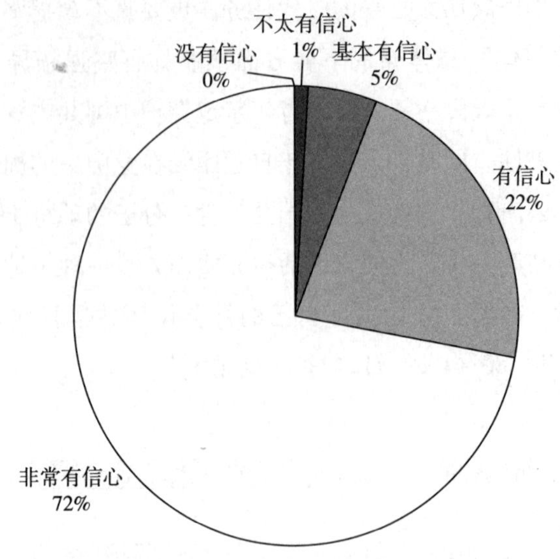

图 2　对“我国经济发展是否有信心”的选择情况

资料来源：根据调查数据整理所得。

的高度认同表明他们是民族精神和时代精神的忠实继承者。在涉及爱国的相关观点中，对“个人的事再大也是小事，国家的事再小也是大事”表示赞同和非常赞同的占比 84.56%，对“爱国不仅是思想上的，更是行为上的”表示赞同和非常赞同的占比 95.37%，对“爱国是没有任何条件的”表示赞同和非常赞同的占比 85.73%，对“热爱祖国是光荣的，背叛祖国是可耻的”表示赞同和非常赞同的占比 95.89%（见表 1）。由此表明，云南青年有着鲜明的爱国态度，不仅自觉养成热爱祖国的思想观念，而且认为爱国必须体现在具体的行为之中，愿意奉献祖国。同时，云南青年还能够较好地处理个人与国家之间的关系，比如对“个人的事再大也是小事，国家的事再小也是大事”的认同度较高，在个人需要与国家需要的选择中倾向于国家，具有传统的爱国主义观念和集体情怀。在云南青年高度热爱祖国的同时，也应注意部分青年在“科学无国家，科学家是世界公民”“国家是抽象的，个人发展是具体的”观点的认识上存在偏差甚至错误，要对其进行正确的观念引导。

表 1　对“爱国主义相关观点”的看法

单位：%

题目	非常赞同	赞同	一般	不太赞同
个人的事再大也是小事，国家的事再小也是大事	56.26	28.30	11.06	2.49
爱国不仅是思想上的，更是行为上的	73.92	21.45	3.73	0.34
科学无国家，科学家是世界公民	49.49	27.10	13.35	4.79
国家是抽象的，个人发展是具体的	31.48	20.58	22.33	12.96
爱国是没有任何条件的	63.24	22.49	8.50	2.92
热爱祖国是光荣的，背叛祖国是可耻的	80.35	15.54	3.18	0.28

资料来源：根据调查数据整理所得。

在改革创新的实践中，云南青年积极响应国家“大众创业，万众创新”号召，积极参加创新创业比赛，如“彩云汇”创新创业大赛暨 2023 年云南省创新创业大赛共吸引 1230 家企业报名参赛，大赛还优化了办赛方式，增加了大学生参赛名额和获奖数量，参赛名额同比增长 20%，获奖数量同比增长 33%，来自云南财经大学、昆明理工大学、云南大学等高校的 26 支队伍展示了多个项目。① 除了云南省创新创业大赛之外，大学生等青年群体也积极参加中国“互联网+”大学生创新创业大赛、“挑战杯”中国大学生创业计划竞赛、全国大学生电子商务“创新、创意及创业”挑战赛等比赛。同时，云南省还通过制定专门文件如《云南省进一步支持大学生创新创业若干措施》，通过专门开展创新创业培训、提供多样平台等途径，帮助青年提升创新创业能力素质。在政府、社会与青年的充分互动中，云南青年更好发展和践行了以改革创新为核心的时代精神。

第三，云南青年是中华民族共同体的踏实建设者。建设成为我国民族团结进步示范区是云南的“三个定位”之一，要求青年与其他群体深刻认识理解铸牢中华民族共同体意识，推进中华民族共同体建设。调查数据显示，云南青年对“中华民族共同体意识是国家统一之基、民族团结之本、精神力量

---

① 《“彩云汇”创新创业大赛暨 2023 年云南省创新创业大赛落幕　130 个项目获奖 119 家优质企业意向落地云南》，“昆明信息港”腾讯号，https://new.qq.com/rain/a/20231020A01CFI00。

之魂”和“铸牢中华民族共同体意识，就是要引导各族人民牢固树立休戚与共、荣辱与共、生死与共、命运与共的共同体理念”的了解程度较高，比较了解和非常了解的占比之和分别达到77%和78%（见图3、图4）。

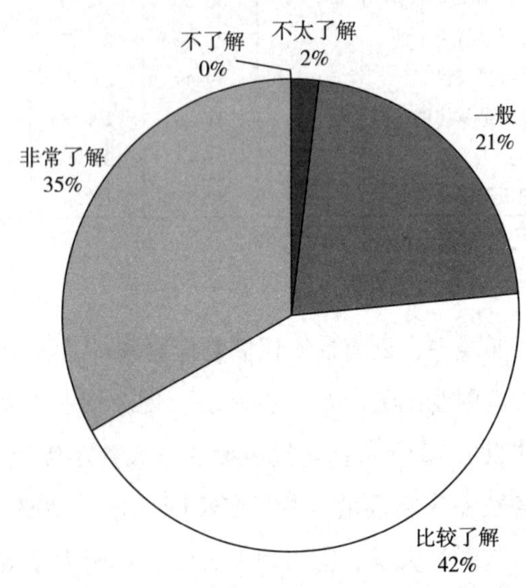

图3　对“中华民族共同体意识是国家统一之基、民族团结之本、精神力量之魂”的了解程度

资料来源：根据调查数据整理所得。

同时，绝大部分云南青年认为“只有各民族紧紧团结在一起才能够共同创造美好前途”，比较认同和非常认同的占比之和达到91%（见图5）。

以上数据表明，云南青年对党的十八大以来所确立的民族工作和民族地区各项工作主线，即铸牢中华民族共同体意识具有较为深入的认知，并进一步形成了深层认同，能够自觉进行民族间的交往交流交融，坚定“三个离不开”，不断建设和巩固中华民族共同体。事实上，云南作为二十余个民族共居的省份，历来重视民族关系，不懈推进民族团结进步创建工作，取得了优异成绩。如共青团红河州委在2023年被国家民委授予“第十批全国民族团结进步示范单位”称号；共青团普洱市委、共青团西双版纳州委、共青团东川区委、共青团石林县委在2023年被云南省民宗委授予“云南省民族

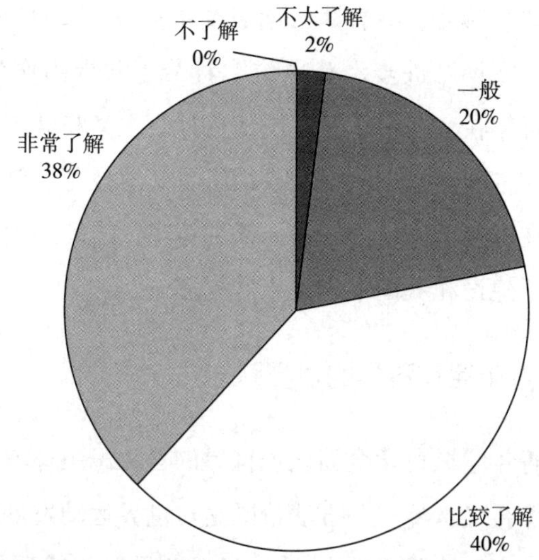

图 4　对“铸牢中华民族共同体意识，就是要引导各族人民牢固树立休戚与共、荣辱与共、生死与共、命运与共的共同体理念”的了解程度

资料来源：根据调查数据整理所得。

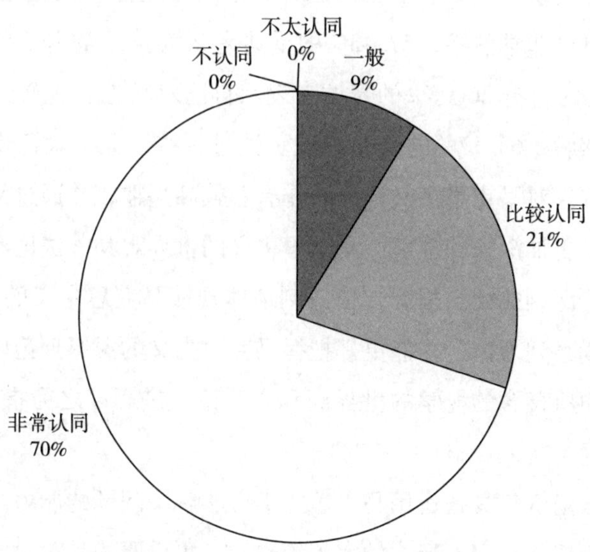

图 5　对“只有各民族紧紧团结在一起才能够共同创造美好前途”的认同情况

资料来源：根据调查数据整理所得。

团结进步示范单位”称号；共青团云南省委统战部在2024年被国家民委授予“十一批全面民族团结进步示范单位”称号。共青团作为先进青年的群团组织，是广大青年在实践中学习中国特色社会主义和共产主义的学校，诸多单位在民族团结进步创建中取得的成绩将更好地教育引领青年，促进中华民族共同体意识在青年群体中进一步传播和铸牢，推动广大青年在中华民族共同体意识指引下建设和巩固中华民族共同体。

（二）云南青年拥有科学的世界认知

第一，云南青年掌握科学全面认识世界的马克思主义方法。刘卓红和牟修新认为，马克思主义世界观和方法论既是对世界运动发展的总看法、总观点，也是从不同的视角出发全方位展示客观世界鲜明特质的哲学思维和方法。[①] 云南青年对马克思主义的世界观和方法论有着较高认同，对马克思主义理论的了解程度较高。在“对马克思主义理论基本原理，如其理论来源、组成部分、历史发展沿革、科学内涵”的了解程度这一问题上，29.07%的受访者认为自己非常熟悉，57.43%的受访者认为自己基本掌握，但不全面（见图6）。同时，有26.08%的受访者表示自己对马克思主义经典著作大都读过，深有感触；63.17%的受访者表示读过一些，但不太记得（见图7）。可见，云南青年对马克思主义经典著作有着较高兴趣，并通过阅读对马克思主义理论有了更加深入的理解。马克思主义的世界观和方法论不是凭空产生的，而是有着深刻的社会根源，也深刻地体现在马克思主义的系列著作中。只有认真阅读系列著作，才能更好把握马克思主义的深厚理论内涵，才能更深刻理解其中所蕴含的科学的世界观和方法论，进而以之为指导认识世界，解决现实问题。

第二，云南青年具备运用马克思主义方法解决问题的能力。理论的魅力不仅在于其逻辑的严密、形式的完美等方面，更重要的是其对实践所具有的

① 刘卓红、牟修新：《当代中国马克思主义坚持胸怀天下的科学世界观和方法论》，《广东社会科学》2024年第1期。

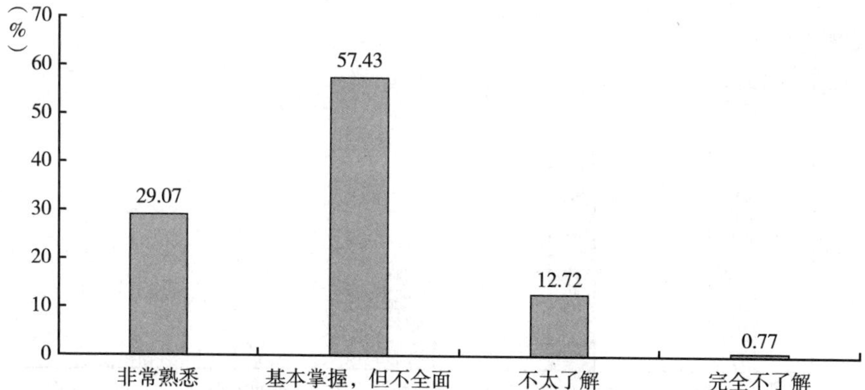

图6　对“马克思主义理论基本原理，如其理论来源、组成部分、历史发展沿革、科学内涵”的了解程度

资料来源：根据调查数据整理所得。

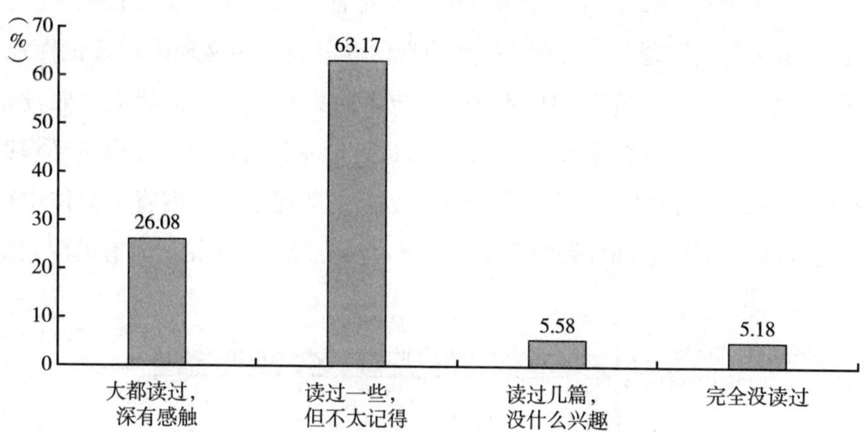

图7　对“马克思主义经典著作”的阅读情况

资料来源：根据调查数据整理所得。

指导意义。学习并掌握马克思主义的方法论，最终落脚点必然是在深入理解的基础上用其分析问题和解决问题。如图8所示，认为学习马克思主义对自己比较有帮助和非常有帮助的受访者占比84.52%，这种明确而积极的态度表明云南青年充分意识到马克思主义理论及其所蕴含的科学方法论具有重要价值，是促使云南青年自觉学习马克思主义理论并掌握科学方法论的有益动力。

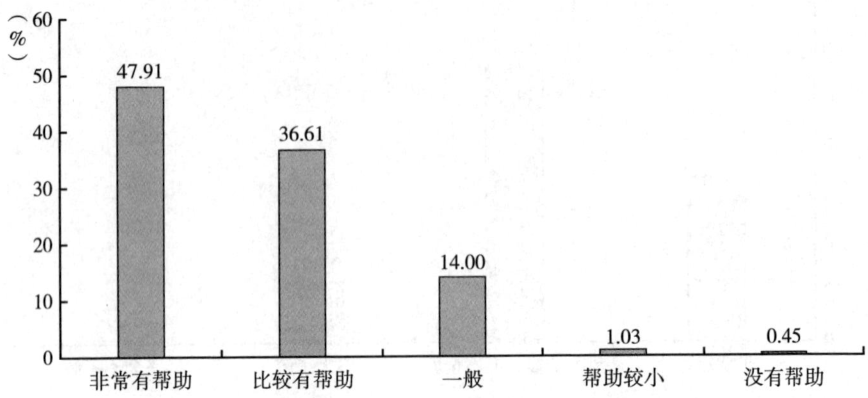

图 8　对“马克思主义对自身是否有帮助”的选择情况

资料来源：根据调查数据整理所得。

如图 9 所示，42.61%的受访者认为马克思主义理论“实践性强，应积极运用解决各类问题”，23.84%的受访者认为马克思主义理论“理论性强，值得在理论上深入研究”，31.49%的受访者认为马克思主义理论“兼具理论性与实践性，具有多维价值”，仅有 2.05%的受访者认为马克思主义理论“比较遥远，与我关系不大”。这表明马克思主义理论在云南青年群体中得到广泛认同，同时大部分云南青年十分肯定马克思主义理论所具有的深刻实

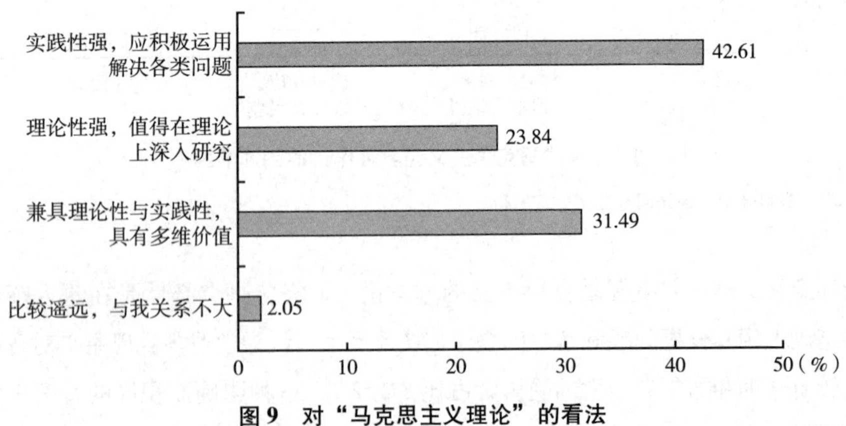

图 9　对“马克思主义理论”的看法

资料来源：根据调查数据整理所得。

践性，能够促使云南青年自觉将理论与现实紧密结合，实现二者的良性互动，更好地将马克思主义理论所揭示的科学方法论融入现实问题，有效发挥理论的科学作用。在云南青年乐于将马克思主义方法论与实际相结合的同时，也应注意到仍有部分青年尚未深刻认识理论之于实践的重要意义，还停留于理论到理论的层面，要对其进行更有效的教育和引导。

（三）云南青年拥有积极的人生态度

第一，云南青年积极追求人生成长。人生目标是个体人生目的在现实生活中的具体体现，只有具备清晰的人生目标，个体才能更好锚定方向，进而在长期奋斗中实现自身进步。调研数据显示，有34%的云南青年非常明确自己的人生目标，基本明确的占比45%，一般的占比16%，不太明确的占比4%，不明确的占比1%（见图10）。

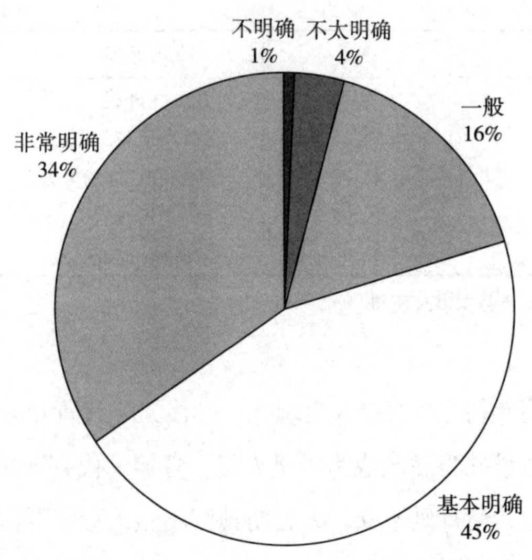

图10　对“自己人生目标是否明确”的选择情况

资料来源：根据调查数据整理所得。

个体人生的成长与进步必然是一项系统性的工作，是多维度因素共同作用的结果，具备积极追求人生进步的态度只是第一步，要实现这一结果更需要个体不断付出努力。面对“决定个人成功最重要的因素是什么”这一问题，受访者所做出的选择如下：由高到低为身体健康占比72.92%，文化水平占比54.23%，人际关系占比43.70%，业务素质与工作能力占比33.20%，品德占比32.96%，勤奋和持续的努力占比25.27%，机遇或运气占比12.52%，金钱占比9.05%，其他占比0.18%（见表2）。可以发现，云南青年在何以实现人生成长的认识上较为积极，更倾向于通过努力积累走向成功的条件，如文化水平、人际关系、业务素质与工作能力等，具有实用主义的特点。但同时，在青年群体中也存在一些错误认识，应当从社会、教育等层面制定举措，帮助青年纠正错误认识，帮助其更好实现成长。

表2　对“决定个人成功最重要的因素是什么”的选择情况

单位：%

选项	占比	选项	占比
身体健康	72.92	外貌	1.75
文化水平	54.23	业务素质与工作能力	33.20
人际关系	43.70	勤奋和持续的努力	25.27
金钱	9.05	机遇或运气	12.52
品德	32.96	其他(请说明)	0.18

资料来源：根据调查数据整理所得。

第二，云南青年树立了高尚人生理想。一代又一代青年是我们国家和民族得以发展的有生力量并将逐渐成为中坚力量，青年一代有理想，国家和民族就有前途和希望。国无精神则不立，人无精神则不强，青年群体只有树立起崇高的人生理想，才能在精神激励中不断实现个人成长，将自身塑造为符合社会与时代要求的高素质人才，在实现个人价值的同时，为国家和民族发展进步贡献力量。云南青年作为中国特色社会主义建设事业的参与者和贡献者，具有崇高的人生理想。如图11所示，在面对“您希望自己成为一个什么样的人”问题时，占比较高的选择如下：81.87%的受访者希望自己成为“为国家和人民作出贡献，对社会有用”的人；80.17%的受访者希望自己成为“在个人事业上有所成就，实现自我价值”的人。可以发现，绝大部分云南青年为自己树立了高尚的人生理想，既希望个人价值得以实现，也要求自己为国家和人民奉献，将个人价值与社会价值深度统一。

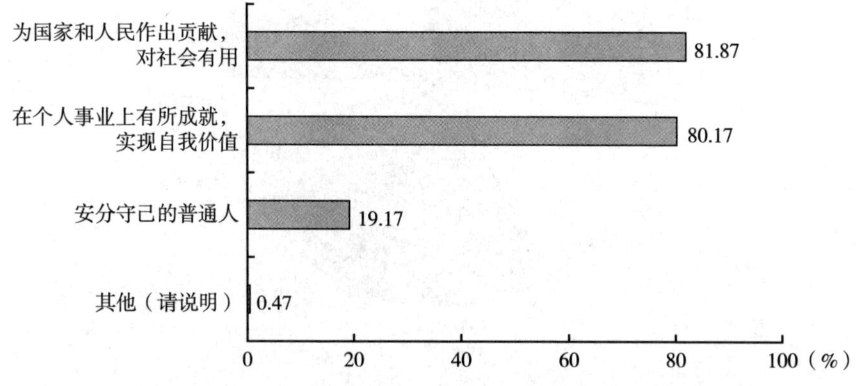

图11　对“您希望自己成为一个什么样的人”的选择情况

资料来源：根据调查数据整理所得。

（四）云南青年拥有浓厚的法治意识

第一，云南青年坚定知法守法。习近平总书记指出：“要充分调动人民群众投身依法治国实践的积极性和主动性，使全体人民都成为社会主义法治的忠实崇尚者、自觉遵守者、坚定捍卫者，使尊法、信法、守法、用法、护法成为全体人民的共同追求。”① 全面推进依法治国，把我国建设成为社会主义法治国家，需要青年群体自觉知法守法、尊法用法。如图12所示，云南青年对社会主义法律体系中宪法、民法、刑法、合同法、婚姻法、继承法、保险法、行政法、著作权法、教育法等内容均有一定了解，表明云南青年在日常学习工作与生活中做到了知法。

① 中共中央文献研究室编《习近平关于全面依法治国论述摘编》，中央文献出版社，2015，第90页。

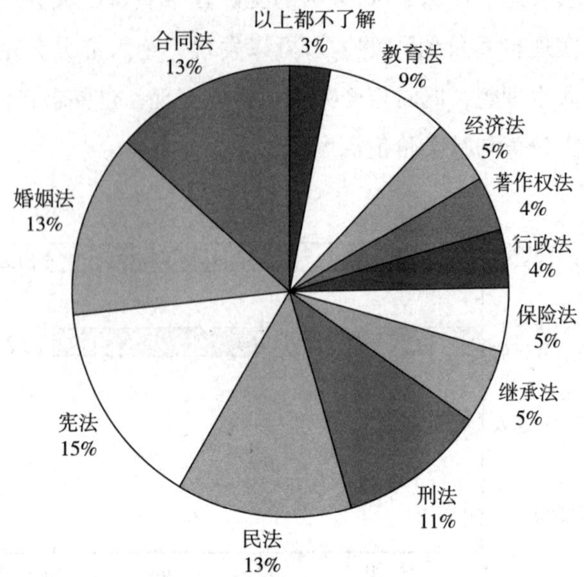

图 12　对“法律知识”的了解情况

资料来源：根据调查数据整理所得。

知法才能守法，只有明确法律条文与规定才能对行为是否为法律所允许有清晰认识。知法的目的之一是守法，只有个体与社会都严格守法，个体的合法利益与和谐的社会环境才能得到更好保护。如表 3 所示，82.42%的受访者表示“在发现有危害国家利益的人和事时，我会向有关部门举报”；72.32%的受访者表示“在进行选举投票时，我会认真了解候选人情况，谨慎投票”；56.25%的受访者表示“在学校就有关事项征求意见时，我会积极表达想法”；44.12%的受访者表示“在网上看到抹黑党和政府的言论时，我会予以反驳”；50.75%的受访者表示“我在网上发表言论时都会经过深思熟虑”；53.54%的受访者表示“在上网时我会严格要求自己，绝不做‘键盘侠’”。在涉及守法相关情境中所做出的选择表明大部分云南青年能够严格要求自身守法，并且敢于纠正违法观点和行为。

表 3　对“守法行为”的选择

单位：%

选项	占比
在发现有危害国家利益的人和事时，我会向有关部门举报	82.42
在进行选举投票时，我会认真了解候选人情况，谨慎投票	72.32
在学校就有关事项征求意见时，我会积极表达想法	56.25
在网上看到抹黑党和政府的言论时，我会予以反驳	44.12
我在网上发表言论时都会经过深思熟虑	50.75
在上网时我会严格要求自己，绝不做“键盘侠”	53.54

资料来源：根据调查数据整理所得。

第二，云南青年乐于尊法用法。在“您认为通过法律途径能否维护您的合法权益”这一问题的回答中，73.40%的受访者持“能，我对法律有信心”的态度，20.60%的受访者持“现在不能，但随着依法治国全面推进，相信将来会的”的态度，仅有1.57%的受访者认为“不能”（见图13）。这表明云南青年对社会主义法治有着充分信心，对社会主义法治体系有着敬畏之心。对法律的尊重和信仰将为切实运用法律武器维护自身合法权益提供充分支撑。进一步看，当自身权益受到侵害时，选择“拿起法律武器保护自

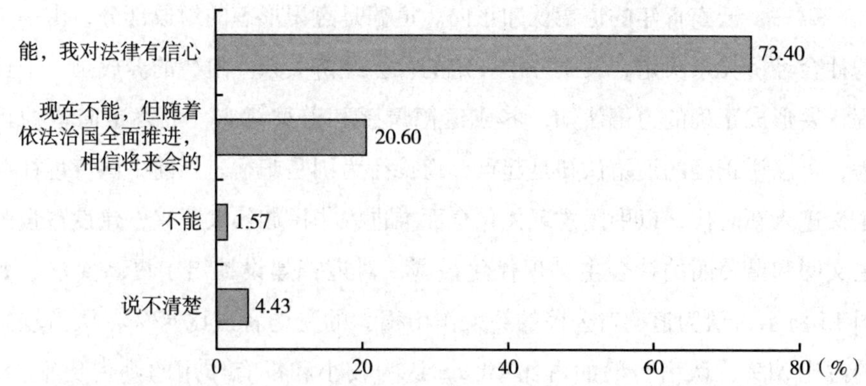

图 13　对“您认为通过法律途径能否维护您的合法权益”的选择情况

资料来源：根据调查数据整理所得。

己”的受访者占比达到93.80%（见图14）。这展现了云南青年在掌握法律、信任法律、遵守法律基础上具备一定的用法意识，符合全面推进依法治国的要求，有助于完善中国特色社会主义法律体系，提升全社会的法治意识。

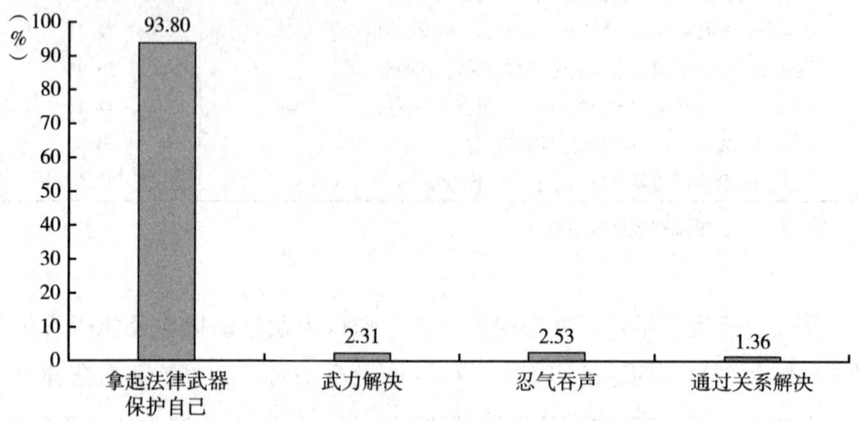

图14　对“当权益受到侵害时采取何种措施”的选择情况

资料来源：根据调查数据整理所得。

（五）云南青年拥有崇高的道德追求

第一，云南青年的道德认知正向。道德是意识形态的组成部分，由一定的社会经济关系决定，又服务于一定的社会经济关系。道德的养成是一个过程，要形成正确的道德认知，养成道德情感和道德意志，最终走向道德行为，可以说正确的道德认知是起点，道德行为则是归宿。当前中国特色社会主义进入新时代，以中国式现代化全面推进中华民族伟大复兴，建设富强民主文明和谐美丽的社会主义现代化强国，对道德建设提出了更高要求。如图15所示，认为道德对公民的约束作用很大的受访者占比47%，认为较大的占比31%，认为一般的占比20%，认为较小和没有作用的则占比很少，表明云南青年具有正向的道德认知。

如图16所示，在涉及道德功能的认识上，受访者选择从高到低分别为“道德是人之为人的根本要求”“道德的性质是相对的，不同的人可以有不

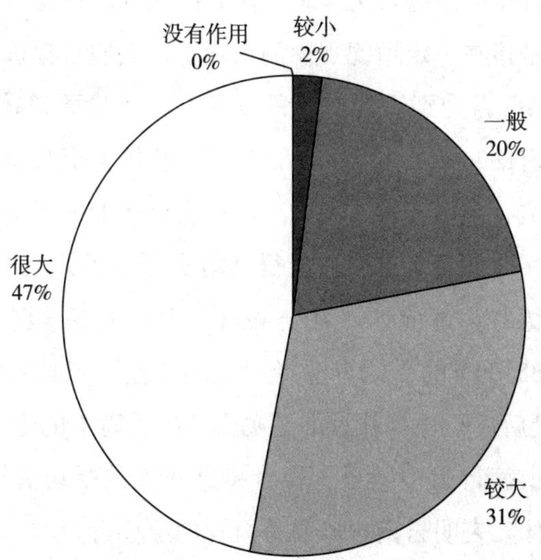

图 15　对“道德对公民约束作用”的选择情况

资料来源：根据调查数据整理所得。

同的观点”“道德是促进社会发展的必要手段”“道德的本质是对人性的束缚”。这表明云南青年基本上将道德视为个人发展的内在要求，以积极态度审视道德功能。

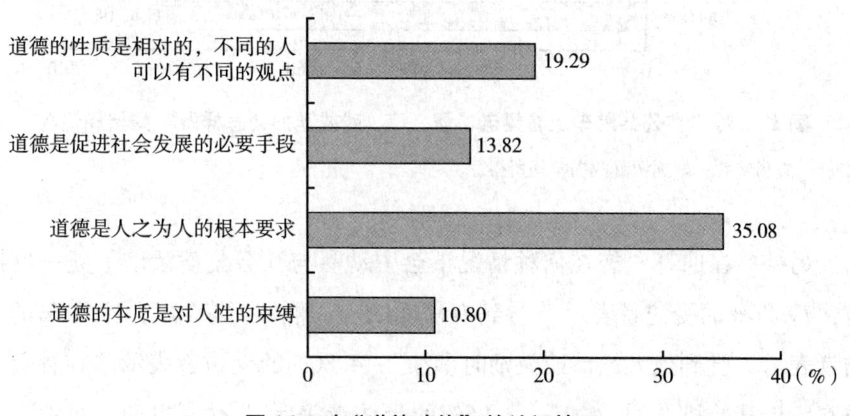

图 16　对“道德功能”的认识情况

资料来源：根据调查数据整理所得。

第二，云南青年的道德行为自觉。沈壮海认为，道德行为是人们道德素质的外部表现，是指在一定道德观念的指导下，人们自觉选择的具有道德价值的行为。① 道德行为受到道德观念的支配，又是检验道德观念的试金石。要发挥社会主义道德、社会主义核心价值观等积极价值观念的作用，必然要落实道德行为，唯有包括青年在内的广泛社会群体形成正确道德认知，采取积极的道德行为，社会主义道德才能得到落实与弘扬并发挥其巨大的功能。在面临具体的道德行为情境如“在公共汽车上看见老、弱、病、残或孕妇会怎样做”时，85.04%的受访者选择“主动让座”，11.91%的受访者选择“有些犹豫，但最后还是选择让座”（见图17）。简单的道德行为选择反映的是云南青年在道德行为中的自觉性，超过96%的受访者愿意主动帮助老弱病残等弱势群体，表明云南青年具有自觉的道德行为。

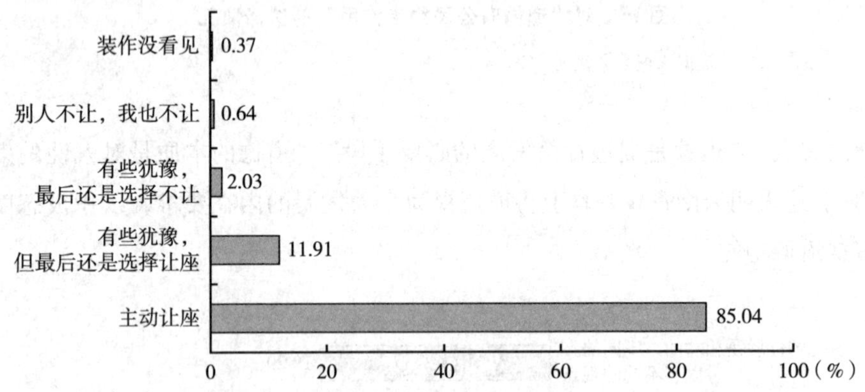

图17　对“在公共汽车上看见老、弱、病、残或孕妇会怎样做”的选择情况

资料来源：根据调查数据整理所得。

另外，在回答“您在何种情况下会主动参与社会公益活动”这一问题时，79.86%的受访者表示“看到有需要的人或群体时参加”，12.38%的受访者表示“受到他人邀请或鼓励时参加”，4.80%的受访者表示“在社会声誉有所提升的机会时参加”，2.96%的受访者表示“不太主动，通常不参

① 沈壮海主编《新编思想政治教育学原理》，中国人民大学出版社，2022，第101页。

加”。这样的数据分布说明绝大部分云南青年具有正确的道德观念并以之为指引进行积极的行为实践，道德行为较为自觉。

云南在制定多种举措促进全省青年思想道德发展整体向好的同时，一些工作也还需进一步深入，从而更具针对性地消除影响青年思想道德发展的不利因素。一是云南省青年群体虽在理想信念方面展现出坚定态度，但不可忽视的是，仍需对部分青年在价值取向、思维特点、行为习惯、生活方式等方面做进一步引导。经济社会快速发展的同时，也逐渐显现出“拜金主义”“享乐主义”“利己主义”等种种不良社会思潮，这些错误思潮会在不知不觉中对青年的思想和行为产生影响，导致青年的价值观偏离正确的轨道。二是部分青年只是做到了把社会主义核心价值观熟记于心，知道“是什么”和“为什么”的问题，但是对“如何做”问题的认识还需进一步深化，尚未全面将这一价值观充分融入自己的言行举止；实现将社会主义核心价值观真正内化于心、外化于行，仍有很长的路要走。云南青年在对待马克思主义方面，总体呈现乐观向好的态势，绝大多数青年持有积极的信仰态度，能够认真学习并努力掌握马克思主义的基本原理和精神实质。但也有少数青年在学习的自主性和自觉性方面存在不足，对马克思主义理论的学习不够深入、理解不够透彻。三是对网络信息的过度依赖导致青年的思想道德建设被严重束缚。如果长期受困于网络信息茧房，青年会产生网络信息依赖、网络信息崇拜、网络信息恐慌和网络信息焦虑等心理，并且随着虚拟世界活动的深入而不断加强。这种网络信息茧房的束缚会使青年学习成绩下滑、身体机能下降、人际情感冷漠、交往范围狭窄、道德伦理观念淡漠。

三　云南青年思想道德发展的未来方向

青年一代是国家的未来、民族的希望，更是我们党和国家事业的后继者和接班人。青年的思想道德水准直接关系到他们的价值观念、道德追求和道德行为。培养青年正确的思想道德素养尤为重要，习近平总书记强调：“坚持服务青少年的正确方向，着力加强青少年思想道德建设，引导青少年树立和践行社会主义核心价值观，支持和帮助青少年成长成才。”① 这为云南青年思想道德的未来发展指明了方向。对此，在云南青年思想道德建设的过程中，应当把大中小学的学生和青年工作者等青年群体作为发展的重点对象，从思想教育引导、体制机制建设、队伍素质建设、实践平台打造、网络道德建设等方面进行综合施策，以实现对青年全员的全过程和全方位教育。

（一）强化对青年的价值观教育和引导

价值观是人的精神世界的核心，价值观赋予人精神上的主动。强大的精神力量对一个人追求理想、积极进取能起到激励和指引作用，能产生强大的前进动力。而社会主义核心价值观就是最强大的精神力量，承载了国家、社会和个人的精神追求，凝结了全党全国各族人民共同的精神追求。青年是整个社会力量中最积极、最有生气的力量，国家的希望在青年，民族的未来在青年。假如青年人生的第一粒扣子扣错，那将会对青年的成长成才造成巨大的影响。只有积极引导青年牢固树立社会主义核心价值观，并将其内化于头脑深处，外化于日常实践，才能最大程度发挥出青年的有生力量。

习近平总书记指出，“新时代中国青年要自觉树立和践行社会主义核心价值观。”② 社会主义核心价值观是马克思主义中国化、时代化的理论成果。对青年加强价值观教育和引导，要推动社会主义核心价值观进教材、进课堂、进青年头脑，在学习科学理论的过程中树立科学的价值导向，将青年的道德教育与成长规律结合起来，使青年在受教育中达成思想共识、明确实践方向、凝聚精神动力。在受教育的基础上，还需引导青年立足于实现中华民族伟大复兴的实践，坚持以马克思主义为指导思想，始终站稳马克思主义立场，坚持用马克思主义观点武装头脑，用辩证、发展的眼光看待实际问题和客观世界，并能够通过马克思主义的立场、观点、方法，去挖掘自己在价值

① 《习近平：坚持服务青少年的正确方向　推动关心下一代事业更好发展》，中国政府网，2015 年 8 月 25 日，https：//www. gov. cn/guowuyuan/2015-08/25/content_ 2919602. htm。

② 习近平：《论党的青年工作》，中央文献出版社，2022，第 213 页。

观上存在的优缺点。同时，作为堪当民族复兴大任的新时代青年，要将社会主义核心价值观作为自己进行思考、实践的规范和导向，要把国家、民族、人民的共同追求作为自己的行动指南，自觉担负起时代赋予的责任，遵从国家、民族对青年提出的要求，承担起应尽的社会责任，加强学习、提升自我的综合素质；深化社会主义核心价值观的三个层面认识，努力成为明大德、守公德、严私德的好青年，树立正确的价值观、人生观、世界观，在国家、民族发展的大舞台中将自己培养成合格的社会主义事业建设者和接班人，担负起实现中华民族伟大复兴的时代重任。

（二）完善青年思想道德建设体制机制

习近平总书记指出："培育和弘扬社会主义核心价值观，不仅要靠思想教育、实践养成，而且要用体制机制来保障。"[①] 青年思想道德建设需要运行机制的保障，只有健全制度机制，提升政策执行的实际效能，才能推进理论武装走深走实。云南省各级党委和政府要把加强和改进青年思想道德建设作为一项事关全局的战略任务，形成党委统一领导、党政群齐抓共管、文明委组织协调、有关部门各负其责、全社会积极参与的领导体制和工作机制。地方各级党委主要负责同志要积极承担起政治责任，经常分析青年的思想道德状况，及时了解青年思想道德建设工作情况，认真研究解决关于青年的重大问题。围绕青年、关照青年、服务青年，加强和改进青年思想道德建设，是全党全社会义不容辞的责任。各部门及相关单位须根据自身的职责与任务，采取有效措施，坚决贯彻实施《云南省中长期青年发展规划（2018—2025 年）》，勇于创新青年工作的方式方法，注重实际成效，确保青年思想道德建设的各项工作得到切实落实。具体来看，可围绕以下三个方面来进行。

一是建立健全学校与家庭之间的沟通机制，将思想道德的教育延伸至家庭层面。对青年思想道德的教育不能光依靠学校，还须重视和谐的家庭环

① 习近平：《论党的宣传思想工作》，中央文献出版社，2020，第 59 页。

境、优良家风的传承与发展，家长要传播积极、健康、向上的思想，给青年的思想输入正能量，要通过“培育和践行社会主义核心价值观”“积极传播中华民族传统美德”“树立家国情怀和良好家风”等形式，帮助孩子扣好人生的第一粒扣子、迈好人生的每一个台阶。及时发现青年思想道德存在的问题，加强家校两级的沟通交流，合力承担起青年思想道德建设的重任。同时，整合基层公共服务资源，根据地方特点成立家庭教育团队，打造专业化的志愿服务队伍，并积极开展全面、灵活、充实的家庭教育讲座活动，定期邀请专家学者和模范英雄人物进校园，加强对青年的爱国主义教育和实践教育。建立家庭、学校和社会的良性沟通互动机制，使青年的思想道德得到更高层次的升华。

二是健全监督评价机制。加强青年道德建设，要充分发挥监督管理的作用，发挥舆论监督、社会监督、制度监督的作用，使青年道德教育工作有效实施。各项道德规章制度与行为规范都是依据道德规范原则制定的，把道德要求以制度形式反映出来，使青年教育易于接受监督。首先，青年自我监督是道德监督的一个重要方面，也是青年自律自省，发挥主观能动性、加强自身修养的重要方式。其次，要真正发挥监督管理在青年思想道德建设中的作用，避免出现监督口号化、字面化、形式化、难以落到实处的现象。最后，要实实在在把青年关心的道德问题、把不符合社会主义道德的思想和行为通过法律、制度等合理的方式及时解决，从而实现包括青年道德建设在内的公民道德建设的和谐有序发展。

三是完善道德奖惩机制。青年思想道德建设的优化与国家相关政策制度的完善相辅相成，二者之间相互关联、相互作用。因此，要不断深化相关制度的改革与完善，为优化青年思想道德建设环境、促进社会和谐稳定贡献力量。譬如，完善对道德榜样的奖励机制，为营造积极向上的道德环境奠定坚实的物质保障和精神激励。同时，针对青年以自我为中心以及因自由主义和功利主义引发的利己问题，除了完善教育培训体系之外，还可通过国家有关部门完善守法诚信的褒奖机制和违法失信的惩戒机制，坚决惩治失德败德、突破底线的行为，营造崇德向善、奉献集体的社会环境。

（三）提升思想道德建设队伍能力素质

思想道德建设队伍的素质水平，直接关系到青年思想道德教育的效果。目前，大中小学以及社会中的思想道德建设队伍在人才机制建设方面尚存在不匹配、不完善的问题，师资队伍力量不足、专业性素养也有待提升，这对青年价值观的实践转化产生了深刻影响。因此，应着重加强思想道德建设队伍的专业化，通过强化培训和进修，提升其理论水平和实践能力，以满足青年成长成才的发展需要。

一是夯实思想道德建设队伍的理论功底，并强化其社会实践能力。在青年思想道德教育中，教师扮演着至关重要的角色，他们不仅给学生传授知识，更是学生人生观、价值观的重要引路人。因此，教师队伍需要提升自己的道德修养，系统掌握有关思想道德建设的理论知识，不断更新知识库。然而，仅有理论功底是不够的，教师队伍还需要强化社会实践能力。教师所在学校应为教师提供更多深入了解青年思想发展状况的机会，可以通过组织教师参与青年外出调研活动，增进对青年思想动态的了解；鼓励教师参与师生互动项目，通过多样化的活动形式，与青年学生建立更加紧密的联系。此外，还可以设立定期的师生交流谈心机制，以便教师能够及时了解学生的需求和困惑，为他们提供有针对性的指导和帮助。通过这些举措，不仅有助于提升教师的职业素养，还能够更好地满足青年学生的成长需求，实现教育教学的双向互动和共同进步。在夯实理论功底和强化社会实践能力的基础上，专业课教师还应具备严谨治学、敬业爱岗、为人师表的品质，他们应引导学生正确处理个人与集体、局部与整体的关系，增强学生的团队意识，教导学生顾全大局。这样的品质不仅有助于培养学生的良好品德，也有助于塑造积极向上的校园文化和社会氛围。

二是注重优化师资结构，从具备社会工作经验和经历的人员中选拔思想道德建设队伍，确保教育者先受教育。同时，当前部分青年对马克思主义理论掌握不够深入、无法有效将理论与实践相结合，存在“知行”脱节的问

题，还需加大具有马克思主义理论专业背景的人员在思想道德建设队伍中的配备力度。这有助于确保真正懂得马克思主义理论的人员在思想道德建设队伍中发挥影响力，从而引导青年科学对待马克思主义真理，切实做到真学、真懂、真信、真用。

（四）打造青年思想道德建设实践平台

青年思想价值观的形成根植于广泛而深入的社会实践之中。在推动青年思想道德建设的进程中，不能仅仅局限于对思想道德本身的讨论，而应当深入其产生与演进的实践根基。应立足云南实际，致力于构建助力青年思想价值观发展的实践平台。搭建思想道德建设新平台就是主动适应社会发展新形势，把思想道德建设的内容项目化、实践化，通过强化平台的支撑作用，发掘云南独有的教育资源，广泛普及社会主义核心价值理念，把勇于创新、奋发向上、诚信友爱的思想品格融入青年的血液中，在潜移默化中不断提升青年道德文明素质，为构建和谐社会奠定强大的思想道德基础。

一是打造云南青年榜样示范平台。树典型立榜样是开展道德素质教育的重要环节，利用优秀典型青年人物的正向示范作用可带动青年群体的思想道德正向发展。对此，可增强新媒体在发挥青年典型示范引领作用中的优势，内容要坚持问题导向，以云南学生现实困扰为需要，利用青年典型的事例进行“传道”“解惑”，借助青年典型丰满的人物造型、丰厚的故事背景、丰富的思想内涵助力云南青年的成长成才，扩充云南青年获得社会正能量的渠道、增强云南青年应对社会风险的信心和能力。

二是打造云南青年实践教育资源平台。云南有丰富的红色资源以及民族文化资源，例如，云南陆军讲武堂、云南扎西会议纪念馆等中国经典红色景区；大理白族自治州、司莫拉佤族村、怒江傈僳族自治州等少数民族景区。依托优良的红色旅游资源和丰富的民族文化资源，用情用力讲好红色故事和民族团结故事，能够提升红色旅游以及民族文化资源的感染力和影响力。重点加强党建主题公园、各类图书馆、科技馆、党史馆等教育基地建设，不断增加青少年思想道德教育元素。深入开展志愿服务活动，不断加强红色教育和民族团结的阵地建设，利用重大节日、采取多种形式宣传党史上的重大事件、重要战斗、重点人物，让青少年在潜移默化中接受革命传统教育，传承红色基因、赓续红色血脉；在各种形式的活动中感悟民族文化、维护民族团结，自觉铸牢中华民族共同体意识。

三是以劳动教育为抓手，把养成劳动习惯、强化劳动情感、掌握劳动技能结合起来。家庭在劳动教育中发挥着基础性作用，应从日常生活细节如衣食住行等方面出发，传授青年基本的生活与生产技能，如烹饪、家具家电维修及农业劳作等。学校则需发挥主导作用，差异化设计劳动教育课程、打造专业化的劳动教育实践基地，以拓展劳动教育空间。此外，学校应积极与街道社区、企业工厂及职业院校等建立紧密联系，共同构建劳动实践场所。组织青年学生参与农民、环卫工人、保洁员、外卖骑手、快递员等职业体验活动，使其感受劳动的艰辛与收获的快乐。同时，继续组织和动员青年学生积极参与“三下乡”社会实践活动及乡村振兴调研活动，引导学生深入社区、工厂、农村，实地考察经济实体、调研民生数据，特别是通过直接参与社会劳动，激发他们了解社会各行各业知识的兴趣，培养青年深厚的家国情怀。

（五）创新网络思想道德建设方式方法

要利用网络平台，积极探寻并建立适合青年兴趣、易于青年参与的互联网互动体验场景，构建一个双向互动的网络教育平台，以满足青年成长成才的多元需求，共同维护网络精神家园。

一是要契合网络特点，同时把握当代青年特点。网络具有平等性、自由性、虚拟性、交互性等特点，并且只有准确把握新一代青年的特点，掌握他们的思想和行为规律，才能对其进行准确的道德教育。因此可以采取互动式教育方式，在自由平等和谐的气氛中进行教育和引导；还可以通过网络调研等方式及时了解当代青年真实的认知状态、心理状态和思想状态，从而适时调整网络道德教育的方式方法，提高针对性。同时从广大青年关心和热议的问题着手，提升道德教育的吸引力和引领力。

二是要运用现代信息技术，大力培育具有社会主义性质的网络文化。一方面，要以主旋律、正能量为主基调，培育积极向上的网络文化氛围，引导互联网在各领域发展的健康取向，让优秀道德文化和正确价值观念充盈网络。另一方面，要充分利用“互联网+”模式，积极进行“互联网+道德建设”的有益探索，积极利用可视化数据、VR等呈现形式，使抽象的理论得以鲜活表达。利用“互联网+公益”等模式，将主流价值观融入青年生活，着力提升面向青年群体的新媒体网络平台的服务力、吸引力，把科学理论、重要观点融入典型事件、热点事件分析，正面发声，理性辨析，以理服人，以情动人，发挥好新媒体平台对青年思想道德的教育引导和激励作用。

三是要创新宣传方式，推进理论武装。要主动适应青年思想心理、认知方式、行为方式呈现的新特点新变化，提升青年的理论知识水平，以专题的形式开展道德理论教育。例如，开展以弘扬伟大建党精神为专题的教育、以优秀传统文化为专题的教育，引导青年将个人理想与国家的前途、民族的命运紧密结合起来，树立并增强青年对国家前途、民族命运的忧患意识，对国家进步与发展的奉献意识，对国家利益与安全的捍卫意识。

B.3

云南青年教育发展报告

杨 波　段 任　肖文英　唐先侣*

摘　要： 青年教育的发展对推动地区经济、文化和社会进步具有重要作用。本报告在系统梳理我国青年教育的主要特征的基础上，全面深入剖析其发展现状与独特特征，同时回顾并总结近年来云南在青年教育领域所取得的显著成效与宝贵经验。研究发现，云南青年教育在不断加大投入力度后，教育资源优化成果显著、教育改革创新效果明显、沿边教育合作不断深化。未来需要继续加大投入，深化改革，推动青年教育事业的持续健康发展。

关键词： 云南青年　青年教育　青年发展

一　引言

百年大计，教育为本，教育始终是强国兴起的关键因素。习近平总书记指出："培养什么人、怎样培养人、为谁培养人是教育的根本问题，也是建设教育强国的核心课题。"① 云南省委、省政府始终贯彻落实党的教育方针，加强党对教育工作的全面领导，坚持不懈用习近平新时代中国特色社会主义思想铸魂育人。近年来，云南青年教育高质量发展成果显著，教育普及水平

* 杨波，云南大学经济学院助理研究员，研究方向为金融科技、数字金融、普惠金融；段任，云南大学经济学院本科生；肖文英，云南大学经济学院本科生；唐先侣，云南大学经济学院本科生。

① 吴月：《落实立德树人根本任务（强国建设　砥砺前行）——代表委员谈加快建设教育强国》，人民网，2024 年 2 月 26 日，http：//politics. people. com. cn/n1/2024/0226/c1001－40183033. html。

大幅提升，基础教育优质资源持续增加，高等教育龙头作用更加彰显，教育系统政治生态持续向好；但总体来看，云南青年教育水平仍落后于全国平均水平。因此，为进一步推动云南青年教育朝着更高质量、更有效率、更加公平、更加持续的方向发展，加强云南青年教育发展具有重要的战略意义。

二　我国青年教育的主要特征

青年教育，即根据青年的生理、心理特点，通过学校、家庭、社会等平台，在德、智、体、美、劳等方面对青年进行影响和形塑，使其逐步成长为按照人类文明规范行事的合格社会成员、适应社会发展要求的有用之才、中国特色社会主义建设事业的接班人。自新中国成立以来，我国教育事业走过了由旧到新、由小到大的非凡历程，实现了从文盲大国向教育大国、从人口大国向人力资源大国的转变。

（一）青年教育现状

自党的十八大以来，党中央坚持把教育作为国之大计、党之大计，作出建设教育强国的重大决策，推动新时代教育事业取得历史性成就、发生格局性变化。我国已建成世界上规模最大的教育体系，教育现代化发展总体水平跨入世界中上国家行列。据中国教育科学研究院测算，我国目前的教育强国指数居全球第23位，比2012年上升26位，是进步最快的国家。2023年，全国共有各级各类学校49.83万所，各级各类学历教育在校生2.91亿人，专任教师1891.78万人。义务教育提升质量进一步推进，全国共有初中5.23万所，设施设备达标的学校占比95%以上；高中阶段办学条件有所改善，我国高中阶段毛入学率91.8%；高等教育入学机会进一步增加，高等教育毛入学率60.2%，比上年提高0.6个百分点，提前完成“十四五”规划目标。①

① 《教育部召开新闻发布会介绍2023年全国教育事业发展基本情况》，中华人民共和国教育部网站，2024年3月1日，http://www.moe.gov.cn/fbh/live/2024/55831/。

（二）青年教育资源的投入与配置

1. 教育经费投入

随着国家对教育事业的高度重视，我国教育经费的投入规模逐年增长，2011~2020年，中国的教育经费支出稳步攀升，呈现积极的发展态势。教育经费支出稳步攀升体现了国家对发展教育事业的坚定承诺和长期规划，政府深刻认识到教育是国家发展的基石，是推动社会进步的重要力量。教育经费的稳步增长带来了教育资源的持续优化和升级，随着经费的增加，学校的教学设施得到了显著改善，教师队伍建设得到了进一步加强，课程内容和教学方法也得到了不断创新和完善，这些都为提高教育质量、培养更多优秀人才奠定了坚实基础。此外，教育经费的增长还促进了教育的公平和均衡发展，政府通过加大对贫困地区和薄弱学校的投入力度，努力缩小地区之间、城乡之间以及各学校之间的教育差距。

2. 师资力量配置

中国青年教育师资力量的配置情况直接影响着青年一代的教育质量和国家的未来。近年来，随着国家对教育事业的持续投入和改革力度的加大，青年教育师资力量的配置也呈现积极的变化。首先，从数量上来看，青年教育师资队伍规模不断扩大。随着教育事业的发展，越来越多的青年加入教育行业，为青年一代提供了更加充沛的教育资源。他们年轻、有活力，更容易与青年学生建立起良好的师生关系，从而激发青年学生的学习兴趣和积极性。其次，从质量上来看，青年教育师资队伍的素质也在不断提高。越来越多的高学历、高素质人才选择从事教育工作，使得青年教育师资队伍的整体素质得到了显著提升。最后，从配置上来看，青年教育师资力量的配置还得到了政策的支持和保障。国家出台了一系列政策，鼓励优秀青年教师到基层、到艰苦地区任教，提高教师的待遇和地位，为他们提供更好的发展机会和平台。这些政策的实施，有效地促进了青年教育师资力量的均衡配置，使更多的青年学生能够享受到优质的教育资源。

3. 教育教学设施投入

当前，我国教育已由规模扩张阶段转向高质量发展阶段，青年教育教学设施投入得到保障。从投入规模上来看，2011~2022 年，中国青年教育教学设施的投入总体呈现增长趋势（见图 1）。从投入结构上来看，中国青年教育教学设施的投入逐渐趋于均衡和全面，包括体育运动场（馆）、体育器械、音乐器材、美术器材、理科实验仪器等。此外，中国青年教育教学设施的投入还注重与时俱进和科技创新。随着信息技术的快速发展，越来越多的学校引入智能化、数字化的教学设施，如智能教室、在线教育平台等，这些设施的引入不仅提高了教学效率，也为学生提供了更加便捷、高效的学习方式。

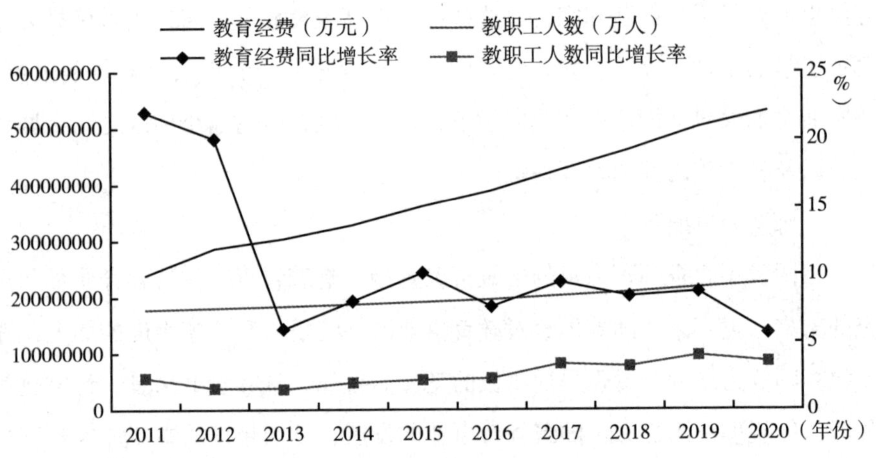

图 1　2011~2020 年中国教育经费、教职工人数及其同比增长率

资料来源：中国经济社会大数据研究平台。

（三）青年教育公平与普及

1. 义务教育普及方面

根据教育部发展规划司的数据，我国的教育普及水平实现了历史性跨越。① 2021 年，义务教育阶段学校达到 20.7 万所，在校生 1.6 亿人，已经

① 数据来源：教育部发展规划司。

实现全面普及；劳动年龄人口平均受教育年限达到 10.9 年，比 2012 年增加 1.0 年。义务教育阶段建档立卡辍学学生实现了动态清零，全国 2895 个县全部实现了义务教育基本均衡。此外，政府主导的学生资助政策体系实现了对所有学段、所有学校、所有家庭经济困难学生的全覆盖，教育公平取得了新成效。在财政投入方面，我国将义务教育全面纳入财政保障范围，义务教育的经费始终保持在国家财政性教育经费的 50%以上，体现了对教育的重视和保障。我国义务教育标准化工作不断加强，有效推动实现城乡统一的义务教育学校建设标准，显著改善了农村学校的办学条件。义务教育普及的核心亮点在于其公益性和普及性，这意味着义务教育是面向所有适龄儿童和青少年的，无论他们的家庭背景、经济状况或地域差异如何，都能享受到免费的基础教育。这种公益性和普及性确保了教育资源的公平分配，为青年一代提供了平等的受教育机会。

2. 高等教育机会方面

我国的高等教育机会在近年来有了显著的扩展。随着国家对高等教育投入的增加，以及高等教育机构数量的增长，更多的青年有机会接受高等教育。这种扩展不仅体现在高等教育的数量上，还体现在层次和类型上，使得更多的青年可以根据自己的兴趣和条件选择适合自己的教育路径。从研究生招生人数的增长来看，我国的高等教育机会在近年来得到了显著扩展。这一增长趋势不仅反映了国家对高层次人才培养的高度重视和持续投入，更是我国高等教育体系不断发展和完善的生动体现。随着社会的快速发展和科技进步的日新月异，对高层次、专业化人才的需求日益迫切。因此，我国政府不断加大对高等教育的投入力度，努力提升研究生教育的质量和规模。这种投入不仅体现在对高校的经费支持上，更体现在对研究生教育政策、培养模式和招生机制的改革与创新上。研究生招生人数持续上升，为更多的青年提供了接受高等教育的机会。越来越多的青年通过考研这一途径，实现了自己接受高层次教育的梦想，他们可以在高校中深入学习专业知识，进行科研实践，提升自己的综合素质和能力水平。这不仅有助于个人的成长和发展，也为社会培养了更多具备创新精神和实践能力的高素质人才。

3. 特殊群体关注方面

针对特殊群体的教育问题，政府和社会各界也给予了越来越多的关注和支持。[①] 我国义务教育招生入学改革不断深化，免试就近入学和"公民同招"政策全面落实，优质普通高中学校50%以上的招生名额合理分配到区域内的初中，"择校热"大幅降温。高校招生向中西部和农村地区倾斜，实施面向贫困地区定向招生专项累计录取学生20余万人。营养公平纳入教育公平，全国29个省份1762个县实施了营养改善计划，每年惠及3700万名农村学生，受益学生的体质健康合格率从2012年的70.3%提高至2021年的86.7%，农村学生健康状况有了根本改观。结合特殊群体的就业率来分析，可以发现我国青年教育公平与普及的推进对特殊群体的就业产生了积极影响。从特殊群体的就业率来看，随着教育公平与普及的推进，越来越多的特殊群体青年能够接受到高质量的教育，进而提升他们的就业竞争力。政府通过实施一系列教育扶贫政策，加大对特殊群体的教育投入，改善他们的教育条件，使得更多特殊群体青年能够顺利完成学业并进入就业市场。青年教育公平与普及的推进也促进了特殊群体青年的职业发展。通过接受更加全面和系统的教育，特殊群体青年在技能、知识和综合素质等方面得到了显著提升，这使得他们在就业市场上更具竞争力。2023年，在各级政府的重视下，云南省残疾青年就业率已经接近50%（见表1），特殊群体的就业问题得到较好落实。

表1　2023年云南省残疾青年人数与就业情况

单位：人，%

性别	残疾青年人数	已就业残疾青年人数	残疾青年就业率
男	112587	53059	28.84
女	71389	30403	16.53
总计	183976	83462	45.37

注：此处"残疾青年就业率"为"已就业残疾青年人数"占总"残疾青年人数"的比重。
资料来源：中国经济社会大数据研究平台。

① 数据来源：中华人民共和国教育部。

三 云南青年教育发展现状分析

（一）青年教育质量与成果

1. 教育质量显著提高

（1）教育质量方面。近年来，云南省委、省政府全面学习贯彻党的二十大精神，深入学习习近平总书记关于青年工作的重要论述和考察云南时的重要讲话和重要指示精神，聚焦云南省“3815”战略规划，统一部署了云南省教育高质量发展三年行动计划，云南省的青年教育质量也在三年行动计划中得到显著提高。云南省为促进青年教育全面发展实施了以下一揽子工程。第一，健全思政课的课程建设机制，建成“张桂梅思政大讲堂”以促进青年人才政治素养的提高和奉献精神的培养。第二，促进学生心理健康工作基础总体形成。2023 年度全省高校 100%设立了面向学生的心理咨询机构，在中小学探索建立了“1+4+16+129”心理健康教育工作模式，即省级统筹、市为中心、县为基地、学校为布点的学生心理健康管理体系，有效为青年人才发展提供心理保障。[①] 第三，全力保障云南大学“双一流”学校建设、昆明理工大学创建“双一流”学科。同时，云南省认真落实习近平总书记致云南大学建校 100 周年重要贺信精神，着力办好祖国的边疆高等教育，加强省属高等院校的建设，为云南省青年人才培养提供良好条件。

（2）初等教育课程设置方面。近年来，云南省中学教育在推进新高考改革和课程创新方面取得了显著进展。新高考改革已经逐步推广至全省范围，旨在更好地评价学生的综合素质和能力。这一改革有助于缓解学生的学习压力，促进他们更全面、更深入地学习。同时，云南省加强了对青年学生创新思维的培养。通过引入创新教育方法和活动，鼓励学生积极探索、实践和创新，提高他们的解决问题能力和创新能力。在课程创新方面，云南省除

① 数据来源：《云南省教育高质量发展三年行动计划（2023—2025 年）》。

了坚持传统的语文、数学、外语、政治、历史、地理、物理、化学、生物、美术、音乐和体育等核心课程之外，还增设了心理课程。这一举措旨在加强青年学生的心理建设，帮助他们更好地了解自己、管理情绪、解决问题，从而提高其心理素质和应对挑战的能力。这些改革举措不仅有助于提高青年学生的学术水平，更重要的是有助于培养他们的综合素质、创新能力和心理素质，为他们未来的学习和生活打下坚实的基础。

（3）高等教育科研能力方面。云南省的科研单位以云南大学等高等教育学府为主。云南省加快推进云南大学“双一流”大学建设和昆明理工大学“双一流”学科创建。近年来，云南省聚焦重点产业发展，实施云南省一流学科建设，开展学科质量评价，完善支持机制，新建成了一批博士、硕士学位点，支持有条件的州（市）高校自主开展研究生教育；大力推进西南联合研究生院建设，创新科研型青年培养模式，打造高水平科研平台。同时，云南省的青年科研人才连续获得国家自然科学基金项目的立项，为云南省科研能力提升作出贡献。

2. 教育成果日益显著

（1）学术成果方面。2023 年 11 月，中国科学院、中国工程院公布新增院士名单，云南大学徐星教授、西南林业大学杜宫本教授、昆明植物研究所研究员孙航当选两院院士，这是云南省科研学术成果日益显著的重要里程碑。云南省日益显著的学术成果来源于云南省委、省政府对青年教育的高度重视，2022 年中共云南省委人才工作领导小组实施云南省“兴滇英才支持计划”青年人才专项工作，专项工作实行两年以来共有 1371 人入选青年人才专项、804 个项目获得项目经费支持①。入选专项的青年人才（40 周岁以下、具有博士学位）是云南省现阶段科研工作的主力军，他们主要分布在云南省内各州市、高等院校、科研机构等，其经费支持项目覆盖了高原农业、绿色能源、生物医药等云南省重点产业领域。

---

① 数据来源：《云南省人力资源和社会保障厅关于反馈〈云南青年发展报告（2024）〉编撰相关资料数据的函》。

（2）社会服务方面。2023 届云南省高校毕业生 34.84 万人，博士毕业生占比 0.2%，硕士毕业生占比 5.4%，本科毕业生占比 40%，专科毕业生占比 54.4%。[①] 云南省积极深入拓展就业岗位，举行大型校园招聘会，引导企业拓展青年人才需求的就业岗位。支持学生自主创新、创业，对符合条件的高校毕业生等青年加大创业担保贷款扶持力度，助力创新创业。2023 年云南省经备案认定“三区”科技人才达 2728 人，其中青年（14～35 岁）271 人，服务覆盖 15 个州市 81 个“三区”县[②]，从事中药材、食用菌、肉牛养殖等产业，让青年人才的学术能力在社会服务中得到展现。

（3）国际化发展方面。云南省积极引进国外优质教育资源，开展中外合作办学，建设中外合作办学学科。云南各大高校主动扩招国外留学生，积极提升留学生教育的质量，打造“留学中国 · 学在云南”品牌。以云南大学外国语学院为代表的教学科研单位主动加强非国际通用语种专业的建设，实现面向南亚、东南亚国家官方语言的专业设置和人才培养的全覆盖。

（二）青年教育实践与创新

1. 以学生为中心促进多元化发展

云南省以学生为中心发展教育，促进青年学生德、智、体、美、劳多元化发展。云南省实施云岭思政“个十百千万”工程，全面加强新时代马克思主义理论教学建设，推动思政课程和课程思政的深度融合，全面推进青年学生思想政治教育一体化建设。云南省按照“六个一”思路有序推进全省高校心理健康教育工作。2023 年，云南省将学生心理健康工作纳入地方人民政府的业绩考核范围，并且在春季、秋季学期进行督导巡查。同时，云南省重视教育资源不平衡问题，2023 年支持建设乡镇多功能运动场 88 个，体育公园 12 个，社会足球场 7 个，标准田径跑道 5 条，县级体育场馆 5 个，

① 数据来源：《云南省人力资源和社会保障厅关于反馈〈云南青年发展报告（2024）〉编撰相关资料数据的函》。

② 数据来源：云南省科学技术厅网站。

全民健身中心 4 个，健身步道 5 条，室内外健身设施 175 套。[①] 云南省推动体育与教学融合发展，扩大体育教育改革试点范围，打造云南省青少年校园体育精品赛事。建设大中小学高水平艺术团，实施“体育美育浸润行动计划”。制定劳动教育课程与指标体系，加强青年学生课外实践教育基地建设，完善大中小学劳动教育体系。持续推进各级特殊教育资源中心建设，推动发展职业高中的特殊教育能力建设，支持有条件的高等院校为残疾青年学生开设相关专业，让教育的发展更多惠及残疾青年学生。

2. 生态教育与信息技术教育并进

为深入贯彻落实云南省委、省政府关于实施城乡绿化美化三年行动部署要求，全面推动全省校园环境绿化美化建设，云南省教育厅印发了《云南省绿美校园三年行动方案（2022—2024 年）》《绿美校园三年行动成果评估标准》《云南省绿美校园三年行动评价工作方案》等文件，促进全省绿美校园工作落地。各地方教体局、各高等院校出台配套计划，明确主体责任，有序落实计划，为绿美校园建设提供了坚实基础。同时，开展绿美校园评比活动，经过逐级筛选推荐，云南大学、昆明理工大学等 10 所高校被评为 2023 年度省级绿美校园。全省各校多措并举推动绿美校园建设，开展形式多样的宣传教育，因地制宜提升校园绿化美化水平，打造学生心目中的美好校园。另外，云南省积极推动数字校园建设，通过数字化推动教育创新，着力提升信息技术教育应用水平。建设标准化数字教室，满足学校基本的数字化教学需求。按需建设互动直录播教室，保障学校有能力开展公开课和进行优质课程录制等，促进全省大中小学数字校园基本覆盖。

3. 科技创新与文化创新教育并行

云南省聚焦重点产业，着力提升高等院校的产学研能力、青年人才服务经济社会的能力。建设好了一大批重点科技成果转化的平台，促进高校科技创新成果有效转化；建设了高水平国家级实验室、科研设施，强化有计划的科研，形成产学研合作联合体；增强了高等院校科技创新服务乡村振兴的能

① 数据来源：《云南省体育局关于提供体育数据资料的函》。

力，建立农业科技成果转化机制，支持农业科技创新成果落地乡村。同时，云南省重视青年人才文化创新的能力，积极培养少数民族非物质文化遗产青年传承人。青年传承人们结合当代实际，推陈出新，让更多的中华优秀传统文化焕发出青春活力，从而丰富人民群众的精神世界，增强人民群众的幸福感、满足感、获得感。

四 云南青年发展教育成就与经验

自2023年云南省委办公厅、云南省人民政府办公厅印发《云南省教育高质量发展三年行动计划（2023—2025年）》以来，云南省着力扩大优质教育资源供给，着力提高人才自主培养质量，着力提升教育服务国家战略和云南经济社会发展能力，并取得了显著成绩。

（一）教育资源优化成果显著

1. 教育资源分布更加均衡

云南省通过一系列有力措施，积极推动城乡教育资源均衡化，推进义务教育学区制管理和基础教育集团化办学，加快组建一批以优质义务教育学校和普通高中为牵头学校的基础教育集团。多措并举推动教师“省管校用”提质培优，构建符合云南实际的国家、省、州（市）三级托管帮扶体系，通过实施教育人才“组团式”帮扶一批、教育部直属高校托管帮扶一批、教师“省管校用”对口帮扶一批、省属高校托管帮扶一批、州（市）内优质普通高中托管和组建教育集团帮扶一批，实现普通高中托管帮扶县域全覆盖，三级及以下普通高中帮扶全覆盖，整体提升县域普通高中办学水平。通过改善农村学校的基础设施，如修建教学楼、宿舍楼、食堂等，为农村学生提供了更好的学习环境。通过提高农村教师的工资待遇，改善他们的工作和生活条件，吸引更多优秀教师到农村任教。通过组织城乡学校之间的结对帮扶、教师互派等活动，促进城乡学校之间的资源共享和经验交流，这不仅有助于提升农村学校的教育质量，还能够促进城乡教育的融合发展。通过建立完善的教育资源管理机制，云南实现了对教育资源的高效利用和共享，各地区之间的教育资源得到了有效整合，优质教育资源得以在更大范围内流动和共享，进一步促进了区域教育资源的均衡化。

2. 教育信息化建设成果明显

（1）数字化教学资源建设。云南省以数字化推动教育变革和创新，着力提升应用水平，预计到 2025 年，将建成教育公共服务平台，基本实现大中小学校数字校园全覆盖。数字化教学资源建设在云南青年发展教育中扮演着至关重要的角色。云南通过引入电子教材，使教学内容更加符合青年学生的学习需求。同时，电子教材还配备了大量的图片、视频等多媒体素材，使教学更加生动、形象，提高了学生的学习兴趣。在线课程的建设为云南青年提供了更灵活多样的学习方式。通过在线课程，学生可以根据自己的时间安排和学习进度进行自主学习，突破了传统课堂的时间和空间限制。此外，云南还积极引进优质的在线课程，为学生提供了更丰富的学习资源。

（2）在线教育平台建设。云南省积极推进教育信息化建设，持续开展教育专网建设，发展“5G+远程互动教学”，全面推进数字校园建设，加快建成“云上教育”平台，推进“平台+教育”服务模式，建设各级各类教育线上线下融合示范课程，加强中小学数字教育资源建设，构建教育资源共享体系。云南省教育厅搭建“云上课堂”在线教育教学平台，接入国家教育资源公共服务平台等数字资源库，以部编教材及各地使用的教材版本为基础，利用“互联网+教育”模式，为全省中小学生提供线上教学服务。云南省发展和改革委员会进行了云南省智能教育平台的可行性研究，旨在为教育系统各类应用提供统一入口、统一身份认证、统一数据服务等功能。

（3）信息技术应用培训。云南省在推动青年发展教育的过程中，特别注重提升教师的信息技术应用能力。云南省整合各类教育管理和教学管理信息系统，推动“互联网+政务服务”平台广泛应用，促进教师管理智能化，加速教育治理数字化转型，有效提高了教师运用信息技术进行教学的能力，推动了信息技术与教育教学的深度融合。云南省积极组织各类信息技术应用培训课程，这些课程不仅涵盖了基本的计算机操作和网络知识，还包括了多媒体制作、在线教学平台使用等先进技术的应用。通过系统的培训，教师们掌握了信息技术在教学中的基本应用技能，为信息化教学打下了坚实的基础。云南省还积极引入外部资源，与专业的培训机构合作，邀请行业专家和学者讲课，这不仅带来了前沿的教学理念和先进的技术，还激发了教师们学习信息技术的热情和积极性。通过信息技术应用培训，云南省的教师们不仅提高了自身的信息技术应用能力，还推动了信息技术与教育教学的深度融合。在教学过程中，教师们通过灵活运用信息技术手段，创新了教学方式方法，丰富了教学内容和形式，提高了学生的学习兴趣和参与度。同时，信息技术的应用也使得教学评价更加客观、科学，为提升教学质量提供了有力支持。

（二）教育改革创新效果明显

1. 青年思想政治教育成果显著提高

云南省各级共青团委深入开展“学习党的二十大精神”的主题思想教育活动，持续推进“青马工程”“青年大学习”“红领巾爱学习”等青年马克思主义理论学习的重大活动，覆盖影响了3000余万人，不断筑牢新时代云南青年的思想之基；推出了以“团播云南”为代表的一系列意识形态教育的网络文化产品。推动有计划、有组织地学习新思想的常态化学习活动是云南省思政教育改革的重点任务。参加“云岭青年大学习”主题团课的青年平均每年274万余人次，平均参学率110.18%；11万余个团支部常态化开展“三会两制一课”活动，团组织生活会成为青年朋友们交流思想、坚定信念的主要阵地；各级“青年讲师团”开展思政教育宣讲7200余场次，线上线下共覆盖36.38万余人次。[①]“行走的思政课”走入云南省大中小学，各个青年教育的承载学校增加思政课课时，让思政课学习成为当代青年的必修课之一。

2. 大中小学课程改革初见成效

云南省课程改革注重青年学生的综合素质培养，全面采用新教材、新模

① 数据来源：《共青团云南省委十五届三次全体（扩大）会议工作报告》。

式，重视培养青年的思考能力和辩证思维。在中学教育方面，云南省实施了“3+1+2”的新高考改革、采用了教育部统一编写教材，加强了青年学生的创新思维培养，同时在原有语、数、外、政、史、地、物、化、生、美术、音乐、体育等传统课程的基础上增设了劳动实践课程，培养了学生动手能力。在职业教育方面，通过整合教育资源、集团化办学等方式，做优做强职业教育，职业高考改革初见成效，省内各大高校扩大了专升本招生规模，实现了“中高本硕博”的有效衔接。在高等教育方面，设置本科、硕士研究生、博士研究生、博士后流动站的教育课程，主要的教学单位有云南大学、昆明理工大学、云南财经大学等，课程涵盖理学、工学、经济学、医学等专业门类。

3. 青年素质教育质量日益显著

云南省教育厅启动全省青年心理健康测评的工作，建立了一整套覆盖面广、逐级报告的青年心理监测体系，省卫生健康委员会全面加强监测青年视力、体质健康的数字化体系建设，常态化监测全省青年体质与参加体育锻炼的状况，为全省青年的身心健康提供了指导和服务。云南省实施更加积极的就业、创业政策，出台了一揽子支持青年人才就业、创业的政策“礼包”，组织开展了“云南青年创业省长奖”“云南创新创业之星”评选大赛等创新创业赛事，为全省青年提供岗位 70 余万个，助力 7 万余名青年达成就业协议。[①] 同时，将婚恋教育纳入青年教育体系，强化了青年对婚恋生活的认识与理解，广泛开展了青年性健康教育、生育政策宣传教育。

（三）沿边教育合作不断深化

1. 沿边教育合作现状

云南省积极推动与周边国家的教育合作，特别是与老挝、越南、缅甸、泰国等国的教育、经济和贸易合作。2016 年，老挝国家领导人访问云南并与云南省签署了多项合作协议，涉及教育、经济和贸易等领域。这些合作为

① 数据来源：2022 年度《云南省中长期青年发展规划（2018—2025 年）》统计监测报告。

两国青年教育沿边合作发展带来了更多机遇和发展空间，为推动国家间教育合作与文化交流做出了积极的努力和贡献。截至 2023 年，云南省共与 37 个国家缔结国际友好城市 106 对。[①] 因此，云南省除了与老挝外，还与越南、缅甸、泰国等邻国开展了教育合作。云南省与邻国的教育合作将在未来继续保持积极发展的趋势。自 2020 年起，云南省与周边国家在全球化浪潮中加强了教育合作发展，特别是在促进跨境民族学生接受义务教育方面取得了进展。[②] 未来，随着人文交流的不断深化，云南省将进一步深化与邻国的教育合作，共同探索合作机制，促进交流与合作，推动跨境教育事业的健康发展。

2. 沿边教育合作举措

云南省探索建立具有区域特色的国际教育合作长效机制，搭建政府平台，以学分互认为基础实现双边和多边对接，并增加话语权，实现互利共赢。同时，探索建立中央支持、地方主导、学校参与的国际教育合作模式，通过多边和双边合作产生影响力。此外，探索扩大地方政府在国际教育合作中的作用，为把云南建设成为中国向西南开放的重要“桥头堡”提供人力资源支撑。具体项目方面，云南省的高校与哈萨克斯坦、吉尔吉斯斯坦、塔吉克斯坦等国家的大学建立了教育合作关系，并积极推进学术交流。[③] 作为国家汉办在全国批准设立的第 20 个汉语国际推广基地[④]，云南师范大学支持国际汉语教学，为周边国家培训汉语教师和培养汉语师资，是中国为东南亚国家进行汉语师资培训的基地之一。这些措施的实施将有助于提升云南省在地区和国际的教育交流和合作水平。

3. 青少年学生交流与服务

云南省与周边国家青少年学生的交流与服务取得了一系列显著成果，产

---

① 《云南省参与共建“一带一路”倡议十周年新闻发布会》，云南省网上新闻发布厅，2023 年 10 月 26 日，https：//www. yn. gov. cn/ynxwfbt/html/2023/zuixinfabu_ 1025/6217. html。

② 卢光盛主编《澜沧江—湄公河合作发展报告（2022）》，社会科学文献出版社，2023。

③ 云南大学网站，http：//www. sseaun. ynu. edu. cn/member-list. html。

④ 《国家汉语国际推广基地云南揭牌》，中国日报网，2012 年 11 月 26 日，http：//www. chinadaily. com. cn/dfpd/yn/bwzg/2012-11/26/content_ 15958902. htm。

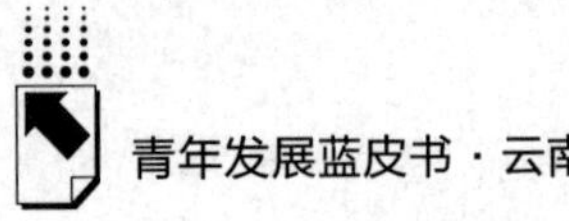

生了一定积极影响。云南省通过定期举办青少年交流活动和项目，促进了中老、中泰等国家青少年之间的相互了解和友谊，加深了跨文化交流，推动了地区间教育合作的进程。云南省与老挝展开了双边教育合作计划，着重中老语言教学、学生交流和联合办学。这个计划旨在促进两国青少年学生之间的交流与合作，为青少年提供了学习语言的机会，提升了双方的语言交流能力，加强中老两国的教育合作关系。通过青年志愿者交流项目，例如青年志愿者交流和中国—东盟教育交流周活动，云南省的青年志愿者积极参与周边国家的社区服务，为当地居民提供教育支持、医疗救助等服务，促进了地区间的人文交流，展现了云南青年的责任与担当。此外，云南省还与周边国家合作举办青年文化交流营、夏令营等活动，让青少年互相学习交流、体验不同文化，促进了青少年对文化多样性的认知和尊重，培养了他们的国际意识和包容力。总体来说，云南省与周边国家青少年学生的交流与服务不仅促进了教育领域的合作与发展，还给青少年的综合素养提升、人际交往能力培养、国际视野拓展等方面带来了积极的影响。这种跨国家、跨文化的交流与服务不仅有助于建设和谐稳定的邻里关系，还有助于推动各地区教育事业的共同进步。

B.4
云南青少年健康发展报告

董子珠*

摘　要： 青年作为国家的未来，其身心健康状况直接关系到国家健康持续发展。本报告系统评估了云南省青年健康发展的现状，涵盖身体健康和心理健康两个主要方面。通过收集与分析现有文献资料、相关部门调研报告及统计数据，总结了云南省在青年健康促进领域的主要措施及成效。在身体健康方面，云南省通过实施营养改善计划、加强体育基础设施建设等方式，显著改善了青年群体的营养健康状况与体质健康水平。在心理健康方面，本报告揭示了云南省在心理健康教育与服务体系建设中的进展，尤其是在心理健康监测、危机干预及教育资源配置等方面的改革成效。同时，报告指出当前青年心理健康发展中存在的挑战，如心理健康意识薄弱、心理问题普遍等，并提出了相应的政策建议。基于对云南省青年健康发展现状的全面分析，本报告提出了未来云南省青年健康发展的展望，从而进一步完善青年健康发展体系，提升青年群体的整体健康水平，为实现可持续发展目标提供科学依据。

关键词： 青年健康　身体健康　心理健康　云南青年

青年作为国家的未来，其身心健康状况直接关系到国家的发展和未来。随着社会竞争的加剧和现代生活方式的变化，青年身心健康工作显得尤为重要和紧迫。云南省委、省政府对青年的身心健康发展给予了高度的重视与关

* 董子珠，云南大学经济学院教师，研究方向为诉讼法学。

怀，尤其是自《云南省中长期青年发展规划（2018—2025 年）》实施以来，认真推进青年发展规划各项工作落地实施，在青年健康成长方面取得了实实在在的效果。本报告通过查阅和搜集文献资料、借鉴和参考相关部门的调研报告及数据，全面梳理了云南省在青年健康发展方面的主要做法，从身体健康和心理健康两个主要方面出发，全面了解和掌握云南青年健康发展的状况，并提出未来发展展望。

一　促进云南青年健康发展的主要做法

（一）强化政策指导，有效整合资源

一是推进青年发展规划实施。云南省委、省政府高度重视和关心全省青年身心健康发展，推动《云南省中长期青年发展规划（2018—2025 年）》各项任务落地落实，健全落实厅际联席会议机制，召开云南省青年工作联席会议，成立省青年工作联席会议办公室，审议通过《2021 年云南省中长期青年发展规划（2018—2025 年）统计监测报告》。纵深推进规划向市、县级落地实施，各成员单位支持青年发展的共识普遍增强，积极对云南青年成长发展各项工作进行系统谋划，努力推动出台高质量的云南中长期青年发展规划，建立跨部门青年工作联席会议机制。截至 2021 年底，全国省、市、县级青年工作联席会议机制实现 100%全覆盖。未来将进一步完善云南省青年发展事业的重要顶层设计和政策体系，保障青年发展政策措施落到实处。

二是积极推动省委深改委将试点建设工作纳入 2023 年云南省全面深化改革年度重点任务清单。经地方报名、省级推荐、综合评比，2022 年 6 月，团中央确定昆明市入选全国青年发展型城市建设试点地区，曲靖市麒麟区、红河州蒙自市、临沧市临翔区为全国青年发展型县域试点地区。自试点工作开展以来，联席会议办公室及各成员单位采取“一城一策”的方式，指导试点城市（县域）稳步推进试点建设工作。并将“坚持‘五育’并举，加

强和改进学生心理健康、劳动教育工作”写入了2024年云南省人民政府工作报告。

2023年2月17日，通过了《昆明市青年发展型城市建设试点实施方案》，围绕“城市对青年更友好，青年在城市更有为”目标，坚持党管青年原则、倡导青年优先发展、激发青年担当作为，着力丰富青年友好政策、搭建青春建功平台，不断提升青年在城市生活的获得感、幸福感、安全感，引导广大青年为推动昆明高质量跨越式发展、加快社会主义现代化建设贡献青春力量。同时根据《全面加强和改进新时代学生心理健康工作专项行动计划（2023—2025年）》精神，结合云南实际，制定《云南省全面加强和改进新时代学生心理健康工作专项行动实施方案》。

三是整体发力，增强系统观念。云南省在全国率先开展爱国卫生“7个专项行动”，全省环境卫生、公共卫生等得到全面改善，同时积极推进健康产业发展与对外合作，深度融合体育与健康，开展七彩云南全民健身工程；积极推进大型公共体育场馆低收费和免费开放工作，把人民健康放在优先发展的战略地位。

（二）优化数据监测，组织中期和终期评估

云南省全力推动《云南省中长期青年发展规划（2018—2025年）》（以下简称《规划》）的落实，加强指导，统筹做好州市《规划》的前置评估和及时出台。目前，全省16个州市全部出台本级《规划》。到2021年底，县级以上全部建立党委和政府领导下的青年工作联席会议机制，《规划》实施县级试点工作取得阶段性成效，形成可复制、可推广的制度和政策成果。组织实施《规划》实施中期和终期评估。分别于2021年、2025年，由省青年工作联席会议办公室牵头，对《规划》实施情况分别组织中期、终期评估。按照“全面、客观、科学、量化”原则，重点对《规划》总体目标、10个领域发展目标、44项发展措施和11项重点项目实施情况，对建立各级青年发展规划体系、青年工作联席会议机制等贯彻落实情况，对制定统计监测指标体系、开展青年发展指标数据分析等重点任务

推进情况，对各级各部门取得的标志性政策成果等进行全面评估，查找短板弱项，分析存在的困难特别是体制机制障碍。各州（市）团委要积极配合完成省级《规划》落实情况的自评估，并根据规定按期完成本级规划评估工作。

（三）找准平台抓手，服务青年多样化的成长需求

云南省关注青少年受教育需求，积极参与适龄青少年受教育工作。丰富“第二课堂成绩单”“三下乡”等实践教育载体，促进青少年思想成长和全面发展。组织青少年广泛参与全民健身运动，提升身体素质。加强青少年心理健康教育和服务，支持开展健康的青少年交友交流活动，引导青少年树立正确的婚恋观、家庭观，传承弘扬优良家教家风。

发动青少年广泛参与群众性体育运动，开展阳光健身活动。引导青少年亲近自然、爱眼护眼，做好青少年近视综合防控。优化12355青少年服务台建设，提高心理和法律服务能力，深化青春自护教育。依托专业力量完善社会化心理健康服务体系，努力缓解青少年在学业、职业、生活和情感等方面的压力。全面落实《中华人民共和国未成年人保护法》《中华人民共和国预防未成年人犯罪法》，深化创建“维护青少年权益岗”。深化“情暖童心”共青团关爱农村留守儿童行动，扩大“童心港湾”关爱农村留守儿童项目实施规模。

依托“新青年新主播”直播栏目，为青少年提供普法、心理健康等服务，覆盖受众300余万人次。各地12355青少年服务台围绕心理咨询、中高考减压、自护教育等方面扎实开展工作，云南昆明12355青少年服务台被团中央确定为首批全国“12355”区域中心。针对青少年学生校园极端事件、思想波动和心理问题，开通“云青护——一部手机护成长”小程序。昆明市升级12355青少年服务台，累计为青少年提供心理咨询、法律援助服务2.25万人次。①

---

① 数据来源：“昆明12355青少年服务台”公众号。

二　云南青年身体健康发展状况

云南省积极组织高水平青少年体育赛事，整合优化青少年竞赛体系，与教育部门共同研究搭建青少年体育竞赛平台。2022 年，云南省先后开展了青少年足球联赛、青少年田径锦标赛、“奔跑吧 · 少年” 儿童青少年主题健身活动等青少年体育赛事。同时，青年营养健康水平和体质健康水平持续提升，总体而言，全省青年健康状况良好。另外，青少年对营养和能量的需求比较大，与其身体健康相关的指标值得长期关注。

（一）云南省农村青少年营养健康状况显著改善

2011 年，国家启动实施农村义务教育学生营养改善计划，云南省 85 个县纳入国家试点。2012 年云南省启动实施农村义务教育学生营养改善计划和寄宿制学生生活补助，实现全省农村义务教育学生营养改善计划全覆盖。营养膳食是保障青少年健康成长的基石，农村义务教育学生营养改善计划是助力学生健康成长、阻断贫困代际传递、促进教育公平发展的重要举措。自营养改善计划实施以来，农村学生营养状况得到明显改善，平均身高、体重逐步上升；同时，生长迟缓或贫血的儿童逐步减少。①

截至 2016 年 10 月，云南省 129 个县（市、区）共有 15978 所中小学校开展营养改善计划试点，其中小学 14229 所、初中 1749 所；惠及全省 482. 3 万农村义务教育阶段学生，其中小学生 322. 7 万人、初中生 159. 6 万人。通过制定营养配餐指南、强化专业培训、普及营养科学知识、做好监测评估，受益学生的营养健康状况不断改善。在学生营养状况方面，男女生营养不良率分别为 20. 1% 和 14. 8%，与 2014 年（20. 6% 和 15. 1%）相比略有下降；低血红蛋白检出率为 1. 9%，与 2014 年的 5. 5% 相比明显下降；维生素 A 亚

① 《十年健康监测　见证营养改善——农村义务教育学生营养改善计划营养健康状况变迁（2012—2022）》，2022 年 10 月 14 日，中华人民共和国教育部网站，http：//www. moe. gov. cn/jyb_ xwfb/gzdt_ gzdt/s5987/202210/t20221014_ 669469. html。

临床缺乏率为1.0%，与2014年的3.5%相比明显下降；维生素D不足率为33.8%，与2014年的40.3%相比有所下降。[①] 2016~2017年云南省6~17岁儿童青少年贫血率为4.61%，《云南省国民营养计划（2018—2030年）》提出阶段性目标：农村中小学生的生长迟缓率控制在5%以下，缩小城乡学生身高差别；学生肥胖率上升趋势减缓。[②]

昆明市2023年统筹2.98亿元补助资金，用于全市农村义务教育学生营养改善计划。营养改善计划实施十余年来，云南省共投入各级营养膳食补助资金449.94亿元、食堂建设资金80多亿元，全面改善了全省农村义务教育学生营养健康状况，助力了控辍保学和脱贫攻坚工作。[③]

（二）全省青少年体质健康水平全面提升

身高和体重是反映学生生长发育和营养状况的基础指标。2012~2022年，我国各年龄段男女生的平均身高和体重水平逐年升高。其中，13岁的男生平均身高和体重增量最多，分别达到7.5cm和6.6kg；女生为12岁增量最多，身高和体重的增量分别达到6.3cm和5.8kg，增长速度均高于同年龄段全国农村学生的平均水平。[④]

2021年9月，第八次全国学生体质与健康调研结果公布，学生身高、体重等发育指标持续向好。根据调研结果，2019年全国6~22岁学生体质健康达标优良率为23.8%，优良率较高的地区为东部经济发达和沿海地区。13~22岁年龄段学生优良率从2014年的14.8%上升到2019年的17.7%，上升了2.9个百分点。13~15岁、16~18岁、19~22岁学生体质健康达标优良率分别上升5.1、1.8和0.2个百分点，初中生上升

---

① 《云南省农村义务教育学生营养改善计划2016年工作总结和2017年工作要点》，2017年3月9日，中华人民共和国教育部网站，http://www.moe.gov.cn/jyb_xwfb/xw_zt/moe_357/s6211/s6329/s6466/201703/t20170309_298875.html。

② 杨彦玲、苏玮玮、闵向东等：《云南省6~17岁儿童青少年贫血现状及影响因素分析》，《中国妇幼保健》2024年第1期。

③ 数据来源：昆明市人民政府。

④ 数据来源：《农村义务教育学生营养改善计划营养健康状况变迁（2012—2022）》。

最为明显。

按照《云南省卫生计生委关于2015—2016学年全省农村义务教育学生营养改善计划营养健康状况监测评估工作的报告》，在学生体格发育水平方面，2016学年被监测学生身高、体重值明显高于营养改善计划实施之初的2012学年，其中，男生各年龄组身高增幅为0.72~1.79厘米，体重增幅为0.15~1.67公斤；女生各年龄组身高增幅为1.08~2.03厘米，体重增幅为0.38~1.47公斤。①

（三）青年体质健康水平持续提升

1. 视力健康有所改善

近视已经成为当前社会中一个严重的公共卫生问题，在青少年儿童群体中呈现高发、低龄化、近视度数高度化的特点，近视问题的严重性和迫切性需要社会各界的关注和行动。2018年儿童青少年近视调查结果显示，云南省幼儿园6岁儿童近视率为14.8%，小学生近视率为31.4%，初中生近视率为64.8%，高中生近视率为76.2%。②

2020年12月云南省人民政府办公厅同意建立省级综合防治儿童青少年近视工作联席会议机制，统筹协调全省综合防控儿童青少年近视工作，提出重点工作计划，落实各项任务分工。2021年，为降低儿童青少年总体近视率，《云南省儿童青少年中西医近视防控实施标准》正式发布，为如期实现《综合防控儿童青少年近视实施方案》的各项目标任务奠定基础。如红河哈尼族彝族自治州个旧市大屯白沙冲小学，为了解决学生近视问题，坚持让学生每天课外锻炼不少于1小时，合理搭配膳食，保障学生饮食健康，确保学生每天的睡眠时间都在10小时以上。通过这些努力，学生近视率从2020年的42.5%下降到2023年的13.8%，说明在教育部门、各级卫健委、学校等

① 《云南省农村义务教育学生营养改善计划2016年工作总结和2017年工作要点》，2017年3月9日，中华人民共和国教育部网站，http：//www.moe.gov.cn/jyb_xwfb/xw_zt/moe_357/s6211/s6329/s6466/201703/t20170309_298875.html。

② 数据来源：云南中小学生近视率调查数据发布。

方面的关注下，云南青少年用眼卫生情况有所改善。[①] 2022 年，云南省不断开展儿童青少年预防近视健康教育，强化儿童眼部保健，开展儿童青少年近视防控中医适宜技术试点工作，以此改善青少年视力健康。

2. 睡眠时间有待延长

2019 年中国睡眠研究会发布的《2019 中国青少年儿童睡眠指数白皮书》显示，我国有 62.9%的 6~17 周岁青少年儿童睡眠时长不足 8 小时，13~17 周岁的青少年（初高中阶段）睡眠时长不足 8 小时的占比达 81.2%，而 6~12 周岁儿童的占比则为 32.2%。[②] 其中，云南的青少年睡眠时长超过 8 小时的占比处于 35.0%~40.0%。6~12 周岁儿童的睡眠时长应该在 9~10 小时，13~17 周岁的青少年睡眠时长应在 8~9 小时。这足以说明，青少年儿童普遍睡眠不足。

2021 年，教育部办公厅发布了《关于进一步加强中小学生睡眠管理工作的通知》，提出保证中小学生睡眠的三个重要时间。一是必要睡眠时间。小学生每天睡眠时间应达到 10 小时，初中生应达到 9 小时，高中生应达到 8 小时。二是学校作息时间。小学上午上课时间一般不早于 8：20，中学一般不早于 8：00。学校不得要求学生提前到校，有条件的应保障必要午休时间。三是晚上就寝时间。小学生就寝时间一般不晚于 21：20，初中生一般不晚于22：00，高中生一般不晚于 23：00。此举为保障正处于发育期的青少年儿童拥有充足睡眠时间提供了制度依据。2023 年，云南省教育厅印发通知，要求各地各校全面落细落实相关规定，充分保障学生课间、睡眠、节假日等休息时间，全力呵护中小学生健康成长。

3. 超重率和肥胖率呈减缓趋势

《儿童蓝皮书：中国儿童发展报告（2021）》显示，2010~2019 年，儿童青少年营养不良问题得到持续解决，儿童青少年身体素质开始好转。2020

① 数据来源：2022 年度《云南省中长期青年发展规划（2018 年—2025 年）》统计监测报告。

② 数据来源：《2019 中国青少年儿童睡眠指数白皮书》。

年国家6部门共同印发《儿童青少年肥胖防控实施方案》（以下简称《实施方案》），根据各地儿童青少年超重肥胖率现状，《实施方案》又将全国各省（区、市）划分为高、中、低三个流行水平地区。按照要求，2020~2030年，高流行地区儿童青少年超重率和肥胖率年均增幅在基线基础上下降80%，中流行地区儿童青少年超重率和肥胖率年均增幅在基线基础上下降70%，低流行地区儿童青少年超重率和肥胖率年均增幅在基线基础上下降60%。2022年，云南省青年肥胖检出率为6.15%。在针对云南省14（含）至35（含）岁的2699295人中，青年体质达标率为90.5%，其中，男性达标率为94%，女性达标率为87%。[①]

4. 青年学生体质总体达标

近年来，为提高青少年体质健康水平，国家实施了阳光体育运动、每天锻炼一小时等措施，云南省也率先启动体育中考改革，将初中生体育成绩按满分100分计入中考成绩，考试内容包括基础体能测试、专项技能测试和体质健康监测三部分。

2024年1月，云南省委办公厅、省政府办公厅印发了《云南省全面加强和改进新时代学生心理健康工作专项行动实施方案》，提出要支持学校全覆盖、高质量开展体育课后服务，保障学生每天校内、校外各1小时体育活动时间，让学生熟练掌握1~2项运动技能，发挥体育调节情绪、疏解压力的作用。[②] 一系列的政策和措施对提高学生体育成绩、促进学生体质健康水平起到积极作用，全国体质健康达标优良率逐渐上升，学生身高、体重、胸围等形态发育指标持续向好，学生肺活量水平有所上升。2022年云南省青年体质总体达标，全省青年体质测试达标率为95%以上，超过了90%的发展目标（见表1）。

---

① 数据来源：2022年度《云南省中长期青年发展规划（2018—2025年）》统计监测报告。

② 《中共云南省委办公厅　云南省人民政府办公厅关于印发〈云南省全面加强和改进新时代学生心理健康工作专项行动实施方案〉的通知》，2024年1月5日，云南省人民政府网站，https：//www. yn. gov. cn/zwgk/zcwj/swwj/202401/t20240105_ 293107. html。

表 1　2021～2022 年云南省青年体质测试达标率

项目	2021 年	2022 年
云南省青年体质测试达标率	90.22%	95%以上

资料来源：云南省教育厅。

5. 社会体育设施建设利用持续改善

随着城乡体育硬件设施和条件明显改善，参与体育锻炼的青少年也逐渐增加。“十三五”时期，云南省以七彩云南全民健身工程为抓手，持续推进实施全民健身国家战略，公共体育设施条件得到大幅改善，人均体育场地面积从 1.23 平方米提升到 1.85 平方米。每年全省举办县级及以上全民健身赛事和活动次数超过 1400 场次，年均超过 2000 万人次参与健身活动。[①] 2022 年支持建设乡镇（街道）多功能运动场 62 个，体育公园 9 个，社会足球场 1 个，全民健身中心 5 个，县级体育馆 6 个，乡镇体育场馆 38 个，村级体育场地设施 31 个，健身步道 10 条，室内外健身设施 160 套。2023 年支持建设乡镇（街道）多功能运动场 88 个，体育公园 12 个，社会足球场 7 个，标准田径跑道 5 条，县级体育场馆 5 个，全民健身中心 4 个，健身步道 5 条，室内外健身设施 175 套；业务指导（主管）单位为省体育局的省级体育类协会 38 家，民办非企业单位 9 家。[②]

2024 年，昆明市将优化城市社区“15 分钟健身圈”作为惠民利民实事，每年投入近 1000 万元专项资金，建设七彩云南全民健身基础设施村级项目和全民健身路径；根据居民“微心愿”，将社区里一些杂草丛生、垃圾遍地、经常淹积水的卫生死角，改造成运动公园。组织“奔跑吧·少年”健身活动，带动 10 万人次青少年参与，努力“让孩子们跑起来”。[③]

6. 健康安全教育逐步加强

2014～2023 年底，云南省有 39 个县市区开展健康促进县区建设，累计

---

① 《喜迎省第十一次党代会丨全面推进健康云南建设》，云南省人民政府网站，2021 年 11 月 26 日，https：//www.yn.gov.cn/ztgg/7gzxxd/ywsd/202111/t20211126_230890.html。

② 数据来源：《云南省体育局关于提供体育数据资料的函》。

③ 数据来源：昆明市人民政府。

共建设健康促进学校 11776 个。2021 年，在云南省第十一次党代会上报告中提到在 11776 所监测学校中，97.6%的学校组织了健康教育相关课程或活动，其中，81.7%的学校既开设健康教育相关课程，也组织学生参与式的活动，该比例高于 2012 年；监测地区中小学营养健康知识的平均正确率为 60.2%，比 2012 年的 51.4%高 8.8 个百分点。[①] 由此可见，云南省健康安全教育在逐步加强。在学校心理健康教育方面，云南省教育厅与高校联动，进行云南省高校心理健康教育与咨询示范中心申报和评估；开展"立德树人 从心开始"中小学心理健康教育课比赛，不断加强心理健康教育队伍专业化建设，取得了积极成效。

三 云南青年心理健康发展状况

我国《健康中国行动（2019—2030 年）》中提出了"到 2030 年，全民心理健康素养水平不低于 30%"的目标。[②]《健康中国行动——儿童青少年心理健康行动方案（2019—2022 年）》也提出了"青少年心理健康核心知识知晓率达到 80%"的目标。云南省青少年心理健康发展一直是政府、学校、家庭及社会各界共同关心的话题。近年来，云南省各级各部门积极行动，为促进青少年身心健康、全面发展营造良好环境。2023 年 12 月，云南省政府成立了"守望云心"云南学生心理健康大课堂和云南省学生心理健康工作典型案例，面向全省 1000 余万在校学生及其教师、家长开展心理健康教育。省委教育工委、省教育厅成立云南省学校心理健康教育专家指导委员会，统筹全省 12 个高校心理健康教育与咨询示范中心资源，截至 2024 年 3 月，为全省师生和家长提供心理热线咨询近 2000 例，邀请省内外心理、教育、医疗领域相关专家录制专题讲座近 50 期。

---

① 数据来源：云南省教育厅。

② 《健康中国行动（2019—2030 年）》，中国政府网，2019 年 7 月 15 日，https：//www.gov.cn/xinwen/2019-07/15/content_ 5409694.htm。

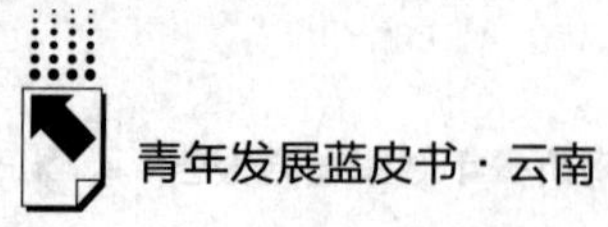

（一）学生心理健康工作基础总体形成

2022~2023 学年云南省中小学专兼职心理健康教育教师 28700 人，比 2021~2022 学年增加 2223 人，同比增长 8.40 个百分点（全省共有中小学 13134 所，已达到教育部“中小学每校至少配备 1 名专兼职心理健康教育教师”的要求）。其中，专职心理健康教育教师 3603 人，同比增长 8.36 个百分点，配备率为 26.78%；心理教研员 185 人，同比增长 168%；全省中小学配备心理辅导室 7604 个，配备率达到 57%。全省高校均设立心理健康教育与咨询中心，规范有序开展工作，截至 2023 年 11 月，全省高校（不包括新增 6 所高校）心理健康教育与咨询专职专业教师共 837 人，其中专职专业教师 386 人，师生比 1∶3000，整体达到国家不低于 1∶4000 的标准。

（二）学校心理健康工作体系基本健全

目前云南全省高校实现心理健康教育 5 个 100%：100%设立心理健康教育与咨询中心；100%配备心理健康教育与咨询专职专业教师；100%开展新生心理测评全覆盖；100%开设心理健康教育公共必修课；100%为学生开展心理健康服务。按照“六个一”思路有序推进全省高校心理健康教育工作。2023 年，云南省将学生心理健康工作纳入对地方人民政府履行教育职责的评价，并结合春季、秋季学期综合督导进行督导检查。探索建立“1+4+16+129”心理健康教育工作体系，即省级统筹、市为中心、县为基地、学校布点的学生心理健康分级管理体系。制定《云南省中小学心理健康教育专家指导委员会责任区》，全省分 4 个片区设立专家工作组，县级中小学生心理辅导中心 79 个。中小学每学期开展心理健康教育“五个一”活动，即开展一次面向全校师生的心理健康教育专项活动，召开一次“珍爱生命”主题班会，组织一次全员家访，开展一次班主任与学生“一对一”交心谈心，对重点学生建立一份心理健康档案。①

① 数据来源：《关于报送〈云南青年发展报告（2024）〉编撰所需相关资料数据的函》。

此外，2023 年，昆明市财政投入 800 万元成立昆明市青少年心理健康服务中心，这是全国首家全公益普惠、全链条服务、全资源整合的公益一类事业单位，目前统筹整合了民政、卫生、教育等多部门力量，与 19 家社会心理咨询机构建立合作关系，组建了包括中小学心理教师、医院精神科医生、社会心理咨询师等 300 余名专业服务人员在内的队伍，还有志愿者 1600 余人。该中心不收取任何费用，截至 2023 年底，累计注册用户 2.8 万余人，开展分类评估判断 2141 人次、服务各类咨询 8000 人次、转介 120 人次，服务时长超过 1.5 万小时。①

昆明市制定了《昆明市教育高质量发展三年行动计划（2023—2025 年）》，要求建立集“预防、预警、干预”于一体的心理健康教育服务机制，昆明市目前已累计建成市级心理健康教育示范校 152 所、校级心理健康教育中心 178 个及中小学心理辅导室 663 个；到 2025 年，昆明市中小学心理健康教育示范学校将达到 200 所。示范学校将发挥引领、辐射作用，带动全市中小学校心理健康教育水平整体提升。

（三）心理健康意识和心理健康素养有待提升

近年来，受多种因素影响，青少年厌学、焦虑等心理问题更趋严重，心理健康教育存在意识不强、人才缺乏以及疏导不够等方面短板。由于生理变化、人际关系以及学业压力等因素影响，青少年从中学时代就开始步入心理问题和心理疾病的高发期，同时也处于自救互助意识缺乏阶段，在心理健康意识和心理健康素养方面还有很大的提升空间。中小学生是未成年人，身心承受能力弱，他们所受的心理困扰严重程度比成人更大，学生们的心理问题主要表现为焦虑、压抑、恐惧和愤怒。虽然目前表面上心理健康教育呼声一路走高，但学校、家庭对学生的心理健康重视依然不够，在部分家长“分数第一”的教育观念下，学生心理素养的培养空间被应试教育压力挤占。学校教育缺少完善且有效的心理健康教育评价机制以及统

① 数据来源：云南省人民政府。

一的课程教学大纲和教材；部分学校将思政和德育混同为心理健康教育；缺乏经费保障问题比较突出，心理辅导基础设施建设投入不足。

（四）心理健康状态有待改善

青少年时期是一个身心快速发展、面临多个成长议题的重要阶段，心理健康问题已成为困扰青少年群体的普遍性社会难题，加强青少年心理健康教育已成为全社会的共识。《2022年青少年心理健康状况调查报告》显示，约有14.8%的青少年存在不同程度的抑郁风险，其中4.0%的青少年属于重度抑郁风险群体，10.8%的青少年属于轻度抑郁风险群体，并且西部或农村户口的青少年心理健康水平总体更低。2020年，昆明医科大学第二附属医院精神科门诊数据显示，13~18周岁的青少年和55周岁以上的老人患抑郁症居多。截至2023年，云南省14~35周岁的在管严重精神障碍患者有48455人。

青少年产生抑郁是综合因素共同作用的结果，和青少年的性格、心理素质和心理状态相关，对青少年而言，学业压力、家庭矛盾、关系处理、抗挫抗压能力、心理创伤等，都可能导致抑郁等心理问题的出现。此外，家庭关系紧张、亲子关系紧张、家庭氛围不和谐也会影响青少年心理健康，目前青少年抑郁症防治的最大的阻力之一是家长的病耻感，大部分家长不愿意承认孩子生病了，对孩子患病的事实选择了逃避；家庭对心理知识了解不多，不知道孩子经常头疼、心慌，其实都是身体发出的求救信号。学校从事心理健康教育的专业教师少，高等学校应按师生比不低于1∶4000的比例配备心理健康教育专职教师，且每校至少配备2名。

四　未来发展的展望

（一）增强青年健康意识和行为规范

《健康中国行动（2019—2030年）》将提升健康素养作为增进全民健康的前提，改善国民心理健康水平，应该从孩子抓起，提高青少年心理健康素养对国民整体的心理健康促进工作更为紧迫，更具有长远意义。[①] 一方面要强化青少年的健康意识，倡导其养成健康文明的生活习惯。网络时代青少年的生活方式发生了较大变化，一些流行文化、亚文化可能会影响青少年科学生活方式的形成，比如把“宅和晚睡”作为值得炫耀的生活方式等。因此，需要特别重视培育青少年的健康意识，把重视睡眠、饮食、运动等作为家庭教育和学校教育的重要内容，使青少年从小掌握科学的健康保健知识，养成热爱运动、科学饮食、合理用网等良好的生活习惯和健康的生活方式。另一方面要结合网络时代青少年的认知习惯，构建多元的心理健康宣传模式，建设心理健康数字化教育平台和服务平台，丰富心理健康的教育和宣传内容，调动青少年的积极性，使青少年主动选择健康的生活方式。要切实把“每个人是自己健康第一责任人”的理念落到实处，从而不断加强健康教育，推动青少年树立健康观念、掌握健康知识、养成健康行为，让合理膳食、科学运动、心理平衡成为其行为自觉，实现健康生活。

（二）提升青少年营养及体质健康水平

一是因地制宜提高“营养改善计划”补助标准。综合考虑物价、地域、交通、办学条件等实际，在现有 5 元/（人 · 天）标准的基础上，因地制宜提高“营养改善计划”补助标准，并向农村中小学特别是偏远山区乡村学校倾斜。保证孩子们“能吃饱”的同时“能吃好”，进一步巩固和提高“营养改善计划”的社会效益。建立“营养改善计划”黑名单制度，进一步强化监管，压实教育主管部门的责任，加大违法、失信企业追责惩处力度，坚决杜绝“四无”生产经营单位进入采供清单，坚决杜绝“三无食品”进入校园。

二是全面提升青少年身体素质。进一步健全学校体育卫生发展制度和体系，不断完善学校体育场地设施，加快体育与健康师资队伍建设。开展学生体质健康监测，进一步规范、完善学生体检管理办法。创建健康促进

① 数据来源：《中国国民心理健康发展报告（2019~2020）》。

示范学校，继续实施卫生监督校园行动计划。对学校教学环境、生活环境进行全方位监督检查，定期抽查学校饮用水、采光、课桌椅等达标情况，每年对抽检情况进行通报。中小学严格组织全体学生每天上、下午各做1次眼保健操。强化体育课和课外锻炼，确保中小学生每天1小时以上校内体育活动时间，每周集中安排体育锻炼，同时积极开展以《国家学生体质健康标准》监测项目为主要内容的体育锻炼。评选班级、年级、校级、县级、市级和省级“体育标兵”。深化全民健身行动，营造全民健身氛围，引导青年提高健康管理能力，养成文明健康生活方式。丰富青年群众性体育活动载体，开展青少年阳光体育运动会、国际马拉松等专项赛事，支持面向青少年的社会体育俱乐部发展，帮助青少年熟练掌握运动技能。

三是青少年个人要养成良好的卫生习惯。个人要科学运动、注意用眼卫生，学校要宣传科学用眼、预防近视等眼部保健知识，引导学生养成正确的读写姿势和用眼卫生习惯。学生个人要保持健康体重，了解传染病防控知识，增强体质；掌握科学的疾病应对方法，促进心理健康。同时，要合理、安全地使用网络，保证充足的睡眠，不熬夜。

（三）加强青年心理健康教育和服务

专业的心理健康服务能有效地帮助青少年缓解与疏导心理问题与疾病，但青少年能获取到的专业心理健康服务很有限，因此青少年心理健康服务要有新作为。共青团长期关注青少年心理健康问题，“12355”青少年服务台品牌已形成社会效应。云南省各州（市）、高校团组织要联动发展，继续完善服务体系、建设服务阵地、聚集专业服务人才，打造共青团服务青少年心理健康的金字招牌。对问题群体多措并举，依托“青年之家”等线下平台和“12355”青少年服务台等线上网络，提供全方位的青少年心理健康服务。

打造心理健康服务品牌。共青团昆明市委创新成立全国首家全公益普惠、全链条服务、全资源整合的团属公办青少年心理健康服务中心。云南省要抓好学校心理健康教育，力争所有高校、中学开设心理健康教育课程，设立中小学心理辅导室并配备专职心理健康教师，引导青少年培养良好的心理素质。同时，社会、学校和家庭应更为积极主动地开展心理健康服务工作，主动地关注青少年的心理状况，主动地消解他们的认识误区和困扰，主动地帮助青少年发现、识别和干预心理问题。

（四）完善青年身心健康发展监测系统研究

青年健康监测数据的质量和管理工作是确保青年健康发展的重要基础，随着《中长期青年发展规划（2016—2025 年）》（以下简称《规划》）的持续推进，青年健康监测体系的建设已经取得了一定的成效，但仍有很大的进步空间。

一是积极推动落实中长期青年发展规划与地方五年规划相衔接，推动县级以上党委和政府普遍建立并有效运转青年工作联席会议机制，优化支持保障青年成长发展的政策环境，服务于青少年成长发展格局的初步建成。

二是加强构建全面关注、有效预防、科学合理、便于监测的学生心理健康状况动态评估体系及心理危机预警和干预联动机制。云南省教育厅启动中小学生心理健康状况测评工作；云南省卫健委全面加强青少年视力健康及其相关危险因素监测网络、数据收集与信息化建设，建立基层医疗卫生机构包片联系中小学卫生工作制度；云南省体育局建设 51 个县级中心，开展 18 万人次的国民体质抽样调查，常态化监测全省国民体质和群众参加体育锻炼状况，为民众提供科学的健身指导服务。

三是全力推动《云南省中长期青年发展规划（2018—2025 年）》落实，健全完善青年发展统计监测机制和年度统计监测报告制度、规划实施年度评估机制，及时、科学掌握青年发展状况和规划实施进度。

四是切实发挥青年发展指标监测体系作用。不断探索完善基于《规划》监测指标体系之上的数据分析、舆情研判、问题预警和数据运用机制，有针对性地调整和完善促进青年发展的政策措施，适时地动态调整监测指标内容和范围，更好地服务青年发展。同时抓住第七次人口普查契机，探索建立 14~35 周岁青年人口数据库，做到数据真实精准。依托社会专业力量开展

云南青年发展指标监测工作，委托科研机构开展第三方政策评估。建立省级规划专家委员会和青年发展智库，并鼓励各级建立相关组织机构，发布青年群体和青年政策课题研究，举办各类青年发展研讨交流论坛，定期向党委和政府报送高质量的研究成果和政策建议。①

① 《云青通〔2021〕18号 共青团云南省委印发〈关于“十四五”时期推动云南省中长期青年发展规划（2018—2025年）纵深实施的意见〉的通知》，2021年4月30日，云南共青团网站，https://www.yngqt.org.cn/Info/6/621/index.html。

B.5
云南青年婚恋发展报告

陈永尧*

摘　要：　本报告以云南青年婚恋为研究对象，分析云南青年婚恋发展的现状和特征，提出存在的问题和未来方向。研究发现，云南青年婚恋发展取得良好成绩，青年婚恋观理性文明自由，青年婚恋交友活动丰富多彩，青年性健康教育和优生优育宣传教育喜闻乐见，婚恋责任、婚恋权利保障有力，适婚青年人口基数大，适婚青年结婚意愿强烈。但同时也存在平均初婚年龄延长、大龄单身青年婚恋问题突出，青年婚恋性别、地域结构不均衡，婚姻不稳定性影响青年婚恋观念等问题。未来要加强青年婚恋精准化服务，坚持系统观念促进青年婚恋健康发展，形成青年高质量发展和城市高质量发展相互促进的发展方式。

关键词：　云南青年　青年婚恋观　婚恋工作

一　研究背景

《中长期青年发展规划（2016—2025年）》提出，青年婚恋发展目标是青年婚恋观念更加文明、健康、理性，青年婚姻家庭和生殖健康服务水平进一步提升，青年的相关法定权利得到更好保障。共青团中央、民政部、国家卫生计生委发布的《关于进一步做好青年婚恋工作的指导意见》提出，恋爱成家是青年的人生大事和普遍需求，做好青年婚恋工作，不仅直接影响

* 陈永尧，云南大学经济学院助教，研究方向为数学、计算机软件及计算机应用、宏观经济管理与可持续发展。

青年的健康发展，也关系到社会的和谐稳定。《云南省中长期青年发展规划（2018—2025 年）》提出，云南青年婚恋发展事业与社会主义现代化建设的新要求、经济社会发展的新形势、广大青年的新期待相比还存在亟待解决的突出问题，人口结构的新特点、新变化使得云南青年在婚恋方面亟须获得更多的关心、支持和帮助。

为此，云南省注重加强青年婚恋观、家庭观教育和引导，引导青年树立更加文明、健康、理性的青年婚恋观念；将婚恋教育纳入青年教育体系，强化青年对情感生活的尊重意识、诚信意识和责任意识，鼓励面向青年开展公益性的婚恋交友服务，打造诚信度高、公益性强的青年交友信息平台，提高青年获取婚恋、婚育权益维护和公共服务的可及性，推动形成关心青年婚恋、促进青年成长的良好社会氛围。此外，云南省广泛开展青年性健康教育和优生优育宣传教育，全面落实女性青年在怀孕、生育、哺乳期间及男性青年配偶生育护理假期间依法享有的各项权利，青年的相关法定权利得到了更好的保障。

二　云南青年婚恋发展的现状和特征

（一）青年婚恋观理性文明自由

云南省积极开展青年婚恋观、家庭观的教育和引导活动。通过婚恋观、家教家风教育和引导，强化青年对情感生活的尊重意识、诚信意识和责任意识，引导青年树立文明、健康、理性的婚恋观和家庭观，形成理性文明自由的婚恋价值观。发挥大众传媒的社会影响力，广泛传播正面的婚恋观念，鲜明抵制负面的婚恋观念，形成文明积极健康理性的婚恋氛围。倡导结婚登记颁证、集体婚礼等文明节俭的婚庆礼仪。引导青年树立正确的家庭观念，倡导尊老爱幼、男女平等、夫妻和睦、勤俭持家、邻里团结等家庭美德，用中华优秀传统文化涵养家风家教。开展婚恋讲座、家风教育、相亲大会、婚恋心理辅导、婚育知识讲座等，推动形成积极健康理性的婚恋文化、婚姻文化、生育文化。

例如，昆明市五华区护国街道团工委以“我的婚恋观”为主题开展了昆明同城青年思想交流论坛，引导青年树立正确的婚恋观。论坛以小组讨论和自由辩论的形式展开，五位分别出生于20世纪50、60、70、80、90年代的特邀嘉宾阐述了自己时代背景下的婚恋观。不同职业和生活背景的青年分组展开深度交流，并对现场抽取的婚恋话题展开自由辩论，分享青年婚恋心理和婚恋观。很多因素影响着青年，青年对婚恋的看法与环境的关系越来越被关注，帮助青年人调整自己和环境的关系，创造交流分享婚恋观的平台，对青年树立正确的婚恋观具有十分重要的意义。[①] 共青团勐海县委组织20名“返家乡”大学生开展“七夕·婚恋青年说”主题活动，通过“恋爱课堂”“经典诵读”“为爱辩论”三个环节，加强青年婚恋教育，倡导婚恋新风，帮助青年找到文明、健康、理性对待恋爱和婚姻关系的路径，加强青年婚恋观、家庭观的教育和引导。[②] 2023年2月14日，五华区在区政务服务中心举行“倡导婚俗新风尚　共筑时代新文明”主题宣传活动，现场开展倡导婚俗新风尚主题活动意在破除陈规陋习，引导广大青年践行文明新风尚，抵制高价彩礼和低俗婚闹等不文明行为，营造社会新风气。[③] 2023年8月19日，昆明市家庭文明建设活动以“引领婚育新风尚，唱好家庭‘和谐曲’”为主题，丰富群众精神文化生活，引导青年人树立正确的爱情观、婚恋观，促进家庭和睦与社会和谐。[④] 2023年8月16日，曲靖市民政局组织开展青年婚恋观、家庭观主题教育活动，通过贴近生活的案例、互动小游戏，教育引导青年树立正确的婚恋观，教育青年在家庭中应

① 张文凌：《街道团工委关心青年婚恋，昆明同城青年各抒婚恋观点》，中青在线网站，2018年10月14日，http：//news. cyol. com/yuanchuang/2018-10/14/content_ 17682392. htm。

② 《共青团勐海县委开展“七夕·婚恋青年说”主题活动》，搜狐网，2022年8月5日，https：//news. sohu. com/a/574514224_ 121106902。

③ 《五华区举行“倡导婚俗新风尚　共筑时代新文明”主题宣传活动》，“昆明五华发布”百家号，2023年2月21日，https：//baijiahao. baidu. com/s? id=1758451617091212329&wfr=spider&for=pc。

④ 《引领婚育新风尚　唱好家庭“和谐曲”》，昆明市人民政府网站，2023年8月20日，https：//www. km. gov. cn/c/2023-08-20/4767276. shtml。

该如何正确处理夫妻之间、亲子之间的关系，持续加强青年婚恋观、家庭观教育，树立良好家风。①

（二）青年婚恋交友活动丰富多彩

云南省充分发挥工会、共青团、妇联等群团组织和社会组织的作用，为青年婚恋交友提供支持平台，促进青年婚恋交友活动文明健康理性发展；鼓励社会关心青年人婚恋，为青年婚恋创造机会、搭建平台。共青团五华区委联合“青年之声·云南”婚恋交友服务联盟举办青年联谊活动，以青年婚恋心理辅导沙龙和青年交友为主题，专业婚恋心理导师在现场以恋爱心理剖析、自我认知、青年互动交流为主要形式，带领青年剖析自己的性格和合适的对象类型，引导青年形成正确的事业观、生活观、交友观、婚恋观。

昆明市总工会、昆明市总工会女职工委员会主办的 2022 年“会聚良缘”职工交友联谊活动在云南陆军讲武堂举行，该联谊交友活动以培育和践行社会主义核心价值观为宗旨，加强了青年职工婚恋观、家庭观的教育和引导，关心和解决青年职工在婚恋交友方面的现实问题和迫切需求，为青年职工扩大了交友范围，搭建了沟通交流的平台。② 2023 年 5 月 19 日，盘龙区联盟街道金菊路社区与盘龙区彩云青年服务发展中心联合承办“金菊鹊桥·圆你良缘”青年联谊活动，社区为单身青年营造了轻松、舒适、温情的活动空间。

云南省纪委监委机关工会联合昆明市纪委监委等单位机关工会举办“邂逅七夕·携手同行”青年交友联谊活动，200 余名优秀青年干部欢聚一堂，共赴浪漫盛会。通过群团组织架“鹊桥”、当红娘，搭建交友平台，引导青年干部树立更加理性、健康的婚恋观和家庭观，缓解单身青年群体社交

---

① 《曲靖市民政局组织开展青年婚恋观家庭观主题教育活动》，曲靖市人民政府网站，2023 年 8 月 25 日，https://www.qj.gov.cn/html/2023/bmdt2_0825/110550.html。

② 《云南昆明“会聚良缘”职工交友联谊活动为单身青年“牵线搭桥”》，“工人日报”百家号，2022 年 7 月 31 日，https://baijiahao.baidu.com/s?id=1739867954930881103&wfr=spider&for=pc。

难、交友难等情况，增强青年干部的归属感和凝聚力，进一步激发广大青年干部职工的工作热情和生活热情。[①] 东川区2023年“我们的节日·七夕节”暨“青春有约走进乡村”联谊活动以线下联谊为纽带，常态化开展青年交友活动，引导青年树立文明、健康、理性的婚恋观和家庭观，切实解决和服务好广大青年婚恋交友问题，倡导青年树立正确的价值观和婚恋观，使青年更好地扎根东川建功立业。[②]

（三）青年性健康教育和优生优育宣传教育喜闻乐见

云南省加大对性知识的普及力度，在有条件的学校推广性健康课程，加强专兼职性健康教育师资队伍建设。预防和减少不当性行为对青年造成的伤害，大幅降低意外妊娠的发生率。大力弘扬以“婚育文明、性别平等；计划生育、优生优育；生殖健康、家庭幸福”为核心的婚育文化，坚决抵制非医学需要的胎儿性别鉴定和选择性别人工终止妊娠行为。加大对适龄青年的婚育辅导力度，加大适龄青年婚前检查、孕前检查和产前检查的普及力度。

2021年9月14日，昆明市计生协“2021青春健康伴我行知识巡讲活动”开展，讲座围绕婚育婚恋、青春期异性交往、性与生殖健康、树立正确的人生目标等内容，以观看教育视频和游戏等方式开展导入式教学，揭开青春期的神秘面纱，走进青春期奇妙的生理、心理世界。青春健康巡讲活动是昆明市计生协深入推进全市青春健康教育的重要举措，截至2021年，该项活动已持续开展3年，服务学生、家长3万余人。[③] 红河州开远市计生协在全市开展实施“三举措”服务，充分发挥生殖健康咨询、优生优育指导

---

① 《“邂逅七夕·携手同行”省纪委监委组织开展青年交友联谊活动》，云南省纪委监委网站，2023年8月23日，http：//www.ynjjjc.gov.cn/html/2023/yunlingyaowen_0823/122706.html。

② 《东川区开展2023年“我们的节日·七夕节”暨“青春有约 走进乡村”活动》，昆明市东川区人民政府网站，2023年8月25日，http：//www.kmdc.gov.cn/c/2023-08-25/6686832.shtml。

③ 《昆明市计生协“2021青春健康伴我行知识巡讲”开讲啦》，昆明市计划生育协会网站，2021年9月16日，http：//jsxh.km.gov.cn/c/2021-09-16/4093194.shtml。

工作服务的功能，以“婚育新风进万家”为载体，整合各方资源打造多个青春健康服务平台，进一步丰富青春健康教育载体，创新培训模式，帮助辖区广大青少年获得更丰富、更实用的青春期保健、生殖与健康、常见疾病预防知识。[①] 盈江县教育体育局协办开展“青春健康知识进校园”骨干教师培训，从性病与艾滋病知识科普、青春期性健康教育观念及教学方向两个方面，引导师生树立正确的价值观，让教师帮助学生正确对待和“性”有关的话题，助力学生顺利度过青春期，促进青少年健康成长。[②]

（四）婚恋责任、婚恋权利保障有力

云南省在物质、假期等方面给予青年婚恋更多的关心和支持，促进其婚姻家庭关系的健康发展。例如，推广婚姻登记、婚育健康宣传教育、婚姻家庭关系辅导等“一站式”服务。同时，积极推进移风易俗，大力宣传抵制早婚早育现象，保障未成年人身心健康，切实保障和维护妇女儿童权益。坚决抵制高价彩礼等陋习，选树宣传婚事新办典型，引导改变生男偏好，构建新型婚育文化。鼓励有条件的地方建立社区婚姻家庭纠纷调解工作室，为群众提供就近便利的专业调解服务。[③]

五华区政协分别在三个街道开展了“院坝协商”议事会议，助力化解婚恋情感家庭矛盾，达成了三个方面的共识：第一，建立婚恋纠纷防调机制和联席会议制度，进一步拓展信息收集渠道和来源，特别是加强对流动人口的管理和流动人员、外来务工人员的婚恋纠纷的排查，对收集到的纠纷类别

---

① 《红河州开远市计生协“三举措”擦亮青春健康教育品牌》，“人口计生一家亲”微信公众号，2022 年 5 月 6 日，https：//mp. weixin. qq. com/s？ _ _ biz = MzIwNDMyNzg4MA = = &mid = 2247491135 &idx = 3&sn = d085c975c15c1dfd76083fe2017defa9&chksm = 96c08098a1b7098e0dbe5e3e216f025a3a8e07340284d59e2e73de1d23c22026d4611cddac3b&scene = 27。

② 《盈江县教育体育局协办开展“青春健康知识进校园”骨干教师培训》，“盈江教育体育”微信公众号，2022 年 5 月 20 日，https：//mp. weixin. qq. com/s？ _ _ biz = MzAxNTE0NTA0OA = = &mid = 2654870630&idx = 3&sn = be386e35bff9ba9c4687aa848c815798&chksm = 80423d51b735b4471c7cb1fa3ce3ed2cc54bc6cc0b42a4d8436535d78999e19a8bf2d0b431be&scene = 27。

③ 《云南妇女发展规划（2021—2030 年）》，云南省生态环境厅网站，2022 年 7 月 28 日，https：//sthjt. yn. gov. cn/xxywzsdt/202207/t20220728_ 230813. html。

进行分类，有效地开展指导，提供法律指引和可操作性的意见建议和工作措施；第二，加强培训，着力提升调解业务能力；第三，重点开展多项活动，包括针对法律明白人、法律顾问等主体深入社区、深入人民调解组织专项开展婚恋纠纷专题培训，提高婚恋纠纷调处能力。加大宣传，着力提升群众维权意识。①

（五）适婚青年人口基数大

从表1可以看出，2020年，云南省14~35周岁青年人口总数占总人口比重为30.14%，其中城市14~35周岁青年人口总数占总人口比重为36.82%，乡村14~35周岁青年人口总数占总人口比重为26.06%。全省14~35周岁青年人口总数占总人口比重分布在1.23%~1.66%，其中城市14~35周岁青年人口总数占总人口比重分布在0.84%~2.03%，乡村14~35周岁青年人口总数占总人口比重分布在0.74%~1.51%，省级层面各年龄段占比波动幅度小，乡村层面各年龄段占比波动幅度次之，城市层面各年龄段占比波动幅度最大。省级层面33周岁青年占比最大，为1.66%；城市层面33周岁青年占比最大，为2.03%；乡村层面14周岁青年占比最大，为1.51%，其次为33周岁青年占比1.44%。除乡村层面之外，省级层面和城市层面14~35周岁青年人口中33周岁青年人口数占总人口比重最高。全省省级层面、城市层面、乡村层面14~35周岁青年人口总数占总人口比重中，女性人口占比基本低于男性人口占比。

（六）适婚青年结婚意愿强烈

从表2、表3、表4可以看出，2020年云南省14~35周岁青年的婚姻状况在省级层面、城市层面和乡村层面呈现相似的特征。在未婚青年中，各年龄段中的男性未婚人数基本高于女性，未婚青年人数随着年龄的增加而不断

① 《五华丨区政协通过“院坝协商”助力化解婚恋矛盾纠纷》，搜狐网，2023年7月12日，http：//news. sohu. com/a/697331106_ 121106875。

表1　2020年云南省14~35周岁青年人口结构

年龄（岁）	全省							城市							乡村						
	人口数（人）			占总人口比重（%）				人口数（人）			占总人口比重（%）				人口数（人）			占总人口比重（%）			
	合计	男	女	合计	男	女	性别比	合计	男	女	合计	男	女	性别比	合计	男	女	合计	男	女	性别比
14	601704	316232	285472	1.27	0.67	0.6	110.78	103589	53860	49729	0.84	0.44	0.40	108.31	356179	188235	167944	1.51	0.80	0.71	112.08
15	581196	305341	275855	1.23	0.65	0.58	110.69	133286	69218	64068	1.08	0.56	0.52	108.04	288105	154393	133712	1.22	0.65	0.57	115.47
16	619732	325146	294586	1.31	0.69	0.62	110.37	190512	98256	92256	1.54	0.80	0.75	106.50	219012	121107	97905	0.93	0.51	0.42	123.70
17	580988	302488	278500	1.23	0.64	0.59	108.61	193568	97886	95682	1.57	0.79	0.77	102.30	174311	98672	75639	0.74	0.42	0.32	130.45
18	606336	316482	289854	1.28	0.67	0.61	109.19	202761	100436	102325	1.64	0.81	0.83	98.15	212693	119168	93525	0.90	0.51	0.40	127.42
19	604620	313113	291507	1.28	0.66	0.62	107.41	217344	103404	113940	1.76	0.84	0.92	90.75	244702	134916	109786	1.04	0.57	0.47	122.89
20	606171	312957	293214	1.28	0.66	0.62	106.73	233023	108932	124091	1.89	0.88	1.00	87.78	243930	135688	108242	1.03	0.58	0.46	125.36
21	580776	300572	280204	1.23	0.64	0.59	107.27	219235	103345	115890	1.77	0.84	0.94	89.18	243345	134590	108755	1.03	0.57	0.46	123.76
22	642204	334165	308039	1.36	0.71	0.65	108.48	226378	108910	117468	1.83	0.88	0.95	92.71	282844	156020	126824	1.20	0.66	0.54	123.02
23	638827	333299	305528	1.35	0.71	0.65	109.09	210248	103002	107246	1.70	0.83	0.87	96.04	288413	158757	129656	1.22	0.67	0.55	122.44
24	619091	325064	294027	1.31	0.69	0.62	110.56	197655	98548	99107	1.60	0.80	0.80	99.44	280490	154786	125704	1.19	0.66	0.53	123.14
25	652182	344983	307199	1.38	0.73	0.65	112.30	208908	105039	103869	1.69	0.85	0.84	101.13	292770	163595	129175	1.24	0.69	0.55	126.65
26	609242	323858	285384	1.29	0.69	0.60	113.48	196280	99999	96281	1.59	0.81	0.78	103.86	269460	151082	118378	1.14	0.64	0.50	127.63
27	632114	336256	295858	1.34	0.71	0.63	113.65	203302	103228	100074	1.65	0.84	0.81	103.15	278296	156808	121488	1.18	0.66	0.52	129.07
28	618921	330773	288148	1.31	0.70	0.61	114.79	200536	102702	97834	1.62	0.83	0.79	104.98	270057	152934	117123	1.15	0.65	0.50	130.58

续表

年龄(岁)	全省							城市							乡村						
	人口数（人）			占总人口比重(%)			性别比	人口数（人）			占总人口比重(%)			性别比	人口数（人）			占总人口比重(%)			性别比
	合计	男	女	合计	男	女		合计	男	女	合计	男	女		合计	男	女	合计	男	女	
29	647440	346612	300828	1. 37	0. 73	0. 64	115. 22	210174	108076	102098	1. 70	0. 87	0. 83	105. 86	280464	158421	122043	1. 19	0. 67	0. 52	129. 81
30	769260	409007	360253	1. 63	0. 87	0. 76	113. 53	248542	126654	121888	2. 01	1. 03	0. 99	103. 91	334291	187887	146404	1. 42	0. 80	0. 62	128. 33
31	764475	406109	358366	1. 62	0. 86	0. 76	113. 32	248773	126767	122006	2. 01	1. 03	0. 99	103. 90	329565	184767	144798	1. 40	0. 78	0. 61	127. 60
32	719475	382658	336817	1. 52	0. 81	0. 71	113. 61	232692	118829	113863	1. 88	0. 96	0. 92	104. 36	310218	174111	136107	1. 32	0. 74	0. 58	127. 92
33	781468	416239	365229	1. 66	0. 88	0. 77	113. 97	250459	128469	121990	2. 03	1. 04	0. 99	105. 31	339183	190136	149047	1. 44	0. 81	0. 63	127. 57
34	719613	383863	335750	1. 52	0. 81	0. 71	114. 33	227676	116419	111257	1. 84	0. 94	0. 90	104. 64	314742	176743	137999	1. 33	0. 75	0. 59	128. 08
35	645436	344075	301361	1. 37	0. 73	0. 64	114. 17	195205	99644	95561	1. 58	0. 81	0. 77	104. 27	291881	163021	128860	1. 24	0. 69	0. 55	126. 51

资料来源：云南省统计局官方网站《2020 云南省人口普查年鉴》。

表 2　2020 年云南省 14~35 周岁青年婚姻状况（全省）

单位：岁，人

年龄	人口数			未婚			已婚			离婚			丧偶		
	合计	男	女	合计	男	女	合计	男	女	合计	男	女	合计	男	女
14	—	—	—	—	—	—	—	—	—	—	—	—	—	—	—
15	58648	30864	27784	58496	30848	27648	152	16	136	0	0	0	0	0	0
16	70948	36837	34111	70483	36784	33699	459	53	406	6	0	6	0	0	0
17	69796	35754	34042	68738	35569	33169	1043	178	865	13	6	7	2	1	1
18	66996	34980	32016	65050	34613	30437	1921	360	1561	24	7	17	1	0	1
19	64111	32847	31264	60811	32142	28669	3230	685	2545	65	18	47	5	2	3
20	65840	33355	32485	60178	31984	28194	5524	1325	4199	131	45	86	7	1	6
21	61948	31589	30359	53297	29259	24038	8462	2255	6207	186	73	113	3	2	1
22	66836	34101	32735	53078	29963	23115	13389	3985	9404	358	152	206	11	1	10
23	65313	33751	31562	47008	27493	19515	17782	6034	11748	503	222	281	20	2	18
24	63185	32856	30329	40471	24619	15852	22003	7926	14077	681	305	376	30	6	24
25	67232	34922	32310	37267	23477	13790	29003	11013	17990	932	423	509	30	9	21
26	63561	33352	30209	30000	19610	10390	32419	13199	19220	1097	529	568	45	14	31
27	65854	34495	31359	25413	17381	8032	38915	16331	22584	1469	769	700	57	14	43
28	65081	34493	30588	20579	14685	5894	42739	18895	23844	1687	893	794	76	20	56
29	67677	35778	31899	17786	13085	4701	47758	21581	26177	2040	1092	948	93	20	73
30	81798	42970	38828	17545	13233	4312	61392	28162	33230	2730	1545	1185	131	30	101
31	80939	42879	38060	14432	11257	3175	63268	29789	33479	3087	1785	1302	152	48	104
32	75964	40223	35741	11456	9023	2433	61201	29371	31830	3119	1772	1347	188	57	131
33	82874	44145	38729	11019	8804	2215	67977	33137	34840	3628	2138	1490	250	66	184
34	75454	40320	35134	8948	7263	1685	62832	30968	31864	3426	2011	1415	248	78	170
35	67620	36308	31312	6911	5679	1232	57268	28640	28628	3178	1930	1248	263	59	204

资料来源：云南省统计局官方网站《2020 云南省人口普查年鉴》“长表数据”。“—”表示数据缺失。

表 3　2020 年云南省 14~35 周岁青年婚姻状况（城市）

单位：岁，人

年龄	人口数			未婚			已婚			离婚			丧偶		
	合计	男	女	合计	男	女	合计	男	女	合计	男	女	合计	男	女
14	—	—	—	—	—	—	—	—	—	—	—	—	—	—	—
15	12039	6283	5756	12031	6280	5751	8	3	5	0	0	0	0	0	0
16	18930	9636	9294	18904	9635	9269	26	1	25	0	0	0	0	0	0
17	19644	9874	9770	19579	9860	9719	64	13	51	1	1	0	0	0	0
18	18305	9223	9082	18170	9188	8982	135	35	100	0	0	0	0	0	0
19	19435	9246	10189	19149	9189	9960	282	57	225	4	0	4	0	0	0
20	21931	10042	11889	21270	9885	11385	655	155	500	6	2	4	0	0	0
21	20510	9572	10938	19364	9292	10072	1135	276	859	11	4	7	0	0	0
22	20563	9755	10808	18393	9109	9284	2139	635	1504	31	11	20	0	0	0
23	18996	9135	9861	15652	8018	7634	3297	1106	2191	46	11	35	1	0	1
24	18161	8950	9211	13521	7314	6207	4553	1614	2939	85	22	63	2	0	2
25	19394	9492	9902	12588	6989	5599	6672	2458	4214	130	44	86	4	1	3
26	18493	9127	9366	10286	5878	4408	8028	3186	4842	174	62	112	5	1	4
27	19155	9363	9792	8638	5126	3512	10285	4149	6136	227	87	140	5	1	4
28	19170	9575	9595	6898	4271	2627	11913	5169	6744	351	134	217	8	1	7
29	20003	10001	10002	5832	3702	2130	13749	6150	7599	410	146	264	12	3	9
30	24348	12133	12215	5797	3737	2060	17978	8151	9827	554	242	312	19	3	16
31	23889	11995	11894	4515	3021	1494	18664	8672	9992	692	297	395	18	5	13
32	22650	11394	11256	3635	2423	1212	18262	8640	9622	732	326	406	21	5	16
33	24433	12357	12076	3342	2222	1120	20146	9703	10443	917	426	491	28	6	22
34	22155	11256	10899	2648	1789	859	18557	9053	9504	917	408	509	33	6	27
35	18829	9516	9313	1841	1259	582	16152	7888	8264	805	363	442	31	6	25

资料来源：云南省统计局官方网站《2020 云南省人口普查年鉴》“长表数据”。“—”表示数据缺失。

表4　2020年云南省14~35周岁青年婚姻状况（乡村）

单位：岁，人

年龄	人口数			未婚			已婚			离婚			丧偶		
	合计	男	女	合计	男	女	合计	男	女	合计	男	女	合计	男	女
14	—	—	—	—	—	—	—	—	—	—	—	—	—	—	—
15	31146	16611	14535	31023	16600	14423	123	11	112	0	0	0	0	0	0
16	29778	16014	13764	29406	15969	13437	367	45	322	5	0	5	0	0	0
17	26668	14295	12373	25842	14152	11690	817	140	677	8	3	5	1	0	1
18	28524	15425	13099	27069	15151	11918	1437	268	1169	17	6	11	1	0	1
19	29709	15788	13921	27281	15258	12023	2374	512	1862	50	17	33	4	1	3
20	29799	16076	13723	25912	15112	10800	3785	931	2854	96	32	64	6	1	5
21	28859	15539	13320	23076	13914	9162	5642	1568	4074	139	55	84	2	2	0
22	32492	17264	15228	23809	14589	9220	8405	2556	5849	268	118	150	10	1	9
23	32152	17502	14650	21218	13626	7592	10566	3699	6867	353	175	178	15	2	13
24	30960	16830	14130	18002	12005	5997	12484	4595	7889	452	228	224	22	2	20
25	32433	17772	14661	16227	11323	4904	15576	6148	9428	612	296	316	18	5	13
26	30322	16857	13465	12955	9468	3487	16672	7011	9661	663	369	294	32	9	23
27	31449	17575	13874	11163	8544	2619	19338	8499	10839	910	524	386	38	8	30
28	30683	17340	13343	9231	7361	1870	20427	9392	11035	973	569	404	52	18	34
29	31432	17635	13797	8054	6641	1413	22146	10255	11891	1166	723	443	66	16	50
30	37942	21155	16787	8062	6786	1276	28246	13356	14890	1548	993	555	86	20	66
31	37383	20941	16442	6886	5938	948	28791	13921	14870	1608	1049	559	98	33	65
32	34996	19579	15417	5482	4797	685	27780	13685	14095	1610	1056	554	124	41	83
33	38312	21569	16743	5470	4869	601	30880	15426	15454	1798	1226	572	164	48	116
34	34793	19673	15120	4505	4057	448	28474	14405	14069	1656	1154	502	158	57	101
35	32397	18358	14039	3721	3339	382	26976	13870	13106	1532	1106	426	168	43	125

资料来源：云南省统计局官方网站《2020云南省人口普查年鉴》“长表数据”。“—”表示数据缺失。

减少。在已婚青年中，33 周岁青年人口数量最大，并且各年龄段中女性的已婚人数基本高于男性。在离婚人数方面，省级层面（27 周岁以后）和乡村层面（26 周岁以后）同年龄段离婚人数均为男性高于女性，而城市层面同年龄段离婚人数则为女性高于男性。从 14～35 周岁各年龄段未婚青年人数、已婚青年人数和离婚青年人数来看，既存在性别差异，也存在城乡差异。从省级层面来看，26 周岁是未婚青年与已婚青年人数临界点，在 26 周岁之前，未婚青年人口数大于已婚青年人口数，从 26 周岁开始，已婚青年人口数大于未婚青年人口数。从城市层面来看，27 周岁是未婚青年与已婚青年人数临界点，在 27 周岁之前，未婚青年人口数大于已婚青年人口数，从 27 周岁开始，已婚青年人口数大于未婚青年人口数。从乡村层面来看，26 周岁是未婚青年与已婚青年人数临界点，在 26 周岁之前，未婚青年人口数大于已婚青年人口数，从 26 周岁开始，已婚青年人口数大于未婚青年人口数。

（七）平均初婚年龄增加

从表 5、表 6、表 7 可以看出，2016～2020 年云南省 14～35 周岁青年的平均初婚年龄有所增加，但乡村层面平均初婚年龄低于省级层面和城市层面，男性初婚年龄高于女性初婚年龄。在省级层面，26 周岁是男性和女性结婚人数的临界点，在 26 周岁之前，相同年龄段男性初婚人数基本少于女性，从 26 周岁开始，相同年龄段男性初婚人数多于女性。在城市层面，27 周岁是男性和女性结婚人数的临界点，在 27 周岁之前，相同年龄段男性初婚人数基本少于女性，从 27 周岁开始，相同年龄段男性初婚人数大于女性。在乡村层面，23 周岁是男性和女性结婚人数的临界点，在 23 周岁之前，相同年龄段男性初婚人数基本少于女性，从 23 周岁开始，相同年龄段男性初婚人数大于女性。在省级层面、城市层面和乡村层面，全省 14～35 周岁青年均存在平均初婚年龄不断增加的特征，2016 年全省平均初婚年龄为 26.01 周岁，其中男性为 27.15 周岁，女性为 24.83 周岁；2017 年全省平均初婚年龄为 26.24 周岁，其中男性为 27.41 周岁，女性为 25.04 周岁；2018 年全

表 5 2016~2020 年云南省 14~35 周岁青年初婚年龄情况（全省）

单位：岁，人

年龄	2016 年			2017 年			2018 年			2019 年			2020 年		
	合计	男	女	合计	男	女	合计	男	女	合计	男	女	合计	男	女
14	—	—	—	—	—	—	—	—	—	—	—	—	—	—	—
15	396	64	332	340	46	294	389	62	327	283	33	250	116	18	98
16	693	128	565	557	111	446	607	110	497	511	101	410	194	42	152
17	1138	288	850	1017	245	772	983	189	794	746	183	563	316	78	238
18	1724	495	1229	1435	396	1039	1479	405	1074	1088	297	791	474	113	361
19	2434	743	1691	2142	647	1495	2203	673	1530	1598	457	1141	771	232	539
20	3294	1105	2189	2982	976	2006	3213	965	2248	2141	659	1482	1070	299	771
21	3670	1504	2166	3421	1401	2020	3671	1460	2211	2721	1112	1609	1426	538	888
22	4164	2014	2150	3978	1914	2064	4280	1939	2341	3406	1461	1945	2020	954	1066
23	4172	2132	2040	3891	1918	1973	4427	2092	2335	3329	1553	1776	1835	837	998
24	4499	2382	2117	4251	2084	2167	4875	2394	2481	3851	1849	2002	2324	1098	1226
25	4961	2561	2400	4451	2321	2130	4788	2357	2431	3942	1941	2001	2419	1142	1277
26	5449	2996	2453	4569	2400	2169	4588	2407	2181	3565	1924	1641	2180	1128	1052
27	4396	2527	1869	4345	2441	1904	4346	2407	1939	3103	1749	1354	1809	935	874
28	3348	2068	1280	3358	2090	1268	3805	2287	1518	2828	1619	1209	1551	931	620
29	2624	1644	980	2500	1561	939	2832	1775	1057	2425	1495	930	1286	769	517
30	1889	1229	660	1926	1250	676	2253	1382	871	1778	1124	654	1164	733	431
31	1402	926	476	1418	940	478	1801	1164	637	1436	900	536	890	557	333
32	1140	718	422	1076	698	378	1357	870	487	1145	715	430	695	439	256
33	915	615	300	896	606	290	1028	670	358	894	596	298	628	388	240

续表

年龄	2016年			2017年			2018年			2019年			2020年		
	合计	男	女	合计	男	女	合计	男	女	合计	男	女	合计	男	女
34	797	500	297	708	480	228	879	538	341	688	433	255	479	288	191
35	575	381	194	589	378	211	718	459	259	563	347	216	335	211	124
平均初婚年龄	26.01	27.15	24.83	26.24	27.41	25.04	26.42	27.65	25.21	26.71	27.91	25.53	27.61	28.67	26.56

资料来源：云南省统计局官方网站《2020 云南省人口普查年鉴》“长表数据”。“—”表示数据缺失。

表 6　2016~2020 年云南省 14~35 周岁青年初婚年龄情况（城市）

单位：岁，人

年龄	2016年			2017年			2018年			2019年			2020年		
	合计	男	女	合计	男	女	合计	男	女	合计	男	女	合计	男	女
14	—	—	—	—	—	—	—	—	—	—	—	—	—	—	—
15	26	5	21	17	2	15	23	7	16	19	1	18	6	2	4
16	50	13	37	39	3	36	41	9	32	26	5	21	15	2	13
17	107	26	81	107	21	86	85	17	68	49	14	35	33	8	25
18	185	48	137	173	34	139	175	41	134	123	28	95	42	14	28
19	353	75	278	309	92	217	283	68	215	236	58	178	120	29	91
20	611	143	468	525	136	389	563	136	427	373	106	267	212	51	161
21	789	278	511	750	277	473	743	260	483	619	221	398	352	128	224
22	1127	473	654	1052	438	614	1227	529	698	990	404	586	587	262	325
23	1276	592	684	1234	571	663	1361	587	774	1042	437	605	578	246	332
24	1568	748	820	1474	614	860	1687	757	930	1355	599	756	837	350	487

续表

年龄	2016 年			2017 年			2018 年			2019 年			2020 年		
	合计	男	女	合计	男	女	合计	男	女	合计	男	女	合计	男	女
25	1934	880	1054	1657	786	871	1767	811	956	1493	666	827	946	429	517
26	2209	1145	1064	1907	914	993	1725	833	892	1426	684	742	916	405	511
27	1855	974	881	1758	914	844	1737	887	850	1316	717	599	813	388	425
28	1407	825	582	1407	803	604	1577	904	673	1152	606	546	677	399	278
29	1017	595	422	1036	615	421	1133	681	452	1008	589	419	559	311	248
30	756	467	289	775	496	279	919	536	383	715	424	291	500	308	192
31	489	296	193	583	369	214	757	460	297	547	328	219	402	242	160
32	429	266	163	406	241	165	525	316	209	471	278	193	314	203	111
33	328	206	122	328	214	114	372	226	146	319	196	123	270	165	105
34	306	185	121	270	176	94	335	193	142	245	145	100	208	117	91
35	204	125	79	226	132	94	275	177	98	226	132	94	137	78	59
平均初婚年龄	27.15	28.07	26.24	27.36	28.33	26.38	27.58	28.5	26.68	27.73	28.63	26.86	28.52	29.35	27.71

资料来源：云南省统计局官方网站《2020 云南省人口普查年鉴》“长表数据”。“—”表示数据缺失。

表 7　2016~2020 年云南省 14~35 周岁青年初婚年龄情况（乡村）

单位：岁，人

年龄	2016 年			2017 年			2018 年			2019 年			2020 年		
	合计	男	女	合计	男	女	合计	男	女	合计	男	女	合计	男	女
14	—	—	—	—	—	—	—	—	—	—	—	—	—	—	—
15	304	53	251	257	36	221	314	48	266	220	29	191	96	15	81
16	519	98	421	426	84	342	453	83	370	419	88	331	152	34	118

续表

年龄	2016年			2017年			2018年			2019年			2020年		
	合计	男	女	合计	男	女	合计	男	女	合计	男	女	合计	男	女
17	807	207	600	730	191	539	743	146	597	546	135	411	226	56	170
18	1151	340	811	999	296	703	993	289	704	742	212	530	332	81	251
19	1537	517	1020	1344	445	899	1472	473	999	1024	306	718	491	159	332
20	1900	697	1203	1798	640	1158	1920	630	1290	1304	436	868	621	179	442
21	1960	879	1081	1852	820	1032	2027	872	1155	1509	667	842	769	316	453
22	1986	1087	899	1952	1027	925	2069	990	1079	1600	738	862	961	470	491
23	1858	1059	799	1693	926	767	2014	1037	977	1490	766	724	791	397	394
24	1735	1042	693	1692	947	745	1960	1042	918	1558	832	726	911	473	438
25	1714	1026	688	1647	953	694	1840	1027	813	1412	794	618	823	422	401
26	1790	1088	702	1512	895	617	1646	992	654	1257	752	505	705	424	281
27	1414	916	498	1462	905	557	1504	919	585	1039	638	401	544	329	215
28	1043	693	350	1082	733	349	1288	836	452	956	614	342	464	292	172
29	883	606	277	847	575	272	984	678	306	838	560	278	407	265	142
30	678	464	214	687	473	214	788	518	270	608	414	194	379	250	129
31	525	369	156	500	349	151	636	451	185	521	358	163	281	190	91
32	423	277	146	403	296	107	547	368	179	405	279	126	209	131	78
33	364	264	100	345	251	94	407	282	125	338	254	84	201	129	72
34	293	202	91	270	193	77	336	237	99	273	178	95	170	109	61
35	226	165	61	225	149	76	273	186	87	221	146	75	117	78	39
平均初婚年龄	25.08	26.42	23.58	25.32	26.68	23.84	25.49	26.99	23.94	25.83	27.29	24.31	26.71	27.98	25.41

资料来源：云南省统计局官方网站《2020云南省人口普查年鉴》“长表数据”。“—”表示数据缺失。

省平均初婚年龄为 26. 42 周岁，其中男性为 27. 65 周岁，女性为 25. 21 周岁；2019 年全省平均初婚年龄为 26. 71 周岁，其中男性为 27. 91 周岁，女性为 25. 53 周岁；2020 年全省平均初婚年龄为 27. 61 周岁，其中男性为 28. 67 周岁，女性为 26. 56 周岁。根据 2022 年度《云南省中长期青年发展规划（2018 年—2025 年）》统计监测报告，2022 年云南省适龄青年初婚平均年龄为 26 周岁，与 2021 年相比仍处于适中水平，其中男性初婚平均年龄为 27 周岁，女性为 25 周岁。

三　云南青年婚恋发展面临的形势

（一）平均初婚年龄增加，大龄单身青年婚恋问题突出

云南省平均初婚年龄增加，但乡村层面平均初婚年龄低于省级层面和城市层面，男性初婚年龄高于女性初婚年龄。青年受教育程度影响婚恋，与学历较低的青年相比，学历较高的青年受教育年限更长，更倾向于晚婚，呈现“恋爱低龄化、结婚高龄化”的态势。年龄、性别、学历、职业、收入、住房、家庭条件、感情经历、品格、相貌等都对婚恋有重要影响。青年就业情况影响婚恋，青年受到来自自身发展前景、家庭和社会等因素的影响，倾向于先立业后成家、先实现经济独立再开展婚恋，延长了初婚年龄。同时随着经济社会的快速发展，云南青年人口特征发生了新变化，单身成年人口数量增加、未婚比例提高、初婚年龄增加、生育水平下降、青年离婚人数小幅增加等已成为亟待解决的问题。

（二）青年婚恋性别、地域结构不均衡

云南省的青年婚恋存在性别和地域结构不均衡问题，男性青年和女性青年婚恋情况存在差异，城市和乡村中的青年已婚、离婚情况存在结构失衡。从总体婚恋情况来看，云南省级层面、城市层面和乡村层面呈现相似的婚恋情况。云南省 35 周岁以下青年离婚登记对数 2022 年高于 2021 年，且女性高于男性，其中，男性 2021 年为 28077，2022 年为 33166；女性

2021 年为 36253，2022 年为 41538。从年龄结构来看，在相同年龄段的离婚登记对数，2022 年高于 2021 年；从相同年份来看，20~24 周岁、25~29 周岁、30~35 周岁离婚登记对数呈递增趋势。云南省 20~24 周岁离婚登记对数 2021 年为 3511，2022 年增加到 6031；25~29 周岁离婚登记对数 2021 年为 20684，2022 年增加到 25270；30~35 周岁离婚登记对数 2021 年为 40135，2022 年增加到43403。[①]

（三）婚姻不稳定性影响青年婚恋观念

青年由于受教育年限延长、找不到理想伴侣、经济条件不具备等原因不得不推迟初婚年龄，结婚后又因为工作压力、经济条件、职业前景等因素影响生育意愿，导致低生育率。婚恋市场化、物质化和商品化以及婚恋成本的不断上升，使得青年主动或被动延长初婚年龄，对婚姻的认知和预期与现实情况之间存在差距。青年人受到高度人口流动、高结婚成本、高质量婚姻生活的压力，在恋爱中追求精神上的快乐，在结婚时考虑经济基础和物质条件，在婚后兼顾利益和情感诉求，整体更加注重独立意识和自我价值实现，对婚姻的成本和收益的分析更加理性务实。

四　促进云南青年婚恋发展的未来方向

（一）婚恋观念教育引导与时俱进

恩格斯在《家庭、私有制和国家的起源》中提出，如果说只有以爱情为基础的婚姻才是合乎道德的，那么也只有继续保持爱情的婚姻才合乎道德。引导青年树立正确的婚恋观，需要加强家庭建设，发挥家庭的社会功能，重视家庭、回归亲情、积极生育，培育优良家风家教。引导青年树立正确的婚恋动机，正确认识爱情的本质，以认真负责的态度处理婚恋问题，正确处理好夫妻、恋人关系，处理好夫妻、恋人双方与双方原生家庭的关系，

① 数据来源：《云南统计年鉴 2023》。

处理好婚恋之外的经济社会关系，防范拜金主义、享乐主义、啃老思想、饭圈文化、物质至上等不良婚恋观侵蚀青年群体，沟通、协调好恋爱与婚姻、婚姻与家庭、家庭与工作之间的关系。优质的婚恋关系取决于双方的感情基础和相处的方式方法，需要物质基础做保障，但更需要高层次的情感精神交流，物质文明和精神文明相互促进、相辅相成。

（二）营造婚恋友好型城市环境，更加重视大龄青年婚恋

云南省的政策实施要聚焦青年发展，健全完善婚姻激励机制，精准化服务高学历大龄青年婚恋工作。主动营造婚恋友好型城市，营造适宜青年婚恋的环境，关心青年婚恋中遇到的现实问题，从根本上解决青年婚恋面临的困难和问题，切实降低青年的婚姻成本、生育成本、育儿成本，有利于提高青年婚恋意愿，营造健康可持续发展的婚恋型城市。基于婚恋经济友好、文化友好、社会友好、环境友好角度，构建城市发展、宜居生活、宜婚宜育、人口增长、城市繁荣的“城市发展生态链”，统筹协调就业、住房、婚恋、生育、教育、医疗、养老等全面发展，提供适宜青年的就业机会、就业支持、就业保障等，稳房价、稳预期、稳住房保障，形成开放、包容、普惠、平衡、共赢的婚恋友好型城市氛围。

（三）坚持系统观念促进青年婚恋健康发展

云南省要统筹城乡区域协调发展，正确处理青年婚恋存在的结构性失衡问题。推进青年婚恋健康发展，必须运用系统观念来观察情况、分析问题、指导实践、推动工作，不断增强婚恋工作的系统性、预见性、主动性和创造性，站在整体和全局来思考、研究和推进青年婚恋工作。要协同联动民政部门、机关职能部门、团组织、工会、社会公益组织的婚恋平台资源，为青年提供婚恋咨询、联谊交流、文体娱乐、技能提升、精准匹配等婚恋服务，精准服务大龄未婚青年、进城务工青年、农村青年、青年官兵、部分行业青年，提高婚恋服务的针对性和有效性，形成青年高质量发展和城市高质量发展相互促进的发展方式。

B.6
云南青年就业创业发展报告

岳蓂妤　吴珂欣　赵春月*

摘　要：　近年来，随着云南省经济增长和产业结构的持续优化，青年就业市场展现出积极的态势，政府和社会各界共同努力，为青年群体开辟多元就业路径，创造更广阔的发展空间，就业形势总体稳定，就业规模持续扩大。但同时，产业结构、青年就业总量持续增长等现实问题也给当下云南省青年就业创业带来不少挑战。本报告在分析当前云南青年就业创业的总体状况、主要特点和现实困境的基础上，结合当下云南省发展趋势，从宏观角度和就业青年个体两方面探讨促进云南青年就业创业高质量发展的措施与方向。

关键词：　青年就业　青年创业　青创企业

一　研究背景

就业是最大的民生，也是经济发展最基本的支撑。自党的十八大以来，以习近平同志为核心的党中央高度重视就业工作，始终把就业工作放在经济社会发展的优先位置。国务院印发《促进就业规划（2011—2015 年）》《"十四五"就业促进规划》等文件，积极应对各种风险与挑战。同时，国际形势错综复杂、国内改革发展稳定任务艰巨繁重，就业已然成为千家万户所关

* 岳蓂妤，云南大学团委干事、实习研究员，研究方向为教育管理研究；吴珂欣，云南大学政府管理学院本科生；赵春月，云南大学工商管理与旅游管理学院会计学专业硕士研究生，研究方向为管理会计研究。

注的焦点问题。

青年是推动经济社会发展的中坚力量，是中国式现代化建设的重要力量，青年就业与民族复兴、国家未来紧密相连。同时，由于青年群体本身就处于人生的过渡阶段，其就业往往具有过渡性和不稳定性的特征。近年来，青年就业的总量压力持续存在，各项政府工作报告和就业报告显示，2020~2023年，应届毕业生总数由874万人增加至1158万人，增幅超30%。①2022年，《国务院关于就业工作情况的报告》指出，“当前我国经济恢复的基础尚不牢固，新的影响因素不断增加，劳动力市场固有矛盾依然存在，就业工作仍面临不少风险挑战”。为有效化解青年就业的总量压力，自2020年以来，国务院及国务院各部门发布“稳就业”相关政策102份；2023年，“就业”相关议题多次在国务院常务会议上被提及，国家进一步强化各项就业政策，着力推动就业高质量发展。

云南省认真贯彻落实党中央、国务院决策部署，大力实施就业优先战略，强化落实积极就业政策，通过抓实援企稳岗稳定就业，鼓励创业创新带动就业，加强技能培训改善就业，支持新业态发展拓展就业，深化东西部劳务协作促进就业，全省就业规模逐渐扩大，就业结构持续改善，就业质量稳步提升，就业扶贫取得明显成效。2018年，中共云南省委、云南省人民政府印发《云南省中长期青年发展规划（2018—2025年）》从完善青年就业创业政策体系、强化青年就业服务，推动青年创业和加强青年就业权益保障四个方面，促进青年高质量就业。自2020年以来，云南省多次将“着力解决好高校毕业生等重点群体就业问题”“突出做好青年特别是高校毕业生就业工作”写入政府工作报告，并通过青年创业兴乡行动等政策支持，着力培育创业创新带头人和乡村工匠，为云南省就业创业创造了有利条件。青年的就业权利保障进一步加强，青年创新创业服务体系进一步完善，但受各种因素影响，云南省青年就业创业问题仍需持续关注。

---

① 数据来源：中华人民共和国教育部。

本报告通过各项官方数据、问卷调查和实地调研分析，简述当前云南省青年就业创业的总体状况和特点，深入了解青年就业创业诉求，助推云南省青年就业创业进一步发展。

二　云南青年就业总体状况

（一）2020年以来云南省青年就业现状

就业情况呈现稳中向好的良好态势。一方面，云南省经济持续回升向好，市场活力不断增强，为就业增长提供了稳固基础；另一方面，云南省人民政府办公厅出台《云南省进一步稳就业促发展惠民生 20 条措施》《关于进一步推动高校毕业生等青年就业创业 17 条措施》等一揽子政策，积极构建就业新格局，通过发布多种利好政策，推动青年高质量充分就业，就业情况呈现稳定增长、稳中加固、稳中向好的良好态势。

云南省青年就业总量持续上升，大学生仍然是就业的主要群体。2020~2023 年，云南省城镇新增就业人数从 49.35 万人增长至 53.98 万人，增长 9.38%，云南省高校应届毕业生人数由 25.30 万人增长至 34.84 万人，增幅为 37.71%，远超城镇新增就业人数增幅（见图 1）。2024 年高校应届毕业生人数达到 36.7 万人，创历史新高，就业总量整体呈现上升趋势。

应届毕业生以专科毕业生和本科毕业生为主，其就业倾向因不同学校类型而异。2020~2023 年，硕士毕业生、博士毕业生的占比呈现基本稳定的态势，本科生的占比由 43.7%下降至 40.0%，专科毕业生的占比由 51.3%上升至 54.4%，整体学历层次变动不大，仍然以专科毕业生和本科毕业生为主要群体。从整体上来看，国企、国家机关单位和事业单位以及自由职业是当前在校学生的首选岗位。相比而言，专科生更倾向于选择到国家机关单位、事业单位就业，本科生则对国企和自由职业更具热情（见图 2）。

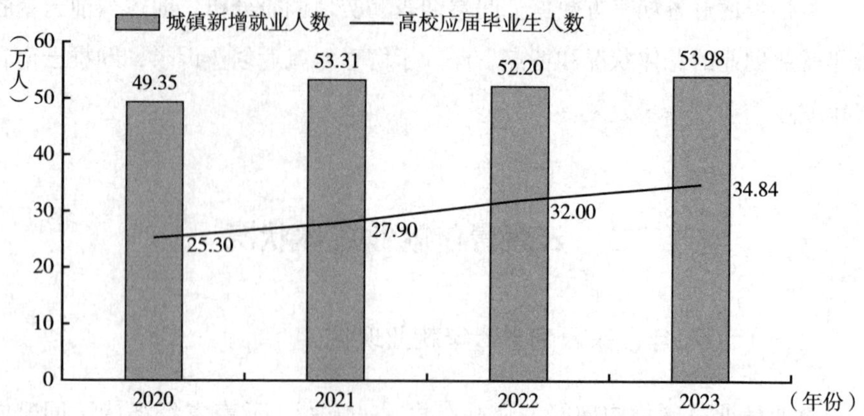

图1　2020~2023年云南省城镇新增就业人数与应届毕业生人数

资料来源：2020~2023年云南省政府工作报告、云南省教育厅的统计数据。

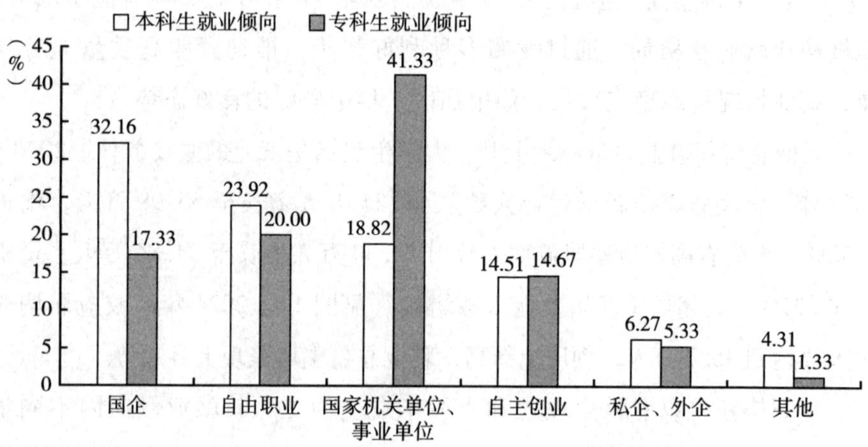

图2　云南省在读本科生与专科生就业倾向对比

资料来源：问卷调查数据。

（二）当前云南省青年就业特点

当前云南省青年就业满意度较高，工作不稳定、薪资较低和工作环境或工作氛围差是其更换工作的主要原因。从整体层面来看，调查样本月均工资约为7655元，略低于2023年云南省城镇单位就业人员月均工资9100元。[①] 但从主观维度来看，大部分受访者对工作表示满意，52.71%的受访者认为自己的工作稳定或比较稳定，其中，22.97%的就业青年表示愿意保持当前工作现状，21.62%的青年认为自己的工作比较有发展前景，正在积极寻找晋升机会。整体工作稳定（更换过1次以内工作）的占比35.14%。

云南省高校毕业生就业观念求稳心态较为明显。截至2020年底，全省民营经济户数比上一年度增加12.6%。2020~2023年，全省经济稳步向好，经济结构明显优化，发展质量稳步提升。但青年就业创业观念并没有随之迅速得到调整，新冠疫情期间造成企业停产停工、部分人员暂时失业的现象对青年就业观念产生滞后影响。云南省某高校2022年毕业生就业质量年度报告显示，超过64.5%的本科生和70%的研究生表示，新冠疫情对于求职就业的影响比较大。针对在校学生的调查显示，超过52%的青年学生倾向于选择国家机关单位或国企就业，仅有不到10%的学生表示愿意进入非公有制企业工作。针对部分待业青年的调查显示，18.92%的待业青年选择继续考研而不是立刻就业，29.73%的青年则选择持续备考心仪的岗位，实现"一步到位，有固定收入"。

"先就业后择业"观念显现，"过渡性就业"群体对工作环境和工作氛围提出更高的要求。调查数据显示，工作1年以下的青年人群工作稳定（工作没有产生过变动）的占比56.41%，而工作1~3年的青年群体中，工作稳定的占比下降至16.22%，工作3年以上青年群体中工作稳定的占比在16%左右（见图3）。可见工作1~3年是青年就业群体变动工作的高频时期，"过渡性就业"特征显著。"过渡性就业"表明当前部分青年在就业过程中会不断调整自己的预期，有较强的"先就业后择业"的观念，且相比于初次就业群体更看重薪资福利，二次就业群体将工作环境和工作氛围等隐性工作条件看作择业的重点，其次才是薪资福利等物质条件。部

① 数据来源：云南省统计局。

分受访者表示，相较于追求高薪资、高福利的工作，同事之间的合作交流、工作的稳定性和可预测性以及工作所能够带来的成就感对他们来说更重要。

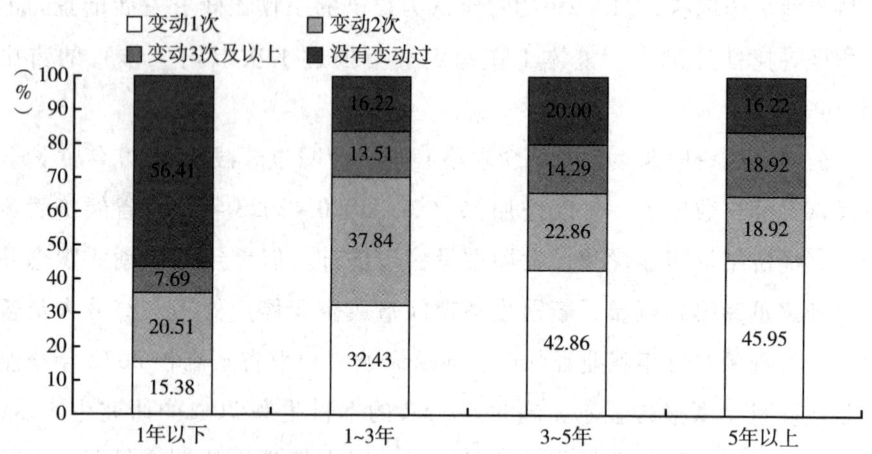

图3　云南省青年工作年限与工作变动情况调查数据

资料来源：问卷调查数据。

（三）近年来云南省青年就业质量稳步提升

多渠道拓展就业岗位，就业通道更加畅通。云南省各部门协同联动，通过挖掘政策性岗位资源、开发基层就业岗位、增加市场化就业岗位，全省人社干部、高校书记校长、各级团干部走出办公室，广泛协调资源，深入学校、企业一线，多措并举稳定和扩大就业岗位，畅通就业渠道，取得显著成果。2023 年 11 月，云南省各州（市）工商联积极参与“百城万企”促就业行动，提供岗位 4.6 万多个，参与高校毕业生达 14 万人次，签订就业意向近 1.5 万人次。截至 2023 年 6 月底，云南省各州（市）、各高校累计开展“百校千企万岗”招聘活动 158 场，累计为学生提供岗位 16.1 万个，2.6 万名学生初步达成就业协议。云南省面向农民工群体（特别是 35 岁以下的青年农民工），实施 2024 年全省农村劳动力转移就业

“百日攻坚行动”，对接浙江、福建、广东等地的人社部门和企业，保障青年农民工返岗就业。①

就业公共服务不断完善，就业权益更有保障。近年来，云南省人力资源和社会保障厅等部门积极构建就业公共服务圈，为离校未就业毕业生定向送岗位、送资源、送政策、送服务。2024 年，云南省人力资源和社会保障厅、云南省财政厅联合印发《云南省进一步加强基层公共就业服务体系建设 16 条措施》，构建全民关注、积极助力就业创业工作的良好社会氛围。针对残疾人和就业困难人员群体，出台《云南省促进残疾人就业三年行动实施方案（2022—2024 年）》，强化帮扶措施，搭建助残就业平台，促进残疾人就业。2023，全省超 8 万名残疾青年顺利就业。此外，相关部门持续推进人力资源市场秩序整治专项行动，保障毕业生就业权益。

青年就业教育体系更加健全，青年社会适应能力和综合就业竞争力显著提升。在就业专业技能指导方面，云南省着力打造大学生生涯发展与就业指导“四个一”品牌，进一步提高教师就业指导能力和学生求职就业竞争力，毕业年度高校毕业生、中职毕业生参加就业创业培训 2.43 万次。共青团云南省委组建“大学生就业引航行动”宣讲团，深入各大高校广泛开展宣讲活动，累计开展就业宣讲 9000 余场，覆盖学生 24.7 万余名。深入实施“第二课堂成绩单”制度，依托“扬帆计划”“社区实践计划”“职场体验”等活动，引导青年深入基层开展实践实习，了解行业现状。2023 年，累计募集实习岗位 21483 个，其中，政务实习岗位 10065 个，企业实习岗位 11418 个，大学生社会适应能力和综合就业竞争力显著提高。②

---

① 数据来源：2022 年度《云南省中长期青年发展规划（2018—2025 年）》统计监测报告。

② 数据来源：共青团云南省委、云南省统计局。

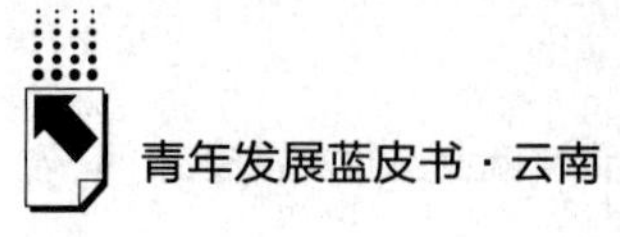

三　云南省青年创业总体状况

（一）云南省青年创业环境总体分析

创业不仅是青年解决自身就业问题的重要途径，更是促进区域发展、技术进步、高质量充分就业的有效方式。自党的十八大以来，习近平总书记两次考察云南，对云南作出“主动服务和融入国家发展战略，闯出一条跨越式发展的路子来，努力成为我国民族团结进步示范区、生态文明建设排头兵、面向南亚东南亚辐射中心”等重要指示，为云南高质量跨越式发展做出指引。在此背景下，云南省依托资源与区位优势，产业结构持续优化，对外开放不断加深，纵深推进大众创业万众创新，这在为青年创业带来了难得的历史机遇的同时，也带来了诸多挑战。

自党的十八大以来，云南省围绕供给侧结构性改革这一主线，推进简政放权，打造公平竞争，优化营商环境。尽管新冠疫情对非公有制经济造成了一定冲击，但随着复产复工，非公有制经济迅速回升。2020~2022 年，云南省非公经济增加值从 11411.25 亿元上升至 13649.31 亿元（见图 4），年均增长 9.8%、高于全省地区生产总值年均增速 0.8 个百分点，占地区生产总值比重由 46%增长至 47%。到 2023 年底，云南省民营经济增加值占地区生产总值比重保持在 52%以上，云南省净增企业 20 万户、“四上”企业 3000 户、规上工业企业 400 户，非公有制经济回升，营商环境显著优化。

云南省多措并举强化创业扶持，青年创业热情有所提高。为进一步提升创新创业活力，增强云南省经济竞争力和创新力，近年来，云南省发布《云南省加快提升创新创业活力若干政策措施》《云南省支持青年创业兴乡三年行动（2024—2026 年）》等多项政策，着力加大青年创业扶持力度。2022~2023 年，云南省新增省级科技企业孵化器 5 家、省级众创空间 20 家，培育打造了一批优质创业园，为青年提供了优质的服务与创业平台。以云大启迪 K 栈众创空间为例，2016~2023 年，已累计孵化企业/团队 849 家，入

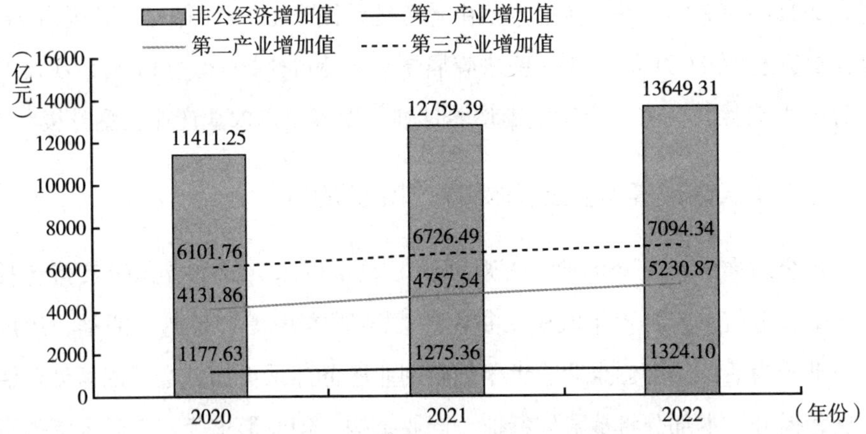

图 4　云南省 2020~2022 年非公经济增加值

资料来源：2023 年云南统计年鉴。

驻入孵企业累计获得知识产权 832 项；帮助企业获投融资、政策资金、大赛奖金等 6782.4 万元，贡献产值近 30 亿元、税收 2400 余万元，创业培训辐射和服务各类群体 32.85 万余人次。调查显示，有超过 90%的在校学生直接或间接参与过创新创业实训，并有 14.08%的在校学生倾向于毕业后自主创业。①

云南省完善青年创业培训机制，青创企业创效能力有效提升。近年来，云南省全面落实大学生创新创业能力提升项目工程，通过“县职业教育中心+职业技能培训机构”综合平台，为创业青年提供精准化技能提升服务。通过各类创业创新赛事，推动高校毕业生创新创意转化，有效提升青创企业能力。以“云南青年创业省长奖”和“云南创新创业之星”选拔为例，2009~2023 年，“云南青年创业省长奖”已成为云南青年创业的最高荣誉，累计产生“省长奖”100 名，提名奖 186 名，为在云南深耕的青年厚植了干事创业的沃土；“云南创新创业之星”则侧重于初创企业，近年来为获奖企业提供政策扶持、培育孵化、融资服务、上市推动以及培训交流等多项支

① 数据来源：2022 年度《云南省中长期青年发展规划（2018—2025 年）》统计监测报告。

持。2021~2022年，获评企业产值由6.7亿元提升至10.4亿元，利税由944万元提升至2098万元，前后吸纳应届毕业生和农村劳动力超3.5万人。[①] 2022年共青团云南省委启动电商培养计划，助推云南农业产业转型升级。

（二）云南省青年创业群体与青创企业的特点

自全国推出“大众创业、万众创新”政策以来，云南省积极支持包括大学生、退伍军人、青年农民工在内的青年群体开展“双创”活动，形成了一批较为活跃的青创企业，青年创新创业服务体系更加健全，创新创业活力显著提升，本部分将从群体特征、产业结构、创业形式等方面对云南省青年创业群体及青创企业的特征进行分析。

第一，青年创业群体的基础特征。从年龄和学历层次来看，云南省青年创业群体以大学本科生和专科生为主，研究生和高中及以下创业者较少，初次创业年龄通常在22~24岁，大学毕业1~2年内为创业高峰期，少数创业者于在校期间就通过电商、自媒体等平台开始尝试创业。高中及以下学历创业者的初创年龄则相对较晚，通常在30岁以后。此外，大部分青年创业者为云南本地人，返乡创业青年占80%以上，外来创业者以广东、福建两省为主。

第二，云南省青创企业产业结构与云南省非公经济产业分布同向发展。2020~2022年，云南省非公经济增加值呈现“三二一”格局，第三产业占比达51.98%，但第二产业增速最快，增长26.60%。而青年创业企业中第一产业占比3.28%，第二产业占比33.94%，第三产业占比62.77%，同样呈现“三二一”格局。[②] 在第三产业中，以批发和零售业、软件和信息技术服务业、商务服务业三类为主要行业，符合青年群体创业初期缺乏启动资金的特点。在第一产业中，又以包括中草药、花卉、茶叶种植在内的高原特色现代农业为主。

第三，大部分青创企业注册资本较低，创业形式以个人独资和合伙创业

---

① 数据来源：云南省统计局。

② 数据来源：云南省人民政府。

为主。调查显示，从区间分布来看，大部分青创企业注册资本主要集中在0~100万元，占比57.44%，其中又有超过20%的青创企业注册资本不足10万元。注册资金往往与创业行业有密切关联，尽管青年创业群体在学历层次、精力体能、发展潜力等方面具有显著优势，但普遍存在社会资本积累不足、缺乏启动资金等问题，因此除了选择批发零售业等低投入的行业起步之外，大部分创业形式以合伙创业为主。调查显示，青创企业中，个人独资企业占比23.9%，而合伙创业占比41.4%①，且在合伙创业中，创业伙伴为家庭成员的企业接近一半，表明大部分青年创业群体的启动资金对家庭依赖性较强。

第四，新生代青创群体中“创二代”现象凸显，守业创新成为“创二代”的创业主题。在创业资本超1000万元的创业群体中，“创二代”为其主要组成部分。以云南省青年企业家商会为例，超过40%的商会成员为“创二代”，其中，已接班的占比接近70%，处在接班过程中的占比30%②，表明当前云南省较多民营企业已逐步完成代际传承、新老交接的重要阶段。调查显示，强化科技创新和调整生产模式是“创二代”实现守业到创业的重要途径，以昆明杨洋阳花卉种植有限公司为例，自“创二代”接手产业以来，该公司从线下花卉经销商逐步转变为以多肉植物种植和研究为核心、将新品种苗交付农户种植的生产模式，并由线下花卉经销，逐步转变为线上销售模式，复垦荒地3500亩，带动多肉种植经济价值5.25亿元。③

第五，优势行业集中于传统行业，科技创新能力有待提升。云南省各企业高度重视科技创新，加大投入研发。《2022云南省非公企业百强分析报告》显示，2022年全省非公百强企业研发费用投入总计为56.48亿元，增长36.06%。2023年，云南多宝电缆集团股份有限公司、昆明三川电线

① 数据来源：《2022年中国青年创业发展报告》。

② 数据来源：《2022年中国青年创业发展报告》。

③ 《用七彩多肉点亮乡村共富希望——云南大学学子张杨的创业路》，“云南大学”微信公众号，2023年11月7日，https：//mp.weixin.qq.com/s?__biz=MjM5NTMzMzg0MA==&mid=2650183566&idx=1&sn=bae49d944921ec9861dd41e729aa606e&chksm=bef82431898fad2779a103b5c7ea3279db261210a5e4ef3de7f2a5caedc892385df05999ec29&scene=27。

电缆有限公司等8家青创企业入选2023年云南省非公企业100强榜单，但大部分集中于传统冶金、房地产、化工、商贸、农业等传统行业，高新技术企业相对匮乏。而中小型青创企业受限于研发资金不足、产品研发周期长、新品上市难等压力，科技创新能力有限，整体的科技创新实力仍需进一步强化。

四 促进云南青年就业创业高质量发展

影响青年就业创业的因素复杂繁多，从宏观角度来看，要让经济增长、产业结构优化、政策支持体系、社会公共服务等更加符合当下青年就业创业的需求；从就业青年个体来看，在提升青年的就业创业能力的同时，做好青年就业观念引领同样重要。因此，促进云南省青年就业创业高质量发展需要政府、社会和青年的同心协力。

（一）以产业强省带动产业结构与就业结构协调发展，促进高质量充分就业

自2020年以来，云南省加快产业转型升级，产业结构发生较大调整。第一、二、三产业生产总值从2020年的3611.76亿元、8387.49亿元、12556.47亿元上升至2022年的4012.18亿元、10471.2亿元、14470.82亿元，分别上升了11%、25%、15%。同时，第一产业和第三产业的占比从2020年的14.71%和51.13%下降至2022年的13.86%和49.98%，而第二产业的占比从34.16%上升至2022年的36.16%。2020年，云南省第一、二、三产业就业人数分别为1226万人、497万人、1083万人，占比分别为43.69%、17.71%、38.6%。2022年，总体用工人数下降2.5%，其中第一产业就业人数占比上升至44.79%，而第二产业和第三产业就业人数占比则分别下降至17.48%和37.73%（见表1）。在产业结构表现为“三二一”格局的同时，就业结构表现为“一三二”格局。

表1　云南省2020~2022年三次产业生产总值与就业人数占比

单位：%

年份	第一产业		第二产业		第三产业	
	生产总值占比	就业人数占比	生产总值占比	就业人数占比	生产总值占比	就业人数占比
2020	14.71	43.69	34.16	17.71	51.13	38.60
2021	14.11	42.79	35.11	17.99	50.78	39.22
2022	13.86	44.79	36.16	17.48	49.98	37.73

资料来源：《云南统计年鉴2023》。

表2展示了云南省2020~2023年产业结构偏离度。自2020年以来，云南省第一产业偏离度始终呈现负偏离状态，劳动力持续转出；第二产业和第三产业始终处于正偏离状态，但第二产业偏离度较高。2023年政府工作报告显示，近年来云南省加快推进产业强省建设，工业成为经济增长的主要力量，而作为就业吸纳能力较强的第二产业，仍然存在进一步吸纳更多劳动力的可能。

表2　云南省2020~2022年产业结构偏离度

年份	第一产业偏离度	第二产业偏离度	第三产业偏离度
2020	-0.664	0.932	0.324
2021	-0.671	0.950	0.296

资料来源：《云南统计年鉴2023》。

2023年云南省委经济工作会议指出，“要千方百计推动产业发展、城乡居民收入、民生保障再上台阶”。产业发展是带动经济增长、就业扩容的重要力量，也是促进青年就业创业高质量发展的关键所在。良性的产业结构与就业结构能够相互促进，相互发展。当前云南省第二产业仍然具有较强的就业吸纳能力，而第一产业则长期存在劳动力溢出现象，表明有第一产业劳动力向第二产业转移的空间。但目前第二产业仍然存在“用工荒”的情况，一方面是因为近年来云南省不断推动工业由传统产业向传统产业、新兴产业

"双轮驱动"转变，对从业人员的职业技能和知识素养的要求提高，影响第一产业从业人员转入；另一方面是因为与第三产业相比，云南省第二产业从业人员薪资待遇较低，使第二产业对青年求职者的吸引力有限。

因此，要促进云南省产业结构与就业结构协调发展，在提升劳动者就业能力的同时，一方面要兼顾劳动密集型产业的发展，充分发挥第二产业就业吸纳能力，围绕云南省"四大支撑性工程"，推动制造业重点产业链高质量发展；另一方面要提升第二产业从业人员的薪资待遇，提高第二产业对求职者的吸引力。

（二）以企业强省带动就业扩容提质，促进青年创新创业

以企业强省带动就业扩容提质，是激发青年创新创业活力、促进青年就业创业高质量发展的又一关键路径。从促进就业的角度来看，当前云南省民营经济主要集中在劳动密集型产业和传统产业，对就业的吸纳能力较强，在就业市场扩容方面有较强的积极作用。中小微企业具有一定的灵活性和就业弹性且分布广泛，就业门槛较低；高新技术企业等知识密集型企业和技术密集型企业能够创造更多发挥青年知识技能优势的岗位。从促进青年创业的角度来看，青年创业以中小微企业为主，大力扶持民营经济发展，构建良好营商环境可以有效提升创业成功率和青创企业存活率。

同时，要加大对中小微企业的扶持力度，特别是要支持青年创办和领办的企业，出台专项创业扶持政策，发挥云南省青创园等平台优势，提供创业资金、创业场地、创业指导等支持，以降低创业门槛和风险，激发青年的创业热情和活力。要加强知识密集型和技术密集型企业的培育和发展，激励企业加大技术创新和研发投资，落实产学研合作，推动企业与高校、科研机构的深度合作；在为青创企业提供支持的同时积极引导在校青年参与科研项目和创新创业实践，为他们的创新创业提供更广阔的平台和更多的机会。要优化营商环境，简化企业开办和运营流程，减少企业运营成本，提升政府服务的效率和质量，为企业发展创造更加公平、透明、便利的市场环境，增强企业的获得感和满意度，进一步推动青年就业创业高质量发展。

（三）积极推进数字经济发展，赋能青年返乡就业创业

近几年，我国的数字经济呈现加速发展的势头，辐射范围增强，数字经济投资保持高速增长，在创造就业的同时也产生了就业替代问题。在新业态冲击下，部分职业减少甚至消失，对就业市场产生了深远的影响。而在一线大城市“内卷”“住房难”等问题的影响下，“返乡”逐步成为当下青年就业创业的又一趋势，“返乡”青年又以省外毕业大学生、外出务工青年为主，这一群体相较于本土青年更具资源、技术和经验优势。2022 年，云南省人民政府办公厅印发《云南省农业现代化三年行动方案（2022—2024年）》，提出加快推动云南由特色农业大省向现代农业强省迈进。在此条件下，充分推进数字经济与实体经济、农业发展深度融合，不仅能够更好地带动全省经济高质量发展，还能通过带动青年返乡创业，拓宽青年就业通道，从而缓解结构性就业矛盾。

未来，云南省应依托数字经济赋能青年返乡就业创业，不断加强顶层设计引领，出台配套政策，在税收、金融、土地支持等方面，为青年返乡创业提供政策扶持。通过搭建青年创业服务平台，乡村创业环境不断得到优化，为青年返乡打通政策咨询、技术服务、融资对接等个性化服务链，增强青年创业者返乡意愿，留住青年人才；通过整合资源，加强职业培训，提高返乡青年创业能力和创业水平，同步带动本土青年共同成长、共同发展。

（四）充分发挥共青团优势，强化就业实践服务与就业观念引领

一方面，充分发挥共青团思政引领优势，持续开展“成才观、职业观、就业观”主题教育，帮助青年团员树立职业生涯规划理念，引导、鼓励和支持毕业生到基层实现人生理想、建功立业；充分发挥共青团实践育人优势，依托“三下乡”“返家乡”“大学生社区实践”“扬帆计划”等实践活动，推动就业指导从第一课堂延伸到第二课堂，引导青年深入基层开展社会调研、实践实习，了解国情社情民情，提高社会化能力。另一方面，充分发挥共青团组织优势，开展精准就业帮扶，强化高校共青团与基层团组织的联

系，搭建访企拓岗平台，组织团干部一对一结对帮扶困难学生，开展“点对点、面对面”指导和跟踪帮扶；积极服务青年创业，依托“挑战杯”全国大学生课外学术科技作品竞赛、青年创业省长奖、创新创业之星等赛事，不断提升青年创新创业能力，拓宽青年创业视野，推动高校形成青年敢于创新、积极创业的良好校园氛围。

B.7 云南青年公共文化事业发展报告

梁双陆　牛夏利　胡娅琦　邱中虎*

摘　要：　本报告首先梳理了我国青年公共文化事业相关的政策法规建设和公共文化概念的演变，其次回顾了云南省的青年公共文化事业发展现状，总结发现云南积极融入国家发展战略，充分发挥其地理优势，推动国际传播与文化交流，向全球展示美丽中国和七彩云南的独特魅力，再次分析了云南青年公共文化事业发展面临的现实困境与未来方向，提出了建立多元化资源整合平台、拓宽文化传承教育与普及途径、深化社会参与等建议。

关键词：　公共文化　云南青年　创新文化

一　引言

公共文化事业发展是建设文化强国和增强文化自信的核心战略之一。公共文化不仅营造了社会文化氛围、提升了公众的文化素养，还维护了社会价值观念的和谐，是增强国家文化软实力和塑造文化先进性的关键。2015年，中共中央办公厅、国务院办公厅通过《关于加快构建现代公共文化服务体系的意见》及其附件《国家基本公共文化服务指导标准（2015—2020年）》，明确了公共文化服务的三大核心为基本服务项目、硬件设施和人员配备，并对其内容和标准进行了细分与规范。2017年，《中华人民共和国公共文化服

* 梁双陆，云南大学政府非税收入研究院执行院长、云南省经济学会副会长，教授、博士生导师，研究方向为经济体制改革、宏观经济管理与可持续发展、贸易经济；牛夏利，云南大学经济学院2023级硕士研究生；胡娅琦，云南大学经济学院2023级硕士研究生；邱中虎，云南大学经济学院讲师，研究方向为产业组织理论。

务保障法》实施，公共文化服务体系建设思路进一步拓展。从公共文化服务向公共文化服务体系的转变，展现出国家对公共文化服务质量和效率提升的决心。公共文化的内涵强调从量的扩张转向质的提升，注重服务的标准化、均等化、社会化和数字化。

文化兴则国运兴，文化强则民族强。青年兴则国家兴，青年强则国家强。新时代中国青年作为可爱、可信、可为的一代，既是新生代的中华文化传承者、创新者，也是现代文明建设的先锋队、主力军，在实现新时代的文化使命中肩负重任、责无旁贷。[①] 云南作为多民族的边疆大省，要将其建设成为我国民族团结进步示范区、生态文明建设排头兵、面向南亚东南亚辐射中心，就必须以青年为主体，推进人类命运共同体建设，不断铸牢中华民族共同体意识，促进生态文明主流价值观塑造。

二　云南省的青年公共文化事业发展现状

（一）青年为云南公共文化事业蓬勃发展注入力量

在发展青年公共文化事业的过程中，云南省把思想引领放在第一要位，构建起科学、和谐、正确的社会氛围，通过实施一系列文化政策和措施，为青年提供了丰富的精神文化滋养（见表1）。这些政策旨在激发青年的创新创造活力，增强青年的文化自信，促进青年的全面发展，同时汇聚青年的精神能量，为实现中华民族伟大复兴的中国梦奉献青春力量。

表1　云南省公共文化事业相关政策

年份	政策	目标
2013	《中共云南省委关于贯彻落实〈中共中央关于全面深化改革若干重大问题的决定〉的意见》	建立协调机制，统筹城乡服务设施建设，实施文化惠民工程，整合资源建设综合文化服务中心，推进公益性文化事业单位改革，鼓励社会力量参与文化服务体系建设

① 《新时代中国青年的文化使命》，中国理论网，2024 年 3 月 11 日，https：//www. ccpph. com. cn/bwyc/202403/t20240311_ 371968. html。

续表

年份	政策	目标
2015	《中共云南省委办公厅、云南省人民政府办公厅印发〈关于加快构建现代公共文化服务体系的实施意见〉的通知》	到2018年在部分州市基本建成现代公共文化服务体系，到2020年全省基本建成覆盖城乡、便捷高效的服务体系，同时提升服务均等化水平
2016	《关于做好政府向社会力量购买公共文化服务工作的实施意见》《关于推进基层综合性文化服务中心建设的实施意见》	到2020年建立比较完善的购买服务体系，形成与群众需求相符合的资源配置和供给机制，提高服务质量和效率
2018	《云南省中长期青年发展规划（2018—2025年）》	到2020年，广大青年思想政治素养和全面发展水平不断提升，在全省经济社会发展各领域的生力军和突击队作用进一步发挥。到2025年，广大青年思想政治素养和全面发展水平显著提升，广大青年幸福感、获得感明显增强
2021	《关于推动云南省公共文化服务高质量发展的实施意见》	丰富文化产品和服务，提高文化阵地的覆盖率、文化资源利用率、文化服务普及率以及社会力量的参与率，确保人民群众的满意度
2022	《云南省公共文化服务保障条例》	提出实施公共设施补短板工程和文化润滇行动，以标准化、均等化、数字化为重点，推进城乡公共设施建设，构建便捷高效的公共文化服务体系
2023	《云南文化和旅游强省建设三年行动（2023—2025年）》	加强公共文化设施建设，提升公共图书馆和文化馆的服务水平，推进数字化发展，以及实施应急广播体系建设和广电融合提升工程

资料来源：云南省人民政府办公厅、中共云南省委办公厅、《云南省中长期青年发展规划（2018—2025年）》。

从图1数据来看，2022年，表演团体和博物馆的数量分别达到了110个和183所，云南省文化设施建设取得了显著成就。在这些文化机构中，博物馆数量的增长尤为明显，增长的数量最多，这与年轻人中兴起的“博物馆热”现象相契合。这一趋势不仅反映了青年群体对博物馆文化的浓厚兴趣，而且表明了青年群体对传统文化的认同和重视正在不断加深。博物馆作为连接过去与现在的桥梁，正成为青年探索和学习传统文化的重要场所。

在阅读习惯方面，2021 年云南省青年平均纸质图书阅读量为 5.6 本，青年人均电子书阅读量为 22.4 本。① 云南省图书馆积极推进“文化筑梦”青少年文化志愿服务系列活动，同时，云南省高等学校图书情报工作指导委员会成功举办了 2022 云南高校“中华思想文化术语——中华新青年”主题大赛，进一步促进了青年的文化创新和思想交流。这一变化展现了云南省青年文化素养的提升和文化自信的增强。

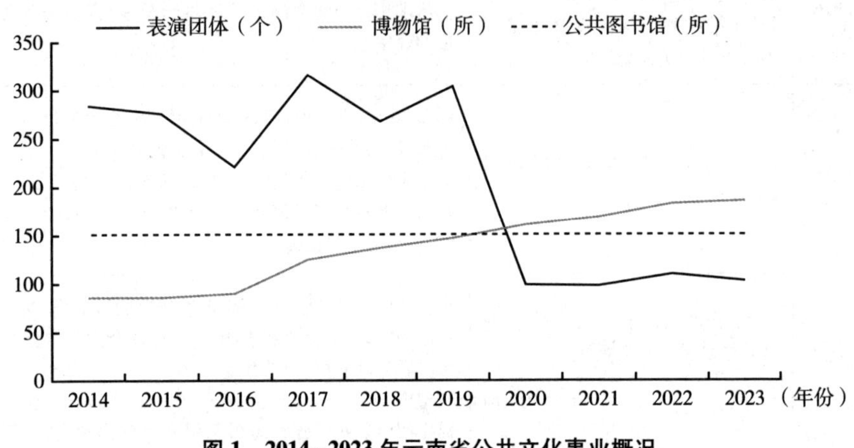

图 1　2014~2023 年云南省公共文化事业概况

资料来源：《云南统计年鉴 2023》。

云南青年积极参与公共文化事业发展，2022 年广播电视行业青年创新人才占比 82.35%（见图 2）。云南省通过对云南青年表演艺术家和云南省优秀青年演员的授誉制度，构建了一套完善的人才培养与激励机制。这些工程和制度的连续推行，特别是连续多届青年演员比赛的成功举办，极大地推动了本省艺术人才的成长与发展，为文化繁荣注入了源源活力。青年文化产品的生产也显示出稳健的增长，年产量达到了 1440 个，反映了青年创作者活跃的文化创造力。云南省的青年文化产品生产主要集中在语言文字类、影音视频类、书画艺术类，其中书画艺术类青年文化产品最多，达 1681 件。②

① 数据来源：2022 年度《云南省中长期青年发展规划（2018—2025 年）》统计监测报告。

② 数据来源：2022 年度《云南省中长期青年发展规划（2018—2025 年）》统计监测报告。

这些上升趋势不仅凸显了云南青年在文化发展中的重要作用，也彰显了他们对推动公共文化事业繁荣做出的积极贡献。

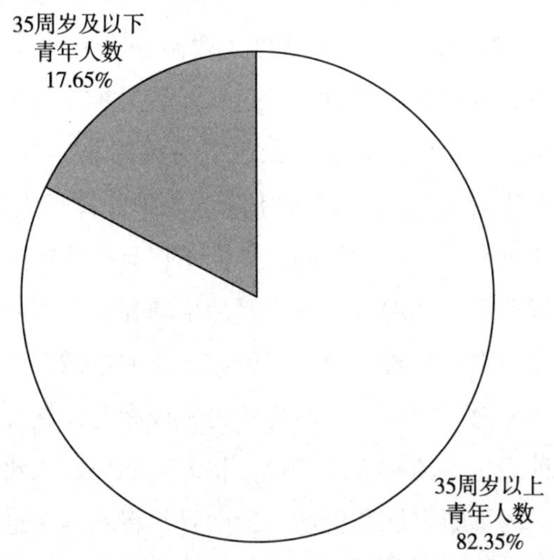

图 2　2022 年云南省广播电视行业青年创新人才占比

资料来源：2022 年度《云南省中长期青年发展规划（2018—2025 年）》统计监测报告。

（二）多元举措促云南青年公共文化事业繁荣发展

文化的繁荣兴盛既得益于政策的明晰指导，也源自文化本身的多样性与丰富性，绚烂的民族文化构成了云南公共文化发展的强大基石。云南青年公共文化事业的发展体系具有多渠道、多样化的特点，其构建核心集中在三个方面：一是深挖和传承民族文化；二是巩固文化基础，增强文化自信；三是推动文化创新，激发文化活力。通过这样的体系构建，云南青年公共文化事业得以持续繁荣发展。

丰富的民族文化是云南青年公共文化事业开展的基石。云南省被誉为我国的民族大观园，拥有 25 个人口超过 5000 人的少数民族，是我国民族多样性的缩影。各民族共同书写着悠久的历史，形成了独具特色的生活习俗和文化传统，他们的婚姻仪式、丧葬习俗、节日庆典等，不仅反映了各自的生活方式和精神追求，也促进了社区交流、增强了民族团结。“芒团手工造纸”“傣族白象”“马鹿舞”已成功入选国家级非物质文化遗产名录，彰显了云南深厚的文化底蕴。电影《九零后》《一点就到家》《我本是高山》，话剧《桂梅老师》《农民院士》，以及纪录片《西南联大》等作品，作为云南文艺创作的杰出代表，以其鲜明的时代特色和地域风貌在全国赢得了盛誉。

为了进一步优化青年文化环境，云南省还关注非物质文化遗产的传承，目前省级以上的非物质文化遗产代表性传承人中，青年人数保持在 2 人。[①] 青年非遗传承人作为文化传递的使者，他们不仅具有传统的技艺，更在创新中将传统文化与现代生活相融合，使之更加生动和贴近青年。云南青年在这样充满活力的文化氛围中成长，吸收了民族文化的精髓，形成了开放包容的心态和创新创造的能力。同时，云南青年也积极参与民族文化的保护、传承和推广，通过各种文化活动和交流平台，将云南的民族文化推向更广阔的舞台。随着民族文化的不断发展和创新，云南青年将继续在这一过程中发挥重要作用，成为推动文化繁荣和社会进步的新生力量。

云南省积极实施“边境之窗建设工程”，拥有 58 项省级文物保护单位和 15 项国家级文物保护单位，同时，全省共有 109 处国家级和省级爱国主义教育基地，在传承红色基因和弘扬民族精神方面起了重要作用。[②] 2022 年，云南省青年与南亚、东南亚以及上海合作组织成员国的青年进行了广泛而深入的交流，参与交流的总人次达到了 18185 人次。由云南省出境参与国际交流的云南籍青年人数显著增加，一年之内增长 8969 人次，达到 12518 人次（见图 3）。[③]

创新文化是云南青年公共文化事业长远发展的重要组成部分。青年群体在推动经济社会发展、科技创新和公共文化进步中扮演着至关重要的角色。2022~2023 年，云南省新增了 5 家省级科技企业孵化器和 20 家省级众创空间，同时培育了一批优质的创业园区，为青年创业者提供了包括担保贷款、

① 数据来源：2022 年度《云南省中长期青年发展规划（2018—2025 年）》统计监测报告。

② 数据来源：云南网。

③ 数据来源：2022 年度《云南省中长期青年发展规划（2018—2025 年）》统计监测报告。

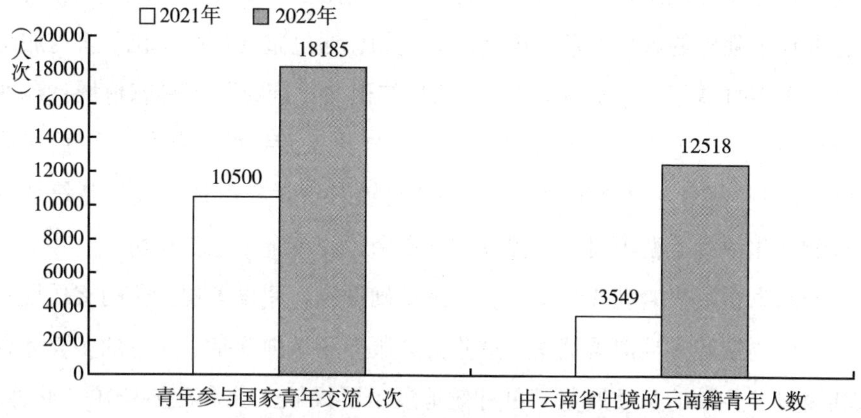

图 3　2021 年与 2022 年云南省青年对外交流情况对比

资料来源：共青团云南省委、云南省外办、云南省公安厅。

创业导师指导和奖补政策在内的多项服务。[①] 2024 年，云南省在第十一届“挑战杯”云南省大学生创业计划竞赛中，共产生了 11800 余件作品，78000 余名学生和 22500 余名教师参与其中，参赛学校和项目数量均达到了历史最高水平。经过层层选拔，1102 个项目进入省赛，最终 328 个项目入围终审决赛。在激烈的竞争中，大赛共评选出金奖 110 项、银奖 218 项、铜奖 441 项、优秀奖 333 项，以及 10 个优秀组织单位奖，体现了云南省青年在各个领域的创新能力和实践成果。[②] 这些成就不仅展示了青年的才华和热情，也为云南省的创新发展和公共文化事业前进注入了新的活力。

（三）云南青年公共文化事业建设经验

通过资源整合、产品创新、基础设施建设和服务优化等措施，云南省不断提升文化与旅游的综合效益。2013～2022 年，在党委和政府的引导支持下，吸纳社会资本参与，并完善相关配套政策，致力于建设文化强省，文化

① 数据来源：2022 年度《云南省中长期青年发展规划（2018—2025 年）》统计监测报告。

② 数据来源：云南网。

产业园区的创建成果显著，公共文化与旅游的融合发展逐渐形成了独特的格局，展现了强烈的区域特色和创新性。例如，通过整合传统文化节庆与旅游活动，云南打造了“彝族火把节”“哈尼梯田文化景观”等具有地域特色的旅游项目，推出了以民族文化为主题的多样化旅游线路，例如“少数民族风情之旅”“民族工艺体验之旅”，特别是针对青少年群体，设计了符合其需求的文化教育旅游项目，如民族文化夏令营和传统工艺工作坊。

云南省积极投资和改造文化及旅游基础设施，建设了现代化的文化展示中心、博物馆和多功能展览馆。这些公共服务场馆内配备了先进的多媒体设施和设置了生动的互动展览，更有效地展示了民族文化和旅游资源。此外，云南省还加强了对传统文化遗产地的保护和修缮，提升了这些文化遗产的旅游吸引力和教育价值。云南省博物馆、云南广播电视集中集成播控中心、云南亚广影视信息传媒中心、云南省少数民族语言节目译制中心等一批关键文化基础设施相继建成并投入使用，公共文化服务设施网络基本实现全覆盖。截至2022年6月，全省共有公共图书馆151个、文化馆149个、博物馆183个、美术馆9个、乡镇文化站1456个、村级综合性文化服务中心14652个，县级基本公共文化服务标准化建设完成率达100%。[①] 同时，通过开展形式多样的文化惠民活动，显著增强了各民族群众的文化获得感。云南省各级政府和文化部门定期举办文化节庆、艺术展览和文艺演出，为公众提供免费的文化娱乐活动，丰富了青年的文化生活，让他们在直接参与中感受公共文化的魅力。

云南省始终坚持“二为方向”和“双百方针”，深入实施“云南文化精品工程”和“云岭文化名家工程”，推出了大量内涵丰富、技艺精湛、出品精良的文艺精品。充分发挥重点精品项目的评奖机制引导带动作用，鼓励青年文化人才，创作生产激励当代青年奋发向上、崇德向善，传承中华文明、体现云南特色的文化精品。2013~2022年，云南省通过举办两年一届的云南省新剧（节）目展演、云南省青年演员比赛、云南省花灯滇

① 数据来源：2022年度《云南省中长期青年发展规划（2018—2025年）》统计监测报告。

剧艺术周，以及每年一次的云南省新年戏曲晚会等全省性艺术活动，极大地促进了云南文化影响力的提升、舞台艺术的繁荣发展和舞台艺术人才的培养。话剧、滇剧、杂技剧、舞剧、音乐剧等一大批聚焦中国梦时代主题的优秀舞台艺术作品，为广大群众提供了精神食粮。在参与机制方面，政府和文旅部门通过设立文化项目资助和支持计划，鼓励社会组织和各民族群众主办和参与文化活动。

国际传播和对外文化交流合作持续深化。云南省通过举办国际文化交流活动和参与全球文化项目，将地方文化推向国际舞台，提升了云南及中国西南地区的国际形象。青年通过参与这些交流项目，促进了文化的双向传播，推动了国际的文化理解和合作。深入实施"边境之窗建设工程"，在中缅、中老、中越边境口岸建设了19家"国门书社"。此外，"中老越三国丢包狂欢节"和"中缅胞波狂欢节"等边境文化活动、"美丽云南·香格里拉"系列文化交流活动、"大理国际影会""亚洲微电影节"等文化交流品牌成为促进边境地区对外文化交流的重要平台，在国际舞台上掀起了"云南热"。同时，云南举办"云港澳台青年圆桌会议"和"滇港同行·青春筑梦"青年交流活动等，增强了云南青年与港澳台青年之间的人文交流。

三　云南青年公共文化事业发展面临的现实困境与未来方向

资源不足是云南青年公共文化事业发展面临的首要问题。云南地处西南边陲，偏远地区的公共文化设施和资源较为匮乏，青少年难以获得丰富的文化资源。这种资源短缺不仅体现在硬件设施上，如文化馆、图书馆的数量和质量不足，还体现在软件资源上，如优秀文化产品和活动的稀缺。资金短缺也是制约公共文化事业发展的重要因素。文化事业的发展需要大量的资金投入，但目前的财政投入明显不足，许多文化项目建设难以启动或维持，已建成的文化设施也因缺乏维护资金而逐渐老化或无法正常运转。

公共文化人才缺乏是制约云南青年公共文化事业发展的另一个重要因

素。公共文化事业的发展需要专业的人才，包括文化管理人才、活动策划人才、艺术创作人才等。目前，由于发展平台及发展空间的限制，云南省公共文化专业人才储备不足，且存在人才流失问题。基础设施建设薄弱也是云南青年公共文化事业发展的瓶颈之一。云南的文化基础设施建设相对滞后，许多州市的文化场馆、图书馆等设施不足，难以满足青年的文化需求。即使在一些基础设施较为完善的地区，由于管理和维护不到位，也存在设施利用率低、服务质量差的问题。另外，城乡差距明显是云南青年公共文化事业发展面临的又一困境。城乡之间的文化资源分布极不均衡，农村青年的文化活动和设施较为贫乏，难以享受与城市同等的文化服务。这种差距不仅影响了农村青年的文化素质，也在一定程度上制约了城乡一体化的发展。

云南青年群体文化参与度低的问题也不容忽视。部分青年对公共文化活动缺乏兴趣或参与意识不强，导致许多文化活动的实际效果不佳。这一方面是由于宣传和引导工作的不足，另一方面也反映出当前公共文化活动形式和内容的吸引力不足。综上所述，云南青年公共文化事业的发展面临着资源不足、资金短缺、人才缺乏、基础设施薄弱、城乡差距明显以及青年群体文化参与度低等多重困境。这些问题的解决需要政府加大政策支持和资金投入、培养和引进文化专业人才、加强文化基础设施建设、缩小城乡差距，并通过丰富多样的文化活动提升青年的文化参与度和兴趣。只有通过多方的共同努力，才能真正推动云南青年公共文化事业的健康发展。为了应对这些挑战，推进云南青年公共文化事业的发展，本报告提出以下建议。

首先是建立多元化资源整合平台，促进云南青年公共文化事业多样化发展。第一，完善服务网络，实现公共文化服务全覆盖。建造美观、实用的公共文化设施，使其成为城乡标志性建筑。重点加强新城镇、农民新村、易地搬迁安置点等区域的公共文化设施配套建设。以县级图书馆、文化馆的总分馆制和公共文化数字化为重点，构建馆内外、线上线下相结合的立体公共文化服务网络。通过建立公共图书馆、博物馆、非遗馆等机构的联动机制，增强功能融合，提高综合效益。创意改造和优化公共文化空间，对公共文化机构进行创意布局改造，优化和美化空间，满足城乡居民对高品质文化生活的需求。第二，创新文化空间，扩展公共文化服务。利用旧厂房、旧街区、名人故居等闲置空间，建设公共文化创新空间。鼓励新型公共文化区域作为图书馆、文化馆分馆或服务点，发展集图书借阅、艺术展览、文化沙龙、文创产品展示和轻食餐饮等功能于一体的“城市书房”和“文化驿站”。探索社区、乡村、景区文化的“嵌套式”服务，将公共文化创新融入居民日常生活，打造观赏性强、实用性强、便捷度高的公共文化服务区域。第三，加快数字化建设，提供智慧化公共服务。推进全省图书馆数字化服务体系和大数据云服务平台建设，融入国家智慧化体系，建设覆盖全省互联互通的公共图书馆数字化智慧化服务网络平台。挖掘和整理全省各地的特色民族文化和旅游资源，建设云南地方少数民族文化、旅游资源和基层群众文化网络资源库，提升资源数量与质量，实现全国共享。推动公共文化机构与社会企业合作，探索有声图书馆、创客图书馆、群文互动体验等新型服务方式。

其次是拓宽文化传承教育与普及途径，促进云南青年公共文化事业创新性发展。第一，拓宽服务领域，提升公共文化质量。推动公共文化服务融入青年日常生活，提高青年群众对公共文化的知晓度、参与度和满意度。探索错峰、延时开放公共文化空间的方式，鼓励非工作时间、节假日、双休日提供自助服务。充分利用各级文化馆、图书馆、博物馆和美术馆平台，通过与社会力量通力合作和发起公益活动进行众筹等方式，提供多层次、多方面的个性化服务。面向青年群体开展技能培训，提供更多适合青年群体的公共文化产品和服务，丰富其业余生活。第二，强化艺术普及，创建属于人民群众的公共文化品牌。推动全民艺术普及，使艺术融入日常生活，提升人民群众生活的审美品位。开展“全民艺术普及月”“全民文化艺术节”等活动，充分发挥“群星奖”“彩云奖”的示范作用，推动有力量、有筋骨、有温度的文艺精品创作。打造“云南民族团结进步大舞台”品牌，为群众搭建交流展示的平台，形成“州市有品牌、市县区有活动、馆站有特色、乡村有队伍”的格局。发挥群众文艺团体在文化服务和交流中的作用，建设“文化中国·七彩云南”艺术团。加强“澜沧江·湄公河流域国家文化艺术节”等国际文化交流品牌建设，推动文艺精品走向国际，讲好云南故事。加强后

备文化人才队伍的建设，积极组织各种艺术人才培训项目，申请国家艺术基金的首个“少数民族艺术人才培养项目”。采用学校与剧团合作的培养模式和定向招生的办学形式，挑选具有潜力的青年艺术人才前往全国知名艺术院校深造。充分利用国家级赛事和全省重要艺术活动，为艺术人才的成长提供支持、创造条件和搭建平台，使一批艺术人才在重大艺术活动中脱颖而出，担当重要角色。第三，深化文旅融合，激发公共文化新引擎。将公共文化与旅游深度融合，促进青年群体价值观念与文化软实力的提升。开展云南公共文化和旅游机构各项功能的融合建设，推动公共文化服务单位增加旅游服务项目，打造文化内涵性与观赏性兼具的景点。发展公共文化体验式的旅游模式，将其整合为旅游体验项目和研学产品。鼓励公共文化服务单位在景区开展公共服务，围绕旅游业发展提升公共文化场所的服务水平，促进文旅融合。加大对文创产品创新和开发的力度，设计具有云南特色文化的文创产品。推进“旅游+乡村文化振兴”示范工作，推动乡村文旅融合发展。

最后是深化社会参与，促进云南青年公共文化事业全覆盖式发展。第一，引导社会参与，拓宽公共服务路径。鼓励青年群体通过多种方式，推动社会力量参与公共文化设施的建设运营、活动项目的策划和服务资源的分配，使青年不仅是公共文化的受益者，更是公共文化的创造者。第二，丰富公共文化服务的供给，进一步助力民族团结进步。云南省应充分利用其独有的文化资源和区位优势，引导和激发青年参与公共文化活动的积极性和创造性。加强对文化馆、图书馆及公共数字文化的支持与建设，完善公共文化设施建设。同时，创作一批促进民族和谐发展、助力民族团结进步的文艺作品，增强中华民族共同体意识。第三，促进志愿服务队伍建设，增加公共文化服务供给。公共文化服务相关单位应根据当地情况，吸纳更多青年加入志愿服务团队。创新推出“文化志愿+乡村振兴”模式，培育并打造一批具有云南特色、效果显著、社会影响广泛的文化志愿服务品牌项目。此外，制定青年志愿者的表彰奖励机制，增强其工作成就感和社会荣誉感。

B.8

云南青年社会融入与社会参与发展报告

梁双陆　牛夏利　赵　娅　赵文婧*

摘　要：　本报告探讨了云南青年的社会融入与社会参与问题，特别关注了新生代农民工群体、大学生群体和新兴青年群体，发现尽管在教育、就业、住房和社会保障等方面存在挑战，但通过政策支持和社会实践活动的推广，云南青年社会融入与社会参与状况正在积极改善。同时，本报告分析了云南青年社会融入与社会参与发展的现状与困境，提出了优化路径，如实施青年职业技能提升计划，以及增加社会实践和志愿服务的机会等，建议实施包容性政策，改善教育和公共服务，优化就业环境，以提升青年的社会融入效果和生活质量，帮助青年更好地融入社会，促进社会的持续发展和进步。

关键词：　社会融入　社会参与　大学生群体

一　云南青年社会融入与社会参与的实践性

青年的社会融入与社会参与是指青年作为社会成员，全方位地参与社会建设和社会发展，从而顺利融入社会，实现自我价值和社会价值的过程。当前，我国正处于经济社会快速发展、社会结构发生深刻变革的新时代。在这

* 梁双陆，云南大学政府非税收入研究院执行院长、云南省经济学会副会长，教授、博士生导师，研究方向为经济体制改革、宏观经济管理与可持续发展、贸易经济；牛夏利，云南大学经济学院2023级硕士研究生；赵娅，云南大学经济学院2023级硕士研究生；赵文婧，云南大学经济学院2023级硕士研究生。

样的时代背景下，青年的社会融入与社会参与逐渐成为影响社会发展的关键因素。青年是新时代的建设者和主力军，是引领国家经济社会发展的重要力量，他们的社会融入与社会参与将深刻影响社会的发展走向，关乎国家和民族的未来。

云南省拥有丰富的自然资源和独特的民族文化。独特的地理环境和社会文化背景，使云南青年的社会融入和社会参与既面临机遇，又存在挑战。云南省委、省政府高度重视青年发展，积极推进青年社会融入与社会参与的相关工作，制定并实施了《云南省中长期青年发展规划（2018—2025 年）》（以下简称《规划》），强调育人导向、对口协作、动员社会力量、突出特色和注重实效等基本原则，为云南青年发展提供了政策支持，并明确了促进青年社会融入和社会参与的目标和措施。《规划》指出，青年要更加主动、自信地适应社会、融入社会；社会参与的渠道和方式要进一步丰富和畅通，实现积极有序、理性合法参与；充分发挥共青团、青联、学联组织在促进青年社会融入和社会参与中的主导作用等。[①]

青年社会融入与社会参与的本质在于实践。对标目标要求，云南省针对青年的社会融入和社会参与问题出台了相关政策措施，推出了一系列社会实践活动，拓宽青年社会融入与社会参与的渠道；积极促进了少数民族青年和进城务工青年及其子女的社会融入，为青年社会融入与社会参与营造了良好的环境，也为青年发展创造了有利条件。

《规划》中所指的青年涵盖了各类学生（在校中学生、职业技术学校学生、高职生、大学生、研究生）和各类就业青年（大学毕业生、进城务工青年）和待业青年等。由于自身的教育程度、工作环境以及生活处境不同，各类青年群体面临的社会融入和社会参与问题具有较大差异。因此，本报告将分析云南不同青年群体社会融入与社会参与的现状，并针对不同青年群体在社会融入与社会参与中面临的现实困境提出相应的优化路径。

---

① 数据来源：《云南省中长期青年发展规划（2018—2025 年）》。

二　云南不同青年群体社会融入与社会参与现状分析

（一）新生代农民工群体

农民工已经成为我国城市化和工业化进程中的核心力量，已构成了我国产业工人的主体，他们是使“中国制造”走向国际的关键支柱，并且为我国的经济与社会进步做出了巨大贡献。习近平总书记指出，几亿农民工在城乡之间长时间、大范围有序有效转移，成为经济社会发展的重要支撑。[①] 农民工工作是解决“三农”问题的重要方面，是破解我国城乡二元结构，解决城乡发展不协调突出矛盾的重要抓手，在实施乡村振兴战略，全面建设社会主义现代化国家新征程中具有十分重要的作用。[②]

新生代农民工群体主要是指“80 后”“90 后”农民工，户籍为农村同时又在城镇就业的这一群体，他们拥有更高的教育水平，持有更开放的观念和更灵活的思维方式，他们强烈希望成为城市中的一部分。国家卫生健康委员会开展的全国流动人口动态监测调查数据显示，在 2022 年劳动年龄段的流动人口中，出生于 1980 年及以后的新生代农民工占比 48.8%。流动人口平均年龄的增长趋势明显，其老龄化的速度甚至超过了全国人口，2022 年流动人口的平均年龄为 29.3 岁，较上一年增加了 1.4 岁。

根据《云南调查年鉴》，2015~2022 年，在云南省农民工中，新生代农民工占比接近 50%。图 1 展示了 2015~2022 年云南省新生代农民工在农民工总体中占比的变动情况。新生代农民工的占比在 2017 年下降至 44.8%；2017 年之后，又呈现回升趋势，直至 2020 年达到 48.9%，2021 年和 2022 年占比则呈现下降态势。

① 《习近平：把乡村振兴战略作为新时代“三农”工作总抓手》，“央广网”百家号，2019 年 6 月 1 日，https://baijiahao.baidu.com/s?id=1635110499828614760&wfr=spider&for=pc。

② 《稳步有序推进农民工市民化　农民工工作翻开新篇章》，“人力资源社会保障部”百家号，2021 年 1 月 5 日，https://baijiahao.baidu.com/s?id=1688054661915604537&wfr=spider&for=pc。

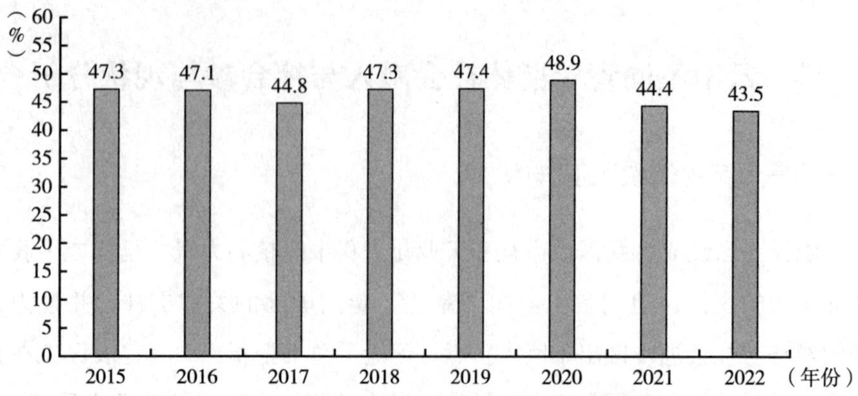

图 1　2015~2022 年云南省新生代农民工在农民工总体中的占比

资料来源：《云南调查年鉴》。

在年龄结构方面，在 2022 年云南省农民工中，除 41~50 岁之外，25~29 岁和 35~40 岁的占比较高，分别为 16%和 15%。

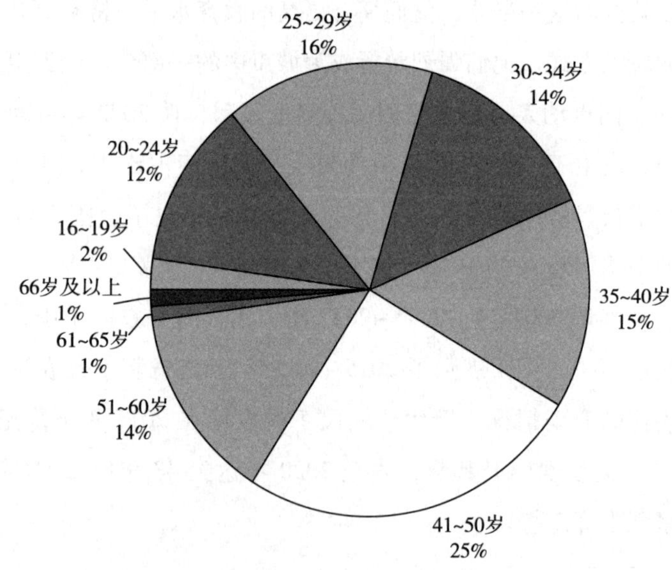

图 2　2022 年云南省农民工年龄结构

资料来源：《云南调查年鉴》。

在农民工文化程度方面，2022 年一半的农民工文化程度为初中水平，大学学历的占比仅有 12%（见图 3），由此可见，现阶段云南省新生代农民工的文化水平有所提高，在就业创业、职业选择和发展的机会更多。

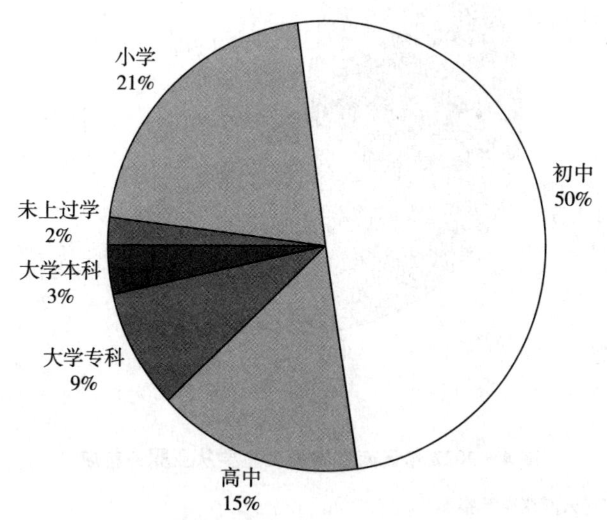

图 3　2022 年云南省农民工文化程度结构

资料来源：《云南调查年鉴》。

由图 4 可知，2022 年云南省农民工主要从业职业集中在社会生产服务和生活服务人员、生产制造及有关人员两个方面。新生代农民工群体具备至少初等教育的学历背景，求职时不单纯追求薪资高低，而是更注重职位所需的技能要求、工作环境及行业的长期发展潜力，在职业选择时表现出全面的评估性和高度的选择性。新生代农民工作为新生代流动人口的重要组成部分，对于其社会融入和社会参与状况有以下发现。

随着教育水平的提升，云南省新生代农民工的工资和工作条件呈现正向关联。拥有中专或大专学历的个体往往能够获得更快的职业发展和更高的薪酬，他们希望通过自身努力在城市中获得更多的发展机会。尽管如此，融入城市生活对许多新生代农民工而言仍是一项挑战，一方面，高昂的购房成本是阻碍他们实现城市梦想的主要因素。另一方面，新生代农民工群体的城市

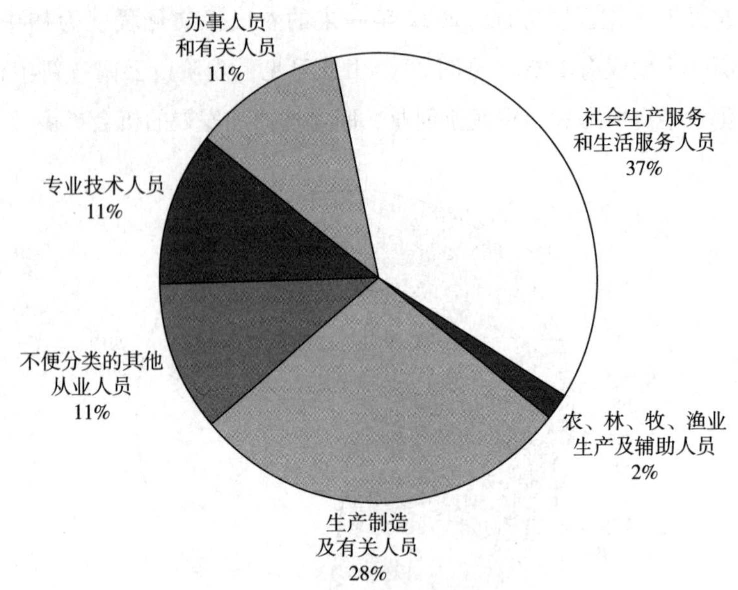

图 4　2022 年云南省农民工主要从业职业构成

资料来源：《云南调查年鉴》。

归属感较低，由于无法享用与户籍挂钩的城市公共服务及福利，这不仅让他们在物质和文化生活方面的消费被限制，而且在其融入城市的过程中，还会面临诸如子女教育、医疗保障、住房等方面的问题。由于云南省大部分新生代农民工的受教育程度仍旧偏低，最高学历普遍集中在中学阶段，所以他们从事的工作集中在工厂，需要面对重复的工作内容和长时间的工作压力，这样的工作环境导致他们对工作的积极性和新鲜感降低，对生活的满意度也相对较低。

云南省人民政府办公厅于 2019 年发布了《云南省职业技能提升行动实施方案（2019—2021 年）》，此计划一方面旨在为新生代农民工提供大规模的职业技能培训，将他们纳入公共就业服务的范畴，并重点强调了提供职业咨询和劳动法律咨询等服务的重要性；另一方面旨在通过对新生代农民工进行分类培训和实施培训补贴，建立一支既具有知识、技能又富有创新精神的新型农民工队伍。同时，该计划致力于提高职业培训的针对性和效果，以满足不同地区和不同水平劳动者的需求。此外，通过加强技术应用培训资源的开发，为各种工作和就业环境培养一批“新蓝领”。云南省各级政府还利用工会组织在街区、社区和商业区等地方建立了“职工驿站”，为农民工群体提供服务。通过工会，政府与农民工建立了类似家庭的联系，旨在保护和保障他们的职业福利。“职工驿站”将公共文化服务的“最后一公里”与工会对职工的服务有效结合，增强了服务的覆盖面和影响力。2021 年，根据中华全国总工会的评选，昆明市的 8 家“职工驿站”被命名为“最美工会户外劳动者服务站点”，其中昆明雄达茶城驿站便是一个典型案例。作为一家专注于茶产业发展和茶文化推广的本地企业，昆明雄达茶城通过每年的“5·21”国际茶日活动，鼓励新生代农民工参与茶文化和技能大赛。在茶文化城内，建立茶文化传播中心、职工大讲堂和技能培训站，各种活动不仅促进了茶城商铺员工的文化权益保护，还成功地将经济效益与社会效益、工会建设与员工福利相结合。

新生代农民工具有较高的工作流动性。他们经常表示：“对我们这些来自外地的工人而言，回家一趟可能需要一周到半个月的时间，如果工厂不允许这么长的假期，我宁可选择离职。”随着新业态的持续出现，一方面，新生代农民工对变化的外部环境始终保持着高度的新鲜感，导致他们在职业选择和工作地点上频繁变动；另一方面，由于他们在工作稳定性方面表现不佳，工资水平和工作环境成为他们经常更换工作的主要驱动力。这主要反映在以下两个层面。一是新生代农民工在选择工作单位时表现出较高的流动性。他们与雇主建立的劳动关系往往缺乏稳定性，很难通过劳动合同建立长期的职业联系，他们的职业留存时间受工资待遇影响很大，导致他们经常更换工作地和雇主，缺少长期和稳定的职业发展路径。二是他们在居住选择上也有较高的流动性。由于经济能力的限制，他们较多选择在工作地租房居住，这种以租赁为主的居住方式进一步强化了他们作为流动人口的特性，即频繁更换居住地点。

云南省新一代农民工的流动趋势呈现新的变化，其中跨省就业的占比减少，选择在省内或自己所在市内就业的占比逐渐增加，这些返乡工人大多数倾向于回到省内中心城市。与此同时，他们选择的就业地点正在逐步从乡镇向县级区域扩散。对那些原本在省外大城市工作的农民工来说，大多数人在返回云南后，会选择在省内离家更近的大城市寻找工作机会，这样的选择模式让他们能够照顾家庭。这一回流趋势部分得益于县域经济的发展，吸引了农民工返乡就业。改善的基础设施、产业的区域性转移，以及在脱贫攻坚方面取得的进展，都促进了原本主要依赖外出务工人口的县域产业发展，从而吸引了大量农民工返回家乡寻求就业机会。

（二）大学生群体

近年来，云南省各高校在校学生数持续增加。根据云南省国民经济和社会发展统计公报的数据，云南省 2013 年全年高等教育招生 24.77 万人。[①] 2023 年，全年高等教育招生 48.26 万人，比 2013 年增长了 23.49 万人，比 2022 年下降 3.2%；在校生 149.43 万人，增长 2.9%；毕业生 42.47 万人，增长 10.0%。其中研究生招生 2.63 万人，增长 5.6%；在校研究生 7.71 万人，增长 7.7%；毕业研究生 2.01 万人，增长 23.3%。普通本、专科共招生 37.18 万人，增长 1.8%；在校生 113.71 万人，增长 3.3%；毕业生 32.25 万人，增长 8.4%。[②] 近年来，全省高校不断向社会输送博士、硕士研究生以及本专科毕业生，毕业生升学率、就业率显著提升，但高校学生规模的扩张在给学校管理、教育资源分配提出更高要求的同时，还增加了毕业生的数量，加剧了就业市场的竞争，所以深入分析大学生群体的社会融入与社会参与情况十分重要。以下是云南大学生群体的社会融入与社会参与的具体情况。

一是强化实践育人导向，大学生“三下乡”活动成效显著。自 1997 年正式实施科技、文化、卫生“三下乡”活动以来，广大青年学生参与社会

---

① 数据来源：《云南省 2023 年国民经济和社会发展统计公报》。

② 数据来源：《云南省 2023 年国民经济和社会发展统计公报》。

实践活动的积极性明显提高。2023 年，云南省社会实践活动的规模和影响力显著提升，实践岗位、招募人数、参与的大学生数量均有显著增长。具体而言，征集到的实践岗位达到 8969 个、招募人数为 23409 人、报名的大学生总数达 24553 人，与 2022 年同期相比分别增长了 73%、37%、13%。从暑期“三下乡”活动来看，云南共青团在团中央部署的重点内容基础上，着重凸显云南区域特点和人文特点，制定本省特色社会实践活动方案，共组织全省 8597 支团队，14 万 7426 名师生参与 2023 年暑期“三下乡”社会实践活动，活动地点遍布全国各地，服务受众人数超 50 万人，发放各类宣传资料 20 万余份，各类调查问卷 5 万余份，累计形成调研报告 6000 余篇，宣传报道 8000 余篇，200 余支队伍分别入选“笃行计划”“圆梦工程”等各类社会实践专项活动。一大批优质实践活动被媒体宣传报道。① 在实践育人方面，云南省各高校广泛创新实践培育模式，打造多级联动，形成多种实践育人模式和体系，服务青年成长所需。

二是深化志愿公益，大学生志愿服务领域广泛覆盖。云南省坚持以习近平新时代中国特色社会主义思想为指导，密切结合实际，立足青年志愿服务工作的开展需求，不断探索创新，深入推进“志愿服务青春行动”，为谱写好中国梦的云南篇章增添青春色彩。根据共青团云南省委的数据统计，2013~2023 年，全省青年志愿者注册人数近 1000 万，形成了 8600 余个注册团队，发布志愿服务时长 200 余万小时，完成的志愿服务时长近 4000 万小时，青年志愿者参与各类志愿公益活动累计达到上万次，涵盖了环保、教育、健康、文化等领域。2022 年全省共有志愿者 766.86 万人，其中青年志愿者 374.57 万人。云南省青年志愿者平台注册数量总计 487641 人，其中 14~17 周岁青年志愿者数量 85304 人，18~27 周岁青年志愿者数量 380363 人，28~35 周岁青年志愿者数量 21974 人，青年志愿者数量占总志愿者数量的比重为 93.85%（见表 1）。

① 数据来源：2022 年度《云南省中长期青年发展规划（2018—2025 年）》统计监测报告。

表1　2021、2022 年云南省青年志愿者平台注册数量

单位：人，%

年份	青年志愿者数量总计	14~17 周岁青年志愿者数量	18~27 周岁青年志愿者数量	28~35 周岁青年志愿者数量	青年志愿者数量占总志愿者数量的比重
2021	1032609	83102	874527	74980	95.00
2022	487641	85304	380363	21974	93.85

资料来源：云南团省委、云南省文明办、云南省教育厅、云南省民政厅。

在青年社会服务方面，云南省凝聚相关部门、街道、社区、社会组织的力量，构建多方联动、共同参与的工作协调机制，紧密围绕重点工作任务，广泛开展“四点半课堂”“暑期爱心托管班”“青悦童心—红领巾成长实践营”“青凝青年”“青社领航”等特色项目，引领包括大学生群体在内的各领域青年贡献青春智慧和力量，服务覆盖昆明市 6 个社区的 36000 余名青少年。根据 2020 年底的相关统计数据，全省共有共青团系统独立开发的青少年事务工作专业岗位 189 个，与其他相关部门联合开发的青少年事务工作专业岗位 119 个；推出年度青少年社会服务工作项目 207 个，参与社工数量 1333 人；建立青少年事务社会工作核心骨干力量队伍，共 8851 人。全省有青年社工 7622 人，其中持证社工 4138 人，其中 40 岁以下青年大致占比 95%；有注册青年社工服务机构 152 个，年度开展了服务项目 410 个，覆盖青少年 4221646 人次，开展分层培训 297 期覆盖 60100 人次。这不仅展示了大学生群体青年志愿公益活动的广泛性，也反映了大学生群体在社会参与中的积极态度和广泛影响。

在生态文明建设方面，云南省大学生志愿者积极参与《生物多样性公约》缔约方大会第十五次会议相关的宣讲和服务活动，参与人数超 300 万人次，展现了大学生群体在生态保护和环境治理方面的积极行动和突出贡献。①

① 数据来源：2022 年度《云南省中长期青年发展规划（2018—2025 年）》统计监测报告。

在乡村振兴方面，共青团云南省委带领广大青年志愿者聚焦“三农”发展，投身脱贫攻坚和乡村振兴“主战场”，组织超过35万名志愿者参与“大学生志愿服务西部计划”“七彩假期”“童心港湾”“厕所革命”“乡风文明建设”等志愿服务活动，满足青年参与志愿服务的意愿和诉求，进一步增强广大青年“建设家乡”“服务家乡”的自觉性和自豪感。云南省青年志愿者在边疆服务项目中的表现尤为突出，通过设计开展“中华民族一家亲，云南青年志愿行”等项目，深入民族地区，开展文化交流、教育支持等活动，促进了民族团结和社会和谐。

三是拓展组织覆盖，高校社团自组织发展多元化。随着高等教育的扩招，高校内各类学生社团和组织的数量显著增加，这些学生社团和组织作为校园文化活动生产的主体，是学生课外交流、自我提升以及兴趣培养的重要平台，对大学生的成长和发展具有重要影响。此外，学生社团和组织的发展也为共青团改革和高校团委转型发展提供了机会，高校党委及共青团对这些学生组织和社团的治理为党依托群团组织联系各种社会力量、推动社会组织发展、开展社会建设实践提供了启发。

以云南大学为例，社团成员共计15688人，占全校学生的比重为48.7%。[①] 近年来，云南大学团委按照团中央、教育部、全国学联要求，立足培养和服务学生兴趣爱好的职能定位，以促进学生全面发展为培养目标，以规范建设管理为工作要求，着力推进学生社团改革，落实学生社团年审与登记注册制度，建立完善学生社团专业指导教师库，依托学生社团活动立项，形成了一批社团品牌活动，在切实规范高校学生社团管理、强化学生社团育人功能、促进学生社团健康有序发展等方面取得了一定的成效。

（三）新兴青年群体

自改革开放以来，社会生产要素的变革以及市场经济体制的完善在推动着中国式现代化不断向前发展的同时，也使得我国社会流动加快、社会

① 数据来源：云南大学。

结构逐渐复杂化、新兴社会群体不断涌现，出现了包括毕业未稳定就业的大学生、响应政府号召的返乡青年、从乡村进入城市工作生活但未取得城市户口的城市新移民在内的诸多新的社会群体。从事不同职业的新兴青年群体可以分为三大类，即网络文化青年如网络作家、自由撰稿人等，独立文艺青年如非遗传承人、网络主播等，以及生活新业态青年如快递小哥、网约车司机等。[①]

新兴青年群体在政治参与、文化融入、社会参与和社会融入方面具有诸多特征，使其在社会中扮演着特殊的角色，对社会发展起到积极的影响。在政治参与方面，2022 年，云南省 35 周岁及以下全国人大代表占比 4.7%，省人大代表占比 3.3%。根据各州市团委上报的数据，省级政协委员中青年共 17 人，青年委员占比 2.71%；地级市政协委员中青年委员共 496 人，青年委员占比 9.22%；县级政协委员中青年委员共 5522 人，青年委员占比 21.55%。[②] 此外，新兴青年群体倾向于数字化的政治参与，即利用社交媒体和数字平台参与政治讨论和活动，在参与过程中更关注社会公平正义、环境保护等议题，对社会问题有更强的批判意识，支持民主化政治体制，主张民主决策和透明治理。在文化融入方面，新兴青年群体拥有开放的跨文化视野，接受并尊重不同的文化背景和观念，对多样化的文化表达和艺术形式持开放态度，追求个性化审美体验。在社会参与和社会融入方面，新兴青年群体拥有创新思维，积极参与社会创新和变革，关注社会问题，乐于参与公益活动和志愿服务，具备较强的社会责任感，并通过社交网络和线下社交活动扩大其社会影响力，倡导积极正面的社会价值观。这些特征使得新兴青年群体在政治、文化和社会领域展现出与其他群体不同的参与方式和态度，对社会的发展和变革产生着积极而独特的影响。因此，了解并关注新兴青年群体的特征和需求，对引导和促进新兴青年群体的社会参与和社会融入具有重要意义。

---

① 李春玲、刘保中、李闯：《新兴青年群体：经济社会发展的新生力量》，《中国社会科学报》2021 年 6 月 2 日。

② 数据来源：2022 年度《云南省中长期青年发展规划（2018—2025 年）》统计监测报告。

云南省认真贯彻落实党中央、国务院决策部署，鼓励青年群体创业创新带动就业，加强技能培训改善、促进就业，全省就业规模不断扩大，就业质量稳步提升。2022 年，云南省全年城镇新增就业人数 52.20 万人，全省城镇新增就业人数由“十二五”末的 165.91 万人增至 2021 年 248.51 万人、增幅 49.8%。并且，云南共青团通过“贷免扶补”和创业担保贷款项目向创业青年提供贷款支持、税费减免、创业扶持、资金补助等服务，扶持创业 62.26 万人，带动就业 167.7 万人，累计发放创业担保贷款超过 1000 亿元。[①] 同时，云南省搭建“县职业教育中心+职业技能培训机构”平台，整合师资力量和部门培训资源，以全脱产、职业化、证书式培训，对创业就业青年的技能提升做到需求和内容的精准化，云南省青年就业更加充分、高校毕业生就业率呈增长趋势；青年就业权利保障更加完善，青年的薪资待遇、劳动保护、社会保险等合法权益得到的保护力度加大。此外，毕业年度高校毕业生、中职毕业生参加就业创业培训 2.43 万次。在扶持青年文艺人才方面，云南省文艺人才和管理干部培训青年文艺人才数量为 206 人，占比 10.3%，青年文艺创作扶持计划扶持青年文艺人才 149 人，扶持资金达 26.68 万元。[②] 此外，2022 年共青团云南省委又启动电商培养计划，开展青年电商人才培育行动，为农业农村创业青年数字赋能，对接资本和智力支持，助推云南农业产业转型升级。在政策方面，云南省出台《促进高校毕业生等青年就业创业若干措施》《引导高校毕业生服务乡村振兴》《加大创业担保贷款支持力度服务保障创业就业工作》等文件，进一步促进高校毕业生等青年就业创业，引导鼓励高校毕业生到基层服务乡村振兴，加大创业担保贷款支持力度。[③]

为了解云南省青年就业状况，调查组对云南省各地青年就业状况进行了抽样调查，共发布 600 份问卷，收回 600 份，参与问卷调查的女性 364 人，男性 236 人；参与青年就业状况调查的 600 人中，毕业未就业人数 65 人，

---

① 数据来源：2022 年度《云南省中长期青年发展规划（2018—2025 年）》统计监测报告。

② 数据来源：2022 年度《云南省中长期青年发展规划（2018—2025 年）》统计监测报告。

③ 数据来源：2022 年度《云南省中长期青年发展规划（2018—2025 年）》统计监测报告。

毕业已就业人数148人，毕业但尚未打算就业人数46人，尚未毕业人数341人，毕业群体中已就业人数占比57.14%（见图5）。未稳定就业大学毕业生中尚未确定就业方向或目标的主要原因包括对行业了解不够、缺乏职业规划和对自己兴趣和特长了解不够。

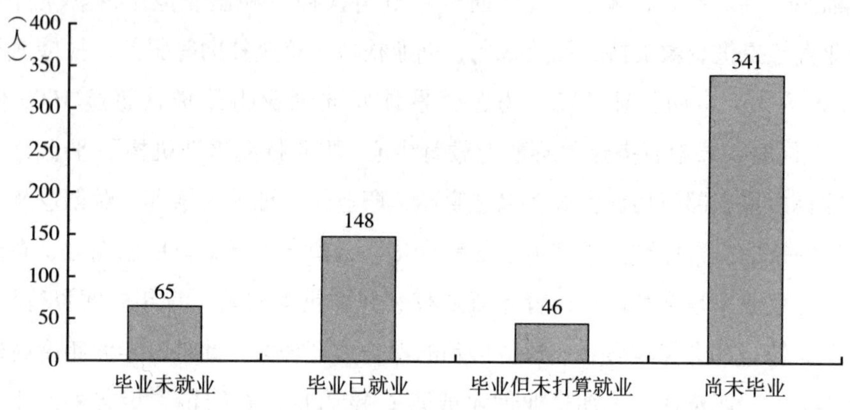

图5 云南省青年就业状况

资料来源：《云南省各地青年就业情况调查》。

目前云南省青年就业倾向排名前三的单位分别为国企、国家单位以及自由职业（见图6）。有就业倾向的青年群体且对未来就业已经有明确计划或已经开始相关实习培训的人数占比52.5%；还在考虑中，尚未决定如何准备的青年人数占比47.5%；75%以上的青年认为实习经验、专业知识与技能、人际交往与沟通能力这些方面对今后的就业有非常重要的影响。参与调查的部分青年希望参与就业指导课程、增加实习机会和内推机会、运用校友网络与获取经验分享作为就业帮扶措施。

涉及就业压力时，对尚未就业的青年群体，问卷调查得到的反馈如下：感到没有压力，轻松就能实现就业的占比18%；感到压力较小，找到工作没问题的占比37%；感到压力较大，适合岗位不多的占比22%；感到压力很大，感觉难以就业的占比23%（见图7）。参与调查的青年群体认为导致就业压力、影响择业的原因主要包括工作所在的城市区位、工作的薪资

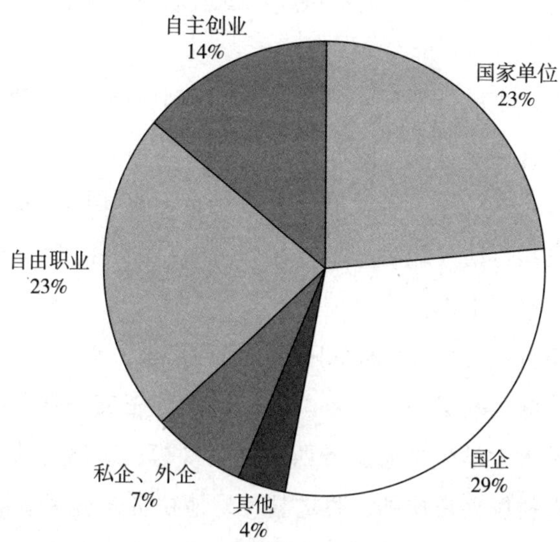

图 6　云南省青年就业倾向单位

资料来源：《云南省各地青年就业情况调查》。

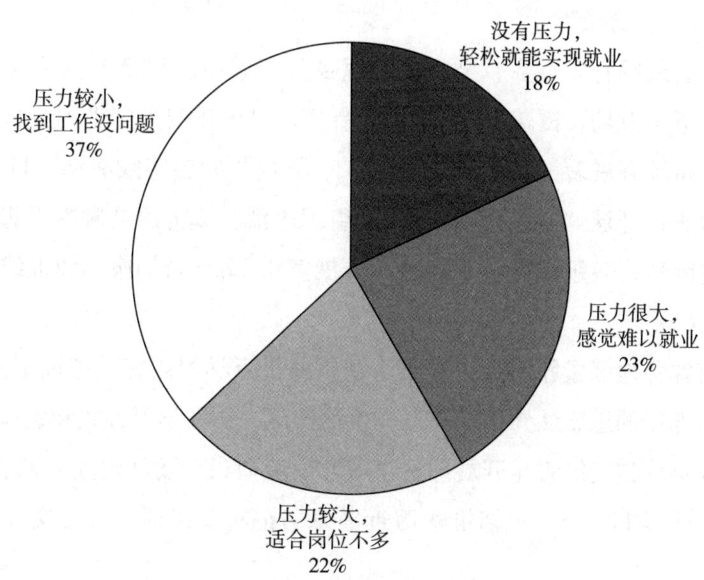

图 7　青年就业压力

资料来源：《云南省各地青年就业情况调查》。

和福利、工作内容是否符合自己的兴趣和价值取向以及能否发挥自己的能力和个性。

返乡青年正逐步成为服务乡村、拓宽乡村创新渠道的重要主力军。为鼓励和引导更多的青年投身乡村振兴事业，积极参与就业创业，为乡村振兴作出贡献，云南省委办公厅、省政府办公厅结合云南实际印发《云南省支持青年创业兴乡三年行动（2024—2026 年）》，立足青年实际积极推动实施青年下乡、返乡、兴乡工程。

云南省支持青年返乡，积极保障返乡青年就业。近年来，云南省人民政府引导青年群体深入基层创业兴乡，逐年增加“三支一扶”等基层服务项目招募人数，扩大大学生志愿服务西部计划规模；2023 年在县级及以下街道、村落设置乡村振兴帮扶县、脱贫县、易地扶贫安置区新招募 5200 个基层志愿服务岗位，在大学生“返家乡”和“扬帆计划”社会实践项目中全省共征集岗位 11678 个，招募 30916 人到岗参与家乡政务、社会、基层工作实践。实施创业项目金融扶持工程，对 60 个初创型小微项目，给予每个项目 5000 元的资金资助。①

云南省鼓励青年返乡，努力提升返乡青年素质。2023 年全省累计开展就业宣讲近 1 万场，覆盖学生 26.6 万余名，组织在校大学生到乡村开展社会实践，持续开展暑期文化科技卫生“三下乡”社会实践活动；11 万余个团支部常态化开展“三会两制一课”，组织生活会成为团员碰撞思想、坚定信仰的主阵地；各级“青年讲师团”开展宣讲 7200 余场次，线上线下覆盖 36.38 万人次。②

云南省各地区紧扣团员和青年主题教育重点学习内容，把握不同领域、不同群体青年的思想认知规律和工作生活实际，创新学习方式和载体，线上线下、分层分类组织青年开展理论学习和交流研讨。丽江建立“两企三新”青年网上社群 112 个，定期推送习近平总书记重要讲话、重要文章和“青

① 数据来源：中共云南省委办公厅、云南省人民政府办公厅。

② 《中国共产主义青年团云南省委员会 2023 年度部门决算》，中国共产主义青年团云南省委员会网站，2024 年 8 月 22 日，https://www.yngqt.org.cn/Info/1/14056/index.html。

年大学习”网上主题团课，拓展引领青年的网络渠道。楚雄建立“新兴青年联络学习群”114个，线上定期推送专题学习资源1103期，开展新兴青年群体线上培训4场373人次；线下举办新兴青年群体“思想荟”学习沙龙120期，2228余名青年参加学习活动，通过“青年领学+感悟分享”的方式让学习突出“青年味”。西双版纳线下举办“雨林青年”讲坛、“国门青少年讲堂”“望天树大讲堂”“五四”青年讲坛等品牌教育宣讲活动，组织新兴青年群体参加集中学习；线上组织各领域青年参与“青社学堂”等培训活动15场次。[①]

为深化“我为青年办实事”机制，针对“两企三新”领域青年在创业就业、技能提升等方面的诉求，云南省各州市积极开展活动。红河广泛开展青年创业政策宣讲活动，发放宣传手册，为青年做好职业规划提供指导，开展重点人群关爱活动160余次。玉溪完成“贷免扶补”和创业担保贷款180户，实际发放182笔，帮扶青年847人，扶持金额2895万元。保山邀请青年致富带头人、返乡青年人才分享创业就业成功经验，通过订单、定向和定岗的方式，组织开展劳动力转移就业培训20余次。丽江组织开展民宿行业青年网络营销、游客服务等业务培训，举办电商青年主播培训，覆盖青年2500余名。[②]

构建筑梦空间，为城市新移民等诸多新兴青年群体，拓展社会参与空间。云南省为推动快递、网约车行业的发展，通过提供资金技术支持、场地资源、优秀人才培养等方式，支持青年社会组织健康成长，推动其在社会事务中发挥更大作用；同时，建立快递物流行业团工委、团建联盟，为自由职业者、快递小哥、新媒体从业青年、网约车司机等群体针对性地开展“伙伴计划”“筑梦计划”“快递从业青年服务月”等活动。昆明在M60、云纺

① 《云南共青团扎实推动团员和青年主题教育在“两企三新”领域落地见效》，云南省交通运输厅网站，2024年1月12日，http：//jtyst. yn. gov. cn/html/2024/tuanzhongyangbushengjingshen_0112/131058. html。

② 《云南共青团扎实推动团员和青年主题教育在“两企三新”领域落地见效》，云南省交通运输厅网站，2024年1月12日，http：//jtyst. yn. gov. cn/html/2024/tuanzhongyangbushengjingshen_0112/131058. html。

等创意产业园和社会组织孵化基地打造7个“筑梦空间”；曲靖将社会工作人才纳入“珠源英才育才计划”，孵化培育社会工作和公益慈善类社会组织40余个，开发青年社工就业岗位80余个。①

三　云南青年社会融入与社会参与面临的现实困境

（一）新生代农民工群体教育获取、住房稳定性及社会保障项目的保障力度有待提升

一是随迁子女教育。这不仅是新生代农民工家庭适应及融入城市生活的重要领域之一，还是这些家庭对城市公共服务最为迫切的需求之一。近年来，随着政策的不断优化和完善，为进城务工人员的孩子提供教育的问题已经得到了一定的改善。尽管如此，由于城市公办学校名额紧缺等因素，能够让随迁子女在其父母工作的城市就读的农民工家庭仍然是少数。因此，很多外出务工的农民工家庭仍面临着家庭成员分离和孩子留守的难题。

二是城市住房。对新生代农民工家庭而言，稳定的住房既是他们在城市定居的基础，也是他们面临的主要难题。他们的居住面积通常仅为城镇居民平均水平的一半，大多租住在“城中村”，住所通常较小，且缺少适当的卫生设施和公共设备。他们居住的地方主要是单位提供的宿舍或租赁的住房，两者都具有明显的临时性，缺乏长期居住的稳定性。综合来看，新生代农民工目前的住房条件更多是满足其短期和临时的居住需求，而不足以支持他们在城市中长期居住。

三是新生代农民工在养老保险、医疗保险、失业保险等基本社会保障项目上的参与率远低于城镇职工。首先，许多新生代农民工对社会保险的认知不足，不了解加入社会保障系统的长期好处，更多关注于即时收入。其次，

① 《云南共青团扎实推动团员和青年主题教育在“两企三新”领域落地见效》，云南省交通运输厅网站，2024年1月12日，http://jtyst.yn.gov.cn/html/2024/tuanzhongyangbushengjingshen_0112/131058.html。

部分雇主为了节约成本，不愿意为员工缴纳社保，导致很多新生代农民工即便愿意参加社保，也因为缺乏雇主的支持而无法加入。最后，现有的社会保障体系与新生代农民工的流动性高、就业形态多样的特点不完全契合，使他们在参保时会遇到一定障碍。

（二）大学生群体就业压力有待缓解，实践育人效果及高校组织管理能力有待提升

一是大学生规模持续扩大，毕业生就业压力有待缓解。随着高等教育的扩招，云南各高校在校学生数量持续增加，高校学生规模的扩大在给学校管理、教育资源分配提出更高要求的同时，还增加了毕业生的数量，导致部分毕业生面临较大的就业压力。

二是尽管云南大学生“三下乡”活动取得了丰硕成效，积累了丰富经验，但仍然存在一些问题。部分高校在组织“三下乡”活动时，可能过于注重形式而忽略了活动的实际内容和最终效果。例如，要求学生参与某项活动时必须拍照、签到打卡，这往往导致活动流于形式，学生无法深入参与。此外，大学生“三下乡”活动时间有限，参与者难以在较短的时间内深入了解具体问题并提出具有深度和针对性的解决方案，并且由于缺乏持续性的跟踪和反馈机制，活动的长期效果也难以得到评估。

三是部分高校学生组织缺乏健全的组织架构、明确的分工和职责分配、有效的决策机制，导致组织内部管理混乱，影响组织的发展和效率。学生组织在管理过程中存在管理模式较为单一、组织负责人管理能力不强、创新能力较弱等现象。

（三）新兴青年群体就业阻力大，政治参与渠道和关注度有待提升

新兴青年群体在社会融入与社会参与方面面临以下问题。一方面，毕业未就业青年在就业过程中遇到求职渠道不通畅、竞争激烈、缺乏社会实践经验、企业招聘标准较高等就业阻力，导致其在社会参与过程中很难完全融入；另一方面，新兴青年群体政治参与渠道不畅，现有政治参与渠道可能不

够多样化，新兴青年群体参与不足，政治参与属于高层次尊重需求和自我实现需求，新兴青年群体中大多数人首先要保证自己的生理需求和安全需求，所以对生计之外的活动关注不够。目前青年政治参与的途径主要有舆论参与、民主选举、社团参与、网络参与；但是由于青年参与讨论的舆论阵地较少、部分青年网络信息筛选能力弱、自身发展具有一定的从众性和盲目性、不能充分消化网络带来的负面影响、网络参与的有效性不足等原因使得青年在短视频时代陷入信息茧房。

四　云南青年社会融入与社会参与发展的未来方向

（一）完善公共服务让"新市民"更好融入城市

一是解决农民工子女的教育问题。确保每一位务工人员的孩子都能上学，实现在义务教育阶段无门槛入学，城市应承担起法律责任，保障农民工孩子的教育权利，确保他们一到城市就能入学。政府需要调整和优化教育资源的省际分配，特别是针对那些人口密集且教育资源紧张的城市和地区，通过扩建公立学校、增加教师人数和支持民办学校发展等措施，来扩大学位供给，减小供需之间的差距。

二是解决农民工的保障问题。农民工的保障问题主要分为两个方面，一是与就业直接相关的保障，需要不断完善他们在工伤、失业、养老和医疗保险等方面的保障；二是完善公共服务保障，包括子女教育、医疗服务和住房支持等方面。此外，通过产教融合策略，可以鼓励企业和社会力量参与职业教育发展，加速产教融合实训基地的建设，并通过定向培训等方式，采取实践中学习的模式，培育中高端制造业所需的高技能劳动力，进而提升制造业就业质量和工人收入。统筹提高农民工社会保险待遇，需要农民工本身、雇佣企业和政府共同参与，基于平等和协商的原则，建立有效的农民工社会保障机制。农民工可以通过企业工会或通过民主选举产生的代表，将他们的具体需求和面临的问题及时反映给企业。对那些没有建立工会的中小型企业，应鼓励农民工内部通过民主方式选出代表，以便将意见和诉求及时传达给企业管理层。政府部门应对企业反映的问题进行深入研究，并及时给予回应。同时，应制定并实施全国范围内统一的农民工社会保障法律制度，并允许根据各地区的经济社会发展水平和实际情况，制定符合国家法规的地方性法规，维护农民工劳动保障权益。

三是解决农民工住房问题。为了匹配企业的用工需求和保障农民工的就业，新型城镇化的策略需要从着眼于个体农民工转变为注重整个家庭的需求，即从“人的城镇化”升级到“家庭的城镇化”。这意味着除了考虑农民工个人的需求之外，还需充分关照其随迁家属的各项需求。应推动建立一种与农民工家庭迁移数量直接相关的住房财政支持机制，确保迁入城市的农民工家庭能够平等享有住房保障，包括申请公租房和廉租房的机会。进一步发展“地随人走”的政策，将流动人口的规模作为规划新建设用地的关键标准，以此来满足农民工家庭的住房需求并保证供需平衡。另外，应提出支持农民工购置首套住房的政策，并鼓励具备条件的城市对农民工家庭购房给予财政补贴。同时，考虑进一步降低购房首付要求，并促进银行开发适应农民工职业特征的住房信贷产品，从而帮助农民工家庭实现在城市居住的梦想。

（二）构建资源共享与多方协作机制，共同引领大学生群体社会融入与社会参与

大学生是青年队伍中的中坚力量，推动大学生的社会融入与社会参与在引领经济社会发展方面具有重要作用。

一是打造大学生群体社会融入与社会参与资源共享“蓄水池”，建立政府、企业、学校、社会组织等多方参与的协作机制，形成合力，精准对接大学生群体与各方的需求，构建一个跨领域的资源共享平台，充当资源对接的中心“蓄水池”，旨在实现资源与需求的高效匹配，提升资源利用效率及服务成效。此外，充分利用多方合作的优势，强化教育引导，采取创业扶持、就业引导、教育培训等具体措施，帮助高校毕业生缓解就业压力。

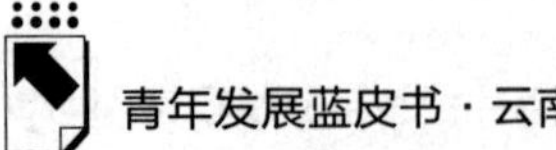

二是充分发挥共青团和青联组织的引导作用，在扩大经费投入、优化活动质量、提供活动场所等方面促进高校学生社团和组织健康发展。各高校建立健全组织架构，实行明确的分工和职责分配，建立有效的决策机制，并加强组织内部管理，提升成员参与的积极性。在社会实践和志愿公益领域引入新模式和新方法，提升整体服务质量，加强社会实践活动前的培训和准备工作，提高大学生的认知能力和实践技能，优化活动组织和管理流程，建立持续性的跟踪和反馈机制，评估活动的长期效果并不断改进。

（三）培养新兴青年社会融入意识和加强教育引导，深化新兴青年组织机制改革

一是做好新兴青年在社会融入与社会参与道路上的引导任务，深入贯彻新时代党的建设总要求，建立健全的监督和评估机制，确保新兴青年社会参与的合法性和规范性。为毕业未就业大学生群体培养灵活的就业观念、制定明确的职业规划，引导其不断学习提升自身竞争力、利用多种渠道主动寻找就业信息；从大局意识、政治知识、公民责任等方面对返乡青年进行培养，鼓励青年返乡创业、扎根基层，为青年返乡创业搭建促进平台，推进返乡青年树立正确的社会融入与社会参与观念。加强思想宣传工作，提高热点话题策划能力，拓宽“有一种叫云南的生活”等话题讨论的边界，从正面激励新兴青年参与社会生活；强化社会组织对新兴青年社会参与的引导作用，因地制宜建立一批有活力、有原则的青年兴趣团体和青年组织，以引领新兴青年群体参与政治活动与社会生活；精准推进社会参与的网络引导，面向不同新兴青年群体，有针对性地制定能保证青年政治参与的网络行为规范，直面热点、关注重点、解决难点，以较高的标准选择网络政治的主题和素材，以内容来引导新兴青年进行有序的政治参与。此外，重视各阶层新兴青年领袖的作用，以点带面让其引导社会青年增强社会参与意识，积极参与社会生活。

二是在新兴青年组织中建立民主决策机制，提升组织活力和凝聚力，让组织成员参与决策过程，增强组织成员的参与感和责任感；建立透明的运作

机制，公开组织的财务状况、决策过程和活动安排，提升组织的公信力；健全工作机制，巩固好团干部工作和骨干力量队伍建设，为各领域的基层团干部提供教育培训，以确保其能够胜任各自的工作，鼓励各类青年组织成员积极参与社会活动；规范落实新兴青年组织培训与发展机制，为组织成员提供培训机会，加强对高校、企业团干部的协管力度，提升成员的能力和素质。

B.9

云南维护青少年合法权益报告

刘星华*

摘　要：　在全国青少年维权工作和未成年人保护工作蓬勃发展的时代背景下，云南省维护青少年合法权益维权工作的现状包括青少年权益维护工作的体制机制和制度体系逐步建立和健全，青少年权益维护工作的法规和政策体系更加完善，以青年社会组织发展和青少年社会工作的开展维护青少年合法权益、集多种渠道于一体的多元化维权平台逐步建立，购买青少年社会工作服务、联合打造品牌项目。提高资源整合能力、加强部门协作和联动，提高服务专业化和精细化水平、培育品牌特色活动，加强青少年社会工作就业保障、降低社工人员不稳定性，结合地域特色满足青少年多元化发展需求是云南省维护青少年合法权益工作的未来方向。

关键词：　云南青年　合法权益　未成年人保护　青少年维权　社会工作

一　研究背景

《中长期青年发展规划（2016—2025年）》（以下简称《规划》）是新中国历史上第一部青年发展国家专项规划，该规划由习近平总书记提议并推动，体现了党和国家对青年发展工作的高度重视。在《规划》统揽下，共青团积极推动形成具有中国特色的青年发展政策体系和工作机制，青年发展规划被纳入国家“十三五”“十四五”规划，共有9个省级、112个市级、

* 刘星华，云南大学经济学院讲师，研究方向为发展经济学、农村经济学。

627 个县级“十四五”规划首次设立青年发展专节（专章）。2022 年 4 月，中央宣传部、住房和城乡建设部、共青团中央等 17 部门联合印发《关于开展青年发展型城市建设试点的意见》，这是纵深实施《规划》的一大探索。[①] 青年优先发展、建立青年友好型社会和青年发展型城市日益成为全社会共识。

共青团云南省委紧紧围绕《云南省关工委“十四五”发展规划和二〇三五年远景目标》，深入实施思想政治引航、政策法规倡导、法治意识提升、生命安全守护、心理健康呵护、网络素养提升、困境群体关爱、队伍能力提升八大行动，切实将新时代青少年权益维护工作融入共青团“三力一度两保障”工作格局。

《云南省中长期青年发展规划（2018—2025 年）》提出促进云南青年发展的十大领域，其中，“维护青少年合法权益”是十大领域之一，其发展目标为“青少年权益维护的法规和政策体系更加完善，得到全面贯彻实施。青少年权益保护的工作体系和工作机制更加健全，合法权益得到切实维护。侵害青少年合法权益的行为受到有效打击和遏制”。本报告针对云南省青少年维权工作的现状和挑战进行研究，探究在全国青少年维权工作繁荣发展的背景下，云南省在维护青少年合法权益方面工作进展如何、如何进一步提升青少年维权工作和服务水平，并通过政府官网、权威新闻报道、中国社会组织公共服务平台等资源，梳理各级政府出台的政策文件、统计公报等官方资料，搜集相关领域学术论文和文献资料，对云南省维护青少年合法权益工作的现状和未来方向进行梳理分析。

二　云南省维护青少年合法权益工作现状

云南省注重健全青少年权益维护工作的体制机制和制度体系，着力完善

① 王姗姗：《感知青年温度　传递党的温暖——五年来青少年权益保护工作综述》，“共青团中央”百家号，2023 年 6 月 7 日，https：//baijiahao. baidu. com/s? id=1768041491490376422&wfr=spider&for=pc。

青少年权益维护的法规和政策体系，尊重青少年主体地位，重视青少年社会组织的发展以及青少年社会工作的开展，拓展青少年权益表达渠道，积极维护青少年合法权益，有效打击和遏制侵害青少年合法权益的行为，切实保障青少年合法权益。

（一）青少年权益维护工作的体制机制和制度体系逐步建立和健全

为保障《中华人民共和国未成年人保护法》等法律法规的贯彻落实，2021 年云南省人民政府成立云南省未成年人保护工作领导小组，统筹推进全省未成年人保护工作，为全省推进未成年人保护工作和维护青少年合法权益工作提供强有力的组织保障。① 云南省未成年人保护工作领导小组由分管副省长为组长、37 个省直部门为成员。领导小组下设办公室在省民政厅，承担领导小组日常工作。截至 2021 年 5 月 28 日，9 个州（市）已成立本级未成年人保护工作领导小组或委员会，其余州（市）、县（市、区）正有序推进当地未成年人保护工作协调机制建设。未成年人保护工作领导小组的成立，有助于加强对未成年人保护工作的统筹、协调、督促和指导，有助于保护未成年人身心健康、保障未成年人合法权益。

同时，云南省积极推动各方力量参与未成年人保护工作，构建家庭保护、学校保护、社会保护、网络保护、政府保护、司法保护“六位一体”的新时代未成年人保护工作格局。云南省未成年人保护工作领导小组办公室印发《加强未成年人保护工作实施意见》，提出六项重点任务，包括进一步强化家庭监护责任、进一步加强学校保护工作、进一步加大社会保护力度、进一步完善网络保护工作、进一步强化政府保护职能、进一步落实司法保护职责。②

---

① 《云南省人民政府办公厅关于成立云南省未成年人保护工作领导小组的通知》，云南省人民政府网站，2021 年 5 月 20 日，https：//www. yn. gov. cn/zwgk/zcwj/zxwj/202105/t20210520_ 222522. html。

② 《云南省未成年人保护工作领导小组办公室关于印发加强未成年人保护工作实施意见的通知》，云南省人民政府网站，2022 年 2 月 21 日，http：//ynmz. yn. gov. cn/cms/ertongfuli/5768. html。

（二）青少年权益维护工作的法规和政策体系更加完善

在云南省委、省政府的高度重视下，云南省人社厅、民政厅、团委、妇儿工委等与青年维权特别是儿童、青少年社会工作密切相关的部门，出台了多项政策，编织起政策网络体系，逐步夯实顶层设计（见表1）。

表1　云南省维护青少年权益相关政策法规

年份	出台部门	政策文件
2014	共青团云南省委等6部门	《云南省关于加强青少年事务社会工作专业人才队伍建设的实施意见》
2016	共青团云南省委和省综治办预青组、云南省综治办、云南省民政厅、云南省财政厅以及云南省人社厅	《关于进一步推进全省青少年事务社会工作专业人才队伍建设的通知》
2017	共青团云南省委联合云南省民政厅和云南省财政厅	《关于做好政府购买青少年社会工作服务的实施方案》
2018	中共云南省委、云南省人民政府	《云南省中长期青年发展规划(2018—2025年)》
2019	云南省民政厅等11部门	《关于进一步健全农村留守儿童和困境儿童关爱服务体系的实施意见》
2019	云南省民政厅等13部门	《关于进一步加强事实无人抚养儿童保障工作的实施意见》
2021	云南省民政厅联合9个省级部门	《关于做好因突发事件影响造成监护缺失未成年人救助保护工作的实施意见》
2022	云南省第十三届人大常委会第三十二次会议审议通过	《云南省实施〈中华人民共和国未成年人保护法〉办法》
2023	云南省民政厅联合2个省级部门	《关于进一步做好事实无人抚养儿童保障有关工作的通知》
2024	共青团云南省委	《云南共青团关爱服务留守儿童三年行动计划》

资料来源：作者整理。

为保护未成年人身心健康，保障未成年人合法权益，云南省第十三届人大常委会第三十二次会议审议通过了新修订的《云南省实施〈中华人民共和国未成年人保护法〉办法》（以下简称《实施办法》），并于2022年10

月 1 日起施行。为进一步提高规范性和增强操作性，《实施办法》从原来的 35 条增加到 51 条。值得一提的是，《实施办法》新增了网络环境净化和服务限制、政府对未成年人沉迷网络进行预防干预等内容，特别增加了学校对未成年人使用手机等智能终端产品的引导管理相关规定。具体而言，第二十六条明确，未成年人的父母或者其他监护人应当引导和监督未成年人合理使用手机等智能终端设备，避免未成年人沉迷网络；防止未成年人使用成年人的网络支付账户、网络游戏注册账号进行不适合未成年人的网络游戏。①

云南省政府部门出台配套政策，以达到与未成年人保护关爱工作相适应的目标。例如，云南省民政厅联合 9 个省级部门出台《关于做好因突发事件影响造成监护缺失未成年人救助保护工作的实施意见》，有效解决因突发事件影响造成监护缺失未成年人的发现报告、救助保护、监护责任、关爱服务、社会力量参与等问题。此外，云南省民政厅联合 2 个省级部门出台《关于进一步做好事实无人抚养儿童保障有关工作的通知》，有效解决对未成年人的父母失联情形认定难等问题，将“父母被撤销监护资格、被遣送（驱逐）出境”两种情形的儿童纳入保障范围，最大限度保障未成年人的生存和发展权益。

（三）以青少年社会组织发展和青少年社会工作的开展维护青少年合法权益

国家积极推动青少年社会组织、青少年事务社会工作者积极参与青少年权益维护工作。2014 年 1 月，共青团中央联合六部委出台《关于加强青少年事务社会工作专业人才队伍建设的意见》，其中一个目标是，到 2020 年初步建立 20 万人的青少年事务社会工作专业人才队伍。在此背景下，云南省高度重视培养青少年事务社会工作专业人才队伍，引导其参与基层社区社会工作，发挥其在青少年全面发展、权益维护、犯罪预防等方

① 《10 月 1 日起施行！新修订的云南省实施未成年人保护法办法审议通过!》，云南人大网站，2022 年 7 月 30 日，https：//www.ynrd.gov.cn/html/2022/sssjrmdbdhdssechy_ 0730/18125.html。

面的重要作用。

随着相关制度的完善和政策的推动，云南省青少年事务社会工作专业人才和服务机构的数量呈现较快增长。截至 2019 年 12 月，云南省在青少年事务领域从事专门性社会工作服务的社工共计 7732 人，从业人员男女性别比为 4∶6，59.6%的从业人员年龄在 35 周岁以下。尽管在这 7732 人中，仅有 10.4%的从业人员通过资格考试获得社会工作员、助理社会工作师和社会工作师资格证，剩余 89.6%的社工虽然没有相关资格证书，但接受过累计不少于 120 小时的社会工作专业教育或培训。[①] 2022 年，云南省救助未成年人 1743 人，向 9385 名未成年人提供法律援助，并在全省范围内开展“未成年人司法保护项目”。云南省共有社会工作机构 420 家，其中青少年事务社会工作专业机构 80 家，青少年事务社会工作专业人才 11.94 万人（见表 2）。

表 2　2022 年云南省青少年事务社会工作情况

项目	计量单位	数量
救助未成年人数	人	1743
未成年人获得法律援助人数	人	9385
青少年事务社会工作专业机构	家	80
青少年事务社会工作专业人才	万人	11.94

资料来源：共青团云南省委、云南省民政厅，云南省司法厅。

首先，在服务对象方面，云南省青少年事务社会工作涵盖了各年龄段的青少年群体，特别是脆弱和困境群体，如留守青少年、流动青少年、闲散流浪青少年、不良行为青少年等；其次，在服务内容和范围方面，从单一的青少年法律援助拓展到禁毒宣传、防艾宣传、生态环境保护、青少年合法权益维护、预防青少年违法犯罪、行为矫治及预防干预等类型，逐步形成包括发展型服务（自我认知、理想感恩、人际交往、婚恋交友、亲子关系）、预防型服务（安全教育、禁毒防艾、关爱疏导）和治疗型服务（矫正陪护）在

① 陈晓霞：《云南省共青团购买青少年社会工作服务研究》，硕士学位论文，云南师范大学，2020。

内的服务网络；再次，在服务方法方面，在立足社会工作专业三大方法基础上，结合工作坊、游戏等丰富多彩的形式，提升青少年的参与热情；最后，在服务场所方面，充分利用城乡社区服务中心、青年之家、儿童之家、大中小学学校、企事业单位场所，开展青少年社会工作和相关活动。[①]

（四）集多种渠道于一体的多元化维权平台逐步建立

云南省重视拓展未成年人保护的渠道，为未成年人保护提供有效的帮助，充分保障未成年人的合法权益。2008 年，共青团云南省委、共青团昆明市委响应共青团中央的号召，积极筹备并开通了云南省第一条青少年服务热线——云南昆明 12355 青少年服务台。该服务台将法治宣传教育与法律服务相结合，带动青年社会组织、青少年事务社会工作者积极参与青少年权益维护工作。此外，云南省各 12355 青少年服务台已经将服务范围拓展到心理咨询、法律咨询、创业就业咨询、志愿服务活动咨询等领域。同时，“12355”热线已经从固话发展为集微博、微信公众号、微信小程序等平台于一体的多元化维权平台。例如，青少年可以通过“云青护”微信小程序进行在线咨询，还可以通过“昆明 12355 青少年服务台”微信公众号，了解和学习青少年维权的相关知识和信息，充分发挥互联网在促进青少年维权中的积极作用。

自 12355 服务平台建立以来，通过线上接听热线和线下组织志愿活动等形式，开展心理健康和法律咨询等服务，提升了青少年权益维护工作的专业化水平。云南 12355 青少年服务台在 2019 年被团中央确定为全国首批“青少年 12355”区域中心后，2022 年再次被团中央确定为全国“青少年 12355”区域中心。

为进一步拓展未成年人保护的渠道，为未成年人救助保护提供快捷帮助，2023 年 6 月 1 日起，云南省 12345 政务服务便民热线承担未成年人保护

① 马东东、孙亚娟：《云南省青少年社会工作的发展现状、困境与改善路径》，《大理大学学报》2021 年第 1 期。

热线职能，全面受理各类侵害未成年人合法权益的求助、投诉、举报、政策法规咨询和意见建议，并与110、119、120等紧急热线建立协同联动机制，省、州（市）、县（市、区）三级未成年人保护热线全面开通运行。开通的未成年人保护热线，将按照“统一平台、一号对外、分级受理（线上接单）、分类处置（线下派单）、统一协调、便捷高效”等原则，有效解决未成年人帮扶诉求发现难、报告难、干预难、联动难、监督难的问题。[①]

为发挥互联网在毒品预防教育和宣传中的作用，国家建设和使用禁毒网络课堂“青骄第二课堂”。截至2019年12月，云南省在“青骄第二课堂”平台注册学校11830所，学生362.6万人，平均课时2.13课时，注册管理员8.05万人，学校、学生注册比例均达85%以上，291.8万名学生完成课时。[②]

（五）购买青少年社会工作服务，联合打造品牌项目

云南省未成年人保护工作领导小组办公室印发的《加强未成年人保护工作实施意见》指出，大力发展未成年人保护领域专业社会工作服务机构和志愿服务组织，通过购买服务等方式，支持社会工作者充分发挥在未成年人保护工作中资源链接、能力建设、心理干预、权益保护、法律服务、社会调查、社会观护、教育矫治、社区矫正、收养评估的专业优势。

云南省不断扩大共青团组织购买青少年社会工作服务的方式和种类。2019年，云南省共青团组织共投入232万元资金，购买了青少年禁毒宣传、防艾宣传、环境保护、合法权益维护、违法犯罪预防、行为矫治以及预防干预等方面的青少年社会工作服务项目共82个。[③] 并且充分依托“青年之家”、“儿童之家”、村级活动室、体育基础设施等场所和设施，深入实施“12355”“为了明天”“四点半课堂”“情暖童心”“童心港湾”等一系列品

① 《云南未成年人保护热线今起正式开通!》，“云岭政法”澎湃新闻号，2021年6月2日，https：//m.thepaper.cn/baijiahao_ 12965016。

② 曹晶：《云南省青少年毒品预防教育现状调查》，《云南警官学院学报》2020年第2期。

③ 数据来源：云南共青团。

牌项目，逐步形成共青团动员主导、相关部门支持、社会力量积极参与的工作格局。

三　云南省维护青少年合法权益工作的未来方向

（一）提高资源整合能力，加强部门协作和联动

受限于各地经济发展的不均衡性，以及与此相关的对专业人才的吸引力差异，云南省维护青少年合法权益的资源配置和工作推进存在地区不平衡的问题。以云南 12355 青少年服务台为例，全省 16 个州（市）的 12355 青少年服务台发展差异性较明显。云南昆明 12355 青少年服务台可以利用的服务资源相对丰富，而部分服务台可以利用的资金和专业人员有限，难以满足其开展活动的需求。基于此，共青团云南省委计划统筹资源配置，逐步构建“以昆明为中心向四周辐射”的咨询网络。具体而言，依托云南昆明 12355 青少年服务台的丰富服务资源，运用电话、互联网等方式，将各州（市）服务台无法解决的问题进行集中处理。通过资源整合，未来即使是在偏远地区，青少年也能获得权威的心理、法律和维权服务，进一步增强了优质服务的可获得性以及资源配置的均衡性。

青少年维权工作涉及青少年发展过程的方方面面，跨部门合作必不可少。政府、共青团、民政部和妇联发挥主导和牵头作用，教育、司法和财政等部门的作用则更多体现在行政事务性工作的落实层面。相关职能部门共同成立了云南省未成年人保护工作领导小组，未来在具体活动的设计和实施过程中，应发挥共青团在维护青少年权益方面的经验优势，统筹布局、做好部门联动，切实推动各职能部门按照分工，做好协调督促和指导工作，通过多部门、多机构的配合和通力合作，解决青少年维权工作的难点、痛点和堵点。同时，其他社会组织、利益相关者和全社会也要形成合力，共建青少年发展型城市和青少年友好型社会。

（二）提高服务专业化和精细化水平，培育品牌特色活动

在《云南省关于加强青少年事务社会工作专业人才队伍建设的实施意见》和《云南省青少年事务社会工作试点工作实施方案》两个专项政策出台之后，特别是在“在全省16个州（市）范围内每个州（市）扶持建立3个青少年事务社会工作服务中心”的工作目标提出之后，在云南省各级共青团系统的推动下，青少年事务社会服务中心和机构纷纷成立。由于存在难以争取到对口项目的情况，部分机构即使注册的业务范围是青少年社会工作，但在实际运营中可能会从事其他项目，如青少年社工机构去承接养老市场的服务项目，无法发挥其真正的比较优势。①

由于青少年群体具有较大的年龄跨度和多样化的发展需求，很难通过单个或几个社工机构就满足全部青少年的所有需求。因此，需要在解决共性需求的基础上，让一些社会组织服务于更加精细化的需求领域，例如，可以向不同年龄群体提供个性化服务，如儿童性健康教育、中学亲子关系疏导、青年婚恋交友指导等；还可以向特殊青少年群体提供类型化服务，如留守儿童的关爱陪伴等。通过专攻某一细分领域，提供精准服务，不仅有助于社会工作者积累专业化经验，提高服务质量，而且有助于社工组织形成品牌效应和专业化分工优势，目前已形成一定特色和品牌效应的有上海市新航社区服务总站（社区矫正和安置帮教工作）、深圳市鹏星家庭暴力防护中心（反家暴工作）。

（三）加强青少年社会工作就业保障，降低社工人员不稳定性

青少年维权工作专业化人员存在缺口，且流动性较强。虽然社会工作机构对该类专业人才的需求很高，但仍有大量的社会工作专业毕业生从事与其专业不匹配的工作。这种供需不匹配和不平衡导致了青少年社工人才的缺

---

① 马东东、孙亚娟：《云南省青少年社会工作的发展现状、困境与改善路径》，《大理大学学报》2021年第1期。

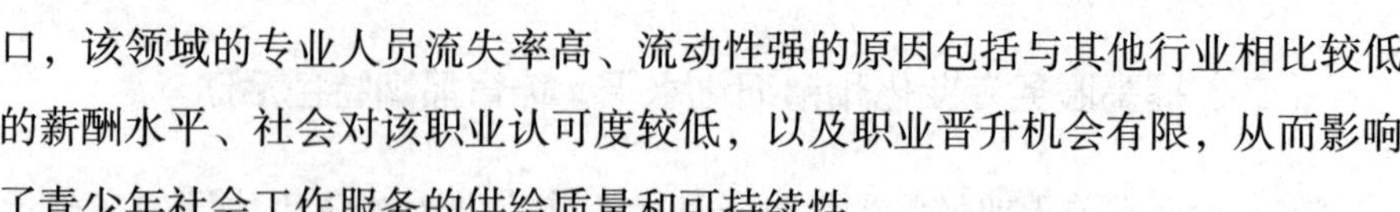

口，该领域的专业人员流失率高、流动性强的原因包括与其他行业相比较低的薪酬水平、社会对该职业认可度较低，以及职业晋升机会有限，从而影响了青少年社会工作服务的供给质量和可持续性。

青少年事务社会工作者的稳定性离不开稳定的工作岗位设置、财政资金支持和职业晋升机制等基础保障。首先，可以通过在政府职能部门设立专门岗位，满足社会工作相关专业毕业生的就业需求；其次，可以采取政府购买服务的方式，让专业的社会工作者进驻社区；最后，可以通过政府购买项目的形式，向有需要的青少年群体提供针对性服务。上述这些方式都离不开政府财政资金的扶持以及社会公益组织的资助。

（四）结合地域特色满足青少年多元化发展需求

云南地处祖国边疆且少数民族众多，除了面临其他省份和地区青少年发展的共性需求和难题，还应特别重视一些个性需求和特殊问题，包括跨国婚姻家庭中的青少年、来滇外籍劳工子女等。对青少年发展和维权过程的共性问题，可以采用具有普适性的服务内容和形式来解决；面对特殊需求，则需要通过扎实的基层调研，创新工作形式，从地区实际情况出发，逐渐探索出富有针对性的服务项目和服务方式。

B.10

云南预防青少年违法犯罪报告

刘林龙*

摘　要：　在省综治委的领导和各成员单位的支持下，云南省充分发挥省综治委“预青”专项组办公室的职能作用，推动全省预防青少年违法犯罪工作实现新突破、取得新成效，但在法律法规、素质教育、腐败现象、社会文化等方面还存在一定不足。本报告通过分析共青团楚雄州委扎实开展预防青少年违法犯罪工作、云南省文山州关工委打造预防未成年人犯罪工作品牌两个案例，总结经验，结合云南地区特征，从自我治理、家庭治理、学校治理和社会治理四个方面指出预防和减少青少年违法犯罪的发展方向。

关键词：　青少年　法治副校长　云南

一　背景

青少年作为中华民族伟大复兴的生力军，能否健康成长直接关系到祖国的未来，因此，青少年的教育至关重要。青少年犯罪原因、特征均不同于成年人，往往和政府关切、家庭关爱、学校教育、社会环境等密切相关。随着我国进入新时代，青少年违法犯罪情况有了新变化，暴力犯罪案件和临界年龄犯罪案件大量增加、网络犯罪频发，给青少年违法犯罪的预防工作提出了新要求。

* 刘林龙，博士，中共云南省委党校（云南行政学院）讲师，研究方向为经济体制改革、区域金融、农业经济。

从全国来看，青少年违法犯罪近年来呈现暴力化、团伙化、低龄化、财产化的特点，云南省青少年违法犯罪人数近年来呈上升趋势（见表1、表2）。因此，本报告关注云南省青少年违法犯罪典型案例的特征与原因，梳理出普遍存在的、致罪的相关因素，针对目前云南省青少年违法犯罪预防体系存在的不足，提出完善建议。本报告认为在新的时代背景下，充分整合政府、社会、学校和家庭等各方力量，给予青少年普遍关怀具有重要意义。

表1　云南省2021～2022年青少年、未成年人犯罪情况

单位：人，%

年份	青少年犯罪人数	未成年人犯罪人数	青少年犯罪占比	未成年人犯罪占比	涉嫌犯罪但经检察机关作出相对不起诉的未成年人数	涉嫌犯罪但经检察机关作出附条件不起诉的未成年人数
2021	19985	2509	22.15	2.78	443	1252
2022	15712	2454	19.5	3.04	367	1308

资料来源：2022年度《云南省中长期青年发展规划（2018—2025年）》统计监测报告。

表2　云南省2021～2022年查处相关人员中青少年人数

单位：人

项目	查处治安违法青少年人数		刑事案件作案人员中青少年人数		查处吸毒青少年人数	
总计	77448	67730	50918	58891	16467	6807
14～17周岁	5557	9738	3925	3888	261	69
18～35周岁	71891	57992	46993	55003	16206	6738

资料来源：2022年度《云南省中长期青年发展规划（2018—2025年）》统计监测报告。

二　预防青少年违法犯罪现状

近年来，云南省充分发挥省综治委“预青”专项组办公室的职能作用，协调26家成员单位围绕工作任务，充分调动各个部门积极性，预防青少年违法犯罪工作不断实现新突破，也取得了一定成效。[①]

（一）健全完善工作机制

云南省综治委预防青少年违法犯罪专项组结合工作实际，下发《关于调整云南省社会治安综合治理委员会预防青少年违法犯罪专项组组成人员的通知》，对专项组成员适时进行更新和调整。同时，对2009年出台的《云南省综治委预防青少年违法犯罪工作专项组工作规则》进行修改和完善，落实专项组、专项组办公室、成员单位、联络员职能职责，健全会议制度、工作报告（述职）制度、信息交流制度、奖惩制度等。起草出台了《关于进一步深化预防青少年违法犯罪工作的实施意见》，有效整合了各成员单位工作力量，聚焦预防青少年违法犯罪工作重点难点，持续推动全省预防青少年违法犯罪工作再上新台阶，法治宣传教育扎实到位。2021年云南省共有中小学校13237所，其中13200所配备了法治副校长（见表3）。

表3　云南省2021年与2022年中小学法治副校长配备情况对比

年份	法治副校长配备人数(人)	配备情况
2021	13200	13237(配置人数)
2022	11310	99.99%(配备率)

资料来源：2022年度《云南省中长期青年发展规划（2018—2025年）》统计监测报告。

（二）加强青少年教育引导

预防青少年违法犯罪，基础在预防，关键在教育。云南省各级“预青”专项组及成员单位结合工作职责，认真开展工作。教育部门始终坚持立德树人，以培育和践行社会主义核心价值观为统揽，组织开展了“少年传承中

---

① 万永春、孟亚：《中国儿童青少年心理健康研究20年：研究热点、知识图谱与发展趋势》，《心理研究》2024年第1期。

华传统美德”系列教育、“党章党规进课堂”、法律进校园、少年儿童环保绘画大赛等活动。各级文明办积极推进乡村学校少年宫建设，组织“学长征精神、做红色传人”“清明网上祭英烈”等活动，引导青少年培育和践行社会主义核心价值观。各级团组织开展“践行核心价值观，争做向上向善好青年”、“我的中国梦—奋斗的青春最美丽”分享会、“做好事做善事做志愿者”、青少年法治宣传教育等活动。公安、检察、法院、司法行政部门开展“以案说法”“模拟法庭”“法律六进”等形式多样的法治宣传活动，中小学法制副校长配备实现了全覆盖。各级妇联不断深化“平安家庭”创建活动，开发和丰富家庭教育文化产品，广泛开展家庭教育宣传实践活动，倡导弘扬良好家风家教。省关工委开展“云南省青少年太空作物种植科普实践”、“五老”宣讲等活动，开设“假日学校”“普法园地”“爱心书屋”等阵地，牵头实施青少年司法项目。各级部门积极支持民族地区和贫困山区基础教育，加大对预防青少年违法犯罪警示教育基地、法治教育基地建设的支持力度。

（三）净化青少年成长环境

云南省各级“预青”专项组成员单位主动作为，着力净化青少年健康成长环境。网信部门持续开展“净网”“秋风”等专项行动，及时清理有害青少年健康的信息，遏制骚扰、恐吓、殴打、凌辱青少年的文字、图片、音频、视频等有害信息通过互联网传播。文化部门针对网吧、娱乐场所、音像、演出场所等开展整治，深入推进“平安网吧”创建活动。新闻出版广电部门开展“书香进校园”系列活动，对中小学校周边及青少年用品市场开展专项巡查，对非法出版物进行整治。工商部门推动“无传销校园”创建活动，规范广告发布行为，开展流通领域儿童用品和基础教育装备产品监管执法。工信部门会同有关部门依法处置违法违规网站，打击通信诈骗，开展“青春力量——网络文明进校园”活动。公安、教育部门深化“护校安全”行动，积极排查校园安全隐患，广泛设立校园警务室及治安岗亭。

（四）推动青少年司法保护

云南省推动青少年警务、青少年检察、青少年审判、青少年矫正工作之间的配套与衔接，落实社会调查、心理疏导与测评、合适青少年参与诉讼等特殊保护制度。积极开展试点地区选取工作，着力推动试点地区检察机关与团属青少年事务社工机构在青少年刑事案件办理方面的业务合作，巩固和发展试点地方已有青少年事务社工机构，回应青少年检察工作需求，规范工作流程和质量标准，探索检察机关与青少年事务社工机构合作的流程规范及基础模式。司法部门进一步建立健全青少年法律援助长效机制，在放宽法律援助审查标准、加强刑事法律援助工作、完善法律援助便民利民措施、构建一体化法律援助服务平台、推进法律援助标准化建设等方面专门提出了服务青少年群体的针对性措施要求。法院系统进一步规范审理青少年刑事案件程序，制定具体实施意见，建立完善青少年刑事案件审判制度。公安部门着力抓好校园周边治安巡逻防控，开展查处取缔“黑网吧”专项行动，严厉打击涉校涉生违法犯罪。12355 青少年服务台开展“心理健康直通车”、农民工子女“集善之家”、青少年心理健康公益大讲堂等活动。

（五）全面引入专业社会工作

为进一步助力青少年健康成长，云南省“预青”工作按照“以点带面、先行先试、稳步推进”的发展思路，引入专业社会力量，为重点青少年群体提供专业服务，努力实现“制度化、专业化、社会化”的发展目标，促进青少年健康成长。联合综治部门，在昆明、曲靖、德宏、保山等 8 个州市的 19 个社区（村）开展“青少年零犯罪零受害社区（村）”试点创建工作。截至 2023 年上半年，云南省各级团组织培育孵化 80 余家青少年事务社会工作服务中心，先后有 1700 余名从事青少年事务社会工作的专兼职人员组建起了相应的人才队伍，以“团干部+社工+志愿者”的模式，广泛开展心理健康、禁毒防艾、社会调查、社区矫正等服务。

二　预防青少年违法犯罪面临的问题

（一）法律法规不够完善

目前，虽然云南省关于预防青少年违法犯罪的地方规范性文件在不断完善，但截至2022年，相关的法律法规仅有三部。随着经济社会的迅速发展，云南省青少年违法犯罪的类型已经发生了巨大变化，仅有的三部法律法规显示出了一定的滞后性，而且有关规定较为笼统，比如说三部规范性文件虽然都规定了家庭预防责任主体是父母，但是没有对父母如何开展预防、如何承担家庭预防责任进行明确规定。

（二）素质教育相对薄弱

在应试教育的大背景下，云南省部分学校为了追求升学率，对学生进行等级评定，将成绩优异的学生编入所谓的“实验班”，成绩相对落后的学生，任其“自生自灭”。而且有些学校对于学习成绩优异的学生格外“宽容”，这些学生即使犯一些小错误，有时也会因为成绩好而免受责罚。相比之下，成绩相对落后的同学不仅没有“特权”，还会被老师视为“眼中钉”，经常被叫去“谈话”。由于青少年判断力与自我控制力较弱，当遇到不平等或不公的待遇时，容易激发出相应的负面情绪，产生过激行为。

（三）腐败现象侵蚀较重

伴随着我国经济的飞速发展，腐败现象不断涌现并屡禁不止，特权主义、个人集权、官僚主义、形式主义和以权谋私、假公济私、行贿受贿、堕落腐化等现象，以及假冒伪劣、吸毒贩毒、封建迷信、卖淫嫖娼、聚众赌博等丑恶现象出现。在这样的情况下，部分青年受到不良影响并迷失自我，在违法犯罪道路上越走越远。当一些青少年的理想与现实差距太大时，他们就会选择逃避或者以愤世嫉俗的心态来对待社会，通过酒精、吸毒等放纵行为来消除内心对成人世界的失望和无助，违法犯罪行为也就随之发生。

（四）社会文化影响较大

中国传统儒家思想极力倡导道德修养，讲求群体意识，强调以和为贵；而西方文化则强调实用主义，讲究个人主义，强调竞争意识。青少年自出生起接受的就是中国传统文化的熏陶，但是随着西方文化的进入及其影响的逐步扩大，中西方文化冲突日益明显，具体表现如下。第一，自由与纪律的冲突。自由主义是西方文化的重要特征，在自由主义思潮下，发展出了极端的个人主义，一切以自我为中心；而中国文化历来讲求“没有规矩，不成方圆”，凡事均有个“度”。在西方文化影响下，青少年容易失去“度”的把握，认为随心所欲、毫无约束即为自由。第二，个人与集体的冲突。西方文化讲究个人利益至上，私有财产神圣不可侵犯；而中国传统文化则讲求集体主义，以此为人生价值的衡量目标。第三，享乐主义与艰苦奋斗的冲突。西方的物质发达程度比中国高，西方的享乐主义也是建立在较高的物质文明的基础上的；而中国一直提倡的是艰苦奋斗的精神，在这一精神鼓舞下，人民物质生活水平得到很大提高，但是部分青少年受到西方影视等传播媒介的影响，弱化了这种艰苦奋斗的精神。

三　云南省预防青少年违法犯罪的实践案例

（一）共青团楚雄州委扎实开展预防青少年违法犯罪工作

共青团楚雄州委为做好预防青少年违法犯罪工作，努力开展法治宣传教育，积极对待青少年合理诉求，采取的主要做法如下。

加强思想引导，提升理论素养。丰富“三会两制一课”、研讨分享、主题团日等学习载体，联合南京大学校团委开办“新青年·习党史”青年组扣课堂网上团课，抓实“青年大学习”网上主题团课。

突出实践引领，坚定制度自信。策划开展以“青春向党，奋斗强国”为主题的庆祝中国共产党成立100周年暨纪念五四运动102周年活动，持续深化青少年社会主义核心价值观培育。开展“楚雄向上向善好青年”、“两红两优”、“新时代好少年”、青年创新创业典型评选等活动，进一步激发青少年比学赶超、建功新时代的青春热情。用好网络平台传播好青年之声，充分运用“彝州共青团”网站、“双微”平台开展话题讨论，通过网站、微博、微信、手机报、团刊、QQ群和微信群，收集分析青年思想动态、网络舆情。

搭建平台，抓好维权，有效解决青少年的合理诉求。第一，配齐配强法治副校长。全州中小学法治副校长配备率达100%，活动开展率为100%，通过由法治副校长定期进校开展法治教育活动的方式，对在校青少年进行法律知识教育和思想道德教育，进一步提高全州在校青少年的法治意识。第二，建强维权平台。通过加大12355平台建设，切实加强为青少年提供心理咨询、法律援助、法律咨询等服务能力，进一步促进全州青少年的心理健康发展，用行动解决青少年的实际困难。第三，搭建诉求困惑对接平台。通过开展“人大代表、政协委员与青少年面对面”“共青团倾听日”等活动，切实为青少年传递心声搭建桥梁，为青少年提供了一个向人大代表、政协委员汇报自身成长体会和表达诉求困惑的平台。

（二）云南省文山州关工委打造预防未成年人犯罪工作品牌

2021年11月19日，《助力专门教育　挽救违法少年——文山州关工委打造预防未成年人犯罪工作品牌纪实》获中国关工委充分肯定，并批示：文山州关工委在州党委、政府的坚强领导下，建立专门学校，解决问题青少年教育，促进他们健康成长。“五老”全方位多角度助力学校发展，抓点带面，加大预防力度。工作扎实、做法灵活、成绩显著，望巩固成绩，把预防青少年犯罪工作做得更好。文山州关工委的主要做法如下。

助力专门教育，挽救违法少年。开办青少年专门学校，招收有严重不良行为的青少年进行教育、矫治，既是挽救违法少年，促进青少年整体健康成长的底线保障，又是我国社会治理的宝贵经验。[①] 文山州第五中学就是这样一所青少年专门学校，是一盏既为违法少年照亮未来成长之路，又为优化社会治安环境带来亮丽之光，还为省内外参观者提供探索指引的生辉之灯。几年来，文山州关工委为这盏生辉之灯添油助燃，倾心尽力，将其打造成为预防青少年违法犯罪工作品牌。

搞调研，献良策，建成专门学校。州政协采纳州关工委建议，对青少年保护与预防犯罪工作进行了一个月的专题调研。调研结果显示，家庭、学校、社会“三不管”浪迹街头的闲散青少年不断增多，既是预防青少年违法犯罪工作的难点问题，又是人民群众极为关注的社会热点问题，还是公安机关处置治安事件的棘手问题。据此，通过人民政协的平台，以主题演讲、大会建言、提案建议、社情民意反映以及五年时间在全州城乡 118 场专题讲座中多次提出，建议依法开办专门学校，对违法少年集中进行教育、矫治，破解青少年保护与预防犯罪工作难题。

送关爱，助成长，挽救违法少年。州关工委一直把助力专门教育、挽救违法少年作为责任担当，以“教育、感化、挽救”法定方针和“立足于教育和保护”法定原则作为工作依据，组织以州老年大学师生为主体的法制帮教委、身心健康委联系越来越多的单位和社团，在元旦及春节、六一及端午节、国庆及中秋节等节日，24 次到学校开展“送关爱、促转化、助成长”系列活动，由参加活动的律师协会、州民政局等单位出资，既送去优秀读物、宣传画册等精神食粮，又送去节日礼物，让孩子们感受党委、政府的关爱，感受社会的温暖，触动感情，促进转化。

全方位，多角度，助力学校发展。加大工作力度，联络多部门、多社团“十进州五中”，全方位、多角度开展工作，包括集中正面教育、分散结对帮教、聚力爱心感化、举办健康讲座、开办家长学校，培训教师干警、调研解决问题、加大社会宣传等。联合州妇联、团州委三家主办，州未司办、州

---

① 孙浩、戴焱淼、张业安：《电子竞技行为对青少年健康影响的实证研究》，《沈阳体育学院学报》2023 年第 4 期。

检察院、州老年大学等六个单位协办，在州五中挂牌成立家长学校，开展“问题学生”家庭教育指导，40余位学生家长到校听课。[①]

四　预防和减少青少年违法犯罪的发展方向

对青少年违法犯罪问题的研究，新世纪以前主要采用“青少年违法犯罪原因—现状分析—预防对策”的构架模式，缺乏整体性和系统性；进入新时代以来，我国关于青少年违法犯罪的研究开始走向多元化。[②] 本报告通过对青少年违法犯罪特征及现状的分析，总结预测其发展趋势，从自我治理、家庭治理、学校治理和社会治理四个方面指出预防和减少青少年违法犯罪的发展方向。

（一）提升青少年违法犯罪的自我治理意识

首先，引导青少年遵守国家相关法律法规及社会公共道德规范。加强青少年自我防范和自我保护意识的培养，不仅能够促进青少年健康成长，也是减少青少年违法犯罪、维护社会治安的有效措施。青少年应当遵守国家法律法规及社会公共道德规范，这是其必须承担的法定义务，处于成长中的青少年更应该牢固树立守法观念，养成良好的行为习惯。[③] 应以国家法律和社会道德为标准，不断增强青少年对不良诱惑以及违法犯罪行为的判断力，在法律法规的学习中提升自我保护能力，当青少年的合法权益受到侵害时，有权向有关部门和组织请求保护，被请求的组织和部门，不得以任何理由拒绝。

其次，引导青少年坚持自尊、自强、自律相结合。青少年应当牢固树立

① 《获中国关工委点赞！文山州关工委打造预防未成年人犯罪工作品牌》，“文山日报”百家号，2021年11月27日，https://baijiahao.baidu.com/s?id=1717545754302200972&wfr=spider&for=pc。

② 于阳、周丽宁：《中美城市青少年有组织犯罪的时空分布与防范对策研究》，《甘肃政法大学学报》2023年第4期。

③ 张萌、李玫瑾：《违法青少年与普通青少年道德观念比较研究》，《中国青年社会科学》2018年第1期。

正确的世界观、人生观、价值观，坚持自尊、自强、自律相结合，实现自我保护，必须做到尊重自己、严于律己、自强不息，以积极的态度赢得社会的保护。正确的世界观、人生观、价值观对青少年的行为有着良好的引导作用，青少年自身应该不断地进行自我调整、修正和完善，积极提高自我修养，加强自我控制。① 引导青少年不断进行自我剖析和自我批评，自觉遵守道德法律规范，在没有人监督和指导的情况下也能自我约束和克制，能认真听取他人意见，汲取新的思想和知识丰富自我，实现从源头遏制违法犯罪。

最后，引导青少年正确树立“见义善为”“见义智为”意识。青少年行使维护自身权利和权益的手段应该受到鼓励和赞扬，任何人不得打击报复。司法机关、学校、社会要加强对青少年的保护，鼓励其同违法犯罪行为作斗争。但是在提倡这种行为的同时，青少年也要量力而行，采用正确的方法和手段，要“见义智为”“见义善为”，而不是单纯的“见义勇为”，要在保护自己不受伤害的基础上机智地同违法犯罪行为作斗争。

（二）夯实青少年违法犯罪的家庭治理基础

一方面重视家庭教育方式，倡导健康教育理念。正确、合理的教育方式是家庭教育的重中之重和首要因素。家庭教育方式主要分为四种类型：面面俱到型、严厉惩罚型、宠爱溺爱型和理解民主型。在面面俱到型家庭里，父母常常以命令的形式让孩子无条件服从他们的意愿。虽然这种教育方式在一定程度上保护了孩子，但容易使孩子产生逆反心理，不利于培养孩子的良好性格。严厉惩罚型家庭对孩子以惩罚和打骂为主，这种家庭培养出的孩子会有比较多的负面情绪，容易出现暴力倾向。而在宠爱溺爱型家庭里，孩子会得到父母过量的爱，即使出现错误行为，也不会得到父母的正确引导，久而久之，会使孩子形成自私自利的性格。这三种教育理念都是不健康的，应该及时摒弃，我们倡导的应该是理解民主型的家庭教育方式，这是一种正确的

① 李雪、谢琴红、寇慧等：《违法青少年童年期虐待对攻击性的影响：链式中介效应分析》，《中国临床心理学杂志》2022 年第 3 期。

家庭教育理念，可以在一定程度上减少青少年违法犯罪的发生。但这种类型对家长的要求相对较高，既不能过分严格管理孩子，又不能放任不管，家长要充分挖掘孩子的兴趣爱好，使孩子产生正确的世界观、人生观、价值观，在这类家庭中成长的孩子更富有同情心和责任感，能很好地处理社会中复杂的人际关系。因此，家长应该更新教育观念，对孩子多加包容、理解、支持，做到家庭教育的民主化、科学化、全面化，用健康的教育理念为孩子的成长创造良好的家庭环境。

另一方面提高家长素质，明确家长对子女的责任和义务。家长应该本着对孩子负责的态度，不断提高个人素质和修养。首先，家长要明确自身“教育者”和“引导者”的家庭角色，起到以身作则的表率作用，不断加强与子女的沟通交流，给予他们足够的尊重和信赖，使孩子在平等互动的家庭环境中树立起积极向上的生活态度。① 其次，家长、学校与政府应实现良性互动，各尽其责，家长作为青少年成长的第一责任人，应更加积极主动地学习教育青少年的方法，特别是家长之间、家长与老师之间要积极沟通。政府也应当建立起帮助青少年成长的组织机制，组织教育、心理咨询等方面的人才与家长、老师进行交流。再次，社会组织也应该广泛开展关于父母如何教育孩子的讨论和指导活动，增进双方感情。最后，父母应主动与孩子进行沟通交流，言传身教、以身作则，起到表率作用，既注重“有形”的影响，又注重“无形”的作用，给孩子树立良好榜样。

（三）完善青少年违法犯罪的学校治理体系

首先，学校不断开展法制与道德教育。邓小平同志曾指出：“法制教育要从娃娃开始，小学、中学都要进行这个教育，社会上也要进行这个教育。”② 因此，地方教育机关、学校及社会各级教育组织应当将预防青少年违法犯罪纳入教材资料和学校教学计划。青少年的年龄跨度相对较大，每个

① 赵玉晶、王申连、张宝菁等：《同胞冲突对青少年心理健康的影响：同胞亲密度的中介作用与母子关系的调节作用》，《中国临床心理学杂志》2022 年第 5 期。

② 《邓小平文选》（第三卷），人民出版社，1993，第 163 页。

年龄阶段都有各自不同的特征，在教育过程中还要注意“因材施教”，区别对待不同年龄阶段的青少年，采用其能够接受的方法，例如可以结合实际举办以预防青少年违法犯罪为主要内容的知识竞赛、专家讲座等宣传活动，以灵活多样的教育形式适应青少年群体特殊的生理、心理特征。同时，以往经验表明，专业人员对青少年的心理疏导作用往往更大，所以学校在疏导青少年心理健康问题的过程中，特别是针对问题比较大的青少年，可以邀请专业人员来进行疏导，解决青少年已有或潜在的心理问题，并且应当将教育计划和具体实施措施及时告知青少年的父母或法定监护人。在学校预防青少年违法犯罪工作的过程中，应出台更多的相关政策。在开展法制教育的同时，不能忽视道德教育的重要性。各级学校应该高度贯彻落实《中华人民共和国义务教育法》，充分理解法规中的内容，围绕相应的规定，广泛在学生中开展宣传教育。同时，要拓宽和挖掘道德教育的领域和形式，进行家庭服务、咨询，组织青少年参加社会实践活动，并且接受社会各界和群众的监督和检查，真正减少和预防青少年违法犯罪。

其次，大力倡导素质教育，减少辍学学生数量。现阶段，很多学校在培养学生的过程中，仍然采用传统的“应试教育”模式，这种培养模式虽然能够培养出“考高分”的学生，但随着时代的不断进步，生活节奏的不断加快，越来越多的学生可能会产生抵触等负面情绪。特别是当一些地区出现将学校划分出等次、将班级划分出快慢等行为，对一些青少年心理会产生极大影响。学校和教师不仅要关爱全体学生，更要耐心帮助学生，循循善诱、因材施教，使他们受到鼓舞和激励，无论学生是否产生了心理问题、是否学习落后，都要引导其回到校园，做好疏导与保障工作，进一步降低犯罪率。

最后，优化教学环境，开展教育活动。正常良好的教学秩序需要以严明的校风校纪作为保障，各级学校应当优化管理学校内部环境和周边环境，使学生能够严格遵守学校的各项规章制度，自觉维护学校良好的教学秩序。学校应解决乱收费、高收费、设立重点班等问题，为学生创造平等的教育环境。此外，学校还应当加强门卫保安管理制度，禁止无关人员和车辆随意出入学校，做好学生出入登记工作，以确保校园安全，一旦发生紧急情况要立即报警。

（四）加强青少年违法犯罪的社会治理效能

首先，净化社会环境，维持良好的社会秩序。青少年违法犯罪的预防需要社会各界的重视和参与，政府与相应的行政部门应当高度重视预防未成年人违法犯罪工作的开展，协调好各部门之间的关系与职责，建立预防未成年人违法犯罪的预警体系。青少年处于心理发展成熟期，预防青少年违法犯罪有赖于整体社会治安形势，无论学校怎样积极关心学生成长教育、家长怎样注重与孩子的沟通交流，一旦遭遇外界的不良诱惑和刺激，青少年违法犯罪就有可能发生。混乱复杂的社会环境不是青少年实施违法犯罪行为的根本原因或决定因素，但有可能加快青少年走上违法犯罪道路的速度。因此，维持良好的治安环境需要社会各界共同努力：一方面减少和控制青少年违法犯罪，依法治理和打击违法犯罪活动，加强基层治安建设和管理；另一方面关注校园暴力，重视青少年违法犯罪，责任到部门，注重细则的可操作性，让青少年在健康、和谐的社会氛围里生活成长。

其次，加强社区建设，规范管理不适宜青少年进出的场所。一方面，规范管理不适宜未成年人进出的场所，特别是整治文化娱乐场所的治安环境，是预防未成年人违法犯罪的重要举措。各政府部门、机构或者社会组织应严格按照有关规定管理文化娱乐场所，大力整顿并清理对青少年身心健康有害的文娱场所。另一方面，在整顿的同时，还要积极引导并鼓励有益于青少年健康成长的精神文化产品的创新创造，对青少年的学习、生活予以指导和帮助，提高青少年辨别是非和抵制不良文化的能力，不断提升青少年对中华优秀传统文化的接受能力。社区要通过组织建设和开展社区活动防止青少年形成反社会心态，通过设立社区图书馆、球场、健身房等基础设施，提升青少年课余生活的多样化程度。

最后，主流媒体发挥支持、导向作用。现代社会资讯发达，各种社会文化蓬勃兴起，主流媒体对青少年的心理发展、道德养成、行为方式和社会化过程产生了深刻影响。因此，发挥主流媒体的积极作用，对预防青少年违法犯罪具有非常重要的意义。要及时制定相关的法律、制度和建立严格的媒体审查机制，通过一些技术手段对媒体进行监控和过滤，防止不良信息内容进入传播领域，并依法追究不良信息传播者的法律责任，从源头上遏制不良信息的传播。要努力提高媒体从业人员的专业素质和职业道德水平，使其充分认识到自身在对青少年进行宣传教育时肩负的社会责任；要保证新闻报道和信息传播符合真实性、客观性、正确性、合法性和公正性的原则，积极引导青少年树立正确的世界观、人生观、价值观。

B.11

云南青年社会保障发展报告

宋晓莹　何 旭*

摘 要： 近年来，云南在青年社会保障体系建设方面取得了显著成效，这取决于云南省委、省政府高度重视青年社会保障工作，通过出台一系列政策措施，逐步构建和完善了包括社会保险、救助福利、优抚安置等在内的青年社会保障体系。然而，面临人口老龄化、新业态从业者增多、青年住房压力大等形势，云南青年社会保障体系发展仍存在诸多挑战。为进一步优化云南青年社会保障体系，未来需完善多元养老保障体系、有序推进新业态劳动者权益保障、稳固筑牢青年安居基础、构建留守儿童关爱体系、提升残疾人社会保障水平等策略，以优化云南青年社会保障体系，适应社会发展和青年需求的变化，促进云南青年的全面发展和社会的和谐稳定。

关键词： 云南青年　社会保障　新业态从业者

一　引言

社会保障是保障和改善民生、捍卫社会公平、增进人民福祉的基本制度保障，也是促进经济社会发展、实现广大人民群众共享改革发展成果的重要制度安排。[①] 作为现代国家最重要的社会经济制度之一，建立健全与经济发展

---

* 宋晓莹，云南大学经济学院讲师，研究方向为人口学与计划生育、经济体制改革、中国政治与国际政治；何旭，云南大学经济学院硕士研究生。

① 《习近平：促进我国社会保障事业高质量发展、可持续发展》，中国政府网，2022 年 4 月 15 日，https：//www. gov. cn/xinwen/2022-04/15/content_ 5685399. htm。

水平相适应的社会保障体系，不仅是经济社会协调发展的必然要求，也是确保社会稳定和国家长治久安的坚实后盾，其内容主要包括社会保险、社会救济、社会福利、社会优抚和社会互助等。结合青年期“脆弱性”和“成长性”并存的特点，为营造有利于青年发展的社会环境，青年社会保障除基本社会保障内容之外，还包括青年就业服务、住房保障、婚恋、生育养育教育与家庭发展保障、社区服务等内容，从而在教育培训、就业、职业保护、创业、婚恋、生育、社会融入与社会参与、文娱等方面为青年发展提供保障。

新时代青年社会保障制度发展呈现三个特点：一是多层次社会保障体系建设得到了积极推进，大病保险制度、企业年金、职业年金相继建立，长期护理保险制度试点范围不断扩大；二是社会保险制度结构持续优化，其间不仅建成了统筹城乡的基本养老保险制度和基本医疗保险制度，并且实现了医疗保险与生育保险的合并，还实现了机关事业单位职工和企业职工基本养老保险制度并轨；三是社会救助制度获得了创新发展，包括医疗救助、农村和城镇最低生活保障制度在内的各项制度得以建立与完善，社会救助制度从简单的残补型走向制度型，为我国青年社会保障体系筑起了坚实的兜底保障线。①

青年社会保障制度不仅影响着青年的生活质量和幸福感，还影响着他们的未来发展和社会参与。健全的青年社会保障制度，能够维护青年在发展过程中的权益；加强青年社会保障工作，对缓解青年的生活压力、促进青年的全面发展具有重要意义。本报告将深入分析云南青年社会保障发展的现状，探讨其存在的问题和挑战，并提出相应的优化路径。

二　云南青年社会保障发展现状分析

云南省委、省政府对全省青年社会保障发展给予了高度关注和深切关怀，出台了《云南省中长期青年发展规划（2018—2025 年）》《云南省人民政府

① 董克用、沈国权：《党指引下的我国社会保障制度百年变迁》，中国经济网，2021 年 5 月 24 日，http：//views. ce. cn/view/ent/202105/24/t20210524_ 36583854. shtml。

办公厅关于加快发展保障性租赁住房的实施意见》《云南省"十四五"残疾人保障和发展规划》等一系列专项政策。在政策的引领和省委、省政府的积极推动下，云南青年社会保障体系建设取得了有目共睹的阶段性成绩。

（一）社会保险体系建设卓有成效

1. 社会保险制度不断完善

云南省紧扣增强公平性、适应流动性、保证可持续性，加强社会保障制度体系建设，制度改革的系统性、整体性、协同性进一步增强，初步建成多层次、多支柱的养老保险体系。

一是持续深化企业职工基本养老保险制度改革。全面放开灵活就业人员参加企业职工养老保险城乡户籍限制和就业地户籍限制，实行基金省级统收统支，实现接轨养老保险全国统筹。二是改革机关事业单位基本养老保险制度。2014 年 10 月，全省统一启动实施，实现与企业职工基本养老保险制度并轨；2016 年 5 月，实现全省范围内政策、缴费、计发、预算、经办、系统"六统一"。三是统一城乡居民基本养老保险制度。通过改革和完善相关政策，进一步明确各养老保险之间的转移接续，重点解决参保人在城乡居保与职工基本养老保险之间的衔接问题，逐步消除了原农村社会养老保险（老农保）制度碎片，将被征地农民纳入统一的基本养老保险制度。四是完善工伤保险制度改革。2020 年 10 月，建立了调剂金模式的工伤保险省级统筹制度，推进预防、补偿、康复"三位一体"工伤保险制度体系建设，将大学生村官、工程建设项目从业人员、基层快递网点从业人员等群体纳入工伤保险制度保障。五是灵活调整失业保险政策。为适应经济发展新常态，出台了多项减轻用人单位负担、提高基金使用效率的社保新政，切实发挥了失业保险稳岗位、提技能、防失业的功能作用。六是推动发展多层次多支柱养老保险体系。深入实施企业年金、职业年金制度，逐步扩大企业年金覆盖面，在玉溪市先行启动实施个人养老金制度。七是深化医疗保障制度的改革。2021 年出台《云南省 2021 年省级公立医疗机构医疗服务价格调整方案》，旨在支持医疗技术进步，体现技术劳务价值，提供更有价值、更高效率的医疗服务；2022 年发布《云南省“十四五”全民医疗保障规划》围绕公平医保、法治医保、安全医保、智慧医保、协同医保建设主线，建设覆盖全民、统筹城乡、公平统一、可持续的多层次医疗保障体系。

2. 社会保险扩面增效显著

一是社会保险参保覆盖面进一步扩大。如表 1 所示，2022 年，云南省城镇职工基本养老保险、城乡居民基本养老保险、失业保险和工伤保险参保人数分别达到 806.96 万人、2479.71 万人、357.52 万人、575.71 万人。相较于 2018 年的 616.22 万人、2360.98 万人、273.12 万人、403.30 万人，分别增长了 30.95%、5.03%、30.90%、42.75%。同时，云南省城镇化率快速增长，从 2018 年 47.44%上升到 2022 年的 51.72%（见表 2）。

表 1　2018~2022 年云南省社会保险参保人数情况

单位：万人

项目	2018 年	2019 年	2020 年	2021 年	2022 年
城镇职工基本养老保险	616.22	649.88	701.34	739.35	806.96
参保职工	440.23	468.41	515.78	550.54	611.08
城乡居民基本养老保险	2360.98	2410.04	2450.18	2460.31	2479.71
城镇职工基本医疗保险	506.88	527.96	548.42	569.22	584.00
城乡居民基本医疗保险	4014.04	4005.45	4032.83	3952.63	3975.75
失业保险	273.12	289.17	307.39	329.80	357.52
工伤保险	403.30	438.51	498.81	541.91	575.71

资料来源：云南省人民政府统计公报，https：//www.yn.gov.cn/sjfb/tjgb/。

表 2　2018 年~2022 年云南省城镇人口与乡村人口情况

单位：万人，%

年份	总人口	按城乡分		城镇化率
		城镇人口	乡村人口	
2018	4703	2231.1	2471.9	47.44
2019	4714	2294.3	2419.7	48.67
2020	4722	2363.4	2358.6	50.05
2021	4690	2394.2	2295.8	51.05
2022	4693	2427.0	2266.0	51.72

资料来源：云南省统计年鉴。

二是社会保险基金收支运行总体平稳。2022年云南省省本级职工基本医疗保险（含生育保险）基金收入30.81亿元，较2021年收入增加1.80亿元，同比增长5.84%；2022年支出19.88亿元，较2021年支出增加1.20亿元，同比增长6.02%。[①] 社会保险基金收入稳步提升，为广大参保职工提供更加可靠的医疗保障，进一步观察云南省青年职工基本医疗保险及生育保险的缴费情况，2022年青年职工基本医疗保险（不含个人账户）、生育保险缴费（不含个人账户）总金额分别为100.69亿元、9.60亿元，与2018年的83.80亿元、2.71亿元相比，增长20.16%、254.24%（见表3）。同时云南省青年职工养老保险、工伤保险、失业保险收入虽然在2020年略有下降，但2018~2023年总体呈上升趋势。2022年三项收入分别为295.34亿元、5.85亿元、23.93亿元，对应支出分别为3.55亿元、1.33亿元、3.99亿元（见表4）。这一增长表明，云南省在保障社会保险基金收支运行平稳方面取得了显著成效。特别是生育保险缴费金额的大幅增加，不仅反映了生育政策调整后青年职工的积极变化，也体现了云南省对女性职工权益保护的重视。

表3 2018~2023年云南省青年职工基本医疗保险及生育保险的缴纳、支出情况

单位：万元

年份	基本医疗保险		生育保险	
	缴费总金额（不含个人账户）	基金支付总额（不含个人账户）	缴费总金额（不含个人账户）	基金支付总额（不含个人账户）
2018	838033	136176	27148	74231
2019	900995	154138	39209	90033
2020	887774	167264	78119	98163
2021	1058420	143439	84716	61574
2022	1006893	133393	95955	31882
2023	976743	155723	101611	32526

资料来源：云南省医疗保障信息平台提取，青年职工为参加职工医疗保险18~35岁人员。

① 《云南省省本级2022年医疗保障基金收支公开说明》，云南省医疗保障局网站，2023年9月1日，https://ylbz.yn.gov.cn/index.php?c=show&id=3789。

表 4　2018~2023 年云南省青年职工社会保险缴纳及支出情况

单位：亿元

年份	养老保险		工伤保险		失业保险	
	收入	支出	收入	支出	收入	支出
2018	240.86	3.77	3.88	0.76	14.34	1.88
2019	247.88	6.51	3.12	0.15	14.13	1.74
2020	186.40	8.06	2.00	0.48	13.90	2.33
2021	291.61	12.12	5.22	0.85	23.21	3.55
2022	295.34	3.55	5.85	1.33	23.93	3.99
2023	317.13	1.26	6.48	3.13	26.50	4.82

资料来源：云南省人力资源和社会保障厅反馈《云南青年发展报告（2024）》编撰相关的资料数据。

三是企业年金工作有序推进。表 5 展示了 2018~2022 年备案地为云南省的企业年金情况，企业账户数从 2018 年的 1343 个增加到 2022 年的 2163 个，职工账户数从 335694 人增加到 346157 人，分别增长 61.06%、3.12%。在云南省人力资源和社会保障厅年度部门决算中，2022 年机关事业单位职业年金缴费收入达到 398.58 万元，与 2018 年的 290.49 万元相比，增长 37.21%，2022 年支出 397.77 万元，与 2018 年的 290.49 万元相比，增长 36.93%。云南省企业年金工作的有序推进，不仅增强了职工的养老保障，也为企业和机关事业单位的人力资源管理提供了有力支持。

表 5　2018~2022 年备案地为云南省的企业年金情况

年份	企业账户数(个)	职工账户数(人)	资产金额(万元)
2018	1343	335694	1926457.23
2019	1564	358081	2406352.28
2020	1721	357638	2873950.75
2021	1967	365173	3240942.29
2022	2163	346157	3159611.48

资料来源：中华人民共和国人力资源和社会保障部官网。

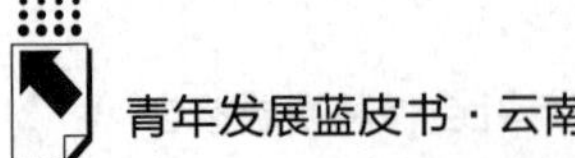

3. 社会保险待遇长期提高

2022 年，云南省参保离退休人员 195.88 万人，相比 2021 年的 188.81 万人，增长 3.74%，基本养老金、失业保险金、工伤保险长期待遇稳步提升并确保按时足额发放。认真落实退休人员基本养老金合理调整机制，建立城乡居民养老保险待遇确定和正常调整“双机制”，持续提高社会保险待遇。

一是城乡居民基础养老金标准不断调整提高。2014~2023 年，云南省基础养老金标准共进行了 6 次调整，全省平均基础养老金由 2014 年每人每月 60 元提高到 2023 年 1 月的人均 118 元。[①] 二是连续 18 年调整企业退休人员养老待遇。2019 年云南省调整退休人员基本养老金水平，月人均增加 158.59 元。定额调整部分为全省企业、机关事业单位退休人员统一每人每月增加 40 元；挂钩调整部分为退休人员按照本人 2018 年 12 月基本养老金的 1.3%的标准增加基本养老金；缴费年限每满一年每人每月增加 2 元，缴费年限不满一年的，按一年计。2022 年印发的《云南省 2022 年调整退休人员基本养老金实施方案》，对 2021 年 12 月 31 日以前办理退休手续并按规定领取基本养老金的企业和机关事业单位退休人员，提高调整比例到 4%，惠及全省 188.53 万退休人员。2023 年出台的《云南省 2023 年调整退休人员基本养老金实施方案》，提出每月增加 15 元、调整缴费年限每满一年每月增加 1.20 元；同时，按本人 2022 年 12 月基本养老金的 1.93%调整增加。

（二）综合救助福利体系持续升级

1. 稳步推进残疾人事业发展保障

云南省在残疾人事业的发展上取得了全面而显著的成就，体现了对残疾人群体的深切关怀和社会主义制度的优越性。通过精准的康复服务、教育事业的发展以及社会保障体系的完善，云南省不断推动残疾人事业向前发展，

---

① 《对云南省政协十三届一次会议第 113 号提案的答复》，云南省卫生健康委网站，2023 年 10 月 17 日，http://ynswsjkw.yn.gov.cn/html/2023/jyta20231_1017/18422.html。

确保残疾人群体的基本权益得到有效保障、生活质量得到显著提升。

一是残疾人康复服务实现新跨越。2022 年，云南扎实开展精准康复服务，为 24.81 万名有需求的残疾人和残疾儿童提供基本康复服务，服务率为 99.94%；为 5.03 万名残疾人和残疾儿童提供了辅助器具适配服务，适配率为 99.81%。全面贯彻落实残疾儿童康复救助制度，加强经办服务和定点机构协议管理，为 7780 名符合条件的残疾儿童提供了康复救助服务。①

二是残疾人教育事业呈现新作为。2022 年，云南制定出台《云南省“十四五”特殊教育发展提升行动方案》《云南省手语和盲文规范化行动计划（2021—2025 年）实施方案》，完成 1914 名残疾学生、残疾人子女助学资助任务。精心安排、扎实推进残疾考生参考、招录工作，2022 年全省 1307 名残疾人考生被录取，录取率达 86.67%。教育关系着残疾人的未来，云南省努力推动特殊教育普惠发展，认真贯彻新时代基础教育扩优提质行动计划，在城乡实施特殊教育学生关爱行动，强化优质融合发展。2022 年云南省共有残疾青年 183976 人，残疾青年就业率为 46.61%，较 2021 年增长了 3.36%。②

三是残疾人社会保障体现新温度。2016 年困难残疾人生活补贴标准为每人每月 50 元；重度残疾人护理补贴标准为一级每人每月 70 元、二级每人每月 40 元。2023 年 1 月起，云南省困难残疾人生活补贴标准提高为每人每月 90 元，重度残疾人护理补贴标准提高为一级每人每月 100 元、二级每人每月 90 元。2023 年起，云南省参加城乡居民基本养老保险的残疾人政府代缴范围从一级、二级扩大到三级，三级残疾人按 100 元标准代缴。2023 年，云南省财政投入残疾人特困供养、低保、“两项补贴”、代缴养老保险和养老补助等残疾人社会保障资金超 40.6 亿元。同时，各级政府将两项补贴工作纳入年度考核内容，确保补贴资金的合规使用，并接受社会监督。

---

① 《2023 年云南将持续奋力推进残疾人事业全面发展》，云南网，2023 年 2 月 21 日，https：//yn.yunnan.cn/system/2023/02/21/032477251.shtml。

② 数据来源：2022 年度《云南省中长期青年发展规划（2018—2025 年）》统计监测报告。

2. 提升低保标准与加强未成年人生活保障

云南省在提升低保标准和加强未成年人生活保障方面取得了显著成效。通过提高低保标准，改善了困难群众的生活条件；同时，通过加强未成年人生活保障，确保未成年人的基本生活需求得到满足，为其健康成长创造了有利条件。

一是低保标准提高。截至 2021 年上半年，云南省城市低保人数为 41.6 万人，与 2020 年同期相比减少了 0.46 万人；城市低保户数为 26.4 万户，与 2020 年同期相比减少了 0.43 万户；城市低保平均标准为 644.6 元/(人·月)，同比增长 0.40%；云南省农村低保人数为 238.2 万人，与 2020 年同期相比减少了 15.76 万人；农村低保户数为 128.3 万户，与 2020 年同期相比减少了 3.68 万户；农村低保平均标准为 4612.6 元/（人·年），同比增长 0.93%。①

二是关注未成年人的生活保障。2021 年云南省共对 534.8 万人次的未成年人实施最低生活保障或特困人员救助供养；云南省青少年受社会资助 14684 人，受助总金额为 2171.25 万元。同时，云南省 12355 青少年服务台被团中央确定为首批全国“青少年 12355”区域中心。2012～2022 年，12355 青少年服务台接听热线电话 1.3 万余个。② 2023 年，云南省提高全省城乡居民最低生活保障水平，城市最低生活保障省级指导标准提高到 728 元/（人·月），农村最低生活保障省级指导标准提高到 6038 元/（人·年）；集中养育儿童生活保障省级指导标准提高到 2000 元/（人·月），散居孤儿、事实无人抚养儿童、艾滋病病毒感染儿童生活保障省级指导标准提高到 1340 元/（人·月）。③

---

① 《2021 年上半年云南省民政事业支出、低保人数、民政机构数及床位数统计分析》，华经情报网，2021 年 10 月 21 日，https://www.huaon.com/channel/distdata/756568.html。

② 数据来源：2022 年度《云南省中长期青年发展规划（2018—2025 年）》统计监测报告。

③ 《云南省民政厅　云南省财政厅关于提高 2023 年城乡居民最低生活保障　特困人员救助供养　孤儿基本生活保障标准的通知》，云南省人民政府网站，2023 年 6 月 16 日，https://www.yn.gov.cn/ztgg/lqhm/hmzc/shbz/202307/t20230728_271557.html。

3. 打造全覆盖儿童保护教育体系

2019 年发布的《关于进一步健全农村留守儿童和困境儿童关爱服务体系的实施意见》（云民规〔2019〕3 号），提出进一步健全农村留守儿童和困境儿童关爱服务体系，要求提升未成年人救助保护机构和儿童福利机构服务能力。其中，未成年人救助保护机构是对生活无着的流浪乞讨、遭受监护侵害、暂时无人监护等未成年人实施救助，承担临时监护责任，协助民政部门推进农村留守儿童和困境儿童关爱服务等工作的专门机构，儿童福利机构主要收留抚养由民政部门担任监护人的未满 18 周岁儿童。同时深化“控辍保学”专项行动，建立健全了政府主导、各部门参与、多方联动的“双线四级”控辍保学工作体系，运用云南省义务教育在校生动态管理系统，精准掌握学生到校情况，建立健全班主任日常考勤制度和学生 3 天及以上无正当理由未到校情况跟踪报告制度。运用政府救助平台控辍保学服务事项端口，上传 3 天及以上无正当理由未到校学生信息，实现多部门联动、各级协同，高效开展辍学学生劝返工作。①

自 2016 年以来，云南省累计投入 2.5 亿元支持 46 个儿童福利机构建设项目，省级投入 2993 万元支持儿童之家建设，全省已建成 6598 个儿童之家；共配备乡（镇）儿童督导员 1841 名、村（居）儿童主任 14945 名，实现全省乡（镇）儿童督导员、村（居）儿童主任全覆盖。② 云南省义务教育阶段在校生中农村留守儿童数量有所下降，2021/2022 学年全省义务教育阶段在校生中农村留守儿童总人数 77.25 万人，其中小学人数 50.60 万人，初中 26.64 万人（见表 6）。云南省提升基层服务供给能力，构建城乡社区、社会组织、社会工作者联动的基层儿童服务模式，确保无人监护、失学辍学、残疾患病农村留守儿童和困境儿童得到 100%走访。云南省鼓励和引导

① 《云南省人民政府办公厅关于印发〈云南省义务教育控辍保学工作管理规定〉的通知》，云南省人民政府网站，2024 年 3 月 25 日，https：//www.yn.gov.cn/zwgk/zcwj/zxwj/202403/t20240325_297206.html。

② 《云南多举措关爱服务农村留守儿童》，云南省人民政府网站，2020 年 8 月 23 日，https：//www.yn.gov.cn/ywdt/bmdt/202008/t20200823_209509.html。

包括社会工作服务机构、公益慈善组织和志愿服务组织在内的社会力量广泛参与儿童服务，为儿童提供场地、水电优惠、食宿保障等便利条件。

表 6 云南省义务教育阶段在校生中进城务工随迁子女和农村留守儿童人数

单位：万人

学年	全省义务教育阶段在校生中进城务工人员随迁子女			全省义务教育阶段在校生中农村留守儿童		
	总人数	小学	初中	总人数	小学	初中
2016/2017	38.14	28.09	10.04	79.61	54.18	25.43
2017/2018	无	无	无	无	无	无
2018/2019	39.86	28.68	11.17	79.60	53.57	26.03
2019/2020	40.65	29.66	10.99	78.41	52.46	25.95
2020/2021	40.76	29.51	11.25	77.54	51.93	25.61
2021/2022	40.87	29.69	11.19	77.25	50.60	26.64
2022/2023	41.24	30.02	11.22	无	无	无

注：2017/2018 学年数据未公布，2022/2023 学年全省义务教育阶段在校生中留守儿童数据未公布。

资料来源：《云南省全省教育事业发展统计公报》。

4. 住房保障政策助力青年安居梦

2021 年国务院办公厅印发了《关于加快发展保障性租赁住房的意见》，明确了保障性租赁住房的基础制度和支持政策；同年，云南省城镇保障性住房建设工作领导小组办公室开展了加快发展保障性租赁房省级试点工作。2022 年云南省人民政府办公厅出台的《关于加快发展保障性租赁住房的实施意见》提到，自 2005 年以来，云南省共计建成和在建公租房 91.19 万套；截至 2022 年 2 月底，累计约 62 万户困难群众领取公租房租赁补贴，近 297 万名困难群众住进公租房。同时，进一步提出保障性租赁住房主要是为解决新市民、青年人等群体住房困难问题。在 2022 年《云南省城市品质提升三年行动计划（征求意见稿）》中提出，到 2024 年完成改造城镇老旧小区 3692 个、城镇棚户区 15 万套、城中村 300 个、老旧厂区 60 个、老旧街区 35 片，建设保障性租赁住房 15 万套，着力解决好新市民和青年人等群体的住房困难问题。

云南各地相应推出保障青年住房保障的政策。以昆明为例，全市推动建设棚户区改造，投资建设公共租赁住房，发放租赁补贴等政策，2018 年，全市开工建设棚户区改造 8000 套（户），完成年度开工任务的 100%；基本建成 21385 套（户），完成年度基本建成任务的 117. 49%；保障性安居工程完成投资 28. 3 亿元，完成年度计划投资任务的 113. 2%；政府投资建设公共租赁住房分配入住 101598 套，分配率 94. 6%；已发放租赁补贴 2987 户，核拨 2018 年中央城镇保障性住房安居工程专项资金（廉租补贴）503. 8 万元，基本解决了城镇中等偏下和低收入家庭住房困难问题。2022 年，全市开工建设城镇棚户区 0. 4 万套（户），开工建设保障性租赁住房 2. 5 万套（间），发行专项债券 19. 6 亿元，获得中央补助资金 5. 1 亿元；累计分配公共租赁住房 16. 99 万套，累计发放住房租赁补贴 7. 77 万户；完成 1. 44 万户经济适用住房取得完全产权审核工作；年内开展两次公租房摇号配租，共分配公租房约 1 万套；实现主城八区低保家庭、分散供养特困人员住房保障率达 100%。①

2023 年 4 月，昆明入选全国第二批开展灵活就业人员参加住房公积金制度试点城市。另外，昆明市出台了《昆明市灵活就业人员参加住房公积金制度试点管理办法》，灵活就业缴存人可以根据自身的经济状况和需求，自主决定缴存时间和金额，且没有缴存次数的限制，年累计缴存金额没有上限，给予缴存人更大的灵活性。灵活就业缴存人在昆明市购买首套自住住房或第二套改善性自住住房时，可以申请住房公积金贷款，享受低首付、低利率等优惠政策。灵活就业人员每笔缴存（含转入）资金每满 12 个月，给予一次 0. 75%的缴存补贴。灵活就业缴存人在昆明市租赁住房时，可以提取个人住房公积金账户余额支付房租，并享受减免押金、租金折扣等优惠。通过租购并举，昆明市减轻灵活就业人员的“入城”成本，加大对灵活就业人员的保障力度。

① 数据来源：昆明市住房和城乡建设局网站，https：//zfjs. km. gov. cn/。

（三）优抚安置取得新进展

云南省持续推进《云南省军人抚恤优待规定》，包括建立经费自然增长机制、明确职责分工、优化抚恤金发放流程、提供医疗和住房优待等一系列措施，2020 年云南省 11 个城（县）获得全国双拥模范城（县），2022 年命名昆明市等 10 个州（市）、五华区等 50 个县（市、区）为“云南省双拥模范城（县）”。

一是建设就业基地，开展就业创业培训，为优抚对象提供就业岗位。2019 年，昆明市与云南启迪军创签订备忘录合作协议，探索建立了“军政企+高校”退役军人就业创业“昆明模式”。2020 年，昆明市在全省各州（市）中率先挂牌成立昆明市退役军人就业创业园区、昆明市退役军人就业创业培训（实习）基地；同年昆明市为 415 名符合政府安排工作退役士兵提供 620 个岗位，安置人数与安置岗位比达 1∶1.5；2021 年安置人数与安置岗位比达 1∶1.6。①

二是推进优抚对象医疗补助“一站式”费用结算试点。2023 年 2 月，云南省以普洱市作为唯一试点，在思茅区上线运行云南省优抚对象医疗补助“一站式”费用结算平台，各部门加强协作，依托医保信息平台，着力简化流程。依据优抚对象医疗补助政策，通过“一站式”费用结算平台自动计算补助待遇。

三是逐步完善优抚对象住房优待办法。符合当地住房保障条件的优抚对象，在公租房保障中优先予以解决；对符合条件并享受国家定期抚恤补助的优抚对象租住公租房，可给予适当租金补助或者减免。《云南省退役军人事务厅等 22 部门关于加强军人军属、退役军人和其他优抚对象优待工作的实施意见》还提出，当公租房房源不能满足优抚对象住房保障时，符合当地规定的最低收入标准（含居民最低生活保障标准）且未享受过实物保障的

① 《云南昆明：争当全省双拥工作“排头兵”求解军人“三后”问题的“昆明答卷”》，中国政务网站，2022 年 7 月 1 日，http：//zw.china.com.cn/2022-07/01/content_78301485.html。

优抚对象，应按规定给予住房租赁补贴；居住在农村的符合条件的优抚对象，同等条件下优先纳入国家或地方实施的农村危房改造相关项目范围。

四是给予军人子女教育优待。例如，昆明采取“大划片”措施进一步为军人子女入园入学提供便利条件，市、县两级中小学校均优先安置驻地军人子女就近入学。采取军人子女贫困家庭补助措施，除减免相关费用之外，在同等条件下优先享受家庭经济困难生活补助；就读义务教育阶段的，同等条件下优先享受家庭困难寄宿生生活费补助政策。

三　云南青年社会保障发展面临形势

（一）社会保障体系普惠性和公平性亟待加强

一是云南多支柱养老保险体系发展不均衡，普惠性不足。第一支柱基本养老保险一支独大，覆盖面较广，但由于国内外发展环境越发不确定、经济下行压力大等形势，基金筹资面临较大压力。第二支柱补充养老保险发展显著不足，表现为职业年金覆盖人群有限，特别是在中小企业中，企业年金的建立和参与度有限。第三支柱个人储蓄型养老保险和商业养老保险正处于探索阶段，目前云南省仅玉溪市先行试点个人养老金制度，市场发展相对不成熟，产品和服务多样性和覆盖范围有限，公众缺乏主动参与的意识和习惯。二是云南社会保障覆盖和服务不均，城乡存在公平性差异。城乡二元结构是我国的基本国情，也将在我国社会主义初级阶段长期存在。[①] 云南的城镇化水平与全国平均水平相比仍存在一定差距，存在城乡之间社会保障覆盖面和服务质量不均衡、城乡之间社会保障待遇差距明显等问题，还存在社会福利服务供给总量不足、结构不均、质量不高等问题，导致物质保障无法有效转化为服务保障，无法与服务保障有机衔接。

① 鲁全：《社会保障体系结构优化问策》，《中国社会保障》2023 年第 9 期。

（二）养老保险面临的扩面压力与可持续难题

随着人口老龄化的加剧，养老保险的覆盖面需要进一步扩大，以确保更多的老年人能够得到基本的养老保障。云南省经济发展水平与老龄化程度不匹配，老年人口抚养比由2018年的15.42%上升到2022年的16.77%。[①] 较高的老年抚养比，首先会增加抚养者负担，经济上面临负担自己生活开支和赡养老人的双重压力、家庭内部会产生年幼子女和老年人资源分配不均的问题。其次会使保险制度可持续发展与自主运行面临挑战。养老保险基金的主要收入来源之一是在职职工的缴费，老年人口的增加意味着劳动年龄人口的减少，一方面导致缴费人数下降、基金收入降低；另一方面导致领取养老金的退休人口数量增加，加剧基金支出压力。尽管云南省养老保险参保人数有所增加，但仍要关注人口老龄化对养老保险基金可持续性运行的影响。

（三）新业态从业者社保提质与完善制度需求

随着新产业、新业态和新模式的蓬勃兴起，我国催生出超2亿人的灵活就业群体。云南省多民族、多山区的特征适合灵活就业群体，可以进行手工艺制作、特色产品销售等，且随着数字经济的发展和平台经济的兴起，出现了网络零售等就业形式。由于传统制度中劳动关系和社会保险并存，而且社会保险以劳动关系为前提，新业态经济使得劳动关系和社会保险关系开始适度分离[②]，产生参保质量不高等问题。一是灵活就业群体参保难题。新业态从业者等灵活就业群体的"去单位化"使其无法参加以劳动关系为基础的职工保险制度，同时表现为部分应当参加职工社会保险制度的群众因为各种原因参加了居民社会保险制度。《2022年全国医疗保障事业发展统计公报》显示，灵活就业人员参加职工基本医疗保险的人数为5272万人，占职工参保总人数的14.6%，灵活就业人员中参与职工医保的仅四分之一，仍是基

① 数据来源：老年人口抚养比通过《统计年鉴》计算。

② 沈建峰：《捆绑、分离抑或第三条道路：论劳动关系与社会保险的关系》，《法学评论》2022年第5期。

本医疗保险全民参保、应保尽保的短板人群。二是灵活就业群体的社保制度发育不足。目前，对灵活就业群体的社会保障制度建设还在逐步进行中，《云南省人力资源和社会保障厅　国家税务总局云南省税务局关于2021年度灵活就业人员参加企业职工基本养老保险申报核定缴费的公告》提供了25个不同的缴费档次，缴费方式灵活，并且推出补缴政策。但灵活就业存在收入波动性和工作流动性的问题，使灵活就业群体难以应对缴费门槛，导致保险断保、退保现象突出。同样，在工伤和失业保险方面存在一定的制度缺口。2022年末，云南省参加工伤保险的人数为575.71万人，参加失业保险的人数为357.52万人；同年享受工伤、失业保险待遇者分别为4.05万人、16.58万人。①

（四）青年群体住房保障面临诸多挑战与压力

当前，云南青年在住房问题上面临多重压力和挑战。一是高房价与青年购房能力不足的矛盾日益凸显。云南房价最高的是昆明市，即使从2020年房价开始下跌，但2022年平均房价仍达到每平方米13969元，昆明市城镇非私营单位就业人员月平均工资为9608元，而城镇私营单位就业人员月平均工资为4665元。② 云南城市青年普遍承受巨大的住房压力，市场上存在大量的待售住房，而高昂的价格限制着青年群体的购房能力。二是住房供给失衡与青年住房需求错位的矛盾。云南还未形成规模化和专业化的住房租赁市场，且在保障青年群体合理住房权利方面相对薄弱，云南广大青年群体的刚性需求难以通过市场机制得到有效满足，这种现象容易导致青年产生消极情绪和自身权利被剥夺的感受，影响青年对社会的正常认知。三是专门针对青年的住房保障政策存在不足。部分云南青年既不符合公租房的申请条件，

---

① 《云南省人力资源和社会保障厅　云南省统计局关于印发〈2022年云南省人力资源和社会保障事业发展统计公报〉的通知》，云南人力资源和社会保障网，2023年7月4日，https：//hrss.yn.gov.cn/NewsView.aspx？pid=971&nid=58470&cid=659&isZt=7。

② 《昆明2022年平均工资发布！最高的是……》，新浪财经网站，2023年6月14日，https：//finance.sina.com.cn/wm/2023-06-14/doc-imyxfnvm8051331.shtml。

又缺乏足够的经济实力去购买市场上的商品房，他们的就业状况、工作年限以及住房公积金的缴纳情况等因素也增加了他们在住房问题上的难度。面对青年群体的住房困境，云南应提供明确的适用性政策去调整住房市场的供给结构，以解决青年群体住房需求的房源短缺问题。

（五）留守儿童社会化困境与互联网异化挑战

云南许多青年劳动力选择外出务工以改善家庭经济状况，留守儿童情况尤为引人关注。云南留守儿童在成长过程中面临父母缺位的问题，虽然通过互联网能寻求情感归属和实现自我价值，但其中的异化作用不容小觑。一是留守儿童社交能力的发展困境。互联网的娱乐化内容对留守儿童具有一定的吸引力，容易使他们沉迷于虚拟世界，从而弱化了其在现实生活中的社交能力和生活技能。留守儿童在网络中寻求情感支持和认同，但这种依赖往往使他们在现实生活中变得更加孤独和疏离。二是对留守儿童行为规范造成潜在风险。互联网的碎片化信息和快速传播的特点，使留守儿童容易受到不良信息的影响。他们在缺乏有效监管和筛选能力的情况下，容易模仿网络上的不良行为，如暴力、低俗言语等，这些行为在现实生活中可能导致他们与社会规范脱节，甚至产生行为问题。三是异化留守儿童对时间的感知。留守儿童在互联网上的活动时间往往超过了他们的自我感知，这种对时间的错误感知可能导致他们在现实生活中的时间管理能力下降，影响学习和生活的质量。[①] 儿童应当在个体与社会互动的过程中，逐渐养成独特的个性和人格，从生物人转化为社会人，并通过社会文化的内化和角色知识的学习，逐渐适应社会生活。因此，我们需要密切关注云南留守儿童在互联网时代的成长问题，并采取有效措施来引导他们健康成长。

（六）残疾青年面临社会参与障碍与融合困境

云南省在 2018 年已办理残疾人证总人数为 139.34 万人，2022 年达到

① 唐倩：《社会加速视域下互联网对留守儿童社会化的代偿与异化——以云南省东川区易地搬迁扶贫点为例》，《云南农业大学学报（社会科学）》2024 年第 2 期。

150.10万人，就业人数整体呈现下降趋势，2018~2022年云南省已办理残疾人证总人数中就业人数的占比仅2018年超过32%，其余年份均在28%左右（见图1）。[①]

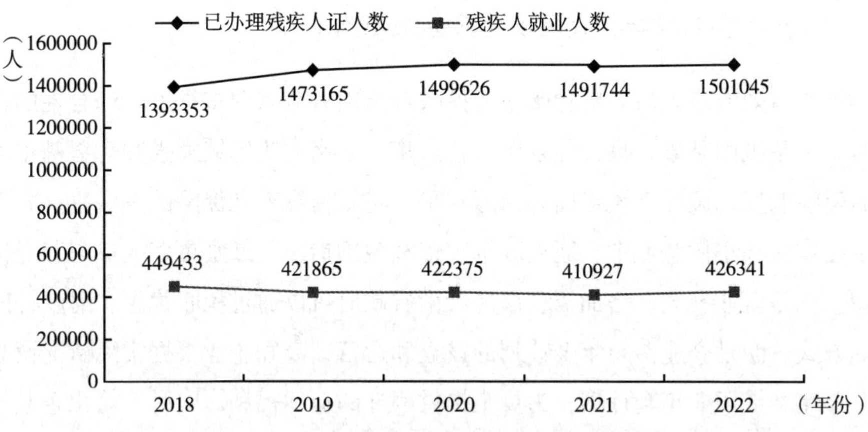

图1　2018~2022年云南省已办理残疾人证人数及残疾人就业人数

残疾青年作为社会中的弱势群体，面临着多方面的挑战和困难。首先，在就业方面，他们会受到一定的歧视和限制。由于身体条件的限制和社会对残疾人就业能力的误解，残疾青年往往难以找到合适的工作，失业率和隐性失业率较高。其次，在教育和技能培训方面，他们也面临一定障碍，由于特殊的学习需求和教育资源的不足，他们的文化水平和专业技能往往无法满足市场需求。再次，在心理方面，残疾青年可能会感到被边缘化，缺乏社会归属感和自我价值感，这不仅影响了他们的心理健康，也降低了他们求职和工作的积极性。最后，在社会环境方面，无障碍设施的数量不足和建设不完善限制了残疾青年的出行和社会参与，他们可能面临着交通、公共设施使用等方面的困难，这些障碍使得他们难以平等地参与社会活动和就业竞争。

① 数据来源：中国残疾人联合会网站。

四　云南青年社会保障体系优化路径

（一）多方参与，完善多元养老保障体系

为有效应对人口老龄化带来的挑战，云南省应采取多维度、综合性的策略。一是巩固基础，提升养老保险普及率。云南省应继续加强和完善基本养老保险制度，确保其覆盖面和保障水平，包括提高养老保险的参保率，尤其是在农村和小微企业中，通过政策宣传和激励措施，鼓励更多人参与养老保险。二是企业补充，增加福利层。云南省政府可以通过税收优惠、财政补贴等方式，激励企业参与年金计划的设立和运营，鼓励企业根据实际情况设立企业年金或职业年金计划，为员工提供额外的退休福利。同时，简化企业年金的设立和管理流程，降低企业参与门槛。三是产品创新，满足个性需求。鼓励保险公司开发适合不同收入水平和需求的个人养老保险产品，如定期养老保险、投资连结保险等。同时，加强金融知识普及，提高公众对养老保险产品的认识和接受度。政府可以设立专项基金，支持养老保险产品的创新和研发。四是资金监管，确保其安全和保值增值。确保养老保险资金的安全和保值增值是发展多层次养老保险体系的关键；建立健全养老保险资金的监管体系、加强对养老保险资金投资运营的监管，能有效防范和化解投资风险。同时，提高资金运作的透明度，定期公布资金的运营情况，增强参保人员的信心。

（二）积极构建，有序推进新业态劳动者权益保障

有序解决新业态灵活就业人员的劳动保障问题，旨在为新兴业态下的灵活就业人员提供坚实的保障。一是积极探索适合云南新业态灵活就业人员的养老保险缴费制度。结合制度需要与居民可负担性，根据新业态灵活就业人员自身收入水平与负担能力调整缴费基数，适当降低其个人缴费比例，推动云南新业态灵活就业群体参与城镇职工养老保险。二是完善云南新业态灵活

就业人员“断保”后转入城乡居民基本养老保险制度的衔接机制。针对云南不同地区养老保险条款不一致、就业人员参保地与户籍地不一致带来的缴纳水平、待遇水平不一致以及办理程序和社保数据信息标准不统一问题，形成一个统一规范、科学合理的养老保险信息平台，同时积极引导云南新业态灵活就业人员长期参保。三是探索实施新业态灵活就业人员参加失业保险办法。确保政策适应灵活就业特性，将新业者纳入参保范围并享受相应待遇。企业要引导和支持建立新型用工关系的新业者根据自身情况参加相应的社会保险，做到应保尽保。优化社保补贴政策，切实减轻新业者缴费负担。同时建立动态监管机制，保障参保人员失业时能及时获得保险金和再就业服务。四是强化职业伤害保障。云南省应密切关注全国新就业形态就业人员职业伤害保障试点工作，适时推动云南省试点，重点覆盖出行、外卖、即时配送和同城货运等高风险行业。同时，积极促进新业态灵活就业人员加入职工医保，支持鼓励其加入普惠性商业补充医疗保险，倡导新业态企业通过购买人身意外、雇主责任、医疗等商业保险，进一步提升新业者待遇保障水平。

（三）协同发力，稳固筑牢青年安居基础

青年群体住房问题是影响民生保障建设和经济社会可持续健康发展的重大问题。针对云南青年群体的住房问题，可以采取以下措施。一是优化云南青年住房贷款政策。青年群体作为劳动力市场中最具活力以及创新力的群体，需明确政府在解决青年住房问题上的基本职责。完善住房金融制度对青年群体的住房支持，持续推进云南灵活就业人员参加住房公积金制度试点工作，加强对房地产市场的监管，规范房地产开发商的建设行为，防止不合规事件的发生，维护青年群体住房合法权益。二是扩大云南保障性住房供给。持续加大云南青年保障性住房的建设性力度，扩大供给范围，一方面减轻云南青年群体住房经济压力，提高云南青年群体的生活水平，另一方面促进云南房地产市场平稳健康发展，提高云南青年群体住房保障程度。在不断加强对青年群体住房保障的同时，积极做好保障性住房的科学规划和提高配套基础设施的服务水平。三是加快住房租赁市场的建设。积极推进云南住房市场

多元化发展，补齐租赁短板。引导社会资本投入和进行市场开发，既要健全租赁行业的法规与政策，建立监管的制度与体系，又要规范发展长租房市场，为城市青年提供租赁关系稳定、条件良好、价格合理的优质房源。[①] 着力发展长期稳定的住房租赁市场，合理规划住房资源的结构分配和空间布局，积极引导云南广大青年留在家乡工作生活。

（四）齐抓共管，构建留守儿童关爱体系

留守儿童的健康成长是社会共同关注的议题，其关爱与服务工作需要多方共同参与和协作，以形成政府、学校、社会和家庭的全方位支持网络。一是强化监护职责的落实。家庭是儿童健康成长的第一道防线，留守儿童身心发展都还不成熟，长期和父母分开不利于儿童的健康成长，家庭结构不完整会使家庭对孩子的教育功能得不到发挥。因此，需要提升父母认知，积极履行监护职责，即使身处异地，也应通过电话、网络等方式与孩子保持沟通，关注他们的身心发展。同时，高度配合其他工作人员关爱留守儿童的行动，关注留守儿童的全面发展。二是构建多元关爱的保护机制。建立和完善以云南省政府为主导、学校为补充、社会为支撑的系统的留守儿童关爱保护机制。鼓励和引导社会力量参与留守儿童问题治理，营造良好的社会氛围，三是优化网络环境，减少负面影响。互联网给留守儿童提供了与外界沟通的渠道，但也存在诸多潜在风险。政府和相关部门需加大对不良网络信息的监管力度，及时发现并处置涉黄、涉暴、传播谣言、教唆犯罪的网络信息，保护留守儿童免受网络异化的影响。同时，通过教育引导，提高留守儿童的网络素养，使他们能够安全、健康地使用互联网。

（五）强化举措，提升残疾人社会保障水平

为有效解决云南残疾青年面临的问题，云南省必须采取全方位的策略，

① 朱庄瑞、王玉廷：《大城市青年住房产权稳定性研究：理论分析、实践探索与提升路径》，《经济问题》2021 年第 5 期。

从法律保障、教育培训、心理支持、设施建设和就业服务等层面入手，确保他们能够平等地参与社会生活并实现自我价值。一是制定政策，保障残疾青年权益。为确保残疾青年的就业权益得到保障，政府应出台更多针对性的政策，如提供税收减免、资金补贴等激励措施，鼓励企业招聘残疾青年，并给他们提供合适的工作环境和条件。二是教育提能，助力残疾青年就业。政府和教育机构应开展针对性的教育项目，提供特殊教育资源，帮助残疾青年提高文化水平和职业技能。为残疾青年提供更多的学习和提升自身技能的机会，建立多元化的就业支持体系，包括职业介绍、就业辅导、创业支持等，为残疾青年提供全方位的就业服务。同时，可以利用互联网技术，建立残疾人就业信息化服务平台，探索在线培训、远程工作等新型就业模式。三是心灵关怀，加强残疾青年的心理支持和社会融合。通过提供心理咨询服务、建立支持小组等方式，帮助残疾青年建立自信，减轻心理压力。同时，通过公共宣传和教育活动，促进社会对残疾青年的理解和接纳，减少歧视和偏见。四是设施无障，帮助残疾人出行。政府应加大投入，改善公共交通、公共设施的无障碍条件，便于残疾青年参与社会活动。五是社会共助，鼓励社会广泛参与，通过政策引导和激励措施，鼓励社会各界参与残疾青年发展事业。企业可以设立残疾人专岗，公众则可以通过志愿服务等方式为残疾青年提供帮助和支持。

专题报告

B.12 云南青年服务民族团结进步示范区建设报告

李振东　徐彦浩*

摘　要：　本报告通过对云南青年推动民族团结、参与社会服务、促进地区发展等方面的作用进行深入分析，系统总结云南青年在服务民族团结进步示范区建设过程中展现的良好形象和发挥的积极作用，为进一步激发云南青年的潜力、优化青年发展环境提供参考和指导。本报告认为，云南未来要加强党对民族工作的全面领导、铸牢中华民族共同体意识、完善民族团结进步示范区工程建设、构筑中华民族共有精神家园。

关键词：　云南青年　青年人才　民族团结进步示范区

---

* 李振东，云南大学经济学院辅导员，研究方向为公司治理、青年创业；徐彦浩，云南大学硕士研究生。

一 研究背景

中国特色社会主义进入新时代，各民族在社会生活中紧密联系的广度和深度前所未有，中华民族共同体意识也比以往任何时候都更加强烈。从中华民族伟大复兴战略高度，把握新时代的民族工作历史方位，民族团结进步示范区建设迎来了重大发展机遇。民族团结是我国各族人民的生命线，中华民族共同体意识是民族团结之本。要坚定不移地将铸牢中华民族共同体意识作为民族团结进步示范区建设的主线和核心要义，贯穿建设的各领域和全过程，推动各民族共同团结奋斗，共同繁荣发展。坚持“一盘棋”思想，整体推进民族团结进步示范区建设，在经济、政治、文化、社会、生态文明等方面不断取得新进展，不断推动各民族在政治上团结统一，经济上共同富裕，社会上互嵌互融，文化上美美与共，治理上共治共享。

2015 年习近平总书记在考察云南时，对云南的发展提出了“一个跨越”“三个定位”“五个着力”的要求。2020 年习近平总书记对云南提出了要“主动服务和融入国家重大发展战略，以大开放促进大发展，加快同周边国家互联互通国际大通道建设步伐”“正确认识和把握云南在全国发展大局中的地位和作用”的期望和要求。2021 年 3 月 5 日，习近平总书记在参加十三届全国人大四次会议内蒙古代表团审议时强调，“要在各族干部群众中深入开展中华民族共同体意识教育，特别是要从青少年教育抓起”。新时代中国青年是当前社会发展的中坚力量，其人生高度对构筑未来整个中华民族的高度具有重要意义。云南省委、省政府高度重视青年发展，在《云南省中长期青年发展规划（2018—2025 年）》中提出：“引导青年传承弘扬中华优秀传统文化……引导青年汲取中华优秀传统文化的思想精华和道德精髓，增强做中国人的骨气和底气。”因此，本报告从青年视角出发，探寻云南青年服务民族团结进步示范区建设的重要价值和实现路径。

在全面建设社会主义现代化国家新征程中，云南青年展现了主力军作用，他们积极响应党和国家的号召，积极参与云南省人才培养和社会服务孵化项目，不断提升自我，服务社会，展现了新时代青年的责任感和使命感；特别是在促进民族团结、深化民族交流交往交融、推动经济社会发展等方面，云南青年以实际行动为维护国家安全和边疆稳定、促进民族团结进步贡献了青春力量。

二 云南青年服务民族团结进步示范区建设的现状分析

在云南多民族共居的社会环境中，青年一代作为改革创新的先锋，承载着连接不同民族、促进民族团结进步的重要角色。云南青年服务民族团结进步示范区建设体现在以下几个方面。

（一）云南省民族团结进步示范区发展建设情况

云南省把民族团结进步示范区建设作为奋斗目标之一，制定出台了加快建设民族团结进步示范区的实施意见和规划，发布了一系列的重要文件，包括2019年通过的《云南省民族团结进步示范区建设条例》和2021年10月云南省委、省人民政府印发实施的《云南省建设我国民族团结进步示范区规划（2021—2025年）》等，实现了创建工作的规范化，明确了创建工作的指导思想、建设目标、建设原则、主要任务、总体要求、实施保障等内容，确保了创建工作方向清、目标明、措施实。

云南省坚持分级联创、分级创建，全省共创建9个全国民族团结进步示范州（市）、23个全国民族团结进步示范县（市）、47个全国民族团结进步示范单位、10个全国民族团结进步教育基地，数量居全国前列；3000个单位被命名为云南省民族团结进步示范县或示范单位，1065所学校被命名为云南省民族团结进步教育示范学校。[①] “十三五”期间，39个集体和42名

---

① 《〈云南省建设我国民族团结进步示范区规划（2016—2020年）〉实施效果及经验研究》，今日民族网站，2022年9月16日，https://www.jrmznet.org.cn/index.php/node/2311。

个人被评为全国民族团结进步模范集体和模范个人，50个集体和100名个人被评为云南省民族团结进步模范集体和模范个人。2023年12月20日，国家民族事务委员会公示了第十一批全国民族团结进步示范区示范单位，云南省曲靖市等3个州（市）、安宁市等10个县（市、区）、丽江市消防救援支队等单位入选。通过建立重点示范区，云南省在环境较好、资源较丰富的大理州、西双版纳州、楚雄州、普洱市，建成“全国民族团结进步示范州（市）”。云南省有45家全国民族团结进步创建示范单位或教育基地、154个中国少数民族特色村寨，这些是其积极进行民族建设、推进民族团结的结果。同时，云南省还加强和改进少数民族流动人口服务管理，做好思想引导、政策扶持、服务管理等工作，与四川、青海等10个省（区、建设兵团）建立少数民族流动人口服务管理跨区域联盟机制，与广东等5个省份建立协作机制。云南省推进建立互嵌式的社会结构和社区环境，建设122个省级民族团结进步示范社区，建立民族之家等服务阵地，开展具有社区特色、群众参与性强的民族团结主题活动。

（二）铸牢中华民族共同体意识的实践载体是建设民族团结进步示范区

习近平总书记在第二次中央新疆工作座谈会、中央民族工作会议、中央第六次西藏工作座谈会、党的十九大、党的十九届六中全会、党的二十大等诸多重要会议和场合，就铸牢中华民族共同体意识作出一系列重要论述、提出一系列重要指示和要求。因此，将铸牢中华民族共同体意识作为价值追求，是新时代中国青年的本分与责任，更是社会意识凝聚发展的现实需要。

铸牢中华民族共同体意识的实践载体是建设民族团结进步示范区，在推动民族团结进步示范区建设不断取得新进展的过程中，必须带领各族群众听党话、跟党走，凝心聚力建设好美丽家园，维护好民族团结，守护好神圣国土，不断增强各族群众对伟大祖国、中华民族、中华文化、中国共产党、中国特色社会主义的认同。

首先，云南青年积极参与各类民族团结活动，如民族文化节、青年交流营等。这些活动不仅使不同民族的青年有机会深入了解彼此的文化和习俗，也使他们在情感上更加认同中华民族的多元和统一。其次，云南青年积极参与各类教育和培训活动，特别是围绕中华优秀传统文化、革命文化和民族团结进步教育的系列活动，如"云岭青年大学习"等项目，通过讲述云南各民族在中华民族抗争历史中的英勇事迹，加深了云南青年的中华民族共同体意识。再次，云南青年主动开阔视野。随着信息技术的发展和社会交往方式的变化，云南青年通过互联网和新媒体平台，如"楚雄青年网"等，更广泛地接触和了解国内外的新闻资讯。最后，云南青年在频繁的文化互动、深入的教育培训、积极的社会实践和广泛的信息交流中，不仅对中华民族共同体有了更深刻的认知和理解，更形成了深厚的认同感。同时，云南地区的民族交流活动不仅增强了民族团结的氛围，还为青年们提供了自我展示的舞台，激发了他们服务社会、贡献力量的热情，为云南建设民族团结进步示范区奠定了坚实基础。

（三）云南青年在民族团结进步示范区建设中的独特价值

云南青年在民族团结进步示范区建设中的独特价值，体现在其具有的多元文化背景和积极参与国家及地区发展时所扮演的重要角色。青年群体不仅在促进民族团结、增进民族间相互了解与尊重中发挥着重要作用，而且通过参与文化交流和生态保护等活动，展现了其对维护民族团结、推动社会进步、保护生态环境的独特见解和贡献。这种独特价值不仅在于云南青年自身的多样性和活力，更在于他们通过实际行动展示出对中华民族共同体意识的认同。

云南青年积极参与的"兴滇英才支持计划"、"三区"科技人才计划等项目，不仅为地区经济社会发展注入了新鲜血液，也为不同民族之间的交流与合作提供了平台，促进了各民族青年相互理解和融合。通过这些项目和活动，云南青年展现了自己在促进地区发展、科技创新、文化传承等方面的能力和担当，有效地推动了中华民族共同体意识在边疆地区深入人心。此外，云南青年通过参与志愿服务活动，如生态环境保护等，展现了新时代青年的社会责任感和使命感，这些活动不仅帮助云南青年增强了对中华民族共同体意识的认同，更让云南青年通过实际行动弘扬了民族团结、互助互爱的精神，为维护国家安全和地区稳定、保护生态环境做出了积极贡献。

三　云南青年服务民族团结进步示范区的主要思路

共青团云南省委以政策为引领，联合多部门制定具体实施意见，为全省共青团组织提供指导和支持，确保各族青少年交流计划的落实。通过深化基层工作、加强思想引领、培育典型树立榜样，促进云南青年在多样化的民族活动中增进理解与团结，发挥其主力军、生力军、先行军的作用，为推进民族团结进步示范区建设贡献力量。

（一）出方案、理清单，当好推进交流计划的“主力军”

共青团云南省委立足共青团实际，找准切入点、结合点，与省民族宗教委等多部门联合制定《关于贯彻落实各族青少年交流计划的实施意见》，明确任务分工、工作标准等，把共青团工作放在全省发展大局中去思考、去谋划、去推动，为各族青少年的交往交流交融提供政策支持；指导全省各级团组织深刻把握推进该交流计划的重要意义，做到任务项目化、项目清单化、清单具体化，切实增强责任感、使命感、紧迫感，层层当主力、层层抓落实、层层出成效。共青团云南省委的《云南边疆各族青少年理想信念状况及培育对策》荣获全国民族工作优秀调研报告评选优秀奖，共青团红河州委被命名为“第十批全国民族团结进步示范单位”，共青团昭通市彝良县发界街道工作委员会被命名为“第四批云南省民族团结进步示范单位”。

（二）重一线、下基层，当好推进交流计划的“生力军”

云南省各级团组织始终坚持党的方针政策在一线宣传、社情民意在一线掌握、工作在一线落实、矛盾在一线化解，把思想引领和育人属性贯穿推进交流计划全过程，力争让每个环节都有启迪人心的作用，着力营造各族青少年"共学""共事""共乐"的沉浸式环境。组建民族团结宣讲"轻骑兵"队伍、"青年讲师团"、民汉双语宣讲团，分层分级分众开展民族团结进步"五观"教育，让"三个离不开"和"五个认同"在云岭各族青少年中入脑入心。2022 年，在建团 100 周年之际，共青团云南省委策划推出涵盖青少年民族团结进步等内容的"喜迎二十大、永远跟党走、奋进新征程"主题展，接待观展单位 200 余家，参观人数 3 万多人，成为具有特色、深受青少年喜爱的红色"打卡地"。①

（三）树典型、强引领，当好推进交流计划的"先行军"

云南省各级团组织依托健全的组织体系，通过发现培育典型、总结宣传典型、大力推广典型，形成示范引领、比学赶超的良好氛围。广泛开展"民族精神代代传""各族少年手拉手"等融情交流活动，持续开展"千（百）校结对"、书信"手拉手""石榴籽一家亲"主题团（队）日等社会实践活动，不断扩大交流活动的覆盖面。② 依托网络新媒体渠道，在学习其他地区先进经验的同时，因地制宜，设计推出青少年参与便捷、形式多样的网络活动，大规模、高频次地组织各族青少年开展"云"交流、"云"参观。依托爱国主义教育基地、民族团结进步教育基地、少先队校外实践教育基地，组织各族青少年进行"面对面""键对键"交流，广泛传播民族团结好声音。

四　云南青年服务民族团结进步示范区的典型案例

云南青年在促进民族团结进步和地区发展中的积极作用，不仅在广泛的

---

① 数据来源：共青团云南省委统战部。

② 数据来源：《"云南这十年"共青团工作专场发布会图文实录》。

领域中有所体现，更通过一系列具体的项目和活动得以凸显。民族团结进步示范区建设过程中的先进典型是党的民族理论实践、民族政策宣传、民族团结教育的重要载体，是群众的榜样、社会的楷模、时代的先锋、民族的脊梁，具有重要的引领作用。近年来，云南省各行各业都涌现出了一大批全国全省闻名的先进典型，如最美奋斗者杨善洲、促进民族团结进步的优秀干部龚曲此里、全国脱贫攻坚楷模张桂梅、全国十佳卫国戍边英模杨天才、全国脱贫攻坚先进个人朱有勇等。民族团结进步示范区建设过程中要始终强化典型示范、引领带动，形成能推广的经验和示范标杆。以下的典型案例，展示了云南青年是如何通过创新创业、文化交流等方式，服务于民族团结进步示范区建设的。

（一）“兴滇英才支持计划”青年人才专项工作

自2022年实施以来，“兴滇英才支持计划”累计选定1371名青年人才，涵盖现代农业、绿色能源、数字经济等关键领域，该计划于2022年与2023年分别支持了780人和591人，项目经费分别支持了507个与297个项目。[①]这一专项工作不仅促进了青年人才的成长与发展，更为云南省的经济社会发展注入了新的活力。青年人才的培养和相关项目的实施，促进了不同民族青年在专业领域的深度交流，加深了相互之间的理解和尊重，为民族团结进步奠定了坚实基础。

（二）青年就业创业帮扶工作

云南省认真贯彻落实党中央、国务院决策部署，大力实施就业优先战略，完善落实积极就业政策；通过抓实援企稳岗稳定就业，鼓励创业创新带动就业，加强技能培训改善就业，支持新业态发展拓展就业，深化东西部劳务协作促进就业，为青年提供全方位的就业创业支持。2022年和2023年，全省共举办线上线下招聘活动1.55万场次，为青年提供了丰富的就业和创

① 数据来源：云南投资促进网。

业机会；特别是“马兰花”计划等创业培训项目，激励和引导有志青年投身创业实践，有效提高了青年创业成功率和就业质量。[①]

云南省通过“贷免扶补”和创业担保贷款项目向创业青年提供贷款支持、税费减免、创业扶持、资金补助等服务，扶持创业 62.26 万人，带动（吸纳）就业 167.7 万人，累计发放创业担保贷款超过 1000 亿元，位列全国第三。[②] 同时，云南省搭建“县职业教育中心+职业技能培训机构”的平台，整合师资力量和部门培训资源，以全脱产、职业化、证书式培训的方式，精准提升创业青年的技能。

综合来看，云南青年就业更加充分，高校毕业生就业率呈增长趋势；青年就业权利保障更加完善，青年的薪资待遇、劳动保护、社会保险等合法权益得到的保护力度加大，青年创新创业服务体系更加完善，青年创新创业活力明显提升。

（三）“三区”科技人才计划

2023 年，云南省获科技部认定备案“三区”科技人才 2728 人，其中青年（14~35 岁）271 人，占总人数的比重为 9.93%，服务覆盖 15 个州市 81 个“三区”县。[③] 这些青年科技人才在中药材、食用菌、肉牛养殖等产业中发挥了重要作用，他们不仅推动了产业升级，还增强了边疆地区的自主发展能力，促进了民族地区的经济社会发展。

（四）云南省青年企业家商会的作用

云南省青年企业家商会自成立以来，聚集了一批有志青年企业家，他们不仅在经济领域取得突出成就，还积极投身社会公益活动。2023 年，商会 8 家会员企业上榜“云南省非公企业 100 强”[④]，展现了青年企业家的社

① 数据来源：云南共青团。
② 数据来源：云南共青团。
③ 数据来源：昆明政研改革网。
④ 数据来源：2022 年度《云南省中长期青年发展规划（2018—2025 年）》统计监测报告。

会责任和创新精神。通过商会的平台，青年企业家在促进经济发展的同时，也为民族团结进步事业作出了贡献，成为推动云南民营经济发展的重要力量。

（五）多民族文化交流活动

云南青年通过参与和组织民族文化节、民族艺术展演等活动，实现了深入的民族文化交流与互鉴。这些活动不仅让云南青年有机会亲身体验不同民族的文化和风俗，增进对各民族文化的了解，而且能在共享文化盛宴的过程中，增强其民族认同感。云南省为更好引导青年传承中华优秀传统文化、弘扬社会主义先进文化，将立德树人作为根本任务，举办了丰富多彩的青年文化活动。例如，云南省图书馆持续开展“文化筑梦”青少年文化志愿服务系列活动、云南省高等学校图书情报工作指导委员会举办云南高校“中华思想文化术语——中华新青年”主题大赛等。全省文化精品不断增多，传播能力大幅提升，服务设施、机构和体制更加健全，青年对提升文化软实力贡献率显著提高。同时，云南省开展了多样民俗文化活动，让云南青年体验了多元的民族文化，加强了民族团结。

（六）边疆教育支援行动

大量的云南青年参与边疆教育支援行动，他们不仅传授知识，更传播先进的教育理念和中华优秀传统文化，有效提升了边疆地区的教育水平，培养了边疆地区青少年的民族团结观念和爱国情感。

（七）社区志愿服务和生态环境保护

云南青年具有较高的志愿服务意识。2022 年，云南省青年志愿者平台注册数量总计 487641 人，其中 14~17 周岁青年志愿者 85304 人，18~27 周岁青年志愿者 380363 人，28~35 周岁青年志愿者 21974 人。

表1 云南省青年志愿者平台注册数量

单位：人，%

年份	青年志愿者数量总计	14~17周岁青年志愿者数量	18~27周岁青年志愿者数量	28~35周岁青年志愿者数量	青年志愿者人数占总志愿者人数占比
2021	1032609	83102	874527	74980	95.00
2022	487641	85304	380363	21974	93.85

资料来源：云南团省委、云南省文明办、云南省教育厅、云南省民政厅。

在环境建设方面，云南的青年志愿者积极参与环境保护活动，通过积极行动贡献自己的青春力量，保护家乡的自然环境、服务社区的广大居民。这些活动不仅让青年们以实际行动展现了自己的责任与担当，还促进了不同民族青年之间的沟通与交流。

五 主要成绩与亮点

在服务民族团结进步示范区建设的过程中，云南青年通过一系列的创新实践，在不同方面取得了显著成效，不仅体现在促进民族团结、推动地区发展的具体项目上，更在于形成了可持续发展的社会影响力，为全面建设社会主义现代化国家贡献了一份力量。

（一）青年人才培养和引进取得显著成效

通过“兴滇英才支持计划”等政策的实施，云南省成功培养和引进了一批高水平的青年人才。这些人才不仅在科研、教育、医疗等领域取得了突出成就，而且促进了民族团结，为云南省乃至全国的高质量发展注入了新的活力。

（二）创新创业带动地区经济发展

云南青年通过积极参与创新创业活动，成功带动了地区经济的发展。尤其是在农业、旅游、文化创意等领域，青年创业者利用当地丰富的自然资源和民族文化特色，开发了具有地方特色的产品，促进了产业的多元化发展。这些创新创业活动不仅为当地居民提供了就业机会，还增强了民族地区的经济自主性和可持续发展能力。

（三）民族团结进步成果显著

2023 年，共青团红河州委被国家民委命名为“第十批全国民族团结进步示范单位”；同年，共青团普洱市委、共青团西双版纳州委、共青团东川区委、共青团石林县委被云南省民宗委命名为“云南省民族团结进步示范单位”。2024 年，共青团云南省委统战部被国家民委命名为“第十一批全国民族团结进步示范单位”。云南青年在推动民族团结进步方面取得了显著成绩，就业帮扶、青年交流营等活动促进了云南青年的相互了解和尊重，有效增强了各民族青年的团结意识，构建了和谐的社会氛围，为维护国家统一和社会稳定作出了积极贡献。

（四）社会服务活动深化民族团结

云南青年在教育、医疗、环保等领域的志愿服务不仅有效促进了不同民族之间的交流和交往，更加深了彼此的理解和信任，深化了民族团结。

六　对策与建议

青年以其独有的活力和创新精神，成为推动民族团结进步和地区发展的重要力量。通过青年就业创业帮扶、青年企业家商会等具体实践，云南青年展现了新时代青年的社会担当和积极向上的精神风貌，标志着云南青年在促进民族团结、推动地区经济社会发展方面走在了时代的前列。

然而，面对新时代的挑战与机遇，云南青年作用的发挥还存在一些不足和挑战。首先，青年人才的培养和利用机制仍需进一步优化，以更好地激发其创新潜能和社会服务热情。其次，青年创业环境和就业支持措施需要更加完善，以促进青年创新创业的广泛参与和深入发展。再次，加强和深化不同民族青年之间的交流交往，构建更加紧密的民族团结关系，是未来工作的重点之一。最后，提高青年参与社会服务活动的质量和效果，让青年成为推动社会和谐进步的新力量，也是亟待实现的目标。

锚定2035年全面建成我国民族团结进步示范区这一目标，云南省委、省政府认真贯彻落实习近平总书记关于民族工作的重要论述和考察云南重要讲话精神，牢牢把握铸牢中华民族共同体意识这一主线和核心要义，努力推动民族团结进步示范区建设在以下方面取得新进展。

（一）加强党对民族工作的全面领导

完善党对民族团结进步示范区建设的领导机制，坚持不懈用习近平新时代中国特色社会主义思想武装头脑，深入开展党史学习教育等，加强基层党组织建设、少数民族干部人才队伍建设和民族宗教工作部门能力建设。

（二）铸牢中华民族共同体意识

将铸牢中华民族共同体意识宣传教育纳入干部教育、国民教育和社会教育全过程。深入开展铸牢中华民族共同体意识重大理论和现实问题的研究。健全少数民族流动人口服务管理体系，全面推广普及国家通用语言文字。

（三）完善民族团结进步示范区工程建设

实施民族团结进步“十县百乡千村万户”示范引领建设工程，实施兴边富民工程，全面开展现代化边境小康村建设，加快完善民族地区现代基础设施建设，深入推进山区综合开发和产业培育。

（四）构筑中华民族共有精神家园

推进巩固拓展脱贫攻坚成果同乡村振兴深度融合，持续开展民族特色村镇建设，建设美丽宜居乡村、民族团结进步示范乡村。实施中华民族视觉形象工程、少数民族优秀文化保护传承工程、少数民族文化精品工程，举办各民族共同参与的文体活动，促进形成全方位、多层次、宽领域的民族文化交融格局。

云南省各相关部门应继续发挥青年的主体作用，进一步营造有利于青年成长发展的环境，加大对青年人才的培养和支持力度。同时，应加强对青年创新创业的引导和支持，打造更加开放和包容的创业平台，鼓励青年在促进民族团结进步中发挥更大作用。此外，加强民族团结教育，深化民族交流交往交融，促进不同民族青年之间的相互理解和尊重，共同构建和谐美好的社会，是实现中华民族伟大复兴中国梦的重要一环。

B.13
云南青年服务生态文明建设排头兵建设报告

徐晓勇　李嘉龙　蒋家快　姜志娟*

摘　要：　青年不仅是推进生态文明建设跨越式发展的中坚力量，还是传统生态文化的传承者，更是现代生态文化转型的践行者。1400余万名云南青年通过科技助农、环保宣传、绿色经济创建等方式积极融入云南生态文明实践，在全省生态文明水平建设中发挥着不可替代的重要作用。未来一段时间内，云南生态文明建设进入攻坚克难阶段，迫切需要云南青年以更大的参与热情、更高的能力服务生态文明建设排头兵这一目标。为此，全社会应该创造良好环境，进一步发挥青年群体在科技助农中的作用；创新环保宣传形式，形成系统化、长效化的活动机制；全方位提高青年群体的创业能力。

关键词：　青年发展　生态文明　云南青年

生态文明建设是关系中华民族永续发展的根本大计。党的二十大报告中强调："大自然是人类赖以生存发展的基本条件。尊重自然、顺应自然、保护自然，是全面建设社会主义现代化国家的内在要求。必须牢固树立和践行绿水青山就是金山银山的理念，站在人与自然和谐共生的高度谋划发展。"2015年1月，习近平总书记考察云南并发表重要讲话，要求云南"主动服务和融入国家发展战略，闯出一条跨越式发展的路子来，努力成为我国民族

* 徐晓勇，云南大学经济研究所副研究员，研究方向为社会经济变迁中的人口与环境问题、人口与可持续发展、绿色发展等；李嘉龙，云南大学经济学院硕士研究生；蒋家快，云南大学经济学院硕士研究生；姜志娟，云南大学经济学院硕士研究生。

团结进步示范区、生态文明建设排头兵、面向南亚东南亚辐射中心，谱写好中国梦的云南篇章”。[①] 通过大力推进经济社会发展的绿色转型、提高区域环境质量水平、筑牢国家西南生态安全屏障，以生态文明建设推动云南跨越式、高质量发展成为云南省区域发展的基本战略之一。

青年是推进生态文明建设跨越式发展的中坚力量，既是传统生态文化的传承者，又是现代生态文化转型的践行者。青年在云南省推动生态文明建设的过程中发挥着不可替代的重要作用。近年来，云南省广大青年在科技助农、环保宣传、绿色经济创建等领域积极探索，有力地推动了全省生态文明建设。本报告借助相关统计数据以及政府公报，对云南青年服务生态文明建设排头兵的状况、举措、成效进行梳理，分析存在的主要问题，对《云南省生态文明建设排头兵规划（2021—2025 年）》《云南省中长期青年发展规划（2018—2025 年）》的落实情况进行了解和评估，从而提出有针对性的对策和建议。

一　云南生态文明建设排头兵的落实状况

云南省一直高度重视生态文明建设，早在 2013 年就出台了《中共云南省委　云南省人民政府关于争当全国生态文明建设排头兵的决定》这一重要文件，要求云南省着力提高资源节约和综合利用水平、着力加强生态保护与建设、着力建设生态文化、着力建设城乡宜居生态环境、着力完善生态制度建设，从而做到生态环境质量保持全国领先，协调发展成效显著，建设成为“美丽中国”的示范区。随着 2015 年“生态文明建设排头兵”成为云南经济社会发展的“三个定位”之一，生态文明建设的重要性进一步加强，云南省各级政府和社会各界在制度建设、法规支持、生态治理、绿色发展等领域凝心聚力、真抓实干，极大地推动了全省生态文明建设水平的提高。

---

① 《奋力谱写云南高质量跨越式发展新篇章》，光明网，2019 年 8 月 2 日，https://m.gmw.cn/baijia/2019-08/02/33048074.html。

（一）生态环境质量稳步提升

自2015年以来，随着生态环境保护督察、自然生态保护、生态环境监管执法等工作的快速推进，以及打好污染防治攻坚战，深入实施蓝天、碧水、净土“三大保卫战”，全力推进九大高原湖泊保护治理等“标志性战役”成效的显现，云南省生态环境质量有了显著提高（见表1）。①

表1　2015、2020、2022年云南省主要生态环境质量指标

年份	水质优良率（%）	空气质量指数	空气质量优良天数占比（%）	森林覆盖率（%）	人均绿地面积（平方米）
2015	85.9	3.05	97.07	55.70	9.65
2020	86.4	2.54	98.49	65.04	11.70
2022	90.5	2.32	99.59	—	13.56

资料来源：历年《云南省环境状况公报》《云南统计年鉴》。

第一，水环境质量持续提高，水生态功能得到明显恢复。2022年云南省河流水质总体达到优秀等级，六大水系的主要河流受污染程度低，在展开监测的国控、省控断面中，有352处水质等级在Ⅲ类及以上，水质优良率达90.5%，较2020年提高了4.1个百分点，较2015年提高了4.6个百分点。90个开展水质监测的湖库中，水质优良率为86.7%，总体水质良好。九大高原湖泊水质总体良好，其中阳宗海水质类别由Ⅲ类转好为Ⅱ类；州市级及县级城镇集中式饮用水水源地水质状况达标率高，分别为97.9%与94.1%。全省河流、湖泊以及集中式水源地水环境质量稳步提高，水生态功能得到良好恢复。

第二，大气环境质量进一步提升。云南省是全国空气质量水平较高的省份之一。自2015年以来，云南省多种空气污染物排放水平、酸雨发生率都呈现下降趋势，全省大气环境质量进一步得到优化。2022年云南环境空气质量综合指数为2.32，与2015年和2020年相比略有下降；空气质量达到二

① 数据来源：历年《云南省环境状况公报》《云南统计年鉴》。

级及以上的天数的算术平均数为363.5天，比2020年提升了4天，比2015年提升了9.2天，优良天数比率为99.7%，位于全国前列。全省降水pH平均值达到了6.35，酸雨频率从2015年的4.1%下降到2022年的0.4%，降水酸性明显减弱，酸雨污染问题已经得到较好控制。

第三，声环境总体达标率高。2022年，全省16个州（市）监测路段路长加权平均等效声级值为64.7分贝，与2020年相比下降了0.9分贝，与2015年相比下降了2.1分贝；全省各类功能区声环境质量总体达标率为94.1%，情况良好。

第四，自然生态环境质量居全国前列。2020年全省森林面积2117.03万公顷，森林覆盖率为55.25%，较2015年上升了9.55个百分点。全省自然生态环境状况处于较高水平，且在逐步优化改善。①

（二）生态环境保护能力进一步提升

近年来，云南省充分利用国家和地方生态建设资金，极大地增强了区域生态环境保护的能力，初步构建了覆盖广、效果好的中国西南生态安全屏障。

一是通过水、土、气污染防治的“三大战役”，显著提高了城乡污染防治能力。自2015年以来，云南省根据国家污染防治的整体布局，加快了水污染、大气污染、土壤污染治理的步伐，制订了“水污染防治计划”“土壤防治计划”“大气污染防治计划”，圆满完成了“十三五”期间二氧化硫、氮氧化物等主要污染物的减排目标，并极大地提高了云南省城乡污染防治能力。在城镇方面，截至2022年全省日污水处理能力达到490.8万吨，城镇污水处理率达到98.81%。在农村方面，截至2022年规模养殖场粪污处理设备配备率超过90%，畜禽粪污综合利用率达到82%，高于全国4个百分点；秸秆综合利用率达到90%，农膜回收率达到83%；累计改建完成农村卫生户厕47.7万座，改建自然村卫生公厕4042座，农村卫生户厕覆盖率超过90%，镇

① 数据来源：云南省生态环境厅《2022年云南省生态环境状况公报》。

区和农村生活污水处理率分别提高到了53%和38%。[①]

二是通过自然保护地体系建设、森林保护和植被恢复、物种保护等手段，极大地提高了西南生态安全屏障的保障能力。在自然保护地建设方面，云南省自然保护地管理体制和机制不断创新，稳步推进国家公园建设，以普达措国家公园建设为重点率先在全国开展国家公园建设试点，创新国家公园管理方式，先行先试，率先出台了全国首部地方性国家公园管理规定——《云南省国家公园管理条例》。在森林保护和植被恢复方面，云南省全面停止了天然林商业性采伐，加大森林管护力度，有序推进退耕还林工作，积极加强各类防护林的建设。在物种保护方面，云南省开展了野生动物栖息地保护，极小种群野生植物就地保护、迁地保育、回归种植，濒危生物调查和评价等专项保护工作。以上举措极大地改善了云南省生态资源的质量，提高了西南生态安全屏障的保障能力。截至2022年，云南省已建立166个自然保护区、19个国家湿地公园、13个国家公园、21个水产种质资源保护区，全省90%以上的典型生态系统、88%以上的重点保护野生动植物物种得到有效保护。“十三五”期间，云南国家重点生态功能区增加到39个，森林面积、森林覆盖率、森林蓄积量等3项指标均居全国第二位。[②]

（三）绿色发展高效推进

云南省积极践行习近平总书记提出的“两山”理念，通过经济增长方式的绿色转变，打造高质量、跨越式发展的经济模式，绿色发展能力显著提高。

一是绿色产业增长动力强劲。在绿色能源领域，2023年全省新能源新增投产并网装机2086万千瓦，较2022年增长了13倍，其中集中式光伏并网装机1467万千瓦，两项新增装机规模均居全国前列；2023年1～11月，硅光伏、新能源电池产业增加值分别增长33.3%、62.9%，拉动电子行业

① 数据来源：历年《云南省环境状况公报》。

② 数据来源：历年《云南省环境状况公报》。

连续 17 个月保持 25%以上的高增速。在绿色食品领域，高原特色农产品的产业优势日益凸显；2022 年全省鲜切花产量 180 亿枝，是世界最大的鲜切花产区；茶叶、花卉、蔬菜等 8 个产业全产业链产值均突破 1200 亿元。①

二是绿色发展能力显著加强。随着绿色能源、硅矿、光伏等绿色新兴产业的强势发展以及矿产资源、金属冶炼加工、化工、农业种植等传统产业的绿色转型，云南省产业发展呈现传统产业与新兴产业协同发展、绿色能源与绿色制造深度融合的新格局，为云南的绿色发展注入新的活力。在污染排放方面，2022 年全省单位 GDP 化学需氧量和二氧化硫排放量与 2015 年相比分别下降了 33.30%和 83.65%，经济生产的污染强度明显下降。在水资源消耗方面，每亿元单位 GDP 用水消耗量从 2015 年的 66 万米^3 下降到 2022 年的 56 万米^3。在能源消耗方面，单位 GDP 标准煤消费量从 2015 年的每亿元 0.70 万吨下降到 2022 年的每亿元 0.49 万吨（见表 2）；同时，能源结构更加清洁和绿色，2023 年全省清洁电力比重持续保持在 83.6%的高位，其中新能源发电量的占比更是达到 9.4%，与 2022 年相比提升了 2.7 个百分点。②

表 2　2015、2020、2022 年云南省单位 GDP 排量及消耗量

年份	单位 GDP 化学需氧量(吨/亿元)	单位 GDP 二氧化硫排放量(吨/亿元)	单位 GDP 用水消耗量(万米^3/亿元)	单位 GDP 标准煤消费量(万吨/亿元)
2015	34.11	39.02	66	0.70
2020	28.00	9.75	64	0.53
2022	22.75	6.38	56	0.49

资料来源：历年《云南统计年鉴》《云南省水资源公报》。

① 《2024 云南省两会新闻发布会 · 云南省一体推进“三大经济”新闻发布会》，云南省网上新闻发布厅网站，2024 年 1 月 19 日，https：//www.yn.gov.cn/ynxwfbt/html/2024/shipin_0227/6547.html。

② 数据来源：历年《云南统计年鉴》。

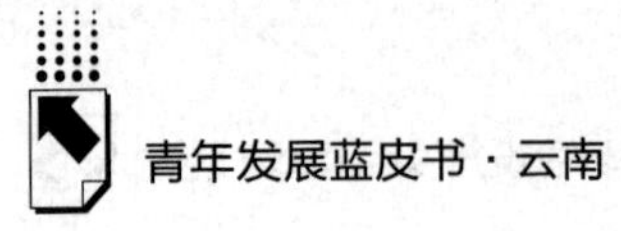

二 云南青年服务生态文明排头兵建设的主要举措

随着生态文明建设在云南经济社会发展中的重要性取得了广泛的共识，各级政府相关部门和群团组织积极规划，为青年参与生态文明建设“搭平台”“建机制”，1400余万名云南青年也以极大的热情投入生态文明排头兵建设大潮。

（一）强化顶层设计

青年参与生态文明排头兵建设既是云南青年发展的重要内容，也是云南省创建生态文明建设排头兵的重要动力。因此，云南省高度重视青年参与生态文明建设的问题。在生态文明建设战略与规划方面，云南省出台了《云南省创建生态文明建设排头兵促进条例》《云南省生态文明建设排头兵规划（2021—2025年）》等地方性条例和规划，要求全省加强宏观顶层设计和统筹，在建设生态文明建设的过程中，各个地区和部门要做好统筹协调，加强“资源环境—生态建设—社会民生”的宏观顶层设计，为生态文明建设提供强有力的支持；明确提出工会、共青团、妇联、科协、基层群众性自治组织、社会组织应当参与生态文明建设的宣传、普及、引导等工作，鼓励志愿者参与生态文明建设的宣传教育、社会实践等活动。在青年发展方面，云南对青年群体参与生态文明建设进行了专门安排。在《云南省中长期青年发展规划（2018—2025年）》中将“青年生态文明建设工程”作为2018~2025年云南青年发展的重点项目之一，要求云南青年参与发展生态经济、共同推进全省生态文明建设、全面推进生态环境保护志愿者队伍建设。

（二）云南青年参与生态文明建设的路径与模式

根据生态文明排头兵建设以及青年发展的整体部署，广大云南青年从经济建设、社会发展、文化创建等方面积极参与生态文明建设，并逐步形成科技助农、环保宣传、绿色经济创建、绿美校园创建四种主要的参与模式和发展路径。

1. 科技助农

农村是云南省绿美建设的重要舞台，也是云南省实现生态文明建设排头兵这一目标的薄弱区域。如何通过科学技术对传统农业进行改造升级，提高农业生产的环境友好和资源集约程度，并基于农业产业链的“绿色再造”提高广大农村地区的绿色发展水平，成为云南生态文明排头兵建设的难点。近年来，越来越多的云南青年参与农业科技创新、乡村生态建设，他们立足于基层，在广大乡村中实现自己的理想和抱负，将技术创新成果转化运用到乡村产业技术供给、绿色产品供给、优质农产品供给等领域，提升乡村振兴的科技供给促进乡村生态文明建设。

云南以科技活动周、文化科技卫生“三下乡”为抓手，充分发挥各级科技部门和省内外高等学校和科研机构的作用，加强农村科普工作，引导科技、人才、信息、资金、管理等创新要素在县域和乡村集聚。2023 年选派“三区”① 科技人才 2728 人，其中青年 271 人，占比 9.93%，服务覆盖 15 个州市 81 个“三区”县，从事中药材、食用菌、肉牛养殖等产业；2023 年云南省大中专学生志愿者暑期文化科技卫生“三下乡”社会实践活动共有 8597 支团队，147426 名师生参与，活动地点遍布全国各地，服务受众人数超 50 万人。②

2. 环保宣传

云南实现生态文明建设排头兵目标需要从意识、观念、知识、行为等层面，推进全民文明素质提高，在全社会形成生态文明价值取向和正确健康的生产、生活、消费行为，构建全新的人与自然和谐的关系，这一过程离不开环保宣传。青年群体作为社会先进文化的倡导者、实践者、宣传者，聚焦“三个定位”主动担当作为，成为云南省绿色文化宣传教育的主力军。广大

① “三区”指的是边远贫困地区、边疆民族地区和革命老区。

② 数据来源：共青团云南省委《云南省 2023 年暑期“三下乡”社会实践工作总结》。

云岭青年利用社交媒体、网络平台等现代传播工具，向更广泛的人群宣传环保知识，争做环保理念的积极传播者；通过参加环保组织、志愿服务活动等方式，投入环保实践；通过传播环保理念、参与环保实践、推动环保科技创新以及连接社会各群体等方式，为环保事业的发展贡献了自己的力量。

目前，云南省16个州（市）和129个县（市、区）全部建立青年志愿者协会，团结凝聚青年社会组织603个。2019~2024年，志愿者协会、各级团委、青联等群团组织和社会团体组织了生态环保志愿活动5万余场次，约有260余万名青少年参与环保宣传活动。同时，环保宣传与志愿服务从活动向品牌转变，借助“美丽云南青春行动”平台，广大云南青年深入开展“保护母亲河行动”、爱国卫生行动、垃圾分类、农村人居环境整治、光盘行动等志愿服务活动，环保宣传活动内容不断丰富、参与人群规模持续增长、社会影响逐步扩大。①

3. 绿色经济创建

广大青年的创新创业实践为云南经济发展的绿色转型提供了新的动力。在经济发展思想方面，云南省深入践行习近平生态文明思想，坚持生态优先，推动绿色发展，努力把生态优势转化为发展优势，让绿色成为云南高质量发展的鲜明底色。2018年云南省提出全力打造世界一流的“绿色能源”“绿色食品”“健康生活目的地”这三张牌，并对绿色能源及其配套设备生产、特色农业、有机农业、绿色农业、数字经济、康养经济等产业发展制定了支持政策，为云南青年参与绿色经济创建提供了良好的契机。

广大云岭青年以拼搏奋进的姿态，积极投身创新创业热潮，用奋斗青春在云岭大地营造了“青年敢于创新、勇于创业、勤于创造”的蓬勃生态。青年创新创业各项举措不断推陈出新，逐步构建起“青创+”生态帮扶体系。一是大力开展创业培训，助力青年创新创业。云南省依托青年创新创业人才系列行动，大力培育青年创业骨干，共青团云南省委与云南省志愿者协会共同开设“青帆创业夜校”，培训10万余名创业青年，并依托

---

① 数据来源：云南省生态环境厅《云南省青年生态环保志愿服务10年工作报告》。

咖啡、核桃、文旅等优势产业构建云南青创全链条，助力云南特色农业、康体旅游等绿色产业的发展。二是打造青年创业孵化平台。在共青团云南省委的指导下，云南省青年创业协会和昆明市五华区科技产业园开发投资有限公司共同打造了云南省青年创业园，并形成了在线运营“青创云品”商城，先后引进300余家青创企业入驻，带动就业近4000人，目前园区企业产值超3亿元，纳税总额超1000万元。三是打造青年创业集群。在全省129个县（市、区）建立青创联盟，覆盖各类青创协会团体、农村合作社和个人会员共计13000多家单位，帮助乡村一线青年拓展渠道、扩大影响力、增加收入。①

4. 绿美校园创建

绿美社区建设是增强生态文明意识、践行绿色生活方式的重要活动。青年群体最为集中的大中专院校通过绿美校园的创建，走在了云南绿美社区建设的最前沿。为深入贯彻云南省委、省政府关于城乡绿化美化三年行动的部署，全面推动全省校园环境绿化美化建设，省教育厅印发了《云南省绿美校园三年行动方案（2022—2024年）》《绿美校园三年行动成果评估标准》《云南省绿美校园三年行动评价工作方案》等文件，推动全省绿美校园工作落地落实。云南省各州（市）教育体育局、各高校按照职能出台配套计划，结合实际明确具体责任和分工细则统筹开展工作。全省教育系统形成了齐抓共管、层层落实的良好局面，为绿美校园创建工作深入开展提供了有力保障。

绿美校园创建对云南各类型的绿美创建起到了积极的示范作用。一是“绿美校园”将生态文明、绿色发展的理念融入学校办学全过程。通过绿美校园创建，实现了环境保护学科教育的渗透化，开展沉浸式教育，在切实丰富绿美校园创建内涵的同时，持续推动生态文明教育全方位融入学校教育教学体系，以厚植师生绿色生态发展理念反哺绿美校园创建走深走

① 《以“互联网+信息化创业”模式助力企业升级》，云南省青年创业协会网站，http://ynqch.com.cn/cnPc/szqc.html。

实。二是建设和规划的绿色化。绿美校园创建推动了低碳、环保、节能、节水、节粮、再生资源综合利用等绿色产品的使用，引导校园新建建筑项目按照绿色建筑标准要求进行设计、建造，有序推进既有建筑绿色化改造和运行；通过校园环境的综合整治，让绿化、美化、净化和文化延伸到校园内的各个角落，使校园绿色更多、形象更美、环境更优、品位更高。

三　云南青年服务生态文明建设的成效

云南青年积极投身生态文明建设，为全省生态文明发展水平的提高起到了积极作用。

（一）青年服务生态文明增强了云南发展的绿美底色

云南青年通过形式多样的环保宣传活动进一步宣传和强化了绿水青山就是金山银山的发展理念，筑牢了生态安全屏障；通过志愿者环保宣传，共筑了保护生态环境、构建生态云南的理念意识，增强了青少年们争做新青年、奋斗新时代的光荣感和使命感，以实际行动积极推行绿色低碳生产方式和生活方式，让云岭大地山更绿、水更清、天更蓝、景更美；通过绿美校园创建的示范作用，增强了社区居民的志愿服务意识和环境保护意识，带动社区居民自觉加入保护生态环境、共建美好家园的志愿服务活动，营造了干净卫生、人人参与的社区共建氛围。在广大青年的参与和推动下，云南发展的绿美底色明显增强。截至 2022 年，云南省的生态环境质量一直处于良好状态，土地利用结构不断优化，重点建设用地安全利用率达 100%，共建 166 处自然保护区，占全省自然保护地总面积的 45. 73%，极大地巩固了我国西南地区的生态安全屏障。

（二）青年服务生态文明整合了绿色发展的资源，助力绿色经济转型

云南青年在服务生态文明建设的实践中通过科技助农、绿色经济创建等手段搭建交流平台，将知识、科技、信息、产业等绿色经济发展中的多种资

源与要素进行整合，极大地促进了云南绿色经济的转型。例如，在科技助农的帮扶下，云南林下经济得到了快速发展，截至 2022 年底，全省有国家林下经济示范基地 55 个，林下经济面积达 5000 余万亩，产值为 537 亿元，林下经济成为山区林区农民增收致富的重要途径，试点县“造血”能力逐步提升。部分县区特色种植养殖取得明显的成效，如贡山县建设草果、中华蜂两个“百里绿色经济带”，草果种植面积近 35 万亩，养殖中华蜂 3 万余群，实现产值 6651 万元，惠及农户 2.4 万人，实现了生态效益与经济效益的双赢。①

（三）云南青年助力生态文明建设的典型事迹与案例

云南青年积极投身生态文明建设，他们通过自己的聪明才智、刻苦钻研和无私奉献为云南发展高原特色农业、绿色经济转型、形成绿色生活新风尚等做出了突出的贡献。

1. 青年学子构筑农家科技小院助力农业产业升级提质

农家科技小院是以大学教师和学生为主体的科技助农模式与组织，以零距离、零时差、零门槛、零费用的“四零”模式服务乡村，促进教书与育人、田间与课堂、理论与实践、科研与推广、创新与服务更紧密地结合，逐步成为科技助农中最具活力的途径与创新模式。来自中国农业大学、云南大学、昆明理工大学、云南农业大学等高校的青年学子和青年教师以农家科技小院为舞台，通过科研实践与技术推广，在助力农业产业升级提质方面取得了骄人的成绩，并涌现出云南大学多年生稻科技小院这样的典型案例。

云南大学多年生稻科技小院以多年生稻科研为依托，在胡凤益教授的指导下，开发水稻新品种，助力水稻产业升级和品质提升。多年生稻科技小院团队共有 13 人，其中 35 周岁以下青年占比约为 77%，驻扎在西双版纳傣族自治州勐海县勐遮镇曼拉村，他们把课堂搬到农村，致力于开发具有较高产

① 《云南：完善生态补偿　共护绿水青山》，新华网，2023 年 11 月 8 日，http://www.yn.xinhuanet.com/20231108/2081048d9e40414ba953971adade2144/c.html。

量和品质，并可大规模种植的多年生稻新品种。通过多年的实验和开发，该团队已成功育成了多个多年生稻品种，包括多年生稻 23（PR23）、云大 25、云大 107 等。其中多年生稻 23（PR23）于 2018 年通过品种审定，具有广适、高产稳产、多年生性强等特点，是基于种间杂交培育多年生粮食作物领域的里程碑事件。多年生稻种植一次，可连续免耕收获 3~4 年，即自第二季起便无需买种、育秧、犁田和移栽等生产环节，仅需田间管理和收获两个生产环节，能够节约生产成本、减少劳动力，是一种轻简化、绿色可持续的稻作生产方式。

多年生稻实现了水稻“一次栽种，多次收割”，是一项重大突破，被称为“水稻生产的又一革命”，是具有原创性、颠覆性意义的科技创新，多年生稻 23（PR23）是全球第一个通过审定并商业化的多年生稻品种，入选国际学术期刊 *Science* 2022 年度“十大科学突破”榜单，是当年中国唯一入选全世界农业类别的科研成果。多年生稻在推广过程中，展现出了巨大的生态和经济效益。国内 86 家单位开展了多年生稻品种（系）的试验示范和推广应用，累计种植面积达到 46.23 万亩，平均每亩节约 6~10 个劳动力，能够节约 45%~50%的生产成本，有力地促进了云南农业水稻种植的提质增效和绿色转型。

由于巨大的科技影响、社会影响和经济影响，云南大学多年生稻团队的助农成效获得社会各界的高度认可，并于 2024 年被共青团中央、全国青联共同颁授“第 28 届中国青年五四奖章集体”。①

2. 高层次青年英才研发前沿科技实现产品“绿色溢价”

物种多样性为云南发展高原特色农业奠定了良好的基础。借助生物资源禀赋，云南成功地发展了咖啡、花卉、蔬菜等具有全国竞争力的支柱产业，但受制于较弱的农业科技开发能力，云南的高原特色农业仍然以初级农产品为主，产业链短、经济附加值低。为了解决这一短板问题，

① 《祝贺云南大学多年生稻团队！云南省高校历史上首次荣获“中国青年五四奖章集体”》，“云南大学”微信公众号，2024 年 4 月 29 日，https：//mp. weixin. qq. com/s/ti_ SghIYTPa-lXxNmw2AhA。

云南各级农业农村主管部门和农业企业投入了大量资源，但收效甚微，其根本原因是农业研发领域创新人才的短缺。因此，加强高层次科技人才的农业科技研发，以“前沿科技突破”助力高原特色农产品提高“绿色溢价”成为云南农业绿色、高效发展的重要路径。中共云南省委人才工作领导小组开展了“兴滇英才支持计划”青年人才专项工作，选拔青年科技人才服务社会经济发展，其中 100 余人来自现代农业领域，并涌现出众多先进典型。

昆明理工大学教授易俊洁是云南省第一批“高层次人才引进计划”的青年人才之一，她于 2017 年在中国农业大学取得了博士学位，此后在比利时鲁汶大学获得生物科学工程专业的博士学位。到云南工作后，她以云南特色水果和农产品产业为切入点，致力于把论文写在祖国大地上，以青年教师和硕博士为核心创建了“果蔬加工与营养健康团队”，主持国家自然科学基金、省重大科技专项等科研项目 20 多项，将超高压昭通苹果汁做成产业、开展辣椒加工关键技术研究、建成云南发酵食品微生物种质资源库，为开发云南果蔬资源、延伸农业产业链、提高农产品“绿色溢价”做出了积极贡献。①

四　进一步加强云南青年服务生态文明建设的展望

（一）创造良好环境，发挥青年群体在科技助农中的作用

首先，通过加强农业实践教育，让青年深入参与农业活动，提升其实际操作的能力。其次，开展跨代际交流活动，促进青年与农科专家、农民之间的对话和交流，分享彼此的经验和知识，并且以农民易于理解的方式解释复杂的科技知识，帮助他们更好地理解和应用新技术。再次，拓宽资源获取渠道，政府、企业、学校和社会组织应建立资源共享平台，

① 《人物访谈：〈食品工业科技〉优秀青年编委易俊洁教授》，《食品工业科技》2023 年第 12 期。

为青年提供资金支持、技术指导等。最后，建立激励机制，通过设置奖励制度和给予职业发展机会，激发青年对科技助农的长期投入和关注，以保证新兴技术的长足发展。

（二）创新环保宣传形式，形成系统化、长效化的活动机制

首先，充分发挥青年群体在新一代信息技术方面的优势，创新环保宣传活动的形式，尝试利用直播、虚拟现实（VR）技术、线上论坛等方式，使宣传活动更具吸引力和互动性，并将环保宣传融入日常生活，形成常态化宣传机制。其次，深化内容，挖掘环保议题深层次内涵，邀请环保专家、学者进行线上或线下讲座，提供权威的环保知识和信息。再次，设置线上问答、线下实践等环节，增强互动性，促进参与者间的交流与讨论。最后，建立长期、系统的宣传机制，确保活动的持续性和有效性。

（三）全方位提高青年群体的创业能力

首先，青年创业者应积极参与相关培训，学习理论与实践知识，提升自己的专业能力与知识储备。其次，政府应拓宽融资渠道，探索多元化融资方式，如政府补贴、风险投资、优惠贷款、税收减免等，解决青年创业者资金短缺的问题。再次，青年创业者要深入市场调研，加强与消费者的沟通，制定精准营销策略，提升绿色产品的市场接受度。最后，政府应完善绿色经济创新创业政策，为青年创业者提供更多优惠和扶持，例如建设创新创业孵化器，在场地、技术和人才等方面提供支持。

B.14

云南青年服务面向南亚东南亚辐射中心建设报告

梁双陆　叶　茜　张嘉芯　张书豪*

摘　要：　云南青年在面向南亚东南亚辐射中心建设的国际合作中发挥着不可或缺的作用，他们不仅是区域合作的推动者、科技创新的引领者，更是文化交流的使者，他们用自己的行动和努力，为云南乃至中国的国际形象提升和国际合作的深化做出了积极的贡献。然而，在实际推进建设的过程中，仍面临一些挑战。尽管云南拥有优越的地理位置和资源优势，但在与周边国家的合作中，仍存在一些政策壁垒和沟通障碍，这限制了云南青年在跨境贸易等领域的活动，也影响了区域合作的深入发展。在未来，云南青年将以更开放的心态和更务实的作风，在经贸合作、科技交流、文化交往等领域展现更强的责任感和使命感，共同书写区域合作的新篇章，为构建人类命运共同体贡献青春力量。

关键词：　云南青年　辐射中心　南亚东南亚

建设“面向南亚东南亚辐射中心”是习近平总书记在2015年考察云南时对云南提出的“三个定位”重要要求之一。云南省经济的发展与壮大，优势在区域、出路在对外开放，切实做好区域经贸、科技、金融、人文等中心的建设，以政策沟通、设施联通、贸易畅通、资金融通、民心相通为主要

* 梁双陆，云南大学政府非税收入研究院执行院长、云南省经济学会副会长，教授、博士生导师，研究方向为经济体制改革、宏观经济管理与可持续发展、贸易经济；叶茜，云南大学经济学院硕士研究生；张嘉芯，云南大学经济学院硕士研究生；张书豪，云南大学经济学院硕士研究生。

抓手，积极推进和周边各国的互联互通。近年来，广大云南青年认真学习习近平总书记考察云南重要讲话精神，紧紧围绕把云南打造成“面向南亚东南亚辐射中心”这一重大战略目标，积极主动、彰显特色，坚持把“请进来”与“走出去”相结合，秉承“亲诚惠容”的周边外交理念，作为国家总体外交的重要一环，为云南加快建设面向南亚东南亚辐射中心贡献青春智慧。

一　云南青年服务面向南亚东南亚辐射中心建设现状

云南青年以习近平新时代中国特色社会主义思想为引领，深入学习和贯彻党中央及云南省委的战略部署，积极响应党的号召，紧密围绕中心工作，服务大局，以青春之力服务云南建设成为“面向南亚东南亚辐射中心”，展现新时代青年的担当与风采。

（一）云南青年服务经济贸易中心建设

1. 云南青年以建设国际大通道为主线，积极参与释放沿线经济潜力

云南一直把互联互通作为建设我国面向南亚东南亚辐射中心的重中之重，并加快与周边国家互联互通国际大通道的建设步伐。自 2013 年共建“一带一路”倡议提出以来，云南青年铁路建设者积极参与，为打造“黄金线路”和构建人类命运共同体贡献了青春力量。

云南青年深知肩负时代重任，他们在岗位上学技成才，在磨砺中成长进步。中老铁路建设运营青年专项攻坚团队由 1416 名青年职工组成，历经 5 年成功攻克中老铁路联通路网、运营管理、惠及民生以及友谊传承等重大课题。[①] 老挝万象运营管理中心青年团队，实现了老挝准轨铁路规章从 0 到 150 余万字、铁路人才从 0 到 595 人、旅客发送从 0 到 1600 余万人、货物发

① 《这十年 · 正青春丨中老铁路青年攻坚团队：跨越山河，匠心筑通途》，“《中国青年》杂志”官方网易号，2022 年 10 月 9 日，https：//www. 163. com/dy/article/HJ9AG0G50512BJHG. html。

送从0到2000余万吨等众多重大突破；打造“占芭花”客运服务品牌，打造“澜湄快线”国际货运品牌，货物运输逐步覆盖泰国、马来西亚等国家，品类从10多种扩展到1200多种。[①]“90后”青年曹光会以老挝语翻译的角色服务中老铁路建设，为中方参建单位与老挝当地居民、老挝分包企业及当地政府部门搭建起了沟通的桥梁。昆明机务段探伤工安辉围绕机车检修探伤难题，先后参与完成7项技术攻关小改小革，为单位每年节约成本30余万元，修订2项探伤工艺，解决探伤难题200余个，提升探伤效率60%。自中老铁路开通以来，累计发送旅客超过2500万人次，运输货物超过3000万吨，2023年进出口货运量达421.77万吨，同比增长94.9%，成为我国联通中南半岛及环印度洋地区的铁路大动脉。[②]

习近平总书记在中老铁路通车仪式上强调：“中老友谊的未来在青年，互联互通的根基在心心相通。”[③]以马竞为代表的中方老师，采取一对一、一对多的方式与老挝籍员工结成师徒，开设双语夜校、铁路讲堂，择优选拔老挝籍学员担任教学助手。2022年6月，66名老挝籍员工成为第一批火车司机；7月，25名检修人员成为“澜沧号”动车组守护者……截至2023年5月，累计培训老挝学员1000余名，500余名老挝青年已成为第一代铁路人才；3500多名老挝员工在岗位上服务中老铁路的装卸、物流等环节，间接带动商贸、旅游等行业增加就业岗位10万余个。[④]在中老铁路建设过程中，培养了一大批老挝籍技术工人和工程管理人才，为连接中老双方经济文化交流互动纽带、积极推动中老两国高质量发展贡献青春力量。

2. 云南青年以服务口岸建设为主线，不断参与提高贸易便利化水平

习近平总书记强调：“海关担负着守国门、促发展的职责使命，做好海

---

① 《【恰同学少年】“黄金大通道”上的青春笔记》，《大理日报》新闻网，2023年5月29日，https：//www.dalidaily.com/content/2023-05/29/content_48331.html。

② 《高质量发展扎实推进，“三年上台阶”迈出坚实步伐，全省经济运行呈现十大亮点！》，昭通新闻网，2024年2月22日，https：//www.ztnews.net/article/show-425823.html。

③ 《习近平同老挝人民革命党中央总书记、国家主席通伦共同出席中老铁路通车仪式》，中国政府网，2021年12月3日，https：//www.gov.cn/xinwen/2021-12/03/content_5655722.htm。

④ 数据来源：云南网。

关工作意义重大。”① 云南为优化口岸经济，提升口岸的通关效率和服务水平。新时代云南海关青年始终坚守岗位、奋战一线，不断优化口岸营商环境，服务外贸保稳提质，促进经济社会发展。

云南青年聚焦助力口岸经济高质量发展，推动营商环境进一步优化。云南省保山税务部门的 2 支“青年突击队”前往国门口岸滇滩镇搭建“流动办税服务厅”，为多家口岸经济龙头企业进行税费政策宣传和办税缴费辅导，将最新税惠政策直送经营主体，梳理企业疑惑的政策堵点并制定服务清单，为经济现代化贡献青年力量。② 云南青年服务南博会等重点展台，积极对接省内外会展业发达地区，推动“以展聚商、以展招商”。第七届南博会招募的志愿者党员占比高、学历水平高、语言能力强，其中近 1/4 是中共党员，其余均为共青团员；研究生志愿者占比 11.8%，本科生志愿者占比 88.2%；英语专业的志愿者占比 16.0%，小语种专业的志愿者占比 10.0%；第七届南博会线下为 2050 家企业、10063 人提供了优质的服务，共达成 483 个签约项目，其中，342 个签约投资项目，投资额达 4126.54 亿元人民币，同比增长 2.2%；签署 141 个商贸合同，合同金额达 105.11 亿美元，同比增长3.9%。③ 在过去的 6 届南博会中，8000 余名大学生志愿者奉献青春力量，向参会嘉宾和社会各界展现了云岭青年的青春风采。

瑞丽海关涉企部门青年突击队为应对出入境人员激增，设置隔离区并恢复外籍劳务人员体检；实施“7×24 小时”预约通关模式，便捷审批，满足企业需求；加强电站企业指导，紧盯甘蔗收获季，支持制糖企业；督导免税店复工，支持开放平台建设，促成瑞丽口岸边民互市贸易市场恢复运行，累

① 《习近平给红其拉甫海关全体关员的回信》，中国政府网，2023 年 9 月 12 日，https://www.gov.cn/yaowen/liebiao/202309/content_6903440.htm。

② 《云南保山“流动办税服务厅”助力口岸经济高质量发展》，“云南网”百家号，2023 年 10 月 25 日，https://baijiahao.baidu.com/s?id=1780724915472668227&wfr=spider&for=pc。

③ 《第 7 届中国—南亚博览会暨第 27 届中国昆明进出口商品交易会新闻发布会》，云南省人民政府网站，2023 年 8 月 20 日，https://www.yn.gov.cn/ynxwfbt/html/2023/zuixinfabu_0818/5943.html。

计进出口货物上万票，价值数千万元。[①] 金水河海关青年团员聚焦智慧海关建设开辟咨询服务窗口和绿色通道，开展业务培训和政策解读，帮助企业解决困难；活动中共计发放宣传资料226份，解答企业问题12个。[②] 勐腊海关口岸监管科35周岁以下青年占比74%，组织青年干部参与智慧口岸建设，2022年共监管进出口货物428.9万吨，监管进出境运输工具12万余辆。[③] 瑞丽海关监管一科35周岁以下青年占比65%，平均年龄33周岁，被认定为“一星级全国青年文明号”。[④] 2023年云南边境经济快速恢复，智慧口岸建设走在全国前列，口岸进出口货值增长8.7%，进出口货运量增长32.2%；边境贸易额增长51.5%，比全国平均水平高11.9个百分点；8个边境（跨境）经济合作区固定资产投资额同比增长1.1倍，磨憨铁路口岸成为我国对东盟的第一大铁路口岸。[⑤] 据昆明海关统计，云南对南亚东南亚国家进出口额从2015年的886.6亿元增长到2023年的1257.8亿元，增幅达41.9%，年均增长4.5%，贸易规模连续5年保持在1000亿元以上。[⑥] 云南青年用自

① 《昆明海关团委组织团员青年开展“迎七一、铸忠诚，护航二十大”主题团日活动》，云南机关党建网，2022年6月30日，https://www.ynjgdj.gov.cn/html/2022/dangqungongjian_0630/9643.html。

② 《昆明海关所属金水河海关团支部开展“8·8”海关法治宣传日活动》，云南机关党建网，2023年8月8日，https://www.ynjgdj.gov.cn/html/2023/dangqungongjian_0808/15212.html。

③ 《以青春之名，吹响“青年文明号”丨2022—2023年云南省“青年文明号”集体风采巡礼（二）勐腊海关口岸监管科》，“西双版纳共青团”微信公众号，2023年4月27日，https://mp.weixin.qq.com/s?__biz=MzA5MTQ5NjkzMQ==&mid=2650526593&idx=2&sn=d3474342365aa3b21d942747aede742e&chksm=8874fb0dbf03721b972c07efd000af0759e58865951cca5db3b5ad5e18d460fdda4ba5ffbcc6&scene=27。

④ 《“青”力“青”为丨吹响边关青春号角》，“共青团瑞丽市委”微信公众号，2022年9月23日，https://mp.weixin.qq.com/s?__biz=MzA4NjQ3NDgzMA==&mid=2652659969&idx=2&sn=f4d32364da567a97f1081b9e78e90456&chksm=8420e820b3576136505b342ecea236254e34c4b9fe62b69bbf9539368bd22aaead6b2d0eedad&scene=27。

⑤ 《〈经济日报〉刊发云南省省长王予波署名文章：〈奋力推进中国式现代化云南实践〉》，《经济日报》（两会特刊）2024年3月9日。

⑥ 《云南发挥开放优势培育外贸新动能　2015年到2023年对南亚东南亚国家进出口额增幅达41.9%》，云南省人民政府网站，2024年2月21日，https://www.yn.gov.cn/ztgg/jdbytjwhjc/gjh/xgzx/202402/t20240221_295688.html。

己的行动，诠释着青春的价值和意义，为国家的口岸事业发展贡献着青春力量。

3. 云南青年以带头人的引领示范作用，参与促进新型农业经营主体的形成

榜样的力量是无穷的，“云南青年创业省长奖”（以下简称“省长奖”）充分发挥青年典型的引领示范作用，为云南青年厚植了干事创业的沃土。第一届“省长奖”获得者李孝轩创办成立的中国新高教集团，在全国创建了8所大学，向社会输送了40多万名高素质应用型人才；并投入8000多万元开展教育帮扶，开设“少数民族扶持班”，承办教育部“滇西青年创业学院”项目，免费培养830名农村创业致富带头人，带动就业4000人。第三届“省长奖”获得者、云南摩尔农庄生物科技开发有限公司董事长张跃进，帮扶带动返乡青年创新创业，多次参与并承办“创青春”青年创新创业大赛，累计吸引了1万余个创业项目，5万余名青年报名参赛，选树了100名云南“创新创业之星”。第七届“省长奖”获奖者向云南省青年创业就业基金会捐赠50万元奖金，该基金会实施了创业技能培训、服务阵地建设、青创企业扶持等项目1000余个。[①] 第十届“省长奖”获奖者、“首届全国乡村振兴青年先锋”荣誉称号获得者、澜沧田丰林下三七种植管理有限公司董事长赵泰，从国外带领团队回国从事农业科技领域的创业，升级农村的技术、管理、产品。2018年赵泰在云南澜沧县投入种植的1150亩林下三七，提供了5000多个就业岗位，参与农户人均增收2万元。[②] 共青团云南省委和各级政府有关部门紧扣服务青年的工作生命线，加强政治引领，用心排忧解难，激励广大云岭青年放飞梦想、尽展才智、建功立业。

昆明市形成以花卉拍卖为核心的国际鲜切花批发和集散中心，对产业上下游的辐射作用大。[③] 2023年，昆明市外贸进出口总额达1346.8亿元，其

---

① 《“云南青年创业省长奖”厚植青年干事创业沃土》，中国共青团网站，2023年11月25日，http://qnzz.youth.cn/qckc/202311/t20231125_14928210.htm。

② 《“云南青年创业省长奖”扶持创业青年成长》，中国青年网，2023年4月21日，https://t.m.youth.cn/transfer/index/url/qnzz.youth.cn/qckc/202304/t20230421_14470099.htm。

③ 梁双陆、刘英恒太：《“一带一路”与云南边缘增长中心的形成》，《边界与海洋研究》2022年第2期。

中出口花卉贸易额增长 17.5%，鲜切花出口值已连续 5 年保持全国首位。[①]共青团云南省委带动打造的昆明青年花卉电商产业园，培育花卉产业新秀，助力传统优势农业提质增效。“80 后”云南青年花卉人张宇带领团队通过运用物联网、大数据等技术指导农业种植的自动化、标准化，并不断进行创新研发和实践；创立的电商花卉“花加”在三年间业务覆盖全国 200 多个城市，月发货量 150 多万单，2017 年销售额超 15 亿元，销售量超 3.86 亿枝，客户群体超千万人。[②] 发展鲜花电商不仅能以低成本拓展增量市场，也能为鲜花行业带来新的市场空间。

（二）云南青年服务金融服务中心建设

云南推动完善以银行间市场区域交易为主、银行柜台交易为辅、特许兑换为补充的全方位、多层次人民币与周边国家货币区域交易的“云南模式”，该模式致力于推动人民币与周边国家货币的区域交易。在这一进程中，富滇银行勇立潮头，率先进入老挝市场，通过与当地合作设立老中银行，成为首家获准在境外设立分支机构的地方城市商业银行，也标志着云南在跨境金融领域的重要突破。此外，云南还吸引了 8 家外资银行、5 家外资保险机构设立分支机构。目前，云南已与 120 个国家（地区）建立跨境人民币结算渠道，至 2023 年，跨境人民币结算累计金额已突破 7000 亿元大关，实现对南亚东南亚建交国家的全面覆盖，为区域经济的繁荣注入了强劲动力。[③] 值得一提的是，云南青年也积极投身东南亚地区的跨境金融服务，他们凭借深厚的专业知识和对东南亚市场的深入了解，为当地企业提供资金支持，助力项目顺利推进；同时，他们还致力于引进国际资本，为东南亚地区的经济发展贡献青

---

① 《大力推进“贸易富市” 昆明交出商贸经济高质量发展新答卷》，昆明市呈贡区人民政府网站，2024 年 1 月 31 日，http：//www.kmcg.gov.cn/c/2024-01-31/6810593.shtml。

② 《美丽鲜花背后的青年践行者》，“青年与社会杂志”百家号，2020 年 3 月 15 日，https：//baijiahao.baidu.com/s？id=1661206471024366045。

③ 《取得历史性突破 实现跨越式发展 明天将更加美好——“中国这十年·云南”主题新闻发布会答记者问实录》，《云南日报》2022 年 7 月 22 日，https：//yndaily.yunnan.cn/content/202207/22/content_ 82835.html。

春力量，他们的积极参与不仅加强了云南与东南亚地区的金融合作，也为青年人才的成长和发展提供了广阔的舞台。

此外，自建设面向南亚东南亚辐射中心以来，云南青年积极投身东南亚地区的金融基础设施建设，助力云南省搭建两个越南盾现钞直供平台以及西南地区首个泰铢现钞直供平台，还参与了中老双边现钞调运通道的建设。同时，他们与当地的金融机构紧密合作，共同推进支付结算系统、征信体系等关键设施的建设，提升金融服务的普及度和便利性，这些举措为东南亚地区的经济发展提供了有力支持。他们还积极探索并应用区块链、大数据、人工智能等先进技术，努力提升金融服务的效率和便捷性，比如推广数字货币，以满足东南亚地区消费者对金融服务的多样化需求。

（三）云南青年服务科技创新中心建设

云南在共建“一带一路”倡议的推动下，成为连接中国与东南亚之间科技创新合作的重要枢纽。云南青年积极响应号召，参与联合实验室建设和技术转移服务，推动科技园区合作建设，为区域科技发展注入新动力。他们用实际行动书写属于自己的时代篇章，展现了新时代青年人的责任与担当。

1. 云南青年作为科技创新的排头兵，参与国际合作平台建设，提升科技要素集聚度

“中国—南亚技术转移中心”和“中国—东盟创新中心”这两个重量级机构，分别于2014年和2015年成立。在此基础上，第4届中国—南亚技术转移与创新合作大会圆满召开，并建立了技术推广应用示范基地。这些合作促进了各国间的科技交流与创新成果转化，为当地居民提供了先进的科技产品和服务，实现了互利共赢的局面。

2018年6月，云南省启动了中国—南亚东南亚国际技术转移交易平台，以“互联网+大数据+科技成果转化”为核心理念，为国内外高等院校、科研院所及创新型企业提供全方位的专业服务，该平台的建立增强了南亚东南亚地区在科技创新和技术转化方面的能力。目前，已有115家科技服务机构入驻，258位国内外专家参与，涵盖14万名用户，在线专利产品超过20万件，3317 项技术成果已经上线。[①] 此外，云南青年积极参与建设和维护国际科技合作平台，促进各国的合作与交流，提高科研成果的转化与应用。

2. 云南青年作为科技探索的领军者，参与建设人才队伍，打造创新型人才新高地

云南省科技厅自 2014 年开始认定国际科技特派员，并在短短一年内成功向南亚东南亚地区派遣了国际科技特派员 65 人次，有效解决了 77 条技术需求。[②] 为了进一步推动科技创新合作，2021 年云南省建设面向南亚东南亚科技创新中心办公室发布了《加快面向南亚东南亚科技创新中心建设行动方案》，旨在构建一支高素质、专业化和规模化的国际科技特派员队伍。[③] 此外，据统计，目前云南已有 46 所高校与 62 个国家、地区开展合作办学，已建成 11 个境外人才培训基地，签署了 10 项人才培养、科研、人文等方面的合作项目。通过互派留学生和联合培养，为南亚东南亚各国输送了大批杰出的科技人才，推动了南亚东南亚地区科技创新与国际合作的发展。

云南大学于 2018 年 12 月成功创立了南亚东南亚大学联盟，旨在推动高等教育领域的区域性国际合作。截至 2023 年，该联盟共有 118 所成员，已经成为南亚东南亚地区人文交流的重要平台，对云南构建“辐射中心”起到了很大的推动作用。南亚东南亚大学联盟“创新创业教育分委员会”的设立，对培养年轻的创新创业人才、推进学科建设与科研工作具有重要意义，有利于促进云南创新创业资源有效集聚，促进“一带一路”建设。[④]

---

① 数据来源：中国—南亚东南亚国际技术转移交易网。

② 《云南国际科技特派员在与南亚、东南亚国家科技合作中发挥积极作用》，中华人民共和国科学技术部网站，2015 年 12 月 24 日，https：//www. most. gov. cn/dfkj/yn/tpxw/201512/t20151223_ 123118. html。

③ 《云南省建设面向南亚东南亚科技创新中心办公室关于印发〈加快面向南亚东南亚科技创新中心建设行动方案〉的通知》，云南省科学技术厅网站，2021 年 11 月 22 日，https：//kjt. yn. gov. cn/html/2021/zhongdianlingyuzhengfuxinxigongkai_ 1122/5091. html。

④ 《2018—2023 南亚东南亚大学联盟五周年特刊》，南亚东南亚大学联盟网站，2023 年 12 月 29 日，http：//www. chinadaily. com. cn/specials/ynu/S&SEAsianUNFiveYearReport. pdf。

2021 年下半年，云南师范大学成功举办了“中国—东盟可再生能源联合实验室应用示范国际培训班”，吸引了来自南亚东南亚各国的 25 名学生参与，此次培训采用线上与线下相结合的形式，重点探讨了可再生能源在日常生活中的具体应用。①

昆明理工大学已成功向南亚东南亚输送了百余名具备高素质和复合型技能的技术人才。截至 2022 年 2 月，该校拥有 27 名初级技术经纪人，他们成为云南省技术转移的首批“国家级技术经纪人”，在科技成果转移转化、高新技术产业发展及优秀人才输出方面发挥着举足轻重的作用，也是促进中国与南亚东南亚国家创新合作的重要力量。②

3. 云南青年作为科技发展的引领者，积极参与联合实验室建设，促进科技成果转化

根据统计数据，自云南面向东南亚的联合实验室项目启动以来，参与其中的青年群体数量持续攀升。云南青年不仅是实验室规划设计的参与者，还是设备采购环节的关键决策者，以及重要的科研任务执行者。他们来自不同的领域，具有广泛的专业背景和深厚的科研能力，并积极与南亚东南亚地区的科研人员进行紧密合作，共同推进科技创新的步伐。

云南青年也在澜湄合作中发挥着重要作用。云南电网公司设立的云南省澜湄国家电力技术国际合作联合实验室，在可再生能源并网领域的标准化合作及多边标准互认机制研究中取得了显著成果，为中国在可再生能源技术标准方面的国际化进程奠定了坚实基础。③ 展望未来，云南青年将通过参与各类合作项目和实验室建设，进一步深化澜湄合作，为构建人类命运共同体贡献青春力量。

---

① 《【牢记嘱托　把总书记交办的事情办好】云南：奋力推进面向南亚东南亚辐射中心建设　构筑对外开放新高地》，云南网，2022 年 1 月 12 日，http：//yn. yunnan. cn/system/2022/01/12/031866532. shtml。

② 《昆明理工大学坚持“发展脉搏与云南省经济社会发展同频共振”主线 奋力书写高校服务地方发展新篇章》，云南网，2022 年 2 月 21 日，http：//edu. yunnan. cn/system/2022/02/21/031932717. shtml。

③ 《云南省澜湄国家电力技术国际合作联合实验室申报成功》，云南网，2022 年 5 月 30 日，http：//society. yunnan. cn/system/2022/05/30/032111361. shtml。

昆明理工大学的云南省人工智能重点实验室，集结了20余位顶尖的科学家、工程师及学术精英，其中不乏对国家有突出贡献的中青年专家、科技领军人才以及备受赞誉的云岭学者。“云岭翻译”便是其研究成果之一，它不仅仅是一部简单的翻译工具，还是一套全面的语言解决方案，能够处理包括中文在内的108个语种。这项技术的突破不仅构筑了辐射南亚东南亚的新一代信息技术产业高地，也为建设面向南亚东南亚辐射中心提供了坚实的语言技术支持。① 同时，这群青年科学家还积极投身面向南亚东南亚辐射中心的数字经济先行示范区的建设，通过推动“语言技术+”的应用及产业合作平台的构建，为该区域数字经济的深度融合注入了新的动力。

4. 云南青年作为科技前沿的先行者，积极参与科技合作论坛，促进创新精神的传播

近年来，随着全球化进程的加速，云南作为中国与南亚东南亚的重要连接点，逐渐成为国际科技交流与合作的热土。在此背景下，云南举办了一系列具有前瞻性的科技合作论坛，如备受瞩目的“中国—南亚合作论坛”“中国—东盟信息通信创新论坛”“中国—东盟科技论坛”“腾冲科学家论坛”等。这些论坛不仅为青年科技人才提供了一个展示思想火花、探讨科研成果的平台，更促进了区域间的科技合作与知识共享。云南的青年科技人才在这些论坛中表现尤为突出，他们用自己的专业技能和创新思维在国内外同行面前赢得了极高的评价，在面向南亚东南亚的国际舞台上展现了云南青年的风采和实力，为云南乃至中国争取了更多的国际合作机会和资源。

（四）云南青年服务人文交流中心建设

1. 云南青年发挥先锋作用，加强与南亚东南亚国家的教育合作

要充分发挥云南青年的力量，就必须加强对青年，特别是有国际眼光的青年进行教育与培训。近年来，云南省在加快推进面向南亚东南亚的教育辐

① 数据来源：云南省人工智能重点实验室简介。

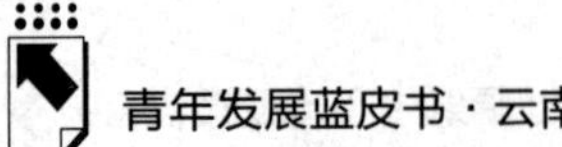

射中心方面取得了不少成果，截至2022年6月，云南省中外合作办学项目达37个，省内高校在境外开办孔子学院（课堂）18个，境外办学覆盖老挝、泰国、越南、缅甸、柬埔寨等南亚、东南亚国家。①

习近平总书记指出："青年是社会中最有生气、最有闯劲、最少保守思想的群体，蕴含着改造客观世界、推动社会进步的无穷力量。"② 西南林业大学国际学院的王海涛老师，于2013年9月被国家汉办选派到非洲马里工作，在阿斯基亚中学孔子课堂先后担任公派教师和中方院长。他在非洲的三年，为马里首座孔子学院的建立奠定了良好的基础，并得到了马里教育部和中国驻马里使馆的高度赞扬，入围"2018年云南向上向善好青年"候选人名单。③ 云南经济管理学院外事教师肖东，2016~2018年在泰国宋卡王子大学孔子学院任教，教授学生共计869名，文化类学员达1000人次以上，学员年龄为7~61岁，总课时长达1302小时，组织、参与孔子学院文化活动72项以上，受众达10000人以上。④ 丽江文化旅游学院万绍娟老师，2015~2021年，先后两次以国家公派汉语教师的身份，赴非洲尼日利亚纳姆迪·阿齐克韦孔子学院和欧洲马耳他大学孔子学院执教5年，教授初级、中级和高级汉语课程，曾获得尼日利亚奥古联邦理工学院校方颁发的"杰出工作奖"。⑤

---

① 《何林晞：大力开展国际青年人才培养　助力云南面向南亚东南亚教育辐射中心建设》，云南省社会科学院网站，2022年6月13日，http：//www. sky. yn. gov. cn/xsyj/zgsd/05833128862611536012。

② 《奋力书写为中国式现代化挺膺担当的青春篇章》，"光明网"百家号，2024年5月6日，https：//baijiahao. baidu. com/s？id=1798267759881521975&wfr=spider&for=pc。

③ 《投票啦！快来选出你心中的"2018年云南向上向善好青年"！》，"云南共青团"微信公众号，2018年2月1日，https：//mp. weixin. qq. com/s？_ _ biz=MzA5NzA0ODUwMg==&mid=2649694089&idx=1&sn=0b3e164d4c79080d8c6ef4e9edb30a6c&chksm=88bd7d50bfcaf446385dcc6ca1cbcc40791ff1f12f41d56d645ecb0fb394775b0983889d9851&scene=21#wechat_redirect。

④ 《"一带一路"他在路上，弘扬中华文化记在心上！——肖东》，"好老师共享平台"微信公众号，2019年3月25日，https：//mp. weixin. qq. com/s？_ _ biz=MzUxOTMzNzIzNA==&mid=2247499029&idx=1&sn=3c444ae1a585f4b2d9e30a0607dd7fd7&chksm=f9f99968ce8e107ee1b0d62c0264a59c3ada3a193908a3d28a09712f253bf0f30950e17cc488&scene=27。

⑤ 数据来源：丽江文化旅游学院网站，https：//www. lywhxy. com/jsjyxy/content/details5_85551. html。

2. 云南青年凝聚青春智慧，连接与两亚国家的文化交流

以文化人，更能凝结心灵；以艺通心，更易沟通世界。[①] 云南省举办澜沧江—湄公河流域国家文化艺术节、中缅胞波狂欢节、“七彩云南·文化周边行”访演等文化节庆活动，云南广播电视节目在老挝、柬埔寨等国成功落地，《吴哥的微笑》等一大批文化产品走出国门。

《吴哥的微笑》是2010年在柬埔寨“吴哥窟”演绎的一场大型文化旅游驻场演出，全剧选择了吴哥文化遗产中最具有代表性的文化意象，并运用现代技术进行表达。从2010年11月28日开始，这个节目已经在柬埔寨上演了1230多场，得到了来自60多个国家超过110万人次的观看，《吴哥的微笑》作为中国文化“走出去”的标志性作品，2012年获得“国家文化出口重点项目”称号，被柬埔寨政府授予“柬埔寨旅游特殊贡献奖”。在《吴哥的微笑》长达一小时的节目中，有一场精彩的吊环杂技表演，表演者是整个节目中唯一一位云南人——90后昆明女孩王志贞。在云南省杂技团的引荐下，王志贞于2014年8月到达暹粒，加入《吴哥的微笑》表演团队。[②]

自2023年5月以来，云南省完善文旅志愿服务体系、组织开展文旅青年志愿服务活动，促进文化旅游志愿工作制度化、规范化。截至2023年10月25日，云南公共文化云和一部手机志愿服务平台已经登记了6.4万名文旅志愿者，在全省范围内建立了520个文明旅游志愿服务站、721支文旅志愿者队伍，累计志愿服务时长达185万小时，为4067万人次的游客提供服务。[③] 青年学生在校期间就能以志愿服务的方式参与到国家战略实施的过程中，为云南省的对外发展奉献青春力量，是他们一生中宝贵的财富。争做新时代向上向善新青年，云岭青年主动服务和融入共建“一带一路”建设，

---

① 《联播+｜铸就中华文化新辉煌　习近平对文艺工作者提出五点希望》，“新华网”百家号，2021年12月16日，https：//baijiahao. baidu. com/s？id = 1719290698843480045&wfr = spider&for = pc。

② 《云南文化企业“走出去”创造吴哥微笑》，昆明信息港网站，2015年6月25日，http：//www. kunming. cn/news/c/2015-06-25/3947149. shtml。

③ 《全省文旅高质量发展取得新成效》，云南省人民政府网站，2023年10月26日，https：//www. yn. gov. cn/ywdt/bmdt/202310/t20231026_ 287951. html。

积极践行“三大倡议”和亲诚惠容周边外交理念，为推动构建两亚文化辐射中心贡献自己的青春力量。

3. 云南青年服务大局，促进与南亚东南亚国家的医疗卫生合作

云南在周边国家开展“爱心行”“光明行”等公益医疗活动，累计给5400余人次的白内障患者进行免费手术治疗，且手术成功率为100%；完成5万余名儿童的先天性心脏病筛查，成功救治120余名先天性心脏病儿童。在新冠疫情期间，根据周边国家的需求，先后派遣了250多批抗疫医疗专家组到各国支持抗疫，积极推动构建我国与南亚东南亚国家的卫生健康共同体。①

云岭青年始终服务于建设面向南亚东南亚医疗健康辐射中心这个大局，成为连接南亚东南亚人民的先锋力量。昆明医科大学先后向乌干达派遣了16批医疗援助队，并于2023年9月再次派遣医疗队前往乌干达，大批青年医生投身于国际医疗援助工作，在斯里兰卡、柬埔寨等国开展“心连心”先心病儿童义诊、宫颈癌筛查、“光明行”白内障复明手术等，救治患者2000余人次，培训当地医务人员5000余人次。昆明医科大学举办了5届南亚东南亚医务人员合理用药培训班、9届“金桥”微创泌尿外科新技术培训班、3届南亚东南亚神经外科新技术培训班、2届面向东盟国家普通外科技术培训班和孟加拉国医务人员培训班等一系列医疗技术和卫生服务能力提升培训班，青年医生和专家们积极参与和推动援外卫生健康行动，助力云南与南亚东南亚国家开展医药卫生合作，为区域医疗卫生和经济社会发展作出新的贡献。②

4. 云南青年贡献青春力量，助力与两亚国家的体育合作

云南充分利用其地理位置和资源优势，着力建设“户外运动天堂、四季赛事乐园、高原训练胜地”三大品牌，举办了6届“一带一路·七彩云

---

① 《“云南这十年”系列新闻发布会·建设面向南亚东南亚辐射中心专场发布会》，云南省人民政府网站，2022年8月15日，https：//www. yn. gov. cn/ynxwfbt/html/twzb/931. html。

② 《昆明医科大学：以开放办学推动高质量发展》，《云南日报》2023年10月12日，https：//yndaily. yunnan. cn/content/202310/12/content_ 165363. html。

南”国际汽车拉力赛、“永子杯”围棋大师赛和10届“格兰芬多”国际自行车节，打造了格兰芬多国际自行车节、上合昆明马拉松等国际品牌赛事，推动了与南亚东南亚国家、澜湄区域国家的体育交流与合作，特别是发挥了体育多元价值、搭建了多边交流平台，体育对外交流合作实现常态化，开辟了更多交流合作渠道。①

为服务于云南面向南亚东南亚辐射中心建设的目标，云南青年积极参与各项体育赛事，着力推动与南亚、东南亚各国的公共外交与人文交流。2022上合昆明马拉松比赛吸引了来自18个国家和地区的2万余名选手报名。② 昆明理工大学在2015年发起并主办的“南亚东南亚大学生文化体育昆明交流周”，已成为云南的一张亮丽名片。2023年10月16日，第四届澜沧江—湄公河大学生友好运动会暨第六届南亚东南亚国家大学生文化体育昆明交流周开幕式在昆明理工大学举行，来自中国、斯里兰卡、尼泊尔、泰国、巴基斯坦、越南等11个国家和地区的18所高校的运动健儿同台竞技，570余名师生参加此次运动会三个大项、七个小项的比赛及文化交流考察活动。③ 在2023年传统体育国际交流大赛上，通过参与武术、健身气功、围棋、象棋等比赛项目，来自25个国家和地区的101支代表队，共500余名运动员和教练员共同感受了中华传统体育文化的魅力，并且加深了彼此的了解、增进了感情；各国运动员和教练员通过本次大赛深度体验了“有一种叫云南的生活”。2023年11月3日，来自中国云南省16个州（市）的3人篮球代表队，与来自老挝、泰国、越南、缅甸、柬埔寨的5国代表队在“七彩云篮”——2023年云南省边境幸福村体育嘉年华进行了3人篮球赛角逐，并进行了相关文化交流活动。④

① 《云南体育对外交流合作实现常态化》，“中国青年报”百家号，2023年12月10日，https：//baijiahao. baidu. com/s？id=1784860509921346292&wfr=spider&for=pc。

② 《体育对外交流助推云南面向南亚东南亚辐射中心建设》，新华网，2023年12月20日，http：//www. yn. xinhuanet. com/20231220/80697d993be44cd9bb39e6063157b2c6/c. html。

③ 《开幕！第四届澜沧江—湄公河大学生友好运动会来了！》，昆明理工大学网站，2023年10月17日，https：//www. kmust. edu. cn/info/1141/46731. htm。

④ 《体育对外交流助推云南面向南亚东南亚辐射中心建设》，新华网，2023年12月20日，http：//yn. news. cn/20231220/80697d993be44cd9bb39e6063157b2c6/c. html。

二　云南青年服务面向南亚东南亚辐射中心建设的未来方向

尽管云南青年在服务面向南亚东南亚辐射中心建设中取得了显著成绩，但仍面临一些困境。首先是云南的青年人才队伍建设结构不合理，缺乏高层次后备人才和精通非通用语言的跨文化传播人才。其次是在人才培养方面，基层管理者的“传帮带”意识不强，造成一部分优秀的青年员工不能快速成长起来。再次是部分青年缺乏责任感和使命感，主动服务国家战略意识有待增强。最后是由于语言、文化和制度方面存在不同，云南青年的作用很难在跨界协作中得到很好的发挥。针对上述困境与挑战，云南青年服务面向南亚东南亚辐射中心建设的未来方向应聚焦于以下几点。

（一）培养兼具中国性、两亚性、世界性的南亚东南亚国际传播人才的培养理念

云南青年应在中国共产党的领导下，坚持以马克思主义为指导，学习和实践具有中国特色的对外传播理念，并在政治观和价值观上始终保持正确的方向；关注南亚东南亚国家国情、文化的异同，以共情两亚人民为核心，在文化的共识和情感的联结中，凝聚认同。在中国—南亚东南亚命运共同体的建设中，要以“中国性”为根基，积极探讨如何与两亚国家平等、开放、和谐地进行交流与融合，不断推动南亚东南亚国际传播人才培养的改革与创新。①

（二）深化国际项目合作和科技创新平台建设，扩大合作的范围和广度

建立健全创新资源配置机制和政策保障体系，进一步完善相关政策措施，为青年提供更多的政策支持和引导。例如，设立专项基金支持青年服务面向南亚东南亚辐射中心建设的创新创业项目。在共建“一带一路”倡议

① 廖圣清、舒瑾涵：《加强面向南亚东南亚的国际传播人才培养》，《传媒》2023 年第 20 期。

的背景下，发挥自身的资源优势，同南亚、东南亚等国家及地区积极开展科技交流与合作。鼓励青年参加国际合作项目，以拓宽云南青年的国际视野、提升云南青年的创新能力。同时，加强科研创新平台建设，提高科研院所的科研能力与水平。通过与世界上最先进的科技创新平台进行合作与交流，引入先进的技术和经验，并对其进行优化，使其运营效率和服务水平得到进一步提升。云南青年应加强与国际金融市场的交流与合作，学习借鉴先进金融制度和监管经验，推动云南金融业的国际化发展。

（三）加大培养力度，壮大人才队伍

云南省应在资金、财政、税收等方面出台扶持政策，增加对人文交流中心建设的投入，并在重点项目上给予特殊的政策支持。加强青年人才队伍建设，为云南培养出一批有国际眼光、有创造力的年轻科技人才；加强对年轻高层次人才的培训，健全不同区域、不同领域的培训制度，吸引云南有才能的年轻人积极投入科学和技术创新，推动“产学研用”深度结合。加深与南亚东南亚的联系，提高云南青年对南亚东南亚科技发展的了解，推动高校加强非通用语专业人才的培养，拓展外语专业的覆盖面，支持各高校开展海外优秀教师交流和互派留学生活动，打造“留学云南”品牌。要加强对大学生的培养，重点培养具有文化、传播、技术和政治等多方面技能的复合型青年人才；发掘、培养一批通晓国际规则、在国际上具有一定影响力的文化传播人才、新闻报道人才、中译外翻译人才、国际公共关系人才、媒体运营管理人才、新媒体应用人才、对外传播研究人才。同时，加大对云南青年金融人才的培养和引进力度，通过办培训班、开展合作项目等方式，提高云南青年金融人才的专业素养和国际化水平。

B.15

云南青年投身构建现代化产业体系报告

彭世广　张　玲*

摘　要： 青年作为党和国家事业的建设者和接班人，是锚定“3815”战略发展目标，聚力构建云南现代化产业体系的主力军。本报告首先总结了云南现代化产业体系建设进展，其次总结了云南青年投身构建现代化产业体系的实践，最后结合未来形势和政策取向，从汇聚共青团的青春力量、多措并举稳就业促创业、优化战略科技人才机制三个方面提出云南青年投身构建现代化产业体系的发展方向。

关键词： 现代化产业体系　高原特色农业　青年创业

党的二十大报告在论述“加快构建新发展格局，着力推动高质量发展”部分时，专门将“建设现代化产业体系”作为重要内容进行强调。2023 年 5 月 5 日，习近平总书记在主持召开二十届中央财经委员会第一次会议时对建设现代化产业体系也进行了强调，指出：“现代化产业体系是现代化国家的物质技术基础，必须把发展经济的着力点放在实体经济上，为实现第二个百年奋斗目标提供坚强物质支撑。”可见，建设现代化产业体系作为新时代新征程上的一项重要战略部署，对推动高质量发展、实现中国式现代化具有重大意义。

随着共建“一带一路”倡议、长江经济带发展战略的深入实施，以及叠加 RCEP 全面生效等政策红利，云南立足区域比较优势，加快构建体

* 彭世广，云南大学经济学院讲师，研究方向为农业经济、贸易经济、市场研究与信息；张玲，云南大学经济学院硕士研究生。

现云南特色优势的现代化产业体系。建设现代化产业体系，需要一代又一代人接续奋斗，青年是国家和民族的未来，青年的作用至关重要。自2018年制定了《云南省中长期青年发展规划（2018—2025年）》以来，云南省委、省政府坚持党管青年原则，牢牢把握为实现中华民族伟大复兴中国梦而奋斗的时代主题，引导广大青年主动担当作为，积极履职尽责，以加快构建现代化产业体系的实际行动，为云南省构建现代化产业体系贡献力量。

一 云南现代化产业体系建设进展

农业不仅是国民经济中的一个重要组成部分，而且对构建现代化产业体系也起到十分关键的作用。新型工业化是以推动实体经济高质量发展为主题的工业化，是建设现代化产业体系的必由之路。现代服务业是现代化产业体系的主体和重要支撑。现代服务业成为主导产业并占较大比重，是现代化产业体系的一个重要特征。数字经济不仅是现代化产业体系的重要组成部分，而且能够通过与其他产业的相互融合，加快提高整个产业体系的现代化程度，对我国现代化产业体系的构建具有重要的促进作用。

自党的十八大以来，云南省产业规模不断壮大、产业结构逐步调整、产业转型升级加快推进，为构建现代化产业体系打下了良好基础。2018～2022年，云南省地区生产总值持续扩大，从2018年的20880.6亿元增长到2022年的28954.2亿元，排名由全国第20位上升至全国第18位；2022年云南省地区生产总值增速为4.3%，高于国内生产总值增速1.3个百分点（见表1）。三次产业结构由2018年的14.0∶38.9∶47.1调整为2022年的13.8∶36.2∶50.0。新常态下，经济逐步从高速增长转向高质量发展，经济增长的稳定性和韧性不断增强，全省三次产业结构明显优化。

表1　2018~2022年云南省地区生产总值与全国生产总值对比

单位：亿元，%

年份	云南省			全国	
	地区生产总值	地区生产总值增速	全国排名	国内生产总值	国内生产总值增速
2018	20880.6	8.9	20	919281.1	6.7
2019	23223.8	8.1	18	986515.2	6.0
2020	24521.9	4.0	18	1013567.0	2.2
2021	27146.8	7.3	18	1149237.0	8.4
2022	28954.2	4.3	18	1210207.2	3.0

资料来源：云南省统计局。

（一）农业基础地位不断巩固

2022年，云南省第一产业增加值为4012.18亿元，比2018年多1513.32亿元（见图1）。

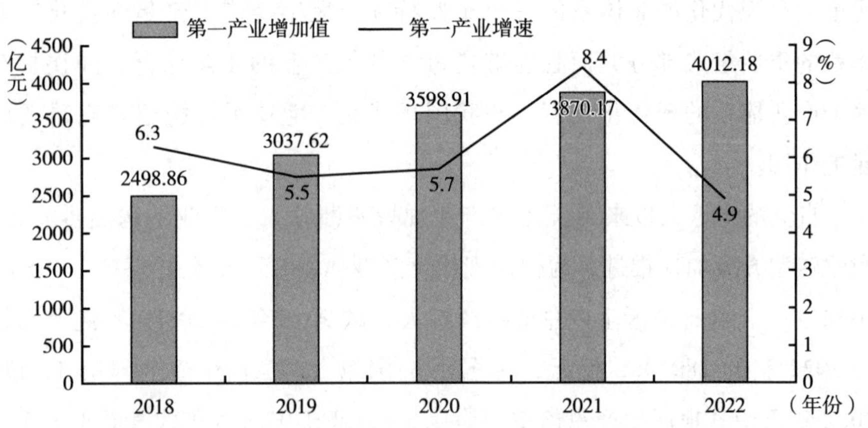

图1　2018~2022年云南省第一产业增加值和增速

资料来源：云南省统计局。

高原特色农业发展势头良好。发展高原特色农业是推进云南省农业现代化建设和构建云南省现代化产业体系的重要组成部分。随着各项利好政策持续加码和高位推动，云南省培育高原特色农业成效显著。2022年云南省茶叶、鲜切花、坚果、咖啡、中药材、烟草、天然橡胶等特色产业种植规模和产量稳居全国第一位，蔬菜、水果、肉牛、生猪、蔗糖等产业规模居全国前列。云南省特色经济作物产量稳定增长，成为农业经济一大亮点。①

国家粮食安全底线稳稳筑牢。云南省深入贯彻落实国务院加强高标准农田建设提升国家粮食安全保障能力的意见和全国高标准农田建设规划，科学规划、规范管理、精心组织、狠抓落实，探索积累有效做法，创新创造鲜活经验，闯出了一条符合云南特点的耕地建设之路。高标准农田建设持续稳步推进，粮食产能逐年提升，云南省粮食综合单产从2017年的289.3公斤提升至2022年的309.98公斤，增幅超过7%，成为保障粮食安全的“压舱石”。2022年，云南省新建高标准农田480万亩，累计建成3413万亩，占耕地面积的42%，有力夯实了粮食生产基础。云南省坚守粮食安全底线，实施一揽子政策措施，全力支持粮食生产。②

数字农业取得积极进展。数字农业是农业现代化的核心，也是数字乡村建设和乡村振兴的重要内容。2022年，云南省建成云南农业农村大数据中心，建设数字农业示范基地39个、数字农业优秀应用平台10个，114个县被列入全国电商进农村综合示范县，数量位居全国第一；同年，云南省农产品网络零售额达407亿元，同比增长13%。数字农业正在成为云南省现代化农业强省建设的新动能。③

打造世界一流“绿色食品牌”成效明显。2018年，云南省委、省政府作出打造世界一流“绿色食品牌”的决策部署。2019年4月，云南省印发《关于创建“一县一业”示范县加快打造世界一流“绿色食品牌”的指导意见》，加快推进打造世界一流“绿色食品牌”工作。2020年，云南的农产品

① 《云南省特色经济作物产量稳定增长——特色产业提质增效持续发力》，人民网，2023年10月29日，https://www.yn.gov.cn/ywdt/bmdt/202310/t20231029_288019.html。

② 《云南省建成高标准农田3413万亩　占耕地面积42%》，云南省农业农村厅网站，2023年1月13日，https://nync.yn.gov.cn/html/2023/yunnongkuanxun-new_0113/394050.html。

③ 《乡村振兴看产业丨由大到强　云南现代农业强省步履铿锵》，新浪网，2023年11月28日，https://finance.sina.com.cn/wm/2023-11-28/doc-imzwepzn4631930.shtml。

远销国内150个大中城市、110个国家和地区，全省茶叶、花卉、蔬菜、水果、坚果、咖啡、中药材、肉牛等8个“绿色食品牌”重点产业综合产值保持年均16%的高速增长，为促进高原特色农业现代化发展奠定了坚实基础。①

（二）新型工业化初见成效

2022年，云南省第二产业增加值为10471.20亿元，比2018年多3513.76亿元（见图2）。

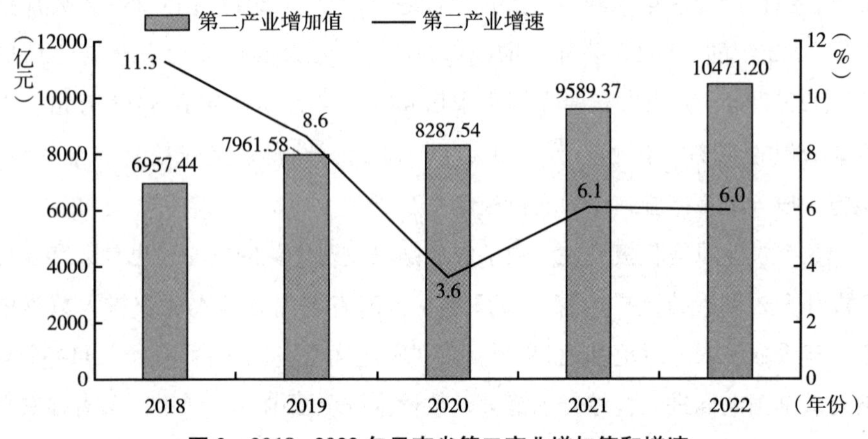

图2　2018~2022年云南省第二产业增加值和增速

资料来源：云南省统计局。

工业经济发展态势良好。自党的十八大以来，云南省工业连续跨越4个千亿级台阶，全部工业增加值从2012年的3457亿元增长至2022年的7197亿元，规模以上工业增加值年平均增速约9%，高于全国平均水平1.9个百分点左右，带动GDP排位从全国第24位提升至第18位。2022年，全省工业增加值占GDP比重达24.9%，全部工业对全省经济增长贡献率达31.9%，创造了全省近一半的税收和十分之一以上的就业，为繁荣城乡经济、安排社

① 《云南农业说：我的底色是……》，“澎湃云南”百家号，2021年9月23日，https://m.thepaper.cn/baijiahao_14623363。

会就业、增加地方税收等作出了重要贡献。①

工业绿色低碳发展扎实推进。云南省加快推进工业绿色低碳转型，出台工业领域碳达峰实施方案，大力推进钢铁、有色、化工、建材等行业节能降碳改造，加强资源高效循环利用，依法依规推动落后低端低效产能退出，大力开发绿色设计产品，积极创建绿色工厂、绿色园区，加快构建绿色制造体系，紧扣生态文明建设排头兵的定位，让绿色成为云南工业发展最鲜明的底色。截至 2023 年 11 月，云南省共有 84 种产品通过国家级绿色设计产品认定，累计培育国家级绿色工厂 84 家、绿色园区 9 个、绿色供应链管理企业 6 户，建成绿色低碳产业园区 10 个。②

园区产业集聚效应不断增强。为充分发挥园区作为工业发展的载体和平台作用，云南省深入开展园区规模和质量提升行动，实施绿色低碳示范产业园区三年行动，“一园一策”推动打造 7 个千亿级园区，开展中老磨憨—磨丁经济合作区招商推介活动，有序推进园区标准化建设，累计发展全省千亿级园区 6 个，五百亿级园区 10 个，累计建成国家级新型工业化产业示范基地 9 个、省级基地 41 个，建成绿色低碳产业园区 10 个。2022 年，全省园区工业总产值超 1.6 万亿元，同比增长 15.4%。③

（三）现代服务业快速发展

2018~2022 年，云南省第三产业占地区生产总值的比重稳步上升，由 2018 年的 47.1%扩大至 2022 年的 50.0%。

第三产业经济稳步增长。2022 年，云南省第三产业增加值为 14470.82 亿元（见图 3），占全省地区生产总值的比重为 50%；全年规模以上服务业实现营业收入 2518.49 亿元，比上年增长 1.4%；重点行业营业收入增长

① 《厚植高质量发展新优势——我省推进新型工业化综述》，云南省人民政府网站，2023 年 11 月 3 日，https://www.yn.gov.cn/ztgg/jdbytjwhjc/cyh/xgzx/202311/t20231103_288423.html。

② 《厚植高质量发展新优势——我省推进新型工业化综述》，云南省人民政府网站，2023 年 11 月 3 日，https://www.yn.gov.cn/ztgg/jdbytjwhjc/cyh/xgzx/202311/t20231103_288423.html。

③ 《筑牢“压舱石”激活“主引擎”》，“云南网”百家号，2023 年 6 月 14 日，https://baijiahao.baidu.com/s?id=1768692511681965575&wfr=spider&for=pc。

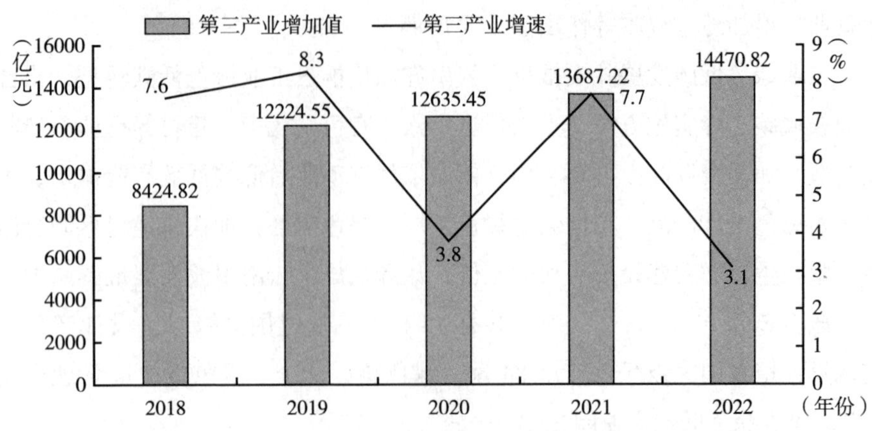

图 3 2018~2022 年云南省第三产业增加值和增速

资料来源：云南省统计局。

7.5%，其中，多式联运和运输代理业增长 16.5%、装卸搬运和仓储业增长 0.8%、租赁和商务服务业增长 5.6%、科学研究和技术服务业增长 18.1%、居民服务、修理和其他服务业增长 7.6%。①

旅游服务业加快恢复。云南围绕度假康养、户外运动、研学旅游、红色旅游，推出一批跨界融合的新业态新产品。自 2022 年以来，建成半山酒店 47 个、帐篷酒店 32 个、旅游营地 106 个、等级旅游民宿 162 家，推出徒步旅游道路 86 条、红色旅游精品线路 50 条，培育新业态旅游企业 281 家。2022 年，全省接待游客 8.4 亿人次，恢复到 2019 年的 104.2%，实现旅游总收入 9449 亿元，恢复到 2019 年的 85.6%，恢复程度均远高于全国平均水平。②

现代物流建设有力推进。丰富的资源、巨大的市场潜力使云南省现代物流的发展得到了政府和科研界的高度重视，国家也出台了相应政策，为云南省现代物流发展提供了保障。截至 2022 年，云南省物流集散网络覆盖 125 个县市区，乡镇快递网点实现全覆盖。中老铁路通车运营，中越、中老、

① 数据来源：云南省人民政府，2023 年 3 月 28 日。

② 数据来源：云南省人民政府，2023 年 10 月 25 日。

中缅高速公路境内段全线贯通，中缅印度洋新通道海公铁联运成功运行，与南亚东南亚通航城市数量居全国首位，与 9 个国家建立 12 个多双边合作机制，云南省基础设施网络得到了显著完善，现代立体交通运输体系初步构建。①

数字经济核心产业增势迅猛。云南省强化数字赋能作用，以场景应用为抓手、以数据驱动为核心，加快数字基础设施建设，持续壮大数字经济核心产业规模。2022 年云南省数字经济经营主体培育成效显现，达 35. 6 万户；数字经济核心产业全年实现营业收入 3110. 07 亿元，同比增长 52. 6%。②

数字产品制造业快速发展。数字产品制造业是云南省数字经济核心产业的主要支柱，2022 年全省数字产品制造业实现营业收入 2145. 04 亿元，比 2021 年增加 989. 27 亿元，占核心产业比重达 69. 0%，拉动数字经济核心产业增长 48. 8 个百分点。其中光伏、纳米、半导体、隆基硅等电子专用材料制造业发展势头强劲，增长 202. 9%，拉动数字产品制造业增长 48. 0 个百分点。

数字要素驱动业加快发展。随着线上消费快速增长，数字要素驱动业加快发展。2022 年，云南省数字要素驱动业全年实现营业收入 230. 03 亿元，比 2021 年增加 154. 54 亿元，同比增长 50. 0%，其中互联网批发零售业同比增长 82. 9%，拉动数字要素驱动业增长 49. 8 个百分点。③

市场主体培育显效。随着营商环境不断优化，政策体系持续完善，2022 年云南省数字经济经营主体达 35. 6 万户，其中数字经济核心产业规模以上市场主体 699 户，比 2021 年增加 45 户，数字产品制造业、数字产品服务业、数字技术应用业、数字要素驱动业分别比 2021 年增加 5 户、9 户、28 户和 3 户，新开业投产企业 33 户，拉动核心产业增长 12. 4 个百分点。④

① 《物流观察丨全国两会后，推动云南物流业发展的主要方向》，“学会观察”微信公众号，2023 年 3 月 15 日，https：//mp. weixin. qq. com/s/J06dsd0T39F0-G3lxVzOCg。

② 《云南数字经济核心产业增势迅猛　全年实现营收 3110. 07 亿元》，《云南经济日报》2023 年 3 月 24 日，https：//jjrbpaper. yunnan. cn/content/202303/24/content_ 128179. html。

③ 数据来源：云南省统计局。

④ 数据来源：云南省发展和改革委员会。

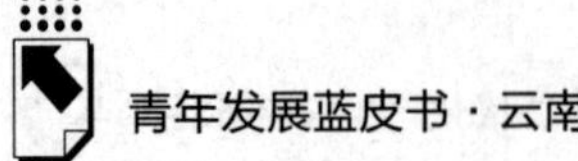

数字化应用不断深化。云南省智慧旅游加快发展，数字商贸不断拓展，智慧物流持续推进。截至 2022 年，130 家景区实现刷脸或扫码快速入园，135 家景区完成智慧化升级改造并验收达标，“云上营家”智慧供应链平台等智慧物流平台建成运营，磨憨智慧口岸试点、京东集团昆明“亚洲一号”现代综合物流产业园、中通快递西南（昆明）智能科技电商产业园等物流新基建项目加快实施，云南省中小企业融资综合信用服务平台建成运营，数字资源整合共享取得实效。

二　云南青年投身构建现代化产业体系的实践总结

广大云南青年坚持以习近平新时代中国特色社会主义思想为指导，深入学习贯彻落实党中央和云南省委关于构建现代化产业体系战略决策部署，以砥砺精神推动构建现代化产业体系，为云南省构建现代化产业体系贡献了青年力量，彰显了青春担当。

（一）主动服务乡村振兴战略

开展“三下乡”社会实践活动。共青团云南省委在团中央部署的重点内容基础上，着重凸显云南的区域特点和人文特点，制定本省特色活动方案，广泛宣传动员，共组织全省 8597 支团队，147426 名师生参与 2023 年暑期“三下乡”社会实践活动，服务受众人数超 50 万人，发放各类宣传资料 20 万余份、各类调查问卷 5 万余份，累计形成调研报告 6000 余篇，宣传报道 8000 余篇，200 余支队伍分别入选“笃行计划”“圆梦工程”等社会实践专项活动。一大批优质实践活动被新华社、《人民日报》、中国共青团杂志、中青网、今日头条、全国高校思政网、《云南日报》、云团头条、云南电视台等媒体宣传报道。同时，共青团云南省委结合乡村振兴工作重点，联合云南省高校服务乡村振兴战略联盟共同开展“青春百团助百村”云南大学生服务乡村振兴社会实践专项活动。①

贯彻落实国家“三支一扶”政策。云南省积极贯彻落实国家关于“三支一扶”人员的相关政策。自党的十八大以来，云南省共4990名优秀高校毕业生通过“三支一扶”计划直接参与到脱贫攻坚战和乡村振兴等重大工作中，他们均被派遣到农村基层从事支教、支农、支医和乡村振兴等工作，为全面推进云南省乡村振兴贡献了青春力量。

实施大学生志愿服务西部计划。2003年云南省成为首批大学生志愿服务西部计划全国项目实施省份，2005年开始实施地方项目，2011年开始实施研究生支教团项目。截至2023年，云南省累计招募3.3万余名西部计划志愿者；省内实施规模由2003年的465名全国项目志愿者增至2023年的4488名全国项目、地方项目及分项志愿者；研究生支教团由2011年的8所学校32人扩大到2023年的50所学校363人，当前，省内研究生支教团高校已有3所；西部计划服务县从2003年的19个县扩大到2023年的128个县。志愿者服务岗位80%以上设在民族地区、边境县份，协助开展国家通用语言文字推广、党的政策宣讲等针对性特色工作；90%以上岗位设在县级及以下乡镇、街道、社区、村落，对促进基层经济社会发展作出了积极贡献。②

优先选派科技人才服务“三区”。为巩固拓展脱贫攻坚成果，持续助力乡村振兴，充分发挥科技人才在“三区”经济社会发展中的积极作用，云南省2023年选派“三区”科技人才2728人，其中青年271人，占总人数比例9.93%，服务覆盖15个州市81个“三区”县，从事中药材、食用菌、肉牛养殖等产业。③

（二）深入推进创业就业工作

选拔创业青年典型。“云南青年创业省长奖”由共青团云南省委和云南

① 《云南省2023年暑期“三下乡”社会实践工作总结》，2024年2月22日回执。

② 《20年了！“有机会一定会再去”》，“楚雄青年”微信公众号，2023年12月14日，https://mp.weixin.qq.com/s/Iy8vuR5cZ55fDXpNnnmhNw。

③ 数据来源：云南省科技厅，2024年2月22日。

省人力资源社会保障厅牵头，联合省委宣传部、省发展改革委等19家部门共同举办，截至2023年已成功举办10届，累计产生“云南青年创业省长奖”100名，提名奖186名，从全省各个领域培养选拔大批创业青年典型，为引领广大云岭青年深入学习贯彻落实习近平总书记考察云南重要讲话精神、积极投身云南高质量发展、建功新时代发挥了激励和促进作用。①

打造青年创业园区。云南省青年创业园是在共青团云南省委的指导下，由云南省青年创业协会和昆明市五华区科技产业园开发投资有限公司共同打造的园区。园区于2019年成立，自开园以来，成功引进了以青创云品、青创职业培训学校、云钺科技为代表的数字经济、区块链、电商、直播、新零售、绿色食品等相关领域的170余家企业入驻，现有在孵化企业79家，直接带动850人就业，间接带动近4000人就业。园区企业产值超3个亿，纳税总额超1000万元，已初步形成“苗圃—孵化器—加速器—产业园”的全链条孵化体系，未来将发展为云南省“创业孵化”示范基地。②

培育青年创业骨干。依托青年创新创业人才系列行动，云南大力培育青年创业骨干。开设“青帆创业夜校”，培训10万余名社会创业青年；在全省129个县（市、区）建立青创联盟，覆盖社会组织和各类企业超2万个，筑牢党委、政府联系青年企业家的桥梁纽带；实施“贷免扶补”、创业担保贷款、“两个10万元”金融扶持项目，累计协助金融机构发放贷款近200亿元，扶持创业青年20万余人，带动就业超55万人。③

持续推进创业培训。云南全面实施创业培训“马兰花计划”，组织全省各级公共就业服务机构依托各高等院校、技师学院和社会培训机构，组织有创业意愿和创业能力的劳动者参加创业培训，培养其创业意识，培育新的创业主体。2022~2023年，全省12.96万人参加创业培训，其中有4.14万大

① 《就在今晚！第十届“云南青年创业省长奖”颁奖典礼等你来》，“云南共青团”微信公众号，2023年12月21日，https：//mp. weixin. qq. com/s/jvut9r5Gq07Wmcas16-eQA。

② 《云南省青年创业园丨以新经济为代表的全链条综合性创业服务平台》，“青创会”微信公众号，2022年9月23日，https：//mp. weixin. qq. com/s/9UtZvaPMj1ydwf6hn9AISg。

③ 《在云岭沃土焕发创业创新青春活力》，“云南共青团”微信公众号，2023年11月22日，https：//mp. weixin. qq. com/s/SuS8saEXdg_ eCfd3BP3oIw。

学生等青年。此外，毕业年度高校毕业生、中职毕业生参加就业创业培训的有 2.43 万人次。在扶持青年文艺人才方面，云南省文艺人才和管理干部培训青年文艺人才数量为 206 人，占比 10.3%，青年文艺创作扶持计划扶持青年文艺人才 149 人，扶持资金达 26.68 万元。此外，2022 年共青团云南省委又启动电商培养计划和青年电商人才培育行动，为农业农村创业青年提供数字赋能。①

落实贷款扶持政策。对符合条件的高校毕业生等青年加大创业担保贷款扶持力度，助力创新创业，云南推行创业担保贷款网上申办，同时优化审批流程、提高贷款发放速度，提升贷款扶持效率。2022~2023 年，云南省共扶持创业 11.6 万人，发放贷款 204.12 亿元，带动（吸纳）就业 32.69 万人；其中，扶持高校毕业生等青年创业 3990 人，发放贷款 6.83 亿元。②

深入拓展就业岗位。2022 年，云南省全年城镇新增就业人数 52.20 万人。“十三五”期间，全省城镇新增就业人数由“十二五”末的 165.91 万人增至 2021 年的 248.51 万人，增幅达 49.8%；帮助城镇失业人员再就业 74.41 万人，帮助就业困难人员就业 59.29 万人，均完成规划目标任务的 110%以上；农村劳动力转移就业人数屡创新高，超过 1500 万人，全省脱贫劳动力转移就业率达 60.0%以上。③ 共青团云南省委通过“贷免扶补”和创业担保贷款项目向创业青年提供贷款支持、税费减免、创业扶持、资金补助等服务，扶持创业 62.26 万人，带动（吸纳）就业 167.7 万人，累计发放创业担保贷款超过 1000 亿元。同时，云南省搭建“县职业教育中心+职业技能培训机构”的平台，整合师资力量和部门培训资源，以全脱产、职业化、证书式培训，对创业就业青年的技能提升做到需求和内容的精准化，这一模式在云南临沧市凤庆县已取得较好成效。另外，云南省高校毕业生就业人数

① 数据来源：《云南省人才资源和社会保障厅关于反馈〈云南青年发展报告（2024）〉编撰相关资料数据的函》。

② 数据来源：《云南省人才资源和社会保障厅关于反馈〈云南青年发展报告（2024）〉编撰相关资料数据的函》。

③ 数据来源：《云南统计年鉴 2022》。

呈增长趋势。2022 年，全省高校毕业生 31.85 万，落实就业单位的高校毕业生 2.64 万，高校就业率达 8.28%（2022 年全省高校毕业生人数突破 32 万人，同比增加 4.1 万人，增长率为 15%）。①

落实实名制就业服务。云南依托信息化系统建立离校未就业高校毕业生、登记失业青年实名服务台账，坚持“铁脚板+大数据”机制，在提供普惠均等公共服务的基础上，按照“4 个 100%”任务目标，结合青年特点落实“1311”等精准服务，助推青年求职者尽快实现就业。同时，优化调整服务内容和结构，对不同就业意向、不同求职需求、不同职业能力的青年提供差异化、多元化的就业创业帮扶。此外，对以“灵活就业”形式就业的青年群体提供后续跟踪服务，持续提供政策宣介、职业指导、岗位推荐等就业服务，促进“灵活就业”青年逐步实现稳定就业。对难以通过市场渠道就业的青年，运用公益性岗位予以安置。②

高频举办招聘活动。云南有序开展“百日千万招聘”“大中城市联合招聘高校毕业生专场”“千企万岗直播送岗”“金秋招聘月”等公共就业服务专项活动，探索专场招聘、直播带岗等特色招聘形式。同时，在活动中不断强化职业指导，引导青年求职群体转变择业观念，加强精准性岗位推荐和针对性政策引导，帮助青年尽早实现就业。2022~2023 年，云南省共举办线上线下招聘活动 1.55 万场次，15.77 万家企业提供就业岗位 927 万个。③

强化政策宣传引导。云南广泛运用各种媒介，分级分类发出服务公告，宣传就业创业政策、服务事项、招聘平台等，公布服务机构联系方式、讲解线上线下求职方法以及告知失业登记途径等，为青年群体提供求职就业指引，减少因信息不对称产生的慢就业现象。同时，深入推进“就业政策进校园”等专项行动，开展“四送”活动，打通政策信息和青年求职者之间的最后一公里。④

---

① 数据来源：云南共青团。

② 数据来源：云南省人力资源和社会保障厅。

③ 数据来源：云南省人力资源和社会保障厅。

④ 数据来源：云南省人力资源和社会保障厅。

（三）助力推动数字经济发展

参与乡村数字经济建设。2021 年 4 月，按照团中央和全国青联统一部署，为充分发挥好青联组织的人才智力优势，积极彰显青联委员的示范带头作用，共青团云南省委、云南省青年联合会立足云南实际，启动实施“青联组织服务千村”计划，在全省范围内组建了 57 支青联服务团。两年来，青联服务团积极投身团省委助力乡村振兴“咖啡之星”青年电商人才培育行动，主动对接韩国咖啡评选家协会，促成 2000 吨普洱咖啡生豆采购协议，引进外资 7000 万元。同时，还成功招引上海嘉兴商会会长单位投资老木坝村文旅产业项目，预估总投资在 5000 万元以上。除此之外，青联服务团还积极参与“云南 DOU 是好风光”数字赋能文旅振兴行动，选拔培养“文旅之星”，大力推介精品文旅路线，努力推动构建云南乡村文旅新模式；积极策划助力乡村振兴“核桃之星”青年电商人才培育行动，聚焦数字电商经济，助推核桃产业发展。①

参与乡村数字文化打造。云南省顺应数字互联网发展趋势和文化发展新趋势，充分发挥“数字技术”作用，聚焦红色文化，通过结对共建、部门联动等方式强化团建联盟建设，打造“红色教育圈”。村团组织利用新媒体进行社会主义核心价值观、社会公德等内容的宣传。此外，村团组织还开办了农业文化遗产网络展览，促进了更多高品质、多样化的乡村文化产品、文化旅游景点上线，为乡村文化振兴注入了持久动能。

参与乡村数字民生服务。以服务乡村发展、便捷村民生活为目标，村团组织利用互联网宣传医疗政策、提供医疗信息，利用新媒体提供政务办理、活动通知、科技信息宣传、线上办事等便民服务。同时，村团组织还为老人、留守儿童和残障人士提供信息化帮扶。此外，村团组织通过持续开展志愿服务、链接社会资源、发展智慧团建等方式，加强了乡村数字教育、数字医疗、数字政务等建设，提升了云南省乡村公共服务数字化水平。

---

① 数据来源：共青团施甸县委。

研发搭建数字青创平台。在共青团云南省委的指导下，云南省青年创业协会立足发展实际，乘势而上，抢抓数字经济发展契机，研发搭建了为云南青年创业者提供孵化服务的综合数字化平台“数字青创”。该平台可满足青创企业多元化、定制化、高效化、无壁垒、低风险的创业服务需求，具有青创商城、供需撮合、权益共享等三大功能，以“互联网+信息化创业”的模式助力创业者整合资源、应对市场变化，帮助企业转型升级。

积极培养数字人才。[①] 抓紧人才这一关键要素，云南省数字经济开发区依托昆明数字经济发展研究院，采用“平台+生态+服务”的方式，为昆明市企业、院校培养了一批新型数字经济人才，累计服务企业 1300 余家，培训企业技术人员 2165 人次，服务高校 19 家，覆盖大学生 20000 余人，培养数字化人才 3388 人，帮助 1800 余名大学生解决就业问题；与昆明理工大学等高校探索培养机制和创新模式，实现企业需求和人才供给深度精准对接，召开访企拓岗座谈会 42 场，开展就业课程指导 30 场、行业知识讲座 29 场；同云南交通职业技术学院、云南开放大学达成战略合作，共建实训基地，推进产学研融合发展；与云南大学共建云南统一战线留学人员报国基地，成立云南大学数字经济协同创新联盟，促进教育链、产业链、人才链和创新链有机融合。

（四）探索创新志愿服务活动

扩大志愿服务人数。2022 年，云南省青年志愿者平台注册数量总计 487641 人，其中 14~17 周岁青年志愿者 85304 人，18~27 周岁青年志愿者 380363 人，28~35 周岁青年志愿者 21974 人。[②]

拓展志愿服务活动。自 2023 年 5 月以来，云南省组织化开展文旅青年志愿服务，建立健全文旅志愿服务机制，推动文旅志愿服务制度化、规范化、常态化。截至 2023 年 10 月底，“云南公共文化云”和“一部手机做志

① 数据来源：云南省数字经济开发区，2024 年 2 月 6 日。

② 数据来源：2022 年度《云南省中长期青年发展规划（2018—2025 年）》统计监测报告。

愿”平台共注册文旅志愿者6.4万人，设立文明旅游志愿服务站520个，建立文旅志愿团队721个，累计志愿服务时长185万小时，服务游客超4067万人次。①

提高志愿服务水平。共青团云南省委坚持凝聚专业人才与开展专业培训相结合，一方面广泛发动教师、公检法司、专业救援队伍等专业力量投身志愿服务活动，在自然灾害、预防青少年违法犯罪等方面发挥积极作用；另一方面不断提升志愿者培训的科学性，邀请相关领域的专家进行授课，做到“不培训，不上岗”，进一步提升志愿者的专业能力。

提升志愿服务成色。共青团云南省委围绕中心、服务大局，在志愿服务精细化方面下功夫，根据工作任务类别和内容，科学合理调配志愿服务力量。通过深入实施“美丽云南青春行动”，共开展“保护母亲河行动”、爱国卫生“7个专项行动”、农村人居环境整治等志愿服务活动近5万场次，参与人数超300万人次，切实团结带领广大青年志愿者投身建设生态文明建设排头兵、脱贫攻坚和乡村振兴主战场，组织超过35万名志愿者参与“大学生志愿服务西部计划”“七彩假期”“童心港湾”等志愿服务活动。②

三　云南青年投身构建现代化产业体系的发展方向

青年群体具备较高的文化知识水平、更强的市场竞争意识和更先进的经营管理理念，在构建现代化产业体系的过程中，云南青年发挥了重要作用。但同时也应看到与新时期现代化产业体系建设战略要求相比，云南青年在助力现代化产业体系建设方面存在青年发展的合力有待加强、战略科技人才机制不完善、青年就业结构性矛盾仍需解决等问题。为使云南青年在推进乡村

① 《稳中有进，繁荣发展！云南旅游金字招牌持续擦亮》，云南省网上新闻发布厅，2023年10月25日，https://www.yn.gov.cn/ynxwfbt/html/2023/ynfb_1027/6228.html。

② 《激昂青春力量　奏响时代强音》，“云南共青团”微信公众号，2023年5月22日，https://mp.weixin.qq.com/s/2N-TaTL_2OWSLR1DLrQ-nQ。

振兴、实现产业现代化过程中的作用发挥得更加充分，本报告指出以下发展方向。

（一）汇聚共青团的青春力量

在新时代新征程中，共青团要不断提升组织力、创新组织形式、夯实组织基础，以组织力为支撑，努力营造奋进新征程的良好社会氛围，把广大青年紧密团结在党的周围。首先，要积极推进共青团基层建设，树立大抓基层的鲜明导向，及时在新领域、新组织、新群体中建立团组织，把力量和资源充实到基层，在组织创新、团员培养、骨干选用等方面激发基层活力。其次，要深入青年身边，紧扣服务青年的工作生命线，以服务力为推手，结合政策维护青年合法权益、利用政策红利推动青年发展，解决好青年急难愁盼问题，把青年的温度如实告诉党，把党的温暖充分传递给青年。最后，可以广泛吸取地方经验，推广值得借鉴的好经验好做法，在全团营造争相学习、持续创新的氛围，从推动工作机制扁平化、工作项目化、干部来源多元化、资源整合社会化、动员引领网络化、组织载体多样化等方面破解不适应新时代要求的结构性障碍，全方位推动共青团的治理体系和能力达到中国式现代化的标准，为联系和服务广大青年奠定组织基础。

（二）多措并举稳就业促创业

在稳就业方面，一要加大企业就业岗位、社会组织就业岗位、基层社会管理和公共服务岗位、公益性岗位的供给，拓展高校毕业生就业渠道和扩大基层就业空间。对招用高校应届毕业生的民营企业给予财政补贴，扩大享受补贴政策的企业适用范围，鼓励广大企业设立“毕业生稳岗补助基金”等。二要继续发挥政策性岗位对毕业生的吸纳作用，稳定并合理扩大相关政策性岗位的规模，合理安排有关工作的时间节点，引导更多高校毕业生到西部、到基层、到祖国和人民最需要的地方去建功立业。三要进一步满足高校毕业生等青年的就业需求，创造更多适合其就业的知识智力型、技术技能型岗位，同时加强就业指导，增加职业培训和实习机会，增强学生的就业通用能力。此外，高校也要调整教育结构、改进培养方式，让学生更好地适应劳动力市场的需求。

在促创业方面，一要将各级政府推出的如减免税收、就业援助、社会保障等政策，通过网站、公告等告知青年，并通过举办创业形势分析会、就业创业政策讲解课等，帮助青年更好地理解政策、运用政策。二要积极组织有创业意愿的高校毕业生参加创业培训和创业实践活动，提供项目推介、场地保障、开业指导、贷款融资、跟踪扶持等服务，增强他们的创业意识和创业能力。三要针对不同区域、不同行业，给予返乡创业青年更多差异化、个性化的政策支持，让返乡创业的年轻人大展拳脚、大有作为。四要利用短视频和直播带货，吸引并留住返乡创业青年，带动产业链上下游共同发展。五要加强地方政府、行业协会与平台企业的合作，加大乡村数字化培训的密度和覆盖面，搭建返乡创业就业课堂与学习基地，为青年返乡就业创业赋能。六要充分调动政府、社会等力量，加强对高校毕业生等青年就业创业的指导以及服务。

（三）优化战略科技人才机制

优化提升人才政策体系、增强人才与产业的契合度，是建设现代化产业体系的内在要求，也是人才工作的时代使命。优化科技人才发展机制，一要充分发挥科教资源优势，夯实人才基础、整合高校基础研究优势特色，主动对接国家重大项目和工程，组建大团队、培育大项目、建设大平台，力争在关键领域产生原始创新重大突破。二要提升自然科学类学生的人文素养，探索科学家苗子的选拔和培养机制。三要大力培育青年科技人才，坚持青年科技人才和科技领军人才并重，培养具有国际竞争力的青年科技后备军。四要构建开放、流动、竞争、协同的用人机制，支持省实验室、高校、科研院所、企业联合培养青年人才，让更多青年科技人才挑大梁、当主角，在实践中不断提高领导能力和组织管理水平。五要打造人才成长梯队，做大国家战略人才力量的基数，以培养造就一流科技领军人才和创新团队、青年科技人才以及卓越工程师为基础，让各类人才创新活力竞相迸发。

B.16

云南青年投身乡村振兴建设报告

朱要龙　朱芳辉*

摘　要：　云南青年正成为推进乡村发展的重要力量，他们在乡村发展、科技赋农、筑牢乡村教育、推进组织振兴等方面起到了关键性、基础性、先导性作用。云南支持青年投身乡村振兴建设，从制度设计、发展保障、选树典型等方面入手，系统性、整体性地建构形成了支持青年投身乡村振兴建设的"四梁八柱"。本报告进一步总结分析了当前云南青年投身乡村振兴建设存在的短板及制约，并据此提出了关于云南青年投身乡村振兴建设的发展构想与建议，包括构建多层次多样化的教育支持体系、现代化的特色农业产业体系、持续的高质量的财政支持体系和更加普惠的金融支持体系。

关键词：　乡村振兴　科技赋农　云南青年

一　云南青年投身乡村振兴的基本情况

云南青年在乡村发展、科技赋农、筑牢乡村教育、推进组织振兴等方面，淬炼青春、挥洒热血，在乡村沃土彰显青年担当，为乡村振兴注入全新活力。

（一）云南青年正成为推进乡村发展的重要力量

乡村振兴，关键在人。截至2023年底，云南省15~59岁劳动年龄人口

* 朱要龙，云南大学政府管理学院讲师，硕士生导师，研究方向为宏观经济管理与可持续发展、农业经济、人口学与计划生育；朱芳辉，云南大学政府管理学院硕士研究生。

为 2964 万人，占比 63.43%，高于全国同期水平 2.08 个百分点（见图 1）。根据第七次人口普查数据，云南省 14~35 岁青年人口数为 1424.13 万人，占比 30.17%，高于全国同期水平 1.77 个百分点。[①] 相对充裕的劳动年龄人口，特别是青年人口，已成为推动乡村发展的重要力量。青年群体参与乡村振兴建设的形式十分多样，主要体现在以下几个方面。一是云南青年将现代企业制度引入乡村，为乡村产业规范化、专业化运作提供了重要支撑，一批乡村产业振兴的“头雁”加速形成。例如，2023 年昆明在全国首家出台党建引领选育“乡村 CEO”机制。二是云南青年利用专业技术，积极投身乡村创业，成为新型农业经营主体不可或缺的组成力量。得益于青年群体的投身乡村创业，叠加政策利好，截至 2023 年底，云南省农业经营主体总数达 17.1 万户，近两年净增农业经营主体 9.6 万户，2.9 万个新型经营主体共与 161 万户脱贫户建立紧密利益联结共同体。[②] 三是云南青年广泛参与乡村治理体系和治理能力现代化建设，是引领乡村振兴工作的中坚力量，他们不断用青春脚步丈量着云岭大地。2023 年，在共青团云南省委的动员及号召下，

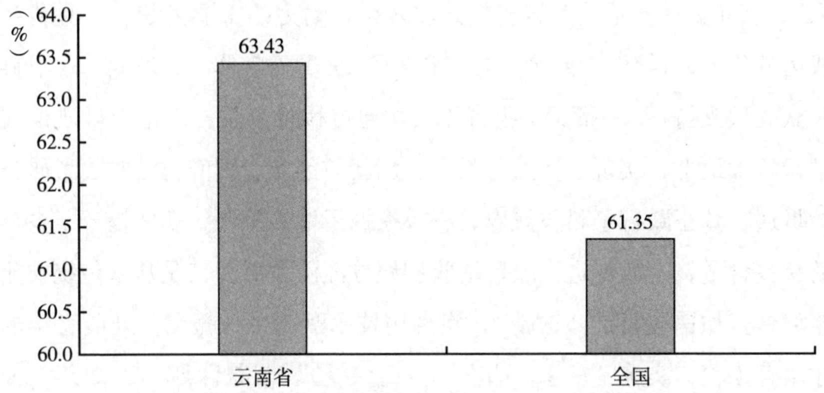

图 1　2023 年全国与云南省 15~59 岁劳动年龄人口占比

资料来源：2023 年全国、云南省国民经济和社会发展统计公报。

① 数据来源：2023 年全国、云南省国民经济和社会发展统计公报，中国知网数据库。

②《云南省全面深化改革·推动高质量发展系列新闻发布会·农村改革专场》，云南省人民政府门户网站，2024 年 7 月 13 日，https://www.yn.gov.cn/ynxwfbt/ynxwfbt/html/2024/fbh_zhibo_0712/2400.html。

全省共组织8597支暑期“三下乡”团队，动员师生人数达14.74万人，广大云岭学子和云南籍在外大学生返回家乡深度参与政务实践、企业实践、村（社区）服务等基层工作，全省首次实现129个县（市、区）级团委全覆盖开展大学生“返家乡”社会实践活动。[①]

（二）青年群体正成长为科技赋农的关键力量

习近平总书记指出：“农业现代化，关键是农业科技现代化。”[②] 青年群体作为推动农业科技发展及推广的重要力量，在乡村振兴建设中的作用十分重要。云南青年正依托科技、运用科技，助力答好新时代乡村振兴建设“新考题”。一是青年科技人才依托自身专业技术，在中药材、食用菌、肉牛养殖等产业发展中大放异彩。云南省科技厅统计数据显示，2023年云南共选派“三区”科技人才2728人，其中青年271人，占比9.93%。全省通过实施科技特派员制度，实现了科技下乡助农、兴农、赋农。2022年，全省选派24个科技特派团服务“一县一业”、2010名科技特派员服务“一村一品”，青年人才已成为为乡村振兴注入科技动力的重要力量。二是科技小院成为青年人才链接“课堂”与“田野”的重要载体。2023年26个科技小院获立项支持。[③] 一批又一批青年人才通过科技小院，真正把科研论文写在了云岭大地上，实现了实践与教学、创新与创业、田间与课堂、科研与推广的贯通，真正践行了科技赋农，有效挖掘了地方资源，切实提升了乡村建设的科技含量，有效促进了农民增收和地方经济发展。三是从事传统农业的青年群体正加速被科技“改造”，实现用技术赋能乡村振兴。开展青年电商人才培育工程，实施“一县一星”“一业一星”培养计划。2022年，云南省分级分层开展“乡村振兴青年先锋”“数字云商”等培训50余场次，培

① 《云南省（市、区）2023年社会实践活动总结材料汇编》。

② 《农业现代化步伐加快》，人民网，2024年5月31日，http://opinion.people.com.cn/n1/2024/0531/c1003-40247200.html。

③ 《云南日报：增进民生福祉　创造品质生活》，云南省人民政府网站，2024年1月29日，https://www.yn.gov.cn/ynxwfbt/html/2024/zuixinbaodao_0206/6523.html。

训2000余人。一批懂农业、懂技术的青年农业经理人、乡村工匠、文化能人和非物质文化遗产传承人加速涌现，给乡村建设带来了新观念、新技术和新模式。

（三）青年群体已成为筑牢乡村教育的基石力量

振兴乡村必先振兴乡村教育。教育在乡村振兴中发挥着基础性、先导性作用。当前，云南农村中学存在青年教师部分流向城镇、教师年龄结构偏大等问题。云南省委、省政府高度重视，坚持系统性谋划、整体性推动城乡教育优质均衡发展，重点选派青年教育人才，深入乡村教育一线，切实发挥好教育的基础性作用。

一是青年群体深入一线开展实践育人工作。在共青团云南省委的号召下，大中专学生志愿者暑期文化科技卫生“三下乡”社会实践活动成为青年群体践行教育服务乡村振兴的重要平台。广大青年深入基层一线开展理论普及宣讲、党史学习教育、乡村振兴服务、发展成就观察、民族团结助力等实践活动。

二是引导优质教育人才深入乡村教育一线，开展结对帮扶。2022年，云南省教育厅、中共云南省委组织部等六部门联合印发实施了《关于建立教师“省管校用”对口帮扶机制的实施方案（试行）》，共选派500名教师，每批次派遣5~10人的帮扶团队，深入全省乡村振兴重点帮扶县，着力提升普通中学的教育教学质量和管理水平。其中，青年教师作为一支重要组成力量，深入边境县域、乡村校园，助力乡村教育事业与乡村建设同频共振。2023年全国乡村优秀青年教师培养奖励计划入选教师299人，云南省共有18位教师入选。

三是高校毕业生“三支一扶”计划坚持服务乡村振兴战略的导向，激励青年走向基层就业。2023年，全省“三支一扶”招募600人；面向普通高校毕业生，新提供约5200个基层志愿服务岗位，主要设置在国家乡村振兴重点帮扶县、省级乡村振兴重点帮扶县、脱贫县的乡村、易地扶贫搬迁安置社区等地，90%以上岗位设在县级及以下乡镇、街道、社区、村落。

（四）青年群体正成为推进组织振兴的中坚力量

组织振兴是乡村振兴的根本保证，组织兴，则乡村兴。青年干部是组织振兴的重要力量来源。在扛起组织兴农大旗的征途上，云南青年正展现出蓬勃向上的精神风貌和干劲十足的青春担当。一是云南青年积极响应号召，深入乡村基层开展帮扶指导。截至2023年底，全省各州（市）、县（市、区）共选派包括青年在内的20938名人才到14917个村（社区）进行帮扶指导。根据《云南省基层党建高质量发展五年行动计划（2021—2025年）》，到2025年，全省农村将回引优秀人才、培养后备力量各3万人，为乡村振兴提供人才支持。二是广大青年团员积极响应共青团云南省委号召，深入社区（村）广泛参与基层治理，担任街道（乡镇）、社区（村）兼任团组织副书记、委员或团建指导员、青年干事等职务。2023年，全省累计募集实习岗位21483个，其中政务实习岗位10065个、企业实习岗位11418个。三是广大青年积极响应云南省委、省政府号召，实现就业到基层、成长在基层。据统计，2022~2023年全省招录的公务员，七成左右均充实到县乡基层。

二　云南支持青年投身乡村振兴建设的经验做法

（一）高位推动，建好“四梁八柱”

为支持青年投身乡村振兴建设，云南省委、省政府整体性、系统性地出台了系列文件，形成了支持青年投身乡村振兴的制度体系。

一是制定《云南省中长期青年发展规划（2018—2025年）》，规划明确提出，要广泛开展大中专学生“三下乡”社会实践活动，加大对农村青年致富带头人及优秀青年公务员、大学生和青年农民工的培育，鼓励青年到基层就业，组织动员广大青年积极投身脱贫攻坚。“青春助力乡村振兴计划”作为重点项目之一，其重点工作是实施农村青年“领头雁”培育工程和“青春扶志”行动。

二是制定《云南省乡村振兴战略规划（2018—2022 年）》，突出强调实施现代青年农场主精准培育计划，重点加大在青年农民等群体中发展党员的力度，深入实施农业科研杰出人才计划和杰出青年农业科学家项目。出台《云南省乡村振兴责任制实施细则》，把“推进乡村人才振兴，实施乡村振兴人才支持计划”作为重点工作内容。《云南省“十四五”期间抓党建促乡村振兴规划》从党建入手，要求全覆盖建立乡镇（街道）青年人才党支部，精心“储才”。进一步制定《云南省支持青年创业兴乡三年行动（2024—2026 年）》，从引导大学生服务乡村、招引外出青年返乡创业、培育本土青年人才、拓宽创业兴乡渠道等方面提出了务实举措。

三是围绕云南省支持青年投身乡村振兴建设的战略部署，省级相关单位、各州市及时响应，抓好落实，形成了系列细化政策文件。省人力资源和社会保障厅、农业农村厅、财政厅三部门联合发文，以基层就业奖补、创业补贴、促进乡村振兴补贴等形式，引导和鼓励更多高校毕业生立足乡村振兴领域就业创业。云南省人力资源和社会保障厅发布《云南省人力资源和社会保障厅关于支持青年人才下乡返乡兴乡的通知》，进一步细化了支持青年人才下乡返乡兴乡助力乡村振兴的工作举措。相关州（市）根据省级上位规划，分别制定了工作方案，全省基本构建形成了支持青年投身乡村振兴的“省—州（市）—县—乡（镇）—村”五级工作体系。

（二）细处发力，暖好“青春热血”

云南省委、省政府高度重视青年群体的发展保障，从细处发力，暖好“青春热血”，让青年敢下乡、愿下乡、能留乡。一是畅通青年群体成长通道。创新青年培育方式，把培育本土青年人才作为重点工作，扎实做好青年群体的教育培训工作。建立“导师帮带”制度，实现乡镇领导班子成员与优秀村干部进行“一对一”结对帮带，全面推行村级组织“大岗位制”。实施乡村振兴青年创业先锋培养计划，精心打造完善的课程体系，让青年群体实现在理论与实践上的双成长。建立常态化的青年干部培训制度，云南省各州（市）、县（市、区）党委组织部每年定期举办中青班，其中州（市）级培训时长为2个月，县（市、区）级培训时长为1个月。

二是解决青年群体后顾之忧，切实提高青年职工的社会保障水平。总体上来看，云南青年职工的社会保险收入呈现递增趋势，社会保障更加有力。2020~2023年，云南青年职工养老保险年均增速为19.38%，工伤保险年均增速47.97%，失业保险年均增速24.00%（见图2）。

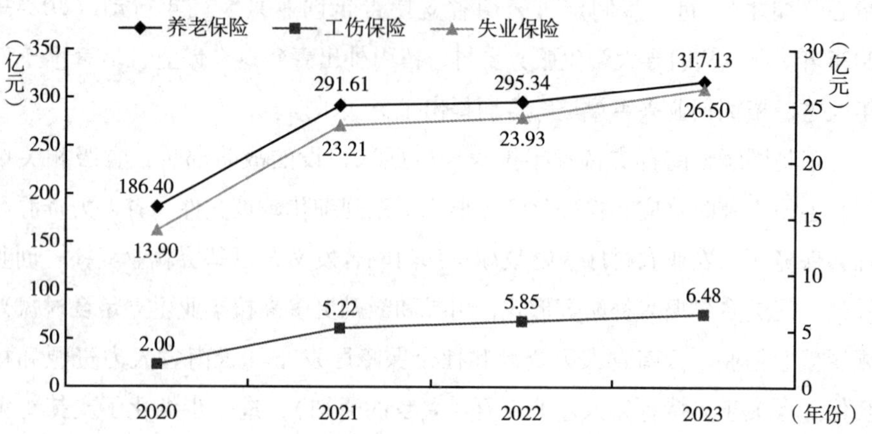

图2　2020~2023年云南青年职工社会保险收入情况

资料来源：云南省人力资源和社会保障厅。

三是着力破解青年群体创业“融资难”“融资贵”等问题。2018~2023年，云南省共筹措下达172.96亿元，支持包括青年在内的各类人群就业创业，推动高校毕业生等青年就业创业，专项支持边境地区乡村青年创业项目，探索建设“云南青创板”，建立青年创业项目库，打通青年创业与资本市场的“最后一公里”，推广云南省“云岭创业贷”专项贷款。

（三）选树典型，营造“良好氛围”

为了鼓励更多云南青年投身乡村振兴，全省把讲好云岭青春故事作为重点工作，积极发挥榜样的激励力量，加快构建青年友好型的社会环境。

一是选树典型，发挥示范带动作用。根据云南省委、省政府的统一部署，全省广泛开展支持青年投身乡村振兴建设的政策宣讲；常态化开展“云南青年创业省长奖”评选表彰活动以及“最美基层高校毕业生”“乡村振兴青年先锋”等典型选树活动；支持和鼓励符合条件的青年创业兴乡优秀典型参加“云南省县乡村人居环境奖”“云南省乡村振兴工作先进单位和先进个人”等省级表彰奖励项目的评选。

二是充分发挥媒体的作用，及时总结典型事迹和成功案例，强化正面宣传，凝聚青春力量。开展“育典型、美家乡、引风尚、助增收、重关爱、强组织”六项行动，大力动员更多本土青年兴乡、在外青年返乡，支持更多青年参与乡村建设，持续引导青年参与“全国乡村振兴青年先锋”评选活动。共青团云南省委在全省开展的“喜迎二十大、永远跟党走、奋进新征程”主题教育实践活动，策划推出了“党的光辉照边疆，云岭青春百年路”10集系列短视频《跟党奋进　青春云南》。

三是构建形成青年英才支持体系。根据云南省委人才办统一部署，省人力资源和社会保障厅负责青年人才专项评审工作。2022～2023年，共有1371人入选青年人才专项、804个项目获得经费支持（其中，2022年有780人入选、507个项目获得经费支持；2023年有591人入选、297个项目获得经费支持）。

三　云南青年投身乡村振兴建设的短板及制约

（一）人力资本培育欠账多

受多种因素影响，与发达省份相比，云南在教育方面的投入仍然不足，加之教育资源呈现空间集聚特征，乡村地区的教育资源匮乏，导致人力资本水平普遍偏低，这也成为云南实施乡村振兴战略的重大制约。根据第七次人口普查数据，云南文盲人口占15岁及以上人口的比重为5.77%、云南乡村地区为8.37%；全国为3.26%、全国乡村地区为5.93%（见图3）。可见，云南青年的人力资本水平要低于全国平均水平，这一问题在云南乡村地区较为严重，成为当前劳动力供给的短板。此外，云南人力资本水平空间分布不均衡的问题也亟待解决。

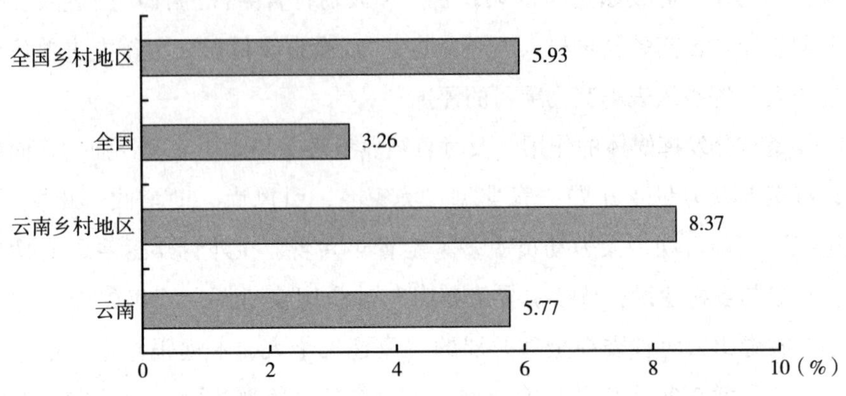

图 3 全国、云南文盲人口占 15 岁及以上人口的比重

资料来源：《中国人口普查年鉴—2020》。

云南省 16 个州（市）人力资本水平空间分布不均衡，昆明、曲靖、玉溪、大理的人力资本水平相对较高，而西双版纳、怒江、迪庆的人力资本水平处于全省尾部，尚未达到全省平均水平（见表 1）。人力资本水平空间分布不均衡背后蕴含的是教育资源的空间配置不平衡，进而使得高质量教育和培训资源的本地可及性不高。所以，支持青年投身乡村振兴建设必须补齐人力资本培育不足的短板，多措并举，综合运用学历教育、技能教育等手段切实提高青年群体的人力资本水平；同时，要注重引导具有高人力资本水平的青年群体走向农村、走向基层、走向边境，构建有序的人才流动格局。

表 1 云南 3 岁及以上人口受教育程度情况分布

单位：人，%

地区	3 岁及以上人口数	未上过学	学前教育	小学	初中	高中	专科	本科	硕士及以上
云南	22699659	8. 11	3. 92	47. 72	30. 96	5. 36	2. 49	1. 41	0. 03
昆明市	1661531	6. 75	3. 49	41. 72	35. 39	7. 45	2. 97	2. 17	0. 06
曲靖市	2820089	9. 42	4. 49	45. 28	30. 18	5. 96	2. 85	1. 79	0. 04

续表

地区	3岁及以上人口数	未上过学	学前教育	小学	初中	高中	专科	本科	硕士及以上
玉溪市	1007124	8.71	3.27	39.77	33.45	8.81	4.30	1.64	0.04
保山市	1526909	6.27	3.82	46.14	33.96	5.67	2.36	1.75	0.04
昭通市	2939865	7.11	4.58	49.72	30.20	4.86	2.19	1.32	0.03
丽江市	634228	11.13	3.64	37.80	35.14	6.64	3.92	1.70	0.05
普洱市	1380343	9.96	3.14	53.05	27.35	3.83	1.80	0.86	0.02
临沧市	1413948	8.85	3.51	56.16	25.53	3.31	1.62	1.01	0.01
楚雄州	1292718	4.46	3.04	47.83	36.00	5.20	2.20	1.24	0.03
红河州	2252512	8.03	4.08	52.17	28.61	4.31	1.87	0.90	0.02
文山州	2106760	7.02	4.68	51.39	29.44	4.36	1.97	1.13	0.02
西双版纳州	665018	13.27	3.25	47.31	27.78	5.03	2.54	0.78	0.05
大理州	1848447	5.39	3.40	43.90	36.21	6.43	2.93	1.71	0.04
德宏州	642610	12.72	4.08	45.42	28.77	4.90	2.84	1.24	0.03
怒江州	249604	13.38	5.32	48.35	24.72	4.18	2.67	1.36	0.02
迪庆州	257953	18.56	3.61	44.30	20.92	5.48	4.31	2.76	0.06

资料来源：《云南省人口普查年鉴 2020》。

（二）农业产业发展底子薄

产业发展是吸聚青年投身乡村振兴的基础。应当看到，尽管云南的农业产业取得了长足的进步与发展，但是仍处于价值链的底部，农业产业体系发展较为滞后。显然，发展较为滞后的农业产业体系会对青年群体投身乡村振兴建设产生挤出效应，突出表现为云南农业产业的相对劳动生产率较低，吸纳青年就业的容量有限。研究显示，2022 年云南农业劳均生产率仅相当于全国平均水平的 61.31%，比 2020 年还下降了 0.78 个百分点。[①] 进一步计算第一产业的结构偏度发现，2020~2022 年，云南第一产业的产业结构偏离系数由 28.98 增加至 30.93。与全国同期水平相比，差距没有缩小，反而在

① 《宋媛：云南全面推进乡村振兴的成效、问题及对策》，云南省社会科学院网站，2024 年 4 月 18 日，http://www.sky.yn.gov.cn/xsyj/zgsd/07226241977899937449。

加大（见表2）。分产业来看，茶叶、中药材、蔬菜一直是云南的优势产业，其中，茶叶、中药材种植面积居全国第一位，蔬菜种植面积、产量居全国前列，但是亩产值不高。2021年，云南蔬菜亩产值仅相当于同期全国平均水平的56.74%，中药材亩产值仅相当于福建的60.19%，茶叶亩产值仅相当于同期全国平均水平的46.06%。① 这表明，我们不仅要在政策上推动青年投身乡村产业，更要加快提高农业产业发展水平，实现青年投身乡村建设从“引你去”到“我要去”的转向，真正让农业产业成为青年实现理想抱负的沃土。

表2 2020~2022年云南第一产业与全国第一产业结构偏离系数

年份	云南	全国	差值
2020	28.98	15.90	13.08
2021	28.68	15.63	13.05
2022	30.93	16.76	14.17

资料来源：国家统计局网站、《云南统计年鉴2023》。

（三）财政金融支持“体质弱”

乡村振兴任务艰巨，深度推动青年群体投身乡村振兴建设需要一定的资金投入。受经济发展及产业结构的影响，云南财政收入结构较为单一，全省地方一般公共预算收入2149.44亿元，全国排名21位。总体看来，云南的经济发展水平、财政收入水平与发达省份之间还有很大的差距。近年来，云南密集出台各类奖补措施以支持青年投身乡村振兴建设，这不仅对财政政策的提质增效要求更高，也对财政能力提出了考验。此外，云南普惠金融服务体系有待进一步完善，特别是农村地区的金融基础设施薄弱及金融服务体系不健全，导致青年群体创业“融资难”“融资贵”等问题长期存在。发展农

① 《宋媛：云南全面推进乡村振兴的成效、问题及对策》，云南省社会科学院网站，2024年4月18日，http://www.sky.yn.gov.cn/xsyj/zgsd/0722624197789937449。

业供应链金融成为应对相关问题的重要手段，但是由于农村居民信用体系建设不完善、数字信用资产建设相对滞后，该手段的效果并不理想。显然，高质量的普惠金融服务无疑是当前青年群体投身乡村振兴建设的迫切需求之一。

四　云南青年投身乡村振兴建设的发展构想与建议

（一）构建多层次多样化的教育支持体系

坚持学历教育与职业技能教育并重，构建多层次多样化的教育支持体系。一是筑牢教育根基，完善人力资本长效培育机制。重点加强乡村教育的投入力度，扩大优质资源总量，推进县域义务教育均衡发展；继续扩大基础教育优质资源的覆盖面，推动教师“省管校用”提质培优，从根本上切实提高乡村教育质量。二是构建与青年投身乡村振兴建设需求相匹配的教育支持体系。及时跟踪和研判乡村振兴建设的新趋势、新形势，及时跟进分析青年群体的教育需求，进一步优化课程体系、培训体系，确保培训管用、实用。三是着力破解教育培训资源空间分布不均衡的问题，加快推进数字孪生、元宇宙等技术的教育应用，通过互联网和在线教育平台，提高优质教育培训资源的可及性。四是鼓励社会力量参与青年教育支持体系建设，加大政府购买公共服务的力度，引入市场机制，形成政府主导、多方参与的大教育格局。

（二）构建现代化的特色农业产业体系

产业振兴是乡村振兴的根本，是吸聚青年人才的决定性要素。从根本上来说，就是要加快农业产业转型发展，真正让农业成为有奔头的产业，实现以产聚人。一是支持青年“新农人”对新技术、新模式、新产业的大胆尝试，加快形成农业新质生产力，锻造农业全产业链条。二是发展农产品加工业，鼓励企业在乡村设立加工厂和物流中心，形成“生产—加工—销售”一体化产业链，推动品牌建设和市场营销，提升云南农产品的知名度和竞争力。三是发展乡村旅游和文化产业，利用云南丰富的自然和民族文化资源，发展生态旅游、文化体验和休闲度假项目。四是推动数字经济与高原特色农业融合，推广智慧农业技术，提升农产品品质和产量，构建高效、绿色的农业生产体系，推动云南乡村产业朝高附加值、高效益方向转型。

（三）构建持续的高质量的财政支持体系

进一步健全完善财政政策支持体系，优化财政资源配置，推动财政政策提质增效。一是强化财政资金的审计监管，进一步完善监管体制、优化评估机制，建立常态化的第三方服务体系，定期对青年群体开展财政资金使用、监管及审计的培训，确保资金用到实处。二是兼顾好财政支持的针对性与普惠性，既要发挥财政支持政策的示范引领作用，也要注重财政支持政策的普惠面向；要持续加大财政支持在重点环节、重点领域的力度，加快建立相关资金的统筹整合长效机制，建立与经济社会发展水平相适应的财政投入和保障制度。三是构建可持续的财政投入增长机制，在统筹考虑财政约束的情况下，正确处理长期投入与财政能力的关系，构建可持续性的财政支持体系。

（四）构建更加普惠的金融支持体系

大力推进金融下乡，让金融服务跟着返乡青年需求走，形成青年创业有“想法”与金融服务有“办法”的金融支持体系。一是扩大科技金融受惠面，针对投身乡村振兴建设的青年群体，注重信用体系的数字化建设，将其纳入动态监测体系，及时给予相关的金融服务指导与定制化的支持。二是加大普惠金融的力度。有序引导各类商业银行创新推出支持青年群体投身乡村振兴建设的金融产品和服务，制定设计更加灵活、多元的金融贷款产品，进一步简化审批流程，降低申请门槛，并提供利率优惠。三是畅通融资渠道，设立专项基金，鼓励和支持社会资本进入，大力发展农业供应链金融。四是让数字金融惠及青年群体，一方面要加快金融服务本身的数字化、智能化建设，另一方面要用好互联网技术、移动通信技术等新兴信息技术手段，让数字金融更懂青年群体，更好地满足其金融需求。

B.17

云南青年投身民族地区经济社会建设报告

杨孟禹　刘倩雯　刘　雪　周雅琳*

摘　要： 本报告详细分析、梳理、总结了云南青年投身民族地区经济社会建设的基本情况、面临挑战与对策建议。通过分析云南民族地区青年和经济社会发展现状，总结云南民族地区青年发展特点和民族地区经济社会发展特点，梳理云南青年投身民族地区经济社会建设的典型做法与成效，本报告指出促进云南青年投身民族地区经济社会建设存在的政策体系、产业支撑等方面的挑战，并提出相应的对策建议，以促进青年更好地服务于民族地区的高质量发展。本报告认为，提升公共服务水平、建立健全政策体系、完善配套基础设施建设、充分发挥民族地区和发达城市之间的协同作用等是关键举措，对促进云南青年投身民族地区经济社会建设具有重要意义。

关键词： 青年发展　民族地区　云南青年

一　研究背景

我国是统一的多民族国家，少数民族人口总数为1.25亿人，约占全国总人口的8.89%①，民族自治地方面积约占国土总面积的64%②。这一基本

---

* 杨孟禹，云南大学经济学院副教授，研究方向为区域与城市经济；刘倩雯、刘雪、周雅琳，云南大学经济学院硕士研究生，研究方向为区域经济发展。

① 数据来源：《第七次全国人口普查公报》。

② 《国务院关于印发"十三五"促进民族地区和人口较少民族发展规划的通知》，中国政府网，2017年1月24日，https：//www.gov.cn/zhengce/zhengceku/2017-01/24/content_5162950.htm。

国情决定了民族地区发展在我国经济社会发展全局中占有极其重要的地位。民族地区高质量发展是推动新时代党的民族工作高质量发展的重要组成部分，对完善沿边开放政策体系，深入推进固边兴边富民行动，推动各民族共同富裕具有重要意义。在2021年中央民族工作会议上，习近平总书记指出："必须把推动各民族为全面建设社会主义现代化国家共同奋斗作为新时代党的民族工作的重要任务，促进各民族紧跟时代步伐，共同团结奋斗、共同繁荣发展。"① 党的二十大报告进一步强调，要"以铸牢中华民族共同体意识为主线，坚定不移走中国特色解决民族问题的正确道路"，而青年作为社会主义事业的建设者和接班人，肩负着实现中华民族伟大复兴的时代使命，是民族地区经济社会发展的生力军和中坚力量。

国家的希望在青年，民族的未来在青年。青年始终是实现中华民族伟大复兴的先锋力量。2017年4月，中共中央、国务院制定出台国家级青年领域专项规划——《中长期青年发展规划（2016—2025年）》，鼓励青年在经济社会发展中充分发挥生力军和突击队作用。围绕国家整体发展战略需要，充分发挥广大青年等群体作用，为边疆民族地区改善区域发展环境、促进经济社会发展提供资金、人才、技术、管理等支持；深化青年志愿服务工作，西部计划广泛覆盖"三区三州"地区，并不断巩固和扩大民族地区的实施规模；每年组织边疆民族地区青年与内地各族青年开展互访、联谊活动，鼓励不同民族青年之间结对子、互帮互助。同时，国家为吸引优秀人才投身民族地区教育事业，改善民族地区教师住宿条件，实施少数民族高层次人才培养计划，加大"特岗计划""国培计划"等项目向民族地区的倾斜力度。此外，国家不断推动边疆民族地区对口支援的深化发展，对促进边疆民族地区经济社会发展具有重要作用。

《云南省中长期青年发展规划（2018—2025年）》为新时代民族地区发展提供了政策指引，制订和开展了大中专学生"三下乡"、"研究生支教

① 《必须把推动各民族为全面建设社会主义现代化国家共同奋斗作为新时代党的民族工作的重要任务》，中华人民共和国国家民族事务委员会网站，2022年9月21日，https://www.neac.gov.cn/seac/c103245/202209/1158820.shtml。

团”和“三区”人才支持计划等民族地区人才帮扶计划，并培养了大量青年人才，推进了云南省民族地区的经济发展和社会治理，推进了青年思想引领、青年就业创业、青年民族团结进步示范区等重点项目建设。

二　云南民族地区青年和经济社会发展现状分析

（一）云南民族地区青年发展特点

根据第七次全国人口普查数据，2020 年云南省民族地区[①]青年人口为 559.1 万人，占民族地区总人口的 25.36%，占全省青年人口的 43.03%，其中男性青年人口为 296.64 万人，女性青年人口为 262.46 万人，男女性别比为 113.02。分年龄段来看，30~34 周岁占比最高，为 31.56%；其次是 25~29 周岁，占比 24.52%；15~19 周岁占比 22.43%；占比最少的是 20~24 周岁，为 21.49%。

具体而言，云南省民族地区自治州青年人口为 447.11 万人，占民族地区青年人口的 79.97%，其中男性占比 52.91%，女性占比 47.09%，男女性别比为 112.38，低于民族地区男女性别比。分年龄段来看，30~34 周岁占比最高，为 31.17%；其次是 25~29 周岁，占比 24.33%；15~19 周岁占比 22.77%；占比最少的是 20~24 周岁，为 21.73%。2020 年云南省民族地区自治州青年人口及性别结构如图 1 所示，青年人数排在前三名的自治州依次

① 云南省民族地区是指《云南统计年鉴 2023》中的民族自治地方，包括 8 个民族自治州（西双版纳傣族自治州、德宏傣族景颇族自治州、怒江傈僳族自治州、大理白族自治州、迪庆藏族自治州、红河哈尼族彝族自治州、文山壮族苗族自治州和楚雄彝族自治州）和 29 个民族自治县（峨山彝族自治县、澜沧拉祜族自治县、江城哈尼族彝族自治县、孟连傣族拉祜族佤族自治县、耿马傣族佤族自治县、宁蒗彝族自治县、石林彝族自治县、沧源佤族自治县、西盟佤族自治县、墨江哈尼族自治县、寻甸回族彝族自治县、元江哈尼族彝族傣族自治县、新平彝族傣族自治县、禄劝彝族苗族自治县、宁洱哈尼族彝族自治县、景东彝族自治县、景谷傣族彝族自治县、双江拉祜族佤族布朗族傣族自治县、镇沅彝族哈尼族拉祜族自治县、玉龙纳西族自治县、屏边苗族自治县、金平苗族瑶族傣族自治县、河口瑶族自治县、漾濞彝族自治县、南涧彝族自治县、巍山彝族回族自治县、贡山独龙族怒族自治县、兰坪白族普米族自治县和维西傈僳族自治县）。

是红河哈尼族彝族自治州、文山壮族苗族自治州和大理白族自治州，分别占民族地区自治州的26.06%、20.54%和18.50%。青年人口最少的是怒江傈僳族自治州和迪庆藏族自治州，占比分别为3.38%和2.47%。

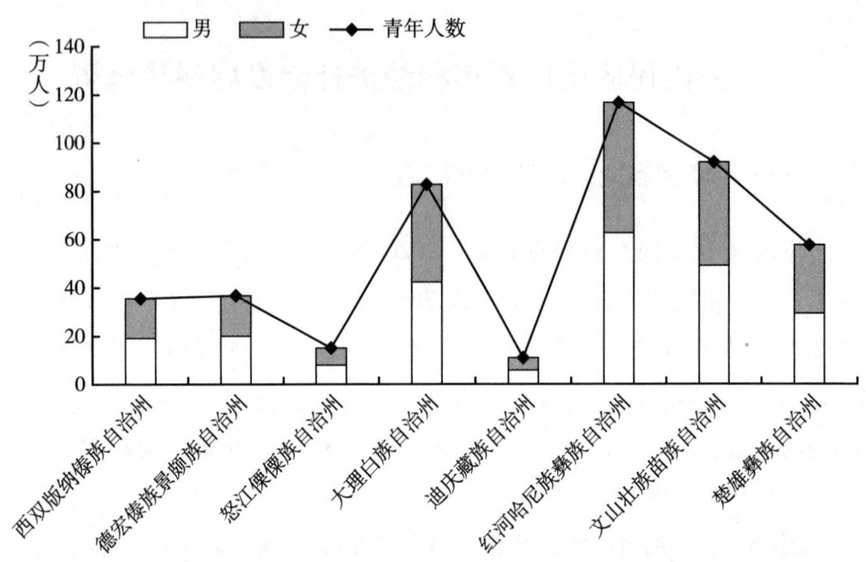

图1　2020年云南省民族地区自治州青年人口及性别结构

资料来源：根据《2020中国人口普查分县资料》有关数据计算。

图2展示了2020年云南省民族地区自治州青年年龄结构，可以看出红河哈尼族彝族自治州在四个年龄阶段均排在第一位，可能是因为红河哈尼族彝族自治州资源禀赋优越、生态环境宜居、产业基础好，从而更吸引青年。

云南省民族地区自治县青年人口为149.27万人，其中，男性青年人口为80.11万人，女性青年人口为69.16万人，性别比为115.83，均高于民族地区和民族地区自治州性别比。分年龄段来看，30~34周岁占比最高，为33.15%；其次是25~29周岁，占比24.99%；15~19周岁占比21.16%；占比最少的是20~24周岁，为20.7%，与民族地区整体年龄结构相似。可见，30~34周岁年龄段是青年人口的主力军。2020年云南省民族地区自治县青年人口结构如表1所示，青年人口在10万人以上的只有寻甸回族彝族自治

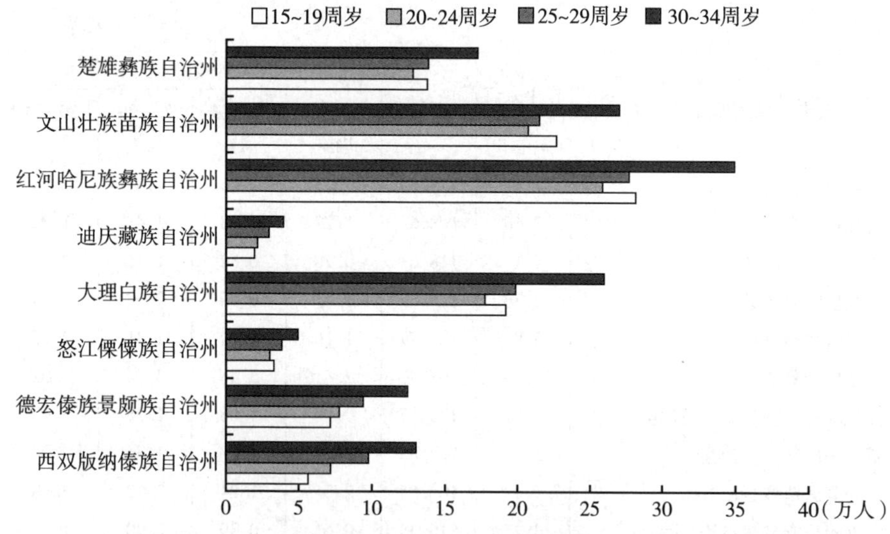

图2 2020年云南省民族地区自治州青年年龄结构

资料来源：根据《2020中国人口普查分县资料》有关数据计算。

县和澜沧拉祜族自治县，分别为10.99万人和10.64万人。青年人口最少的自治县是贡山独龙族怒族自治县，为1.14万人，仅占民族地区自治县青年人口的0.76%。从年龄结构来看，禄劝彝族苗族自治县在15~19周岁年龄段居于首位，为2.85万人，寻甸回族彝族自治县在20~24周岁和25~29周岁的范围内位于第一，30~34周岁年龄段青年人口最多的是澜沧拉祜族自治县。

表1 2020年云南省民族地区自治县青年人口结构

云南省民族地区自治县	青年人口（万人）	性别比	年龄段(万人)			
			15~19周岁	20~24周岁	25~29周岁	30~34周岁
峨山彝族自治县	3.44	118.11	0.82	0.76	0.86	1.01
澜沧拉祜族自治县	10.64	120.68	1.86	2.09	2.67	4.02
江城哈尼族彝族自治县	2.51	118.14	0.47	0.43	0.66	0.95
孟连傣族拉祜族佤族自治县	3.56	117.77	0.64	0.73	0.93	1.26
耿马傣族佤族自治县	7.52	118.23	1.39	1.63	2.01	2.48

续表

云南省民族地区自治县	青年人口（万人）	性别比	年龄段（万人）			
			15~19周岁	20~24周岁	25~29周岁	30~34周岁
宁蒗彝族自治县	7.11	115.64	1.58	1.60	1.87	2.06
石林彝族自治县	5.66	108.65	1.27	1.23	1.43	1.72
沧源佤族自治县	4.17	118.63	0.78	0.82	1.12	1.44
西盟佤族自治县	2.36	123.89	0.45	0.49	0.63	0.79
墨江哈尼族自治县	5.85	128.79	1.16	1.02	1.41	2.25
寻甸回族彝族自治县	10.99	107.95	2.51	2.43	3.04	3.02
元江哈尼族彝族傣族自治县	4.81	125.57	0.99	1.08	1.28	1.47
新平彝族傣族自治县	5.77	117.83	1.14	1.23	1.36	2.04
禄劝彝族苗族自治县	9.19	103.05	2.85	1.84	2.12	2.38
宁洱哈尼族彝族自治县	3.25	116.34	0.64	0.59	0.90	1.12
景东彝族自治县	6.33	112.45	1.57	1.43	1.31	2.02
景谷傣族彝族自治县	5.73	116.95	1.12	1.07	1.37	2.17
双江拉祜族佤族布朗族傣族自治县	4.30	115.33	0.75	0.85	1.08	1.62
镇沅彝族哈尼族拉祜族自治县	3.55	120.58	0.74	0.63	0.85	1.33
玉龙纳西族自治县	5.28	113.83	0.85	1.05	1.45	1.92
屏边苗族自治县	3.11	115.80	0.54	0.66	0.75	1.15
金平苗族瑶族傣族自治县	8.65	132.25	2.16	2.03	1.81	2.65
河口瑶族自治县	2.67	124.50	0.41	0.59	0.75	0.92
漾濞彝族自治县	2.28	109.62	0.41	0.37	0.59	0.91
南涧彝族自治县	4.27	105.24	1.15	0.89	0.91	1.32
巍山彝族回族自治县	6.34	104.53	1.52	1.49	1.47	1.87
贡山独龙族怒族自治县	1.14	124.57	0.18	0.23	0.32	0.41
兰坪白族普米族自治县	4.99	114.51	1.02	0.88	1.32	1.77
维西傈僳族自治县	3.83	116.66	0.59	0.77	1.04	1.43

资料来源：根据《2020 中国人口普查分县资料》有关数据计算。

（二）云南民族地区经济社会发展特点

云南省民族地区经济快速发展，2022 年云南省民族地方地区生产总值达 11909.32 亿元，三次产业结构占比分别为 19.0%、34.3%、46.7%，社会消费品零售总额3992.44亿元，人均地区生产总值为54602元。[①] 党和国家高度重视民族地区经济社会发展，实行了大量倾斜性的扶持发展政策，云南省民族地区教育、卫生和社会保障等方面也得到快速发展。但由于地区长期发展不平衡，与全省经济社会平均水平相比仍有较大差距。

2022年云南省民族地区自治州地区生产总值为9593.31亿元，占整个民族地区的80.55%，人均地区生产总值为56726.75元，高于民族地区平均水平。图3描述了2022年云南省民族地区自治州地区生产总值及人均地区生产总值情况。可以看出，红河哈尼族彝族自治州地区生产总值最高，为2863.08亿元，其次是楚雄彝族自治州为1763.42亿元，最少的是怒江傈僳族自治州为249.93亿元。红河哈尼族彝族自治州的地区生产总值是怒江傈僳族自治州的11.46倍；迪庆藏族自治州的人均地区生产总值位居第一，为77785元。

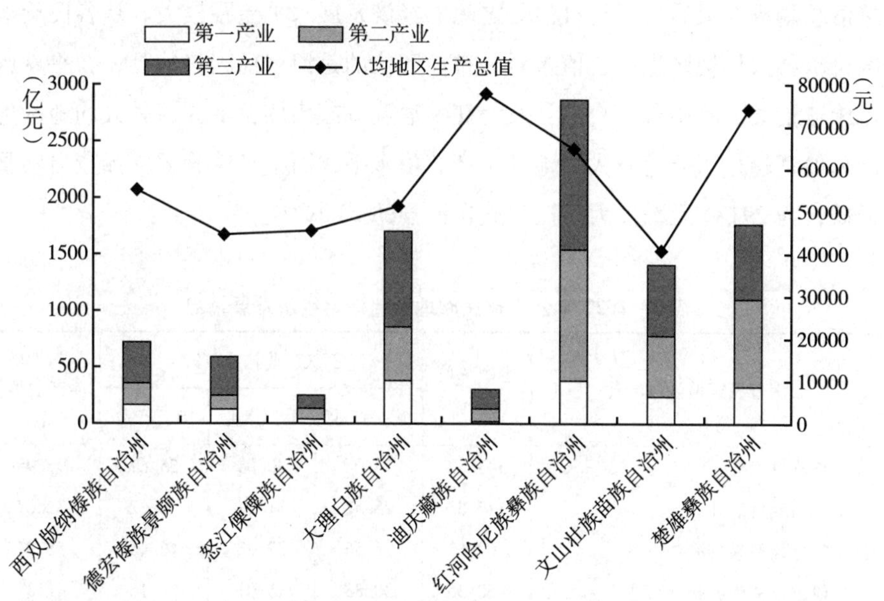

图3　2022年云南省民族地区自治州地区生产总值及人均地区生产总值情况

资料来源：根据《云南省统计年鉴2023》有关数据计算。

① 数据来源：《云南统计年鉴2023》。

此外，各自治州教育资源较为丰富，基础教育普及率高，学前教育普及率较高，教师队伍的整体素质较高，楚雄彝族自治州学前三年儿童毛入园率达到93.01%，小学、初中、高中专任教师学历达标率均超过99.00%。各自治州拥有包括医院、基层医疗卫生机构、专业公共卫生机构在内的多样化医疗卫生机构，基层医疗覆盖到乡镇和村级。医疗卫生机构床位数和卫生技术人员数量均有一定规模，执业医师和注册护士数量稳定，能提供较高质量的医疗服务。

2022年云南省民族地区自治县地区生产总值为3034.23亿元。受自然条件、历史基础和地方政策等多种因素的影响，各民族地区自治县经济发展情况不同，如表2所示，在29个民族地区自治县中，地区生产总值总量超过100亿元的有14个，排在第一位的新平彝族傣族自治县地区生产总值总量达到了270.67亿元，而贡山独龙族怒族自治县以22.24亿元的地区生产总值总量排在最后，可见自治县之间的经济发展水平差距较大。从各民族地区自治县人均地区生产总值来看，排前四位的是河口瑶族自治县、新平彝族傣族自治县、峨山彝族自治县及元江哈尼族彝族傣族自治县，其人均地区生产总值都超过了云南省人均地区生产总值水平，而金平苗族瑶族傣族自治县最低，为29184元，仅为河口瑶族自治县的23.62%。

表2 2022年云南省民族地区自治县经济发展情况

云南省民族地区自治县	生产总值（亿元）	三次产业构成（%）			人均地区生产总值（元）
		第一产业	第二产业	第三产业	
峨山彝族自治县	143.52	14.08	30.04	55.87	97898
澜沧拉祜族自治县	142.83	25.57	31.11	43.32	32667
江城哈尼族彝族自治县	62.09	25.56	27.98	46.46	58297
孟连傣族拉祜族佤族自治县	58.35	30.83	15.01	54.16	41137
耿马傣族佤族自治县	148.07	41.23	23.96	34.81	52348
宁蒗彝族自治县	79.80	16.33	30.79	52.88	32671
石林彝族自治县	129.45	24.10	14.00	61.90	54175

续表

云南省民族地区自治县	生产总值（亿元）	三次产业构成（%）			人均地区生产总值（元）
		第一产业	第二产业	第三产业	
沧源佤族自治县	65.31	30.55	29.31	40.15	41166
西盟佤族自治县	32.21	19.34	23.75	56.91	36545
墨江哈尼族自治县	95.63	29.06	19.41	51.53	34672
寻甸回族彝族自治县	157.69	23.89	19.02	57.08	34103
元江哈尼族彝族傣族自治县	145.82	26.23	26.88	46.89	74839
新平彝族傣族自治县	270.67	13.27	43.97	42.76	102974
禄劝彝族苗族自治县	162.28	26.94	21.51	51.55	43182
宁洱哈尼族彝族自治县	77.95	25.75	26.89	47.36	49229
景东彝族自治县	122.34	32.48	14.87	52.65	40977
景谷傣族彝族自治县	140.75	31.12	26.85	42.03	51520
双江拉祜族佤族布朗族傣族自治县	76.03	30.34	25.86	43.80	46644
镇沅彝族哈尼族拉祜族自治县	93.19	32.79	21.28	45.93	53023
玉龙纳西族自治县	112.03	19.34	42.04	38.61	50126
屏边苗族自治县	72.71	16.06	40.46	43.47	57779
金平苗族瑶族傣族自治县	93.90	21.53	31.10	47.37	29184
河口瑶族自治县	122.33	13.82	25.99	60.20	123567
漾濞彝族自治县	40.87	31.32	23.73	44.95	42042
南涧彝族自治县	93.95	24.90	29.35	45.76	49318
巍山彝族回族自治县	106.76	32.85	23.79	43.36	40341
贡山独龙族怒族自治县	22.24	20.73	28.55	50.72	58438
兰坪白族普米族自治县	102.97	15.21	41.92	42.88	53011
维西傈僳族自治县	71.49	13.48	30.16	56.36	48387

资料来源：《云南省统计年鉴 2023》。

云南省民族地区自治县的教育发展取得显著成就，但整体上与全国教育水平之间仍存在差距。截至 2022 年，峨山彝族自治县的平均受教育年限在所有自治县中最高，为 8.81 年，高中阶段教育毛入学率 97.1%，九年义务教育巩固率 97.7%。此外，各民族地区自治县之间在基本医疗卫生资源供给方面也存在一定差距，石林彝族自治县共有卫生机构 177 个，卫生技术人员 2368 人，而贡山独龙族怒族自治县仅有 37 个卫生机构，卫生技术人员 289 人。[①]

三　云南青年投身民族地区经济社会建设的典型做法与成效

（一）促进青年在民族地区就业创业的典型做法

云南省出台各类政策培养青年人才。2011 年，为贯彻落实《国家中长期人才发展规划纲要（2010—2020 年）》，中央组织部、教育部、科技部、民政部、财政部、人力资源和社会保障部等部门共同印发《边远贫困地区、边疆民族地区和革命老区人才支持计划实施方案》，实施“三区”人才计划。云南省积极推动“三区”人才计划的实施，取得了显著成效。为巩固拓展脱贫攻坚成果，持续助力乡村振兴，充分发挥科技人员在“三区”经济社会发展中的积极作用，2023 年云南省科技厅选派“三区”科技人才共 2728 人，其中青年 271 人，服务覆盖 15 个州市 81 个“三区”县。2022 年 2 月，云南省“兴滇英才支持计划”即云南省高层次人才培养引进支持计划开始实施，计划提出用 5 年左右时间，集中支持青年人才 3000 名左右。[②]“兴滇英才支持计划”青年人才专项作为高层次人才培养引进支持计划的重要组成部分，通过其创新发展潜力，为整个计划注入了新的活力。自 2022 年青年人才专项实施以来，共有 1371 人入选青年人才专项、804 个项目获得经费支持，其中 2023 年有 591 人入选、297 个项目获得经费支持。[③] 2023 年 6 月，为贯彻落实党中央、国务院关于做好高校毕业生等青年就业创业工作的决策部署和省委、省政府的有关工作要求，进一步加大政策支持力度，推动高校毕业生等青年高质量充分就业，制定了 17 条措施，包括挖掘政策

① 数据来源：各民族地区自治县 2022 年国民经济和社会发展统计公报。

② 数据来源：云南省科技厅。

③ 数据来源：云南省发展和改革委员会。

性岗位资源、开发基层就业岗位、增加市场化就业岗位等。对在乡镇、村企业就业的高校毕业生，给予符合条件的个人 5000 元的一次性基层就业奖补；面向在校大学生提供免费创业培训、发放创业补贴，将创业扶持范围由毕业 3 年内延伸至毕业 5 年内。

以青年思想政治建设为引领，让青年担当时代重任。云南民族地区深入学习贯彻习近平总书记关于青年工作的重要思想，结合实际在加强民族团结进步宣传教育上作出示范。一方面，通过举办各类讲座、座谈会、培训班等，提高青年的思想政治觉悟和理论水平；另一方面，紧密结合青年群体的特点和需求，创新思想政治教育方式。例如，红河哈尼族彝族自治州积极构建“组织+服务”的“互联网+”工作格局，建强“3+4”新媒体矩阵，全面入驻抖音、B 站等青年聚集的互联网平台，打通各级团属新媒体的社会宣传合作渠道①，使思想政治工作更加贴近时代、贴近青年；共青团大理白族自治州委员会通过“青”字号宣讲团、云岭青年大学习、红领巾爱学习以及青年马克思主义者培养工程等多元化的学习培训活动，将习近平新时代中国特色社会主义思想深入广大青年群体，组织超过 10.5 万名青少年通过线上和线下的方式，参与了 29 场“民族团结一家亲”主题宣讲活动。

以青年教育工作为切入点，全面提升青年发展能力。云南民族地区坚持深入推进教育改革，完善公共教育服务体系，促进基础教育均衡发展。截至 2022 年，云南民族地区实现义务教育基本均衡，楚雄彝族自治州高中阶段教育毛入学率 94.7%，大理白族自治州高中阶段教育毛入学率 94.5%，迪庆藏族自治州的高中阶段教育毛入学率 94.4%且增速位居全省前列。同时，迪庆州在全省率先实施 15 年免费教育政策，健全从学前教育至高等教育的学生资助体系，实现学前三年到研究生全覆盖，每名家庭经济困难学生在义务教育阶段就读期间可享受相关补助 4 万多元，大学本科期间可享受相关补助 2 万元。② 在职业教育建设方面，2022 年，德宏傣族景颇族自治州共有 9

① 数据来源：中国共产主义青年团红河哈尼族彝族自治州委员会 2022 年度部门决算。

② 数据来源：迪庆藏族自治州民族宗教事务委员会。

所中等职业学校，共有毕业生 3553 人，就业学生数为 3497 人，就业率为 98.42%。以怒江州唯一的一所省（部）级重点中等职业学校怒江州民族中等专业学校为例，该学校 2022 年共收到财政拨款 7204 万元，占总收入的 76.6%；同时，该校积极推进与福贡县政府探索开办州技工学校福贡办学点，与 28 家省内外企业建立了校企合作关系。

以促进就业创业为引领，优化全省人才配置。云南省民族地区各自治州出台了促进各类人才就业创业的政策（见表 3）。2022~2023 年，云南省共举办线上线下招聘活动 1.55 万场次，15.77 万家企业提供就业岗位 927 万个。与此同时，对符合条件的高校毕业生等青年加大创业担保贷款扶持力度，扶持创业青年 3990 人，发放贷款 6.83 亿元。全省创业培训 12.96 万人，其中，包括大学生等青年 4.14 万人。在省级政策的指导下，各自治州积极制定并实施符合本地实际的青年人才引进策略。例如，楚雄彝族自治州严格执行《云南省人民政府办公厅印发关于进一步推动高校毕业生等青年就业创业 17 条措施的通知》的相关要求，积极提供就业服务，具体包括“三支一扶”招募、公益性岗位兜底安置、“千企万岗直播送岗”专项行动等。而针对民族地区存在青年人才紧缺以及很难留住人才的问题，各自治州也出台了相关人才政策。如 2022 年红河哈尼族彝族自治州制定出台了《红河州“红河奔腾”人才计划（试行）》[①]，针对青年人才紧缺问题，红河州重点实施高层次人才、青年党政干部储备人才、教育人才、医疗卫生人才、产业人才、创新人才、柔性人才等 7 个引培专项。针对很难留住人才的问题，红河州对入选州高层次人才及其他专项的人才，采取租赁式人才公寓、购房补助等方式为其提供宜居环境。为国内外顶尖人才、国家级领军人才、省级领军人才、博士研究生领衔的项目分别提供最高 500 万元、200 万元、100 万元、60 万元的资金支持；高层次创新创业团队的项目，最高给予 500 万元的支持经费。根据红河州人力资源和社会保障局数据，在红河州的人才

① 《红河州着力实施“红河奔腾”人才计划　凸显磁吸效应　激发人才活力》，云南省人民政府网站，2023 年 12 月 19 日，https://www.yn.gov.cn/ywdt/zsdt/202312/t20231219_292019.html。

引进政策下，自 2022 年以来，红河州招收了 4 名博士研究生以及 996 名硕士研究生作为事业单位人员，2023 年吸引了 275 名硕士研究生及以上学历人才，聘任了 22 名红河州首批智库专家。

表 3　云南省民族地区各自治州相关人才政策

实施主体	人才政策
中共云南省委人才工作领导小组	《云南省"兴滇英才支持计划"实施办法》
云南省科学技术厅	《"三区"人才支持计划》
云南省人民政府办公厅	《关于进一步推动高校毕业生等青年就业创业 17 条措施》
西双版纳傣族自治州	《"高层次人才招引三年行动"工作方案》
	"雨林英才"工程
德宏傣族景颇族自治州	《德宏州"英才兴边"计划(2021—2025 年)》
怒江傈僳族自治州	《2021 年怒江州"十百千万"人才培养工作方案》
大理白族自治州	《大理白族自治州"十四五"人才发展规划(2021—2025 年)》
	《大理州引进高层次人才激励办法(试行)》
	《苍洱人才"霞光计划"》
迪庆藏族自治州	《迪庆州人才引进实施办法(试行)》
红河哈尼族彝族自治州	《红河州"红河奔腾"人才计划》
文山壮族苗族自治州	《文山州"兴文英才计划"实施办法》

资料来源：云南省民族地区各自治州门户网站。

（二）青年参与民族地区经济社会建设路径

促进落实青年创业就业，完善平台建设和服务帮扶机制。2022～2023 年，云南省科技厅新认定省级科技企业孵化器 5 家、众创空间 21 家。[①] 例如，红河哈尼族彝族自治州的云科建水青创众创空间、楚雄彝族自治州的云科中科（楚雄）创新中心众创空间、迪庆藏族自治州的云科迪庆北理智汇众创空间，以及文山壮族苗族自治州的云科文山高新区薪禾科技企业孵化器等。科技企业孵化器和众创空间数量的增加，将为民族地区的创新创业提供更为坚实的支持，对推动青年创业的发展也具有不可忽视的重要作用。同

① 数据来源：2022 年度《云南省中长期青年发展规划（2018—2025 年）》统计监测报告。

时，积极建设青年创业项目展示和资源对接平台，例如，迪庆藏族自治州于2019年成立了“迪庆州青年创业就业指导中心”“猪八戒网青年创业服务中心”“迪庆州青年创业就业服务基地”等机构，为广大创业青年提供学习创业知识、推荐创业项目、筹措创业资金的平台和机会；西双版纳傣族自治州积极引入大数据、云计算等技术，完善孵化机构服务体系，形成“双创”主体线上信息发布平台、线下资源互联互通平台、创新成果转化交易平台；文山壮族苗族自治州成立青年创业就业协会，在政策、融资、管理、市场等方面帮助更多青年实现就业创业，2016~2021年累计建成创业平台13个，吸引项目924个，孵化出园企业451户，孵化成功企业372户，孵化成功率达84.48%；怒江傈僳族自治州集约化建立青年创业就业孵化基地，依托“青创沙龙”“伙伴计划”，邀请青年联合会、青创联盟、青年社会组织、“两新”组织进驻共建，充分发挥人才优势和智力优势，为创业青年相互交流搭平台、创载体，通过共享资源、思想碰撞，促进创业青年在农业产业、电子商务、快递服务、社会公益等领域发挥优势，实现合作共赢。

扎实开展各类创新创业赛事活动，打造创新创业重点展示品牌。积极主办“云南省青年创业省长奖”“云南省创新创业之星评选大赛”等品牌赛事活动，激发青年群体创新创业活力。各地州也积极开展相关活动，如楚雄彝族自治州开展“互联网+”大学生创新创业大赛、创新论坛、创业讲坛、创业培训、创业沙龙、成果对接会、投融资路演会等创新创业活动；西双版纳傣族自治州举办职工职业技能大赛，落实云岭工匠创新工作室、州级职工（劳模）创新工作室等创建活动；迪庆藏族自治州近年来累计开展“创青春”等创业大赛10次，组织创新创业专题培训活动8场，覆盖创业青年980名；文山壮族苗族自治州强化示范引领，开展“中国创翼”创业创新大赛、“科普文山走进田间地头”系列活动、“最美科技工作者评选”活动、科技活动周、青少年创新科技大赛等活动赛事，线上线下参与人数达5万余人次；大理白族自治州于2021年11月首次成立“扬帆启航、创业筑梦”大学生创业训练营，于2022年6月成功举办第五届“中国创翼”创业创新大赛暨第三届“创翼云南”创业大赛大理州选拔赛，2个参赛项目荣获省级选拔赛奖项，6家创业团队于2023年10月成功入选“云南创新创业之星”。[①]

推进创业带动就业能力升级，促进市场供需有效匹配。大理白族自治州聚力打造创业孵化平台，积极帮助创业群体提高创业能力，助力创业项目茁壮成长，创造更多就业岗位；全州共建成各级各类创业孵化平台40个，共有运营团队人员1141人，累计孵化创业团队2998个，带动就业3.92万人；2023年全州创业担保贷款扶持创业3401人，带动就业9904人。西双版纳傣族自治州自2023年9月起，启动“源来好创业”青年创业资源对接服务季活动，搭建创业企业招聘平台，组织特色招聘专场，开展万场招聘进万村、岗位推荐会等现场招聘活动36场，提供岗位3.1万个，通过网络发布招聘岗位信息292期，累计发布1529户企业的10051个岗位。文山壮族苗族自治州举办“春风行动”“就业援助月”等线上线下招聘活动共计1014场次，累计组织3112家用人单位提供就业岗位48.14万个，吸引求职者9.38万人，达成就业意向1.42万人；2022年全州共发放创业担保贷款6.3亿余元，扶持4021人（户）创业，带动1.2万余人就业。[②]

（三）青年投身民族地区经济社会取得的成效

经济建设内生动力增强。一是创新能力进一步增强。2022年，楚雄州各类创新主体取得核心技术3项，开发重点新产品5个；完成国家科技成果登记4项，技术合同登记85项，交易额达11.02亿元；提名2023年度云南省科学技术奖5项。同时，云南国钛金属成为亚洲最大的海绵钛生产企业，云南宇泽半导体有限公司、云南国钛金属上榜独角兽企业。此外，全州拥有国家级、省级科技企业孵化器3个，建成省级国际科技合作基地1个、工程研究中心4个、企业技术中心39个。二是创业就业活力进一步激发。楚雄

① 数据来源：大理白族自治州人民政府。

② 数据来源：文山壮族苗族自治州人民政府。

州在 2023 年上半年完成创业培训 3055 人，为 23 名创业大学生发放创业担保贷款 380.8 万元；发放 2023 年度求职创业补贴 123.8 万元，一次性吸纳就业补贴 37.5 万元；提供青年见习岗位 1123 个。三是人力资本水平明显提升。楚雄州实施“高精尖缺”引才工程、“兴楚英才”培养工程和“乡村人才”振兴工程，自 2022 年以来，州级层面共引进优秀硕博人才 192 人、急需紧缺人才 1469 人，累计选拔培育“兴楚英才”553 人，储备中青年学术技术带头人 398 人，实施“一乡一名研究生”“一村一名大学生”计划，支持县市与联系合作高校和对口帮扶单位合作，深入实施“万名人才兴万村”行动，选派 1046 名专家人才联系服务村（社区）。①

党的政治建设扎实推进。一是各族青少年交流活动更加丰富。自 2022 年以来，迪庆州以研学为主的各族青少年线上线下交流活动更加丰富，开展“书信手拉手”交流活动，组织 1000 多名各族青少年学生参加“团结进步同心营”“希望之星”“手拉手”“拥护核心、心向北京”研学等实践活动。二是政治教育形式不断创新。贡山县各级党委建立了党组织书记为青年上党课、主题党日覆盖青年等工作机制，以网络学、团课学、实践学等形式分类构建起“线上+线下”共育模式和“基层党组织+基层团组织+家庭教育”的“三位一体”假期协同育人机制。例如，创新开展“青少年学生暑期素质拓展打卡”活动，以党群活动室为阵地，以返乡大学生等为骨干力量，组织青少年到党群活动室开展系列活动，仅 2023 年就开展了 6 期 241 场次，使 6111 人受益。三是党的创新理论广泛传播。西双版纳州各县级融媒体中心推出“党的创新理论我来讲”等理论宣讲大赛，坚持多维度、立体化、广覆盖地宣传党的创新理论，增强了各族党员干部和群众的政治认同、思想认同、理论认同和情感认同。

文化建设进一步加强。一是民族文化产业加快发展。楚雄州建立以彝绣产业为主营业务的楚雄州文化发展集团有限公司、彝绣产业联合会，依托全州新时代文明实践中心所（站）建成彝绣车间 56 个、绣坊 136 个，成功创

① 数据来源：楚雄彝族自治州人民政府。

建2个省级文化产业园区，打造了彝绣特色文化产业孵化的“彝绣园”，推出了体验彝绣传承精品线路的“彝绣游”，在全国率先创新推出银行专属贷款“彝绣贷”、降低彝绣企业物流成本的“彝绣邮”。二是互联网与青年文化工作深度融合。红河州开展随手拍、大讨论等活动，推动非物质文化遗产、中华优秀传统文化实现创造性转化和创新性发展。三是民族文化自信持续提升。红河州推动“中国—上合组织青年交流中心艺术基地”挂牌成立，促进中外青年交流交融；承办云南省第三届留学生文化交流周活动、“中国寻根之旅”夏（冬）令营，提升中华文化海外传播力和影响力。德宏州的勐巴娜西乐团自2022年成立以来，共录制发表了40余首音乐作品，完成任务性演出120余场，创作原创作品14首，充分向社会展示了德宏州作为“歌舞之乡”的地方文化特色，是国内以合唱艺术形式赋能地方文旅、展示民族文化风采的成功范例。①

社会建设全面加强。一是公共教育服务体系加快建设。例如，文山壮族苗族自治州2020年学前教育毛入园率为87.68%，基本建成广覆盖、保基本、有质量的学前教育公共服务体系；义务教育学校从1453所优化到1221所，在校学生54.93万人，小学学龄儿童入学率达到99.96%，初中毛入学率达到102.95%，九年义务教育巩固率达到98.71%；高中阶段教育入学机会显著增加，高中阶段毛入学率达84.96%；高等教育共开设专业217个，在校学生达到17406人，教育普及工作实现历史性跨越。② 二是医疗卫生服务体系进一步健全。例如，红河州绿春县人民医院引进11名医学本科生，一定程度上破解了引才难题，为中西医结合诊疗发展储备了人才资源、补充了新鲜力量，也推动了绿春县医疗卫生事业发展提质增速，增强了群众看病就医的获得感、幸福感。同时，西双版纳傣族自治州人民医院药学部科室共有职工50人，其中35周岁以下青年人数共34人，占比68%，不仅为医院发展储备了年轻人才资源，也为群众提供多样化、精细化、个体化的药学服

① 数据来源：德宏文旅。

② 数据来源：《文山壮族苗族自治州教育事业发展“十四五”规划》。

务，是一支年轻且充满活力的队伍。三是青年社会参与作用得到发挥。图4展示了云南省部分自治州35周岁及以下人大代表占比，可以看出，自治州青年人大代表占有一定比重，且乡镇的青年人大代表的占比高于县（市、区）人大代表、州（市）人大代表青年占比。青年人大代表能够表达青年声音，将反映青年普遍利益要求与开展青年政治引领相结合，可以深入青年群体，敏锐感知青年思想动态、需求动向，努力创造良好发展条件，为城市集聚更多青年人力资源。同时，云南省工商联作为党和政府联系民营经济人士的桥梁纽带，也是政府管理和服务民营经济的助手，其执常委名单中18~35周岁的青年共有10人，不乏来自不同自治州的青年人才，这些民族地区的工商联执常委代表通过深入了解民营经济现实，畅通和规范了民营企业和民营经济人士表达诉求、协调利益、保障权益的通道。

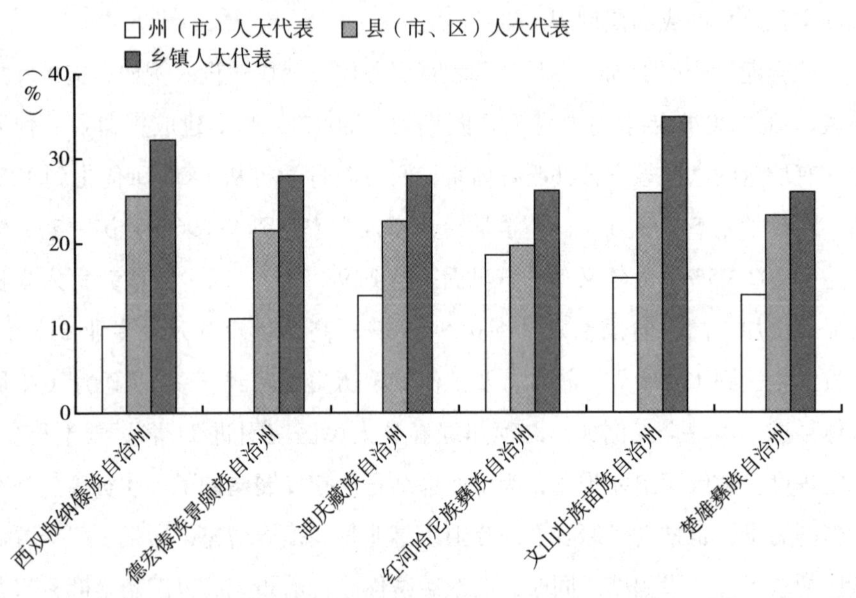

图4　云南省部分自治州35周岁及以下人大代表占比

资料来源：各州市团委、人大常委会办公室。

生态文明建设深入推进。一是加强生态文明建设，常态化开展青春志愿服务行动。例如，怒江青年志愿服务队到怒江沿岸开展“河小青”净滩行动，并持续加大河道保洁力度和环保宣传，充分号召和引导社会青年广泛参与。二是保护珍稀动植物，全面推进生态文明建设。高黎贡山国家级自然保护区贡山管护分局丙中洛管护站站长王建华一直坚守在生态文明建设和生态保护事业的第一线，他凝心聚力，引领丙中洛管护站和天保所建起一支无坚不摧的党员先锋队伍，并带领队伍扎实推进全镇各项生态建设工作，积极发挥先锋模范作用；他和同事们发现和记录了云豹、水獭、狼、林麝等珍稀物种的生活习性、分布范围，不断完善珍稀野生动植物的监测数据，他还收集到了云豹、白颊猕猴等珍稀动物的数据，填补了席洛瓦底保护区数据监测工作的空白。

四 促进云南青年投身民族地区经济社会建设面临挑战与对策建议

（一）面临的挑战

1. 民族地区适应现代青年发展需求的条件尚未成熟

云南省民族地区的公共服务体系相对不完善，住房、教育和医疗等公共服务均低于全国平均水平，这不仅难以让青年获得更好的就业机会和发展空间，更难以满足青年在民族地区生活和工作的需求。在某些县级民族地区，由于经济条件和历史原因，青年住房条件差，水、电、气、通信等基本配套设施不足，青年发展社会环境差，保障不足。同时，这些民族地区教育发展相对落后、师资力量薄弱、教育质量普遍较低，医疗技术水平有限、医疗管理不规范、医疗服务质量较低，这些尚未成熟的条件，制约了本地青年和外来青年人群的持续健康发展。

2. 民族地区促进青年下乡返乡兴乡的政策体系未明确

《中长期青年发展规划（2016—2025 年）》从发展领域、发展目标、发展措施等方面为新时代青年发展作了科学的顶层设计，强调搭建青年成长成才和建功立业的平台，激发青年创新创业活力，促进青年发展。民族地区结合实际，制定地方性的中长期青年发展规划，多措并举为青年发展搭台立柱、创造条件。例如，民族地区在青年创业方面有“贷款发放”“税费减免”“工商登记”等政策支持；在求职就业方面实施学历提升行动计划、就业职业技能培训计划等，开展建筑、物流、乡土产业、休闲旅游等领域的技能培训，一些地方甚至实施定向、定岗、订单式培训。然而在现实中，具体的执行政策体系未完全制定或未完全落实到位，民族地区的部分青年并没有享受到这些政策的红利，促进民族地区青年职业发展的政策优势尚未充分发挥。许多有利于民族地区青年职业发展的政策，虽然会在乡镇政府、村民委员会张贴，但是措施不够细、推动力不够强，难以挖掘和发挥青年人才的主动性和积极性。

3. 民族地区大量绿水青山缺乏有效转换为金山银山的产业支撑

由于各种因素的影响，民族地区要素资源禀赋强、生态环境好，但产业发展相对滞后，主要是农业、畜牧业和简单的加工业，产业结构较为单一，缺乏现代化的产业和就业机会。部分民族地区虽有一定的产业基础，但缺乏支柱产业，使得经济发展较为缓慢，无法形成规模经济。企业规模较小、技术水平较低，导致企业缺乏市场竞争力，无法形成具有特色的产业集群。

4. 民族地区和发达城市之间的互动协同作用未充分发挥

民族地区和发达城市之间的互动协同作用弱。民族地区的产业承接能力弱，导致其在经济社会发展中短板明显，与发达城市之间的产业协作不够紧密，缺乏有效的产业链对接和协作机制，尚未形成合作共赢关系。同时，发达城市的人才往往难以流向民族地区，或许其愿意短期留到民族地区进行帮扶，但很少愿意长期到民族地区工作或就业创业。

（二）对策及建议

1. 立足民族地区青年发展需求，提升民族地区公共服务水平

党和国家的希望寄托在青年身上。习近平总书记反复强调，各级党委和政府要充分信任青年、热情关心青年、严格要求青年、为青年驰骋思想打开更浩瀚的天空，为青年实践创新搭建更广阔的舞台，为青年塑造人生提供更

丰富的机会，为青年建功立业创造更有利的条件。[①] 青年群体是民族地区经济社会发展的主要力量，关注民族地区青年的发展需求就格外重要。因此，应持续推进民族地区义务教育从基本均衡向优质均衡发展，推进民族地区公共教育城乡一体化发展，缩小民族地区不同区域以及城镇与农村之间的教育资源差距。大力发展民族地区职业教育，培养民族地区技术人才。优化民族地区医疗资源配置，加大民族地区医疗服务的投入力度，加强民族地区医疗人才队伍建设和提升基层医疗卫生服务能力。加大青年保障性住房的建设力度，扩大保障性住房的供给范围。建立面向青年群体的多元住房保障政策体系，降低青年群体的生活成本，提高青年的生活品质。

2. 强化顶层设计，建立健全民族地区青年下乡返乡兴乡的政策体系

乡村振兴，关键在人，重点在青年。深入开展大中专学生“三下乡”“研究生支教团”和“三区”人才支持计划等民族地区人才帮扶计划。搭建青年返乡平台，针对民族地区外出就读大学生，重点推进“返家乡”社会实践活动，构建实习与就业衔接的平台，为他们返乡提供实习岗位。同时，支持返乡大学生立足于民族地区具有产业特色的乡村振兴领域进行创业，为其提供资金支持及培训。深入实施《关于进一步推动高校毕业生等青年就业创业17条措施》，为高校毕业生返乡搭建就业创业的新平台，促使各民族地区的外出青年归乡，共同致力于民族地区的建设与发展。培育本土青年兴乡，构建全面覆盖的培训体系以及持续跟进的服务机制，全面提升民族地区青年人才的综合素质。

3. 完善配套基础设施建设，提升民族地区产业现代化水平

持续完善配套基础设施建设，为产业发展创造良好条件。围绕民族地区的发展规划，对道路交通、物流、电力供应及通信网络等基础设施进行优化调整，加速城乡道路的改造与拓展。持续推进民族地区的数字化进程，以科技为核心，探索5G、人工智能等技术在农业生产中的应用，提升数字化基

---

① 《习近平：在同各界优秀青年代表座谈时的讲话（全文）》，中国政府网，2013年5月5日，https：//www. gov. cn/ldhd/2013-05/05/content_ 2395892. htm。

础设施水平。扩大民族地区的信息化覆盖面，加速信息网络与物流电商平台的构建，增加电商服务站点数量，提升相关信息服务平台的辐射能力，为深化产业融合发展奠定基础。聚焦产业链发展，按照有绿色能源优势、有发展基础、有区位优势等原则选择重点产业链，围绕产业链建设，补齐产业短板及缺失环节，推动全产业链协同发展。全面提高民族地区的公共服务和要素保障水平，引进一批具有强烈示范带动作用的“链主”企业，促进产业集聚发展，构建有特色的产业集群。以科技创新为核心，深化政产学研用的协同创新，推进重大科技项目的实施，致力于攻克核心技术，研发一批具有市场竞争力的新产品。

4. 充分发挥民族地区和发达城市之间的互动协同作用

第一，依托沪滇协作平台，让民族地区成为经济社会建设的重要参与者。借鉴共青团怒江州委在上海市浦东新区的支持下建成浦东—怒江青年服务站的模式，并不断深化、优化和拓展，为青年就业创业、深化交流铺路搭桥。第二，着眼于民族地区与发达城市之间的产业链关系，联动创造更多就业岗位。沪滇合作需要深化消费协作，借助上海的大市场、大流通优势，发挥云南民族地区各自治州、自治县的资源禀赋优势，着力改造产业链、打通流通链、提升价值链，激发青年创业活力，带动民族地区经济发展。第三，持续支持交通、信息等基础设施建设，降低民族地区与发达城市之间交往交流的成本，助推民族地区经济发展，加强民族地区在公共服务、社会治理等方面的数字化、智能化建设。

5. 增强民族地区人才内生动力，增强青年对乡村振兴的责任感和时代担当

第一，大力发展民族地区教育事业，完善地区教育发展机制和加大资金投入，增强教师的归属感、获得感，培养更多愿意为乡村振兴贡献的青年人才。第二，开展乡土教育，增强爱国情怀，进一步强化大学生的价值观教育，充分运用思政课堂，强化学生的担当意识和历史使命感；鼓励大学生们勇担时代使命，将爱国热情和青春热血注入民族地区经济社会建设。第三，加大宣传力度，推进乡风文明建设，增强民族文化对青年人才投身民族地区经济社会建设的推动力。第四，培养当代青年对投身民族地区经济社会建设

的积极性，铸牢中华民族共同体意识，唤醒青年的时代担当意识，既要鼓励外出求学和务工的青年积极返乡传承本民族优秀文化，又要引导他们勇于承担建设家乡的责任和使命，增强民族凝聚力。第五，充分挖掘民族地区的自然风光、民族风情、红色文化等资源优势，吸引外地青年。

6. 结合民族地区发展需求，提高青年人才投身民族地区经济社会建设的精准度

第一，高等院校尤其是民族院校要根据时代要求重新定位，实现自我调整和改革创新，结合民族地区经济社会发展的人才需求，发挥民族特色，进行教育改革，提高毕业生精准服务民族地区经济社会建设的能力。第二，要改革专业与课程设置，注重“能力导向+需求导向”，注重将人才培养的目标与民族地区对人才的需求对接，搭建地方和高校联合培养人才的平台，建立定向培养机制，加强民族地区实践基地建设，有针对性地培养学生参与民族地区建设的实践能力。第三，政府在完善民族地区的人才引进政策时，应考虑民族地区经济社会发展的需求，要加大民族地区机关定向考录和事业单位专项招聘力度，通过特岗教师招聘、“三支一扶”（支教、支农、支医和帮扶乡村振兴）计划，吸引优秀高校毕业生、教育者等青年人才到民族地区工作，助力民族地区教育、医疗、卫生等公共服务事业发展。第四，要加强民族地区科技创新支撑经济社会发展的能力，鼓励和引导国家级、省级专家学者到民族地区建立专家基层科研工作站，重视解决民族地区人才单向流动到发达城市、专业人才力量不足等问题。

B.18

云南青年投身高水平开放报告

崔庆波　于浩洋*

摘　要：　云南省作为中国面向南亚东南亚的重要门户，近年来在推动高水平对外开放方面取得了显著成效，青年人才在这一过程中发挥了积极作用。本报告侧重于通过人口统计数据、青年在企业担任法人情况等资料，分析云南青年参与对外开放的区域、行业分布及担任法人的企业特征，揭示云南青年投身高水平开放的现状、特点及面临的主要问题和挑战，并提出加大教育投入力度、优化区域营商环境、挖掘国际合作机会、鼓励青年创新创业、推动文旅产业国际化发展、完善育才留才机制的对策建议。

关键词：　青年法人　云南青年　高水平开放

一　云南青年投身高水平开放的现状

云南青年在高水平开放中扮演着多重角色，他们不仅在经济、文化、社会等领域十分活跃，而且在推动云南省与国际社会的交流合作中发挥着桥梁和纽带的作用。随着云南省对外开放的不断深化，云南青年在高水平开放进程中的积极贡献已经得到充分彰显。

（一）跨境技能培训合作取得显著成效

云南省持续加强对青年人才的培养，通过留学项目、职业教育合作

* 崔庆波，云南大学经济学院副教授、副院长，研究方向为经济体制改革、贸易经济；于浩洋，云南大学经济学院硕士研究生。

等途径，培养了一批具有国际视野和专业技能的青年人才。滇缅“万千百”技能人才培养行动被列入 2023 年由中共中央对外联络部和中共云南省委共同主办的中国共产党同东南亚、南亚国家政党对话会的成果清单。2023 年，云南省人力资源和社会保障厅组织开展了滇缅“万千百”线上技能人才培养行动，深化教育合作，加强跨境技能培训，累计培训 2000 人，至 6 月底项目结束，按计划完成 2500 人的培训。[①] 培训主要面向缅甸院校师生、医技及农技人员，涵盖 8 个行业 14 个工种；其中，网页设计、电子商务、中式烹饪被评为最受缅甸青年欢迎的课程，为联通中缅双方的职业技术标准，探索开展职业技能证书单向认可、技能标准对接搭建了桥梁，为持续深化技能领域国际交流合作搭建了交流平台。

（二）国际经贸合作体现青年时代担当

云南青年积极参与国际经贸合作，包括双边贸易、产业融合、农产品种植、跨境物流等行业，他们通过创新和创业，推动了云南省与南亚东南亚国家的经贸合作，促进了区域经济一体化。我国工商企业登记数据显示，2023 年，云南省由青年担任法人的企业共有 75. 69 万户，约占全省企业总数的 37%（见图 1）。

数据显示，1978~2023 年，云南省青年法人企业大幅增长。1978 年全省仅有 2 户由青年担任法人的企业，在改革开放后，云南省青年法人企业始终保持稳定增长态势且增幅持续扩大，由市场主体“量”的积累逐步实现了向规模效应“质”的跨越。以 1978 年为基准的第 37 年，即 2015 年后，云南省青年法人企业增速呈现更为显著的提升态势（见图 2）。

青年法人与总法人的增长趋势基本保持一致，表明青年在云南省市场主体发展的过程中始终担任着十分重要的角色。自 2014 年以来，总法人数的增幅超越了青年法人数的增幅。其中，2023 年全省总法人数达到 62. 06

---

① 李海球：《我省为缅甸培养 2500 名青年技能人才》，《云南日报》2024 年 6 月 15 日。

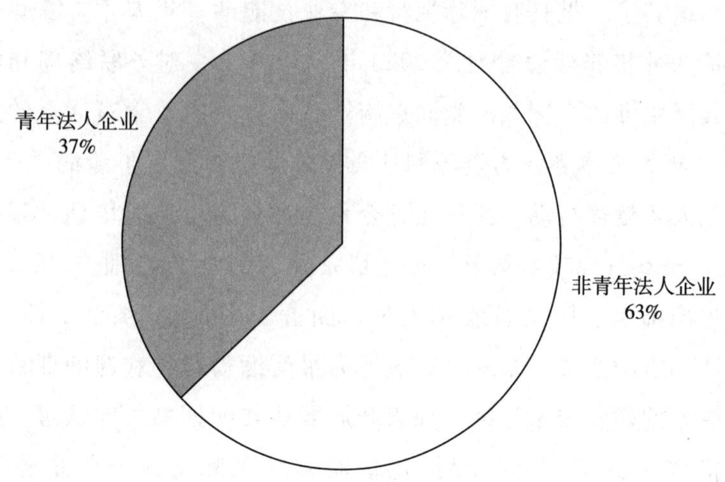

图1 2023年云南省青年法人企业占比

资料来源：根据相关数据整理绘制。

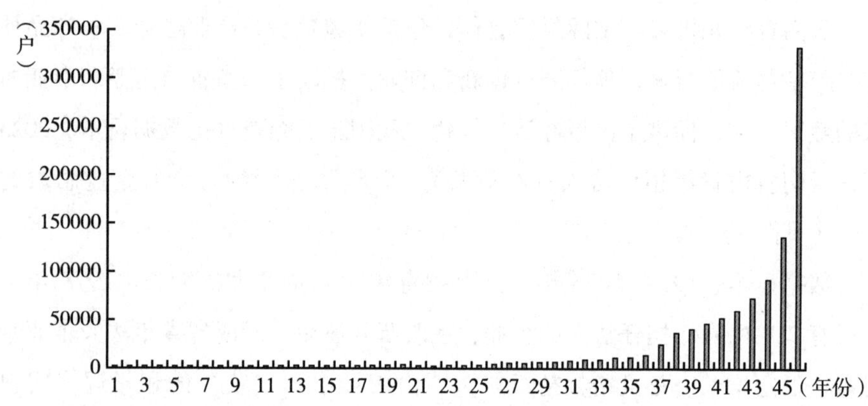

图2 1978年后云南省青年法人企业数量

资料来源：根据相关数据整理绘制。

万户，明显高于青年法人的33.26万户（见图3）。总的来看，这与全省人口结构变化密切相关。

根据工商企业注册数据，2023年云南省新增企业共计42.62万户，其中，以青年担任法人代表的企业为20.89万户，占比超过49%。2023年云南省新增进出口贸易企业共计23772户，其中，以青年担任法人代表的企业为10218户，占比接近43%（见图4），体现了青年在进出口贸易中较高的活跃度。

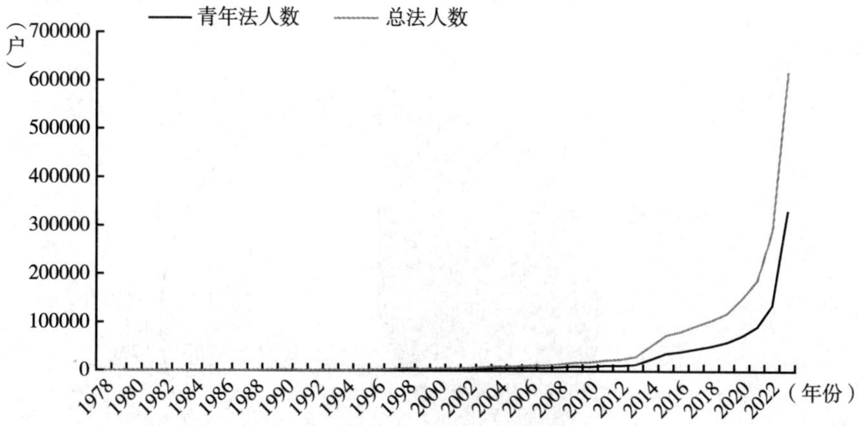

图3　青年法人与总法人增长趋势对比

资料来源：根据相关数据整理绘制。

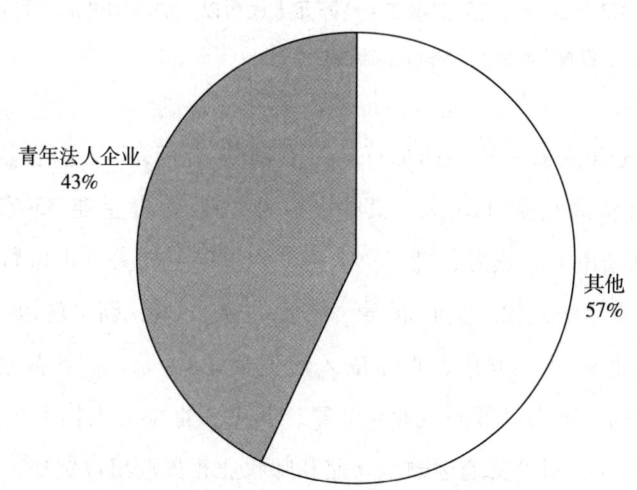

图4　2023年云南省新增进出口贸易企业

资料来源：根据相关数据整理绘制。

从企业规模来看，2023 年云南省新增进出口贸易企业中，注册资本在 100 万元人民币以上的企业共 17363 家，占比超过 73%，体现了云南省进出口贸易企业的规模化发展趋势，其中青年法人代表企业共有 7458 家，占比约 43%（见图 5）。以上数据直观体现了云南青年对推动高水平开放的突出贡献。

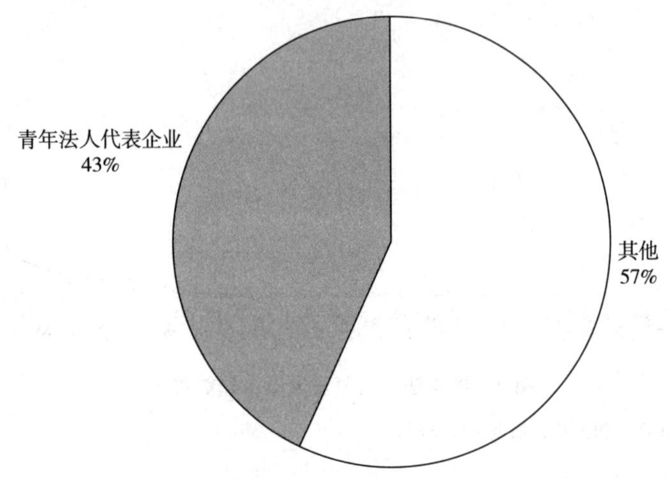

图 5　2023 年云南省注册资本在 100 万元人民币以上的新增进出口贸易企业

资料来源：根据工商企业注册登记数据整理绘制。

从行业分类来看，按照国标行业门类划分，2023 年云南省新增采矿业相关进出口贸易企业 116 家，其中，青年法人代表企业 33 家，占比约 28.45%；新增电力、热力、燃气及水生产和供应业相关进出口贸易企业 72 家，其中，青年法人代表企业 26 家，占比约 36.11%；新增房地产业相关进出口贸易企业 94 家，其中，青年法人代表企业 67 家，占比高达 71.28%；新增建筑业相关进出口贸易企业 472 家，其中，青年法人代表企业 254 家，占比约 53.81%；新增交通运输、仓储和邮政业相关进出口贸易企业 442 家，其中，青年法人代表企业 249 家，占比约 56.33%；新增教育相关进出口贸易企业 8 家，其中，青年法人代表企业 4 家，占比 50.00%；新增金融业相关进出口贸易企业 12 家，其中，青年法人代表企业 2 家，占比约 16.67%；

新增居民服务、修理和其他服务业相关进出口贸易企业 116 家，其中，青年法人代表企业 89 家，占比高达 76.72%；新增科学研究和技术服务业相关进出口贸易企业 2428 家，其中，青年法人代表企业 1019 家，占比约 41.97%；新增农、林、牧、渔业相关进出口贸易企业 1222 家，其中，青年法人代表企业 660 家，占比约 54.00%；新增批发和零售业相关进出口贸易企业 7069 家，其中，青年法人代表企业 4853 家，占比约 68.65%；新增水利、环境和公共设施管理业相关进出口贸易企业 65 家，其中，青年法人代表企业 20 家，占比约 30.77%；新增卫生和社会工作相关进出口贸易企业 58 家，其中，青年法人代表企业 32 家，占比约 55.17%；新增文化、体育和娱乐业相关进出口贸易企业 352 家，其中，青年法人代表企业 251 家，占比高达 71.30%；新增信息传输、软件和信息技术服务业相关进出口贸易企业 930 家，其中，青年法人代表企业 580 家，占比约 62.37%；新增制造业相关进出口贸易企业 1183 家，其中，青年法人代表企业 525 家，占比约 44.38%；新增住宿和餐饮业相关进出口贸易企业 198 家，其中，青年法人代表企业 121 家，占比约 61.11%；新增租赁和商务服务业相关进出口贸易企业 2522 家，其中，青年法人代表企业 1388 家，占比 55.00%（见图 6）。总的来看，在包括新增信息传输、软件和信息技术服务业在内的各类服务业以及文化、体育和娱乐业等新兴进出口贸易产业行业中青年法人代表企业占比较高，体现了青年人对这些领域的重要影响，然而，在采矿业、水利等传统进出口贸易产业中，青年法人代表企业占比较低。值得注意的是，金融业相关进出口贸易企业中青年法人代表企业占比处于末位。

从各地州（市）新增进出口贸易企业来看（见图 7），昆明市新增企业 10779 家，约占全省的 45.34%，在全省处于绝对领先地位，其中，青年法人代表企业 4984 家，约占全市的 46.24%；保山市新增企业 699 家，约占全省的 2.94%，其中，青年法人代表企业 306 家，约占全市的 43.78%；楚雄彝族自治州新增企业 382 家，约占全省的 1.6%，其中，青年法人代表企业 145 家，约占全市的 37.96%；大理白族自治州新增企业 402 家，约占全省的 1.69%，其中，青年法人代表企业 179 家，约占全市的 44.53%；德宏傣

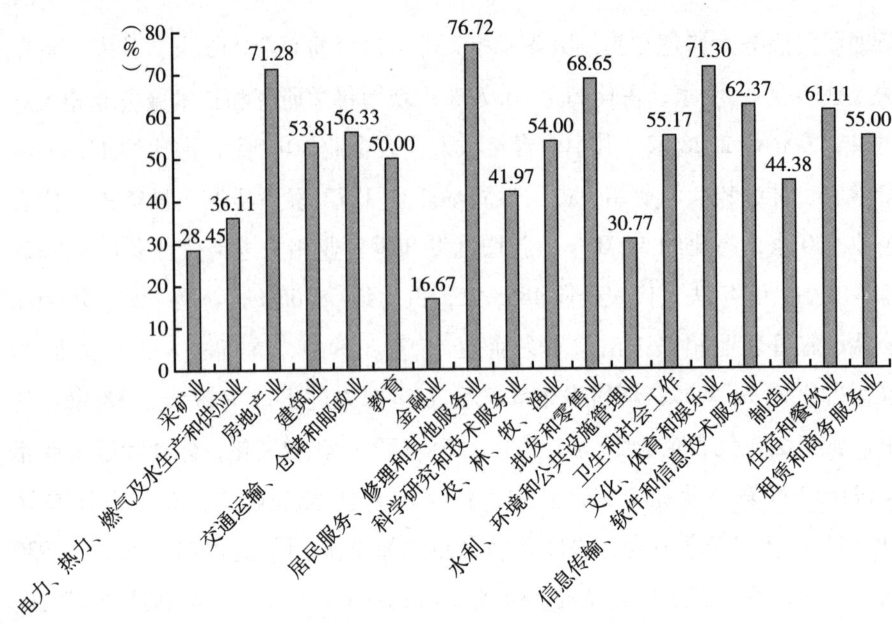

图6　2023年云南省新增各行业青年法人代表企业占比

资料来源：根据相关数据整理绘制。

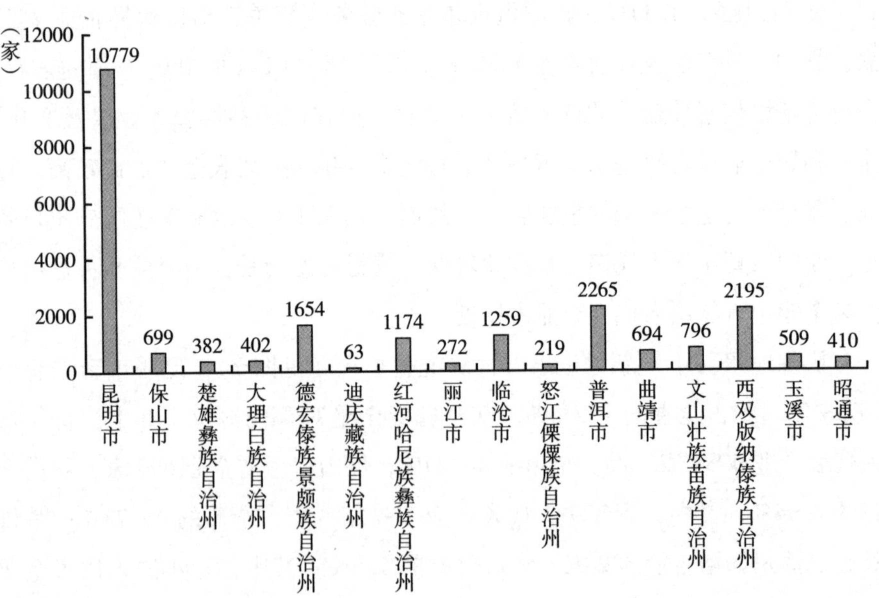

图7　各地州（市）新增进出口贸易企业

资料来源：根据相关数据整理绘制。

族景颇族自治州新增企业1654家，约占全省的6.96%，其中，青年法人代表企业732家，约占全市的44.26%；迪庆藏族自治州新增企业63家，约占全省的0.27%，是全省最低，其中，青年法人代表企业23家，约占全市的36.51%；红河哈尼族彝族自治州新增企业1174家，约占全省的4.94%，其中，青年法人代表企业523家，约占全市的44.55%；丽江市新增企业272家，约占全省的1.14%，其中，青年法人代表企业104家，约占全市的38.24%；临沧市新增企业1259家，约占全省的5.30%，其中，青年法人代表企业540家，约占全市的42.89%；怒江傈僳族自治州新增企业219家，约占全省的0.92%，其中，青年法人代表企业66家，约占全市的30.14%；普洱市新增企业2265家，约占全省的9.53%，其中，青年法人代表企业823家，约占全市的36.34%；曲靖市新增企业694家，约占全省的2.92%，其中，青年法人代表企业264家，约占全市的38.04%；文山壮族苗族自治州新增企业796家，约占全省的3.35%，其中，青年法人代表企业347家，约占全市的43.59%；西双版纳傣族自治州新增企业2195家，约占全省的9.23%，其中，青年法人代表企业759家，约占全市的34.58%；玉溪市新增企业509家，约占全省的2.14%，其中，青年法人代表企业204家，约占全市的40.08%；昭通市新增企业410家，约占全省的1.72%，其中，青年法人代表企业176家，约占全市的42.93%（见图8）。可以发现，青年法人代表企业占比相对更高的地区，进出口贸易企业的新增量普遍较高，市场更加活跃，为高水平开放提供了重要支撑。

当前，高水平开放的重要内容之一是提高价值链嵌入度，实现分工地位的攀升。因此，青年法人代表企业在产业链中的分布也是体现青年投身高水平开放的重要方面。从产业链结构来看，基于企业经营范围，按照研发、设计、技术以及原材料的关键词筛选出了涉及产业链上游环节的新增进出口贸易企业共计18042家，其中，青年法人代表企业7491家，占比约41.52%；按照加工、制造以及制作的关键词筛选出了涉及产业链中游环节的进出口贸易企业共计14869家，其中，青年法人代表企业6261家，占比约42.11%；按照销售、批发，以及零售的关键词筛选出了涉及产业链下游环节的进出口贸易企业共计22915家，其中，青年法人代表企业9845家，占比约42.96%

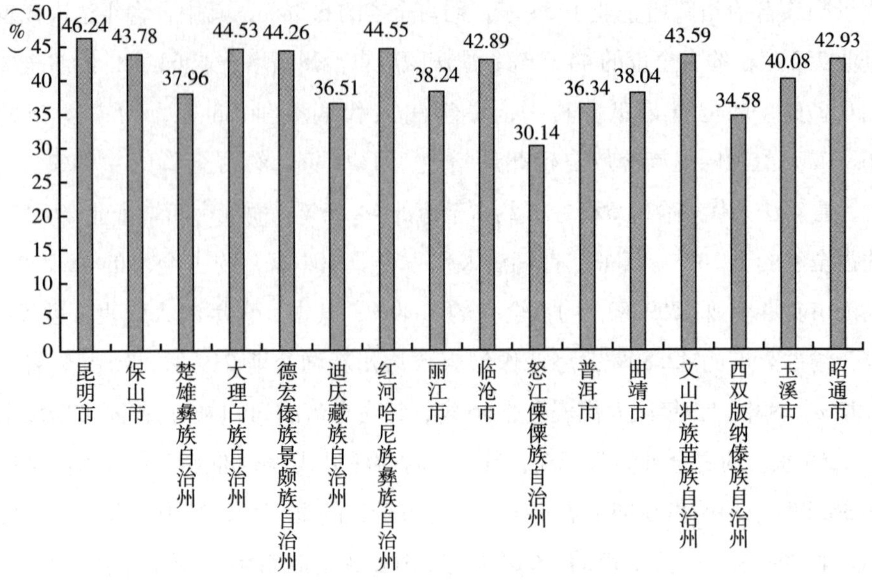

图8　各地州（市）青年法人代表企业占比

资料来源：根据相关数据整理绘制。

（见图9）。总体来看，青年法人代表企业在新增进出口贸易企业的产业链结构的各环节占比相对平均，基本维持在42%左右，充分涵盖上、中、下游各个环节，分布相对合理。

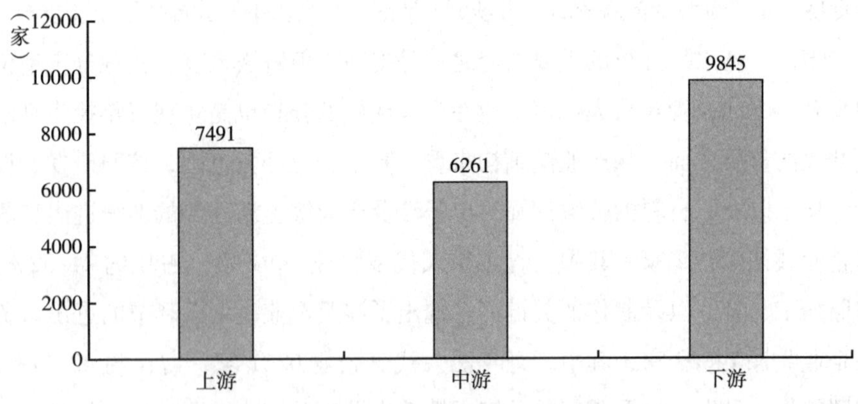

图9　青年法人代表企业产业链结构

资料来源：根据工商企业注册登记数据整理绘制。

云南作为我国的边疆省份，毗邻缅甸、老挝、越南等国，在国际运输上具有天然优势，这也是将全省的区位地理优势转化为市场优势、竞争优势的重要基础。根据来自云南省交通运输厅的云南省国际道路货物运输企业 2023 年新增备案名录资料，2023 年全省新增 91 家企业，其中，青年法人代表企业 74 家，占比高达 81.32%（见图 10），体现了青年人才在参与国际企业建设过程时的独特优势以及在高水平开放过程中发挥的重要作用。

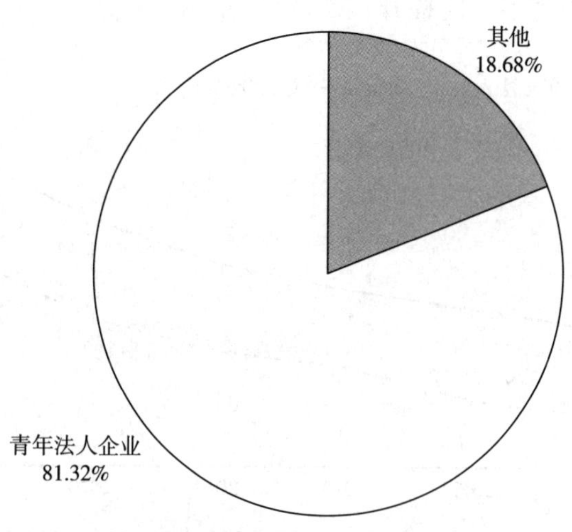

图 10　2023 年云南省新增国际道路货物运输企业

资料来源：根据相关数据整理绘制。

（三）青年成为开放平台建设中坚力量

为鼓励广大青年参与对外开放，云南省为青年提供了一系列的政策支持，包括税收优惠、创业扶持、人才引进等，鼓励青年投身对外开放。特别是在自由贸易试验区的建设中，青年人才成为推动创新和开放的重要力量。从制度创新、经济发展、市场主体、对外开放 4 个方面评估自贸试验区的高质量发展水平，可以看到昆明片区加权后得分为 24.924 分，排在全国自贸试验区各片区的第 6 位，领先于全国绝大部分自贸试验区。而云南省另外两个片区的情况相对落后，德宏、红河片区的排名均在 50 位之后。昆明片区在高质量发展方面能有目前的成效离不开青年人才的助力。近年来，云南自贸试验区昆明片区大量招聘青年人才，管理结构持续年轻化、合理化，创新水平大幅提升。为了进一步观察青年人才对自贸试验区创新发展的贡献，选取昆明市青年法人数与专利授权数进行对比（见图 11），可以看到青年法人数与专利授权数在增长趋势上高度一致；并且，在 2019 年建立自贸试验区后，青年法人数与专利授权数的增幅都得到了一定提升。

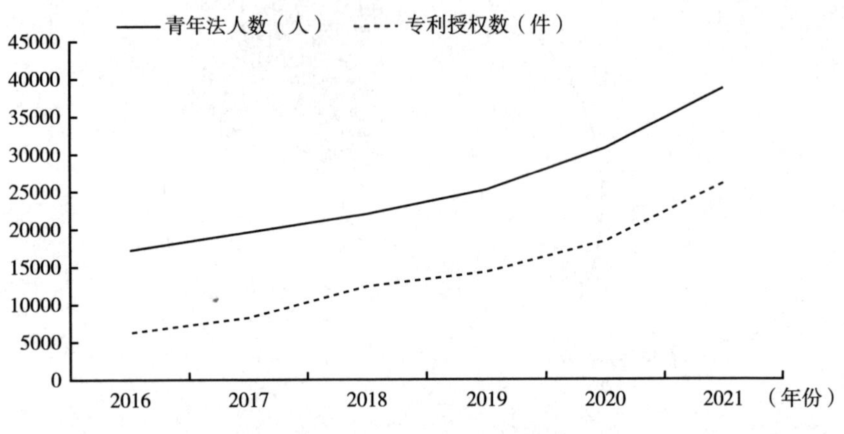

图 11　2016~2021 年昆明市青年法人数与专利授权数

资料来源：根据相关数据整理绘制。

同时，青年人才在推动自贸试验区对外开放方面也发挥了重要作用。出口是对外开放水平的重要体现，昆明市的货物出口额在 2019 年自贸试验区建立之后有了明显的提升，昆明的青年法人数也随之不断增加，二者均呈现上升趋势且整体走势基本相同（见图 12）。这在一定程度上说明，推动高质量发展和高水平开放，核心还是在于集聚人才，尤其是集聚青年，可谓得青年者得发展红利，得青年者得开放先机。

（四）志愿活动彰显云南青年良好形象

云南青年通过积极参与社会服务和志愿活动，不仅提升了自身的社会责

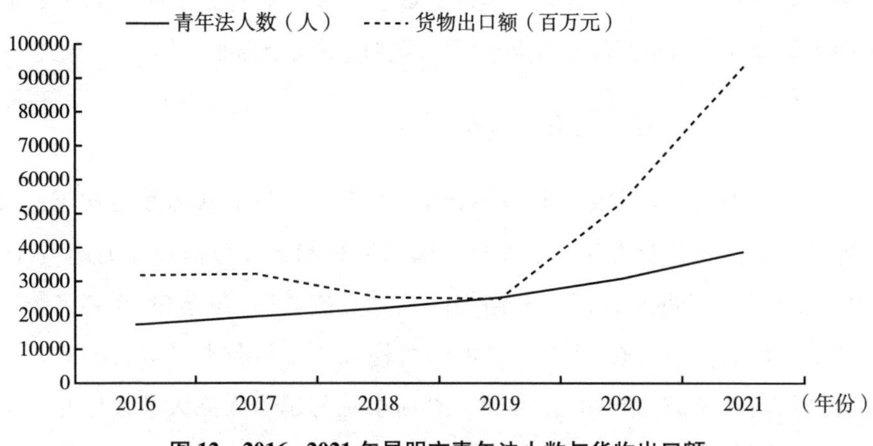

图 12　2016~2021 年昆明市青年法人数与货物出口额

资料来源：根据相关数据整理绘制。

任感，也为云南省的社会发展和国际形象提升做出了贡献。云南青年主要通过参与澜湄合作、中国—东盟自贸区等多边合作机制，推动区域合作、促进共同发展。共青团云南省委牵头组织了《生物多样性公约》第十五次缔约方大会（COP15）第一阶段高级别会议志愿服务，并承接了中国国际旅游交易会、中国—南亚合作论坛等重大会议的志愿服务，共派出和培训志愿者超过 2 万人。广大云南青年人才凭借自身的努力，为保障各项多边合作机制提供了切实力量，促进了区域合作，加强了各方交流与合作，推动了共同发展。他们在文化交流、贸易合作等方面发挥了无可替代的积极作用，为促进区域繁荣与交流合作做出了重要贡献。青年志愿者们在节假日积极参与志愿服务，展示了青春力量，为各大国际会议和活动提供了志愿支持，塑造了良好的云南青年形象。

二　云南青年投身高水平开放的特点

云南青年投身高水平开放，不仅展示了他们在高水平开放中的积极作用，也反映了云南青年人才在全省对外开放发展中的成长、担当和贡献以及云南省在培养和吸引青年人才、推动区域合作和经济发展方面的战略布局。云南青年投身高水平开放的特点主要体现在以下几个方面。

（一）人才培养成为重要抓手

云南在面向南亚东南亚国家的青年人才培养方面发挥着积极作用，通过留学、交流项目等方式，培养具有国际视野和跨文化沟通能力的人才。2016年，昆明举办了首届“云南国际人才交流会”。截至2019年，云南在南亚东南亚国家设有12个境外办学机构和3个境外办学项目，取得了境外办学的新突破。2010年10月，红河学院与越南太原大学合作开办本科专业，开创了云南高校境外办学的先河。2013年，云南财经大学曼谷商学院成立，成为首家在泰国设立学历学位教育机构的中国高校。同时，云南积极推动建立了“南亚东南亚大学校长联盟”“云南—泰国大学联盟”“红河流域大学校长联盟”等教育合作平台，有效促进了与南亚东南亚高校的合作。

（二）国际文化交流持续深化

云南青年在促进中国与南亚东南亚国家的文化、教育交流中扮演着重要角色，通过参与国际友城建设、旅游城市合作联盟等项目，增进了区域间的相互理解和友谊。留学生是中国与南亚东南亚国家文化交流的重要桥梁与纽带。早在2013年，来滇留学生就已突破3万人，其中，南亚与东南亚留学生更是占比超过八成。即使在新冠疫情期间，仍然有超过1万名留学生通过线上授课的方式参与云南高校的课程学习，其中，东南亚籍留学生超过了8000人[①]。近年来，云南省高等教育与职业教育持续推进对外开放，增强国际文化交流。其中，云南旅游职业学院作为“中国—东盟旅游人才教育培训基地”，自2013年起，已陆续培养了上千名来自南亚东南亚国家的旅游相关部门的政府工作人员以及旅游行业的相关从业人员。2023年6月，红河

① 数据来源：云南省社会科学院。

州蒙自市举行“文明多样性传承与创新”国际青年对话会，汇聚了多国政府代表、媒体智库与国际青年，以云南红河哈尼梯田为媒介进行了文明交流互鉴。2023 年 11 月，云南大学新闻学院在呈贡校区成功举办了国际青年训练营，汇聚了来自南亚与东南亚共 8 个国家的 20 名学生和媒体从业人员，进行了为期十天的调研活动，与云南大学的青年大学生共同完成了 5 部以云南自然人文为选题的微纪录片，为南亚与东南亚国家更好地理解云南、读懂云南做出了贡献。

（三）中老铁路成为重要引擎

云南青年通过参与中老铁路等重大基础设施项目，以及在口岸经济、跨境贸易等领域的实际工作，直接推动了云南的对外开放和经济发展。2021 年 12 月，“庆祝中老铁路全线通车青年行活动”在昆明举行，并在老挝首都万象举行了实时线上活动。在中老铁路参建人员中，两国青年占到了 80%以上，云南青年在铁路建设过程中更是展现了舍我其谁的使命感。在庆祝大会上，窦永平作为青年代表分享了他与众多青年同事面对复杂的环境与困难挑战毫不畏惧，坚决完成了各项工程任务的故事。在中老铁路顺利开通运营的背景下，昆明市贸易进出口总额得到了大幅提升，其中，货物贸易进出口总额达 2100 亿元，服务贸易进出口总额达 20. 95 亿美元，年均分别增长 15%和 12%。①

（四）绿色发展成为新结合点

绿色发展和可持续发展已经成为世界各国的共同追求。云南青年在推动绿色金融发展、生态文明建设等方面也有所作为，致力于实现人与自然和谐共生的现代化发展模式，为深化国际交流奠定了坚实基础。2023 年，云南省首次举办了东北亚青年可持续发展研习营，由中国宋庆龄基金会和韩国 SK 集团主办，云南省人民对外友好协会、云南民间国际友好交流基

---

① 数据来源：昆明市商务局。

金会承办；来自韩国、老挝、泰国、柬埔寨、新加坡、斯里兰卡、尼泊尔和中国的30位青年，乘坐中老铁路的高铁列车，分别前往昆明、普洱、西双版纳等地参观交流，领略大美云南的生态景观，体悟科技发展的日新月异以及中华文化的博大精深。在绿色金融方面，一些云南青年创业者成立了绿色金融科技企业，利用技术手段推动环保产业发展，同时倡导绿色投资理念，支持环保项目的发展和实施，促进绿色金融的发展。在农村绿色发展方面，在云南的乡村地区，大量青年积极参与农村绿色产业发展、有机农业推广、生态旅游等项目，通过创新农业种植方式和乡村旅游模式，促进当地经济的绿色发展，对周边国家探索绿色协调的发展模式提供了鲜活、典型的样本，对境内外协同推动生态环境保护和流域治理提供了坚实基础。

三　云南青年投身高水平开放面临的主要问题和挑战

云南青年投身高水平开放面临的主要问题和挑战与区域经济社会发展水平密切相关，主要表现在教育资源分配与培训体系还需进一步优化和完善、特色产业的国际化对接仍存在堵点、基础设施建设仍有不畅不优问题、支持政策的制定及实施仍需优化、国际合作的机会窗口期仍将延续、绿色可持续发展有望形成新动能、防止青年人才流失仍是当务之急等方面。

（一）教育资源分配与培训体系还需进一步优化和完善

虽然云南省在教育方面有所投入，但与国际先进水平相比，教育资源分配和培训体系还需进一步优化和完善，特别是在国际商务、外语能力、跨文化交流等方面的专业培训有待加强。此外，部分地区缺乏教师，影响了教育教学质量，存在教育资源分配不均现象，城乡差距较大，城市教育资源相对丰富，而农村地区教育资源相对短缺。

（二）特色产业的国际化对接仍存在堵点

云南省的特色产业如何与国际市场进行有效对接并实现产业升级和转型，是云南省面临的挑战，这需要云南青年具备国际市场分析能力，以及推动产业创新和品牌建设的能力。以金融业为代表的相关贸易进出口企业中青年法人代表企业占比很低，说明受制于资本要素，青年人才进入相关领域的壁垒相对较高，难以进一步与国际化进行对接。此外，当前青年法人代表进出口贸易企业发展仍存在下游化趋势，在实现全球价值链攀升方面依旧缺乏足够动力。

（三）基础设施建设仍有不畅不优问题

云南省的基础设施建设虽然在不断改善，但一些地区仍存在不足，这可能限制了青年人才的流动和国际交流的便利性。国际青年人才交流活动主要在省会昆明以及文旅产业相对发达的如大理、丽江等基础设施水平较高的地区开展，但仍有部分地区受制于交通、城建等基础设施问题而难以有效开展活动。

（四）支持政策的制定及实施仍需优化

支持政策的制定及实施对青年投身高水平开放发展至关重要。如何确保政策的连续性和稳定性，以及政策的透明度和可操作性，是青年需要关注的问题。2000 年后，云南省青年法人代表企业占比呈现震荡下降趋势，未能保持改革开放后的逐年提升态势。这一方面体现了人口红利逐渐消失带来的压力，另一方面提示了要进一步以青年群体为市场主体进行培育及保护，用更加稳定和更大力度的政策支持来保障青年人才的长期发展。

（五）国际合作的机会窗口期仍将延续

云南省拥有独特的地理优势和广阔的国际合作平台，但如何为青年提供更多参与国际合作的机会，以及青年如何利用这些平台提升自身能力，仍然是一个富有发展前景的领域，同时也是一个充满考验的问题。要推进资源经济、园区经济、口岸经济一体化发展，全面提升制度型开放水平，大幅提升贸易自由化、便利化，为区位红利的发展奠定坚实基础。

（六）绿色可持续发展有望形成新动能

云南省在推动高水平开放的同时，需要统筹好开放发展和生态安全之间的关系，实现经济、社会和环境可持续发展。这涉及绿色发展、生态保护、社会责任等方面，需要持续深化传统产业转型升级和绿色发展，同时也需要加快打造绿色制造大省。目前来看，如何将生态资源进一步转化为竞争优势以及如何持续推动高质量绿色发展依旧是有待解决的问题。

（七）防止青年人才流失仍是当务之急

云南省在吸引和留住青年人才上面临挑战，创造有利于青年发展的环境、防止人才流失，是实现高水平开放的重要前提。由于省内产业竞争优势不强、缺乏大型企业和高新技术产业，优质就业机会有限，形成就业结构性矛盾，大量优秀人才被吸引到一线城市和东部沿海地区发展，造成人才短板突出和人才流失严重的“二重叠加”，不利于本土高端人才的培养和产业的转型升级。

四　对云南青年投身高水平开放的对策建议

为了应对云南青年投身高水平开放发展面临的问题和挑战，全省可以继续加大教育投入力度、优化营商环境、挖掘国际合作机会，同时鼓励青年创新创业、推动文旅产业国际化发展、完善育才留才用才机制，为青年提供更多的发展机会，这不仅能够促进区域经济的繁荣和文化的多样性，还能够为实现高水平开放奠定坚实基础。

（一）加大教育投入力度

持续增加对教育的财政投入，特别是发挥高等教育和职业教育对提升青年能力素质和培育国际人才的功能优势。通过建立和完善与国际接轨的教育体系，提供更多国际化的课程和项目，扩大青年的国际视野和培养其跨文化沟通能力，提升他们的外语水平和国际商务能力，培养具有国际视野的复合型人才。引导省内高校和职业院校与南亚东南亚国家开展留学生合作培养项目，打造“留学中国·学在云南”品牌，拓宽职业教育合作渠道，培养应用型高水平人才。构建多层次、多领域的人才培养体系，与国际知名高校和研究机构合作，提升青年解决实际问题的能力。

（二）优化区域营商环境

制定和实施更加灵活、开放的政策，为青年创业和就业提供便利。简化行政审批流程，提供税收减免、融资支持、市场准入等优惠政策，建立创业指导和服务体系，帮助青年更好地融入市场。出台更多支持青年创业和就业的政策，如税收优惠、创业扶持、人才引进等，为青年提供良好的发展环境。同时，鼓励青年参与自由贸易试验区、边境经济合作区等开放平台的建设。优化全省过境签证、旅游签证、来华就业创业和申请签证业务办理的便利化水平，提升产业链、供应链的稳健性和安全性水平。

（三）挖掘国际合作机会

拓宽青年与国际同行交流的渠道，支持青年参与国际项目合作、国际会议交流、文化交流联谊、国际青年论坛等活动。鼓励青年参与联合国、世界银行等国际组织的工作，丰富青年的国际工作经验，增强其对人类命运共同体的认同感。建立和完善面向南亚东南亚的教育交流平台，推进中外互联互通和文明交流互鉴，构建跨境智库合作联盟，为云南与周边国家的合作共赢提供智力支持。积极举办国际论坛、研讨会等活动，为青年提供更多与国际专家和企业家交流的机会，拓宽青年的国际视野。

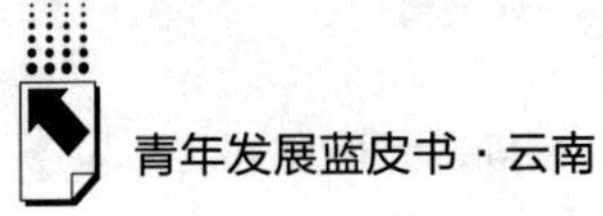

（四）鼓励青年创新创业

进入国际市场对企业和个人而言，即使是高风险抉择，也有高收益潜力。要挖掘青年人才、青年企业家在进行风险投资决策和参与国际贸易过程中，较其他群体更为突出的风险承担意识和高风险承担意愿，鼓励青年在开拓进入国际市场、运营海外分支机构、整合海外市场资源、形成海外竞争优势等方面，更好地发挥其敢为人先的创新创业意识，开创云南省对外贸易发展的新篇章。持续优化对外政策支撑体系，从资金支持、政策扶持、市场准入等方面为青年提供便利，鼓励青年在数字经济、绿色金融、跨境电子商务等领域大展宏图。设立创新创业基金，建立创业孵化器和加速器，为青年创业者提供必要的资源和指导，支持青年企业家实施具有创新性和发展潜力的项目。

（五）推动文旅产业国际化发展

利用云南丰富的自然和人文资源，鼓励青年参与跨境旅游项目的开发和管理，推动文化旅游产业的国际化发展。挖掘省内独特的民族文化底蕴，设计创新旅游线路和体验项目，吸引更多国际游客，促进旅游产业的繁荣和民族文化的传承。以提升国际视野和培养跨文化沟通能力为基础，加强国际合作。发展以中老铁路、跨境高速公路和航空网络为基础的旅游经济圈，探索文旅产业国际国内多维互动、双向赋能的发展模式及业态，提升文旅产业的国际融合度、嵌入度，为文旅产业的突破性发展创造有利的外部条件。

（六）完善育才留才用才机制

高水平开放离不开高素质人才，要完善育才留才用才机制，吸引和鼓励省内外、国内外青年到云南省学习、工作和交流，通过设立奖学金、提供实习机会、支持留学项目等方式吸引青年，同时加强与高校、企业和研究机构的合作，为青年提供更多发展机会和资源。要把引进国内外优秀青年人才到云南发展作为与招商引资同等重要甚至更为重要的工作，通过提供落户便利、入学便利、居住便利、创业支持、税收优惠、人才引进政策等方式，吸引青年到云南创业就业。

B.19
云南青年投身科教兴滇报告

罗薇薇　徐典　罗珺文*

摘　要：“科教兴滇”“人才强省”是云南省委、省政府的重要战略，旨在通过科技创新和教育推动云南经济社会发展进步。云南青年作为社会发展的新鲜血液和未来希望，在“科教兴滇”战略中扮演着至关重要的角色。云南省通过加大本土人才培养、积极引进高端科技人才两条路径齐步走，逐步建立了科学合理、衔接有序、梯次配备的高层次青年人才建设体系，将产业发展需要与科研成果转化、人才队伍建设充分结合，大批青年投身科教兴滇。然而，目前云南在科技创新引领产业发展上还存在一定问题，仍面临科教资源无法充分转化等挑战。针对现存问题，本报告从科教融合、基础研究与产业强省融合、招才引智与招商引资融合、职业教育与科技成果转化融合、高等教育综合改革与科技体制改革融合等五方面提出了相应的对策建议。

关键词：　云南青年　科教兴滇　科教融合

一　云南青年投身科教兴滇的现状与成效

创新是引领发展的第一动力，青年更是科研创新的有生力量。云南省委、省政府高度重视高层次科技人才工作，实施“科教兴滇”、“人才强省”

* 罗薇薇，云南大学经济学院副研究员，博士，研究方向为经济体制改革、贸易经济、投资；徐典，云南大学经济学院硕士研究生；罗珺文，云南大学经济学院硕士研究生。

和创新驱动发展战略[1]，以创新科技体制机制为抓手，以激发人才创新创业活力为重点，围绕云南省重点产业发展和“3815”战略[2]实施重点工作，注重科技人才与重点产业领域发展深度结合。云南省通过加大本土人才培养、积极引进高端科技人才两条路径齐步走，建立科学合理、衔接有序、梯次配备的高层次科技人才及创新团队培养引进计划体系，高层次科技人才队伍快速发展，科教兴滇取得明显成效。

在高层次人才机制建设方面，一是成立高级别领导小组，大力支持人才引进与培养。2022 年 2 月，中共云南省委人才工作领导小组印发《云南省“兴滇英才支持计划”实施办法》，明确了人才引育的重点和目标对象，对省级人才计划进行迭代升级；设置了 10 个个人专项和 1 个团队专项，在创新突破的同时，保持人才政策的延续性和稳定性；提出了要充分运用项目工作法，一个专项就是一个项目，一个项目配套一个细则，推动新时代云南人才工作迈上了新台阶。

二是出台一系列措施，完善人才评价与奖励机制。2022 年 2 月，中共云南省委办公厅、云南省人民政府办公厅印发《关于人才服务现代产业发展的十条措施》，聚焦人才服务现代产业发展的问题短板，提出十条精准措施。以夯实园区人才支撑、促进产业科技成果转化、加强国际人才交流合作等为重点，全面提升政策保障能力。以打造国家级重大创新平台、云南特色创新平台、高水平创新研发机构为重点，全面推动创新平台建设。以深化人才发展体制机制改革为重点，全面激发产业人才的创新创造活力。以推行兴滇惠才卡、人才安居工程[3]为重点，全面构建宜业宜居的人才生态。

三是加强对外合作，促进科教产业发展和人才队伍建设。近年来，云南

① 《2023 年云南省科技工作会议在昆明召开》，《中国科技奖励》2023 年第 6 期。

② 颜希权：《务实工作举措抓落实全面提高新时代机关党的建设质量》，《机关党建研究》2024 年第 1 期。

③ 陈莉、李宗润：《乡村振兴下少数民族地区乡村人才队伍建设问题及对策——以云南省兰坪县为例》，《农村经济与科技》2023 年第 19 期。

省与中央部委的部省合作、省校合作开启新征程。云南省委、省政府高度重视“科技入滇”[①]工作。2022年2月，中共云南省委办公厅、云南省人民政府办公厅印发的《关于人才服务现代产业发展的十条措施》中明确支持国内外知名“大院大所大校大企”来滇共建人才培养基地，挖掘西南联大历史资源，深化完善与北京大学、清华大学、南开大学合作机制，创建西南联合研究生院。

2022年6月，云南省人民政府和教育部签署《教育部　云南省人民政府推进云南教育振兴战略合作协议》，明确了在基础教育、职业教育、高等教育、教师队伍建设等领域的重点合作任务。在此基础上，云南省人民政府与清华大学、北京大学等27所高校签署新一轮省校战略合作协议，27所高校结合自身办学特点和优势学科专业，为云南省学科建设、人才培养、科学研究等提供帮扶。经过持续努力，截至2022年底，31所部属高校与云南省签署省校战略合作协议。《新时代振兴云南高等教育若干措施》提出，要充分挖掘利用西南联大宝贵资源，按照“部省合作、科教融合、集成创新、特色发展”的原则，由教育部和云南省共同推进，以云南大学为主，联合昆明理工大学、云南师范大学等省内高校和北京大学、清华大学、南开大学等教育部直属高校合作共建，以新模式、新机制建设西南联合研究生院。聘请合作共建高校、其他教育部直属高校、中国科学院等相关学科领域的高水平专家学者担任兼职教授，采用“共建高校+云南高校”结对组成“双导师制”联合培养方式，进行研究生培养和前沿学术研究，培养传承西南联大精神，服务国家重大战略，面向世界学术前沿，有历史责任感、志存高远的高层次时代新人。

在科技创新研究成果支撑产业发展方面，2023年7月，中共云南省委办公厅、云南省人民政府办公厅印发《关于加强和改进新时代云南人才工作的实施意见》，提出到2035年，云南要建成我国面向南亚东南亚人才新高地和区域性人才中心，必须加强党对人才工作全面领导，为新时代云南人才

① 孙海燕、张剑波：《科技入滇机制及其发展模式研究》，《云南科技管理》2020年第4期。

工作提供坚强的组织保障；必须持续深化人才发展体制机制改革，全方位培养、引进、用好人才。云南省16个州（市）党委组织部、27家省委人才工作领导小组根据各自地区特点，依托“科技入滇”“腾冲科学家论坛”等平台机制[①]，常态化开展招才引智交流合作活动、拓展校地合作成立“中国乡村CEO学院”、建设大学毕业生创新创业孵化园区、创建人才创新先行区和优先发展试验区、建立跨境人力资源服务产业园、探索“产教融合、产才互促”人才培养模式、建立科技攻关项目“揭榜挂帅”机制、举办科技创新创业大赛、深化与省外大院大所大校大企合作构建科创基地集群，为云南省高质量发展和更好地服务经济社会跨越式发展储备人才库、拓展新途径、汇聚新资源。

二　云南青年投身科教兴滇的特点与成效

（一）持续人才队伍建设支撑经济社会高质量发展

一是高层次人才队伍建设初见成效。云南省深入实施“兴滇英才支持计划”，开展青年人才专项评审工作，大力引进、培养青年博士人才。自计划实施以来，吸引了大量数字经济、生物医药、高原特色农业等专业领域的高层次青年人才来滇创新创业。2023年，共有1876名青年博士申报“兴滇英才支持计划”青年人才专项。另外，实施彩云博士后计划，鼓励省内外博士毕业生和博士后出站人员留滇工作。2023年，共有64名毕业博士进站开展博士后科研工作。[②]

2023年，云南省顶级高层次科技人才培养取得重大突破，继2017年3位高层次科技人才当选“两院”院士后，2023年云南省又有3人当选“两院”院士，为云南省高层次科技人才工作增添了精彩篇章。截至2019年，

① 刘彦华：《地方“两会”热点》，《小康》2024年第7期。

② 数据来源：云南省人民政府。

中国科学院、中国工程院驻滇院士12位，省科技领军人才34位，引进高端科技人才140位，省中青年学术和技术带头人和省技术创新人才达1287位，省级创新团队253个，院士（专家）工作站408个，2017~2019年引进各类外国人才567人次。①

二是专业人才工作有效支撑产业发展。云南省实施知识更新工程，截至2023年，培养各级专业技术人才5000余名，全省新增11.8万人取得专业技术人员职业资格证书，新设10个国家级博士后科研流动站，新招收博士后248名，新设专家基层科研工作站242个，覆盖12个重点产业领域和乡村振兴重点帮扶县；支持事业单位引进高层次和急需紧缺人才2.71万人；推荐选拔147人享受政府特殊津贴，591人入选青年人才专项。

三是人才队伍建设对云南企业发展做出突出贡献。截至2020年，云南省高新技术企业总数达1679家，科技型中小企业总数达8386家，科技企业孵化器总数达46家。高新技术企业引领产业创新发展作用更加凸显。2020年，全省高新技术企业实现工业总产值3294.48亿元、营业收入达5367.66亿元、高新技术产品（服务）收入达4105.72亿元、净利润达358.42亿元；高新技术企业拥有有效专利达3.05万件，拥有有效发明专利达5422件，占全省有效发明专利的34.81%。②

（二）省内外校校合作迈出新步伐

中共云南省委教育工委、云南省教育厅加强省外高水平大学与省内高校的校校合作。2022年9月，教育部召开教育部乡村振兴工作领导小组会议暨乡村振兴工作推进会，组织18所教育部直属高校与16所云南高校签订校校合作协议，按照“校对校、学科对学科、专业对专业”的对口思路，持续开展专业建设、人才培养、大学生创新创业、乡村振兴等领域的合作帮

① 《云南省又添一名“两院”院士高层次科技人才工作成效明显》，云南省科学技术厅网站，2019年11月25日，https：//kjt.yn.gov.cn/html/2019/gongzuodongtai_1125/1963.html。

② 沙洲：《谱写创新型云南建设新篇章》，《今日民族》2021年第5期。

扶①，加大生物医药和大健康产业、旅游文化产业、信息产业等经济社会发展重点领域的合作力度。截至2022年底，云南省共有33所高校与省外108所高校签订校校合作战略协议。

（三）校地合作、校企合作构建多层次产教融合育人育才体系

一是外地高校与（省内）地区合作实现新突破。为加快推进云南“3815”战略发展，立足于“教育是基础、人才是关键、科技是动力”，上海交通大学、中国农业大学、中国地质大学（武汉）等高校与云南省科技厅、昭通市、曲靖市、玉溪市、楚雄州、大理州、丽江市、安宁市、元谋县等签署战略合作协议，在科技创新及成果转化、高原特色农业、现代种业研究、湖泊保护治理、关键技术攻关等领域展开深度合作。

二是省院、省校合作项目取得新成果。云南省联合省外高水平大学共同培养省内高校中青年教学科研骨干和后备人才，提升云南高校教师队伍的学历层次，提高教学科研水平。例如，资助11名高校中青年教师赴省外高校进修访学和48名高校中青年教师攻读省外高校博士和硕士学位。联合开展科学研究，资助省内高校与合作高校联合承担17项人文社科研究项目，为云南省委、省政府科学决策提供高质量的咨询报告和政策建议。联合开展学术交流项目，资助省内高校与省外高水平大学共同举办国际学术会议，不断提升云南高校的学术影响力，为建设成为我国面向南亚东南亚的高等教育区域高地夯实基础。

（四）青年人才积极投身社会发展需要

一是大学生充分参与乡村建设实践活动。2023年，为了实现校地合作的新突破，云南省引导和帮助广大青年学生上好理论与实践相结合的“大思政课”，在社会课堂中受教育、长才干、作贡献。云南省各高校根据相关社会实践要求，坚持以“学习二十大，永远跟党走，奋进新征程”为主题，

① 数据来源：云南省人民政府网站。

全省共组织8597支团队，147426名师生参与2023年暑期“三下乡”社会实践活动，活动地点遍布全国各地，服务受众超50万人，发放各类宣传资料20万余份，各类调查问卷5万余份，累计形成调研报告6000余篇、宣传报道8000余篇，200余支队伍分别入选“笃行计划”“圆梦工程”等社会实践专项活动[①]，深入楚雄州、临沧市等民族地区，观察云南各族人民践行新发展理念，坚持实干奋进，努力推动民族地区经济发展、社会和谐发展所取得的巨大成果。同时，聚焦“科技支农”“环保支农”“农村发展”等热点，充分发挥学科、专业优势，引导广大青年学生投身乡村振兴，积极参与乡村产业、人才、文化、生态、组织建设，努力构建青年大学生服务乡村振兴战略新格局。共青团云南省委还结合乡村振兴工作重点，联合云南省高校服务乡村振兴战略联盟共同发文开展“青春百团助百村”云南大学生服务乡村振兴社会实践专项活动。

二是选派技术人员提供公益服务。为巩固拓展脱贫攻坚成果，持续助力乡村振兴，充分发挥科技人员在“三区”经济社会发展中的积极作用，云南省科技厅从有关科研院所、高等院校、职业院校、各类科技创新和服务平台建设依托单位，省直有关事业单位、有关企业，州（市）级有关事业单位、有关企业以及非“三区”县（市、区）有关事业单位、有关企业等相关单位选派科技人员，围绕服务地区或单位的科技需求，提供公益专业技术服务，或者与服务对象结成利益共同体、创办领办农民专业合作社和企业等，推进县域科技创新创业，为“三区”培养本土科技人才。[②] 2023年选派“三区”科技人才2728人，其中青年271人，占比9.93%。2023年10月12日，云南省丽江市举行“科技入丽”云南农业大学丽江科技合作项目签约仪式，云南农业大学与丽江市科学技术局和丽江企业签署了《“科技入丽”助力宁蒗县乡村振兴成果转化应用》《丽江特色药食同源饮料加

① 杨欣、王静、王世超：《新时期高校生态环境科普志愿服务发展现状及趋势分析——以云南省38所高校为例》，《云南科技管理》2023年第5期。

② 徐宏远、徐雪芹、周坤：《共性技术推动产业经济转型升级的实践——以昆明为例》，《科技广场》2022年第3期。

工关键技术开发与新品创制》《鸡豆品种选育关键技术研发及精深加工应用》《云南农业大学校外实践教学基地协议书》。“科技入丽”常态化和政产学研联动机制将集聚更多的人才服务丽江，进一步推动丽江市实现“产才融合”发展，为丽江高质量发展注入更多的创新活力。丽江市此次与云南农业大学签署合作协议，是开展对外科技合作与交流、柔性引进高层次人才的一个缩影。近年来，丽江市出台《丽江市打造人才高地十条措施》《丽江市“兴丽英才支持计划①”实施办法（试行）》等政策措施，建立健全人才培引工作机制，积极营造人才创新创业氛围。同时，丽江市在生物医药、高原特色农业、工业制造等领域开展技术攻关和人才培养，与中国科学院兰州化学物理研究所、云南农业大学等院校建立了长效合作机制，充分发挥“大院大所大校”人才集聚优势，助力丽江产业提质增效，促进创新链、人才链、产业链深度融合，为丽江市高质量发展提供了科技支撑和智力支持。

（五）重点产业科研取得突破，有力支撑产业发展

云南省在新材料、农业、生物医药等领域的科研取得突破，有力支撑产业发展。云南贵金属实验室孵化的 4 家初创公司在省内率先开展科研人员跟投试点，“高纯超薄金带技术”等 3 项技术实现国产替代，“石油化工催化剂清洁高效回收”等 2 项技术指标达到世界先进水平。云南特色植物提取实验室研发 125 个功效性化妆品新产品和 2 个功能性食品，在巴黎建立贝泰妮集团法国研究中心。云南大观实验室自主研发的“蚜茧蜂防治蚜虫关键技术”获云南省科技进步特等奖，被联合国粮农组织作为生物防治的主推技术和典型成功案例向全球推介。云南种子种业联合实验室审定登记 14 个新品种，制（修）定 23 项标准，“云薯 505”“云薯 304”入选 2023 年国家农作物优良品种推广目录。

① 《云南丽江：实施“兴丽英才支持计划”》，《中国人才》2023 年第 8 期。

三 云南青年投身科教兴滇的典型案例

（一）校企合作再启新篇章

2023 年 9 月 17 日，云南省人力资源和社会保障厅在天津举办云南省深化产教融合政校企合作推介会，吸引了全国 368 家企业和 48 所院校参加，现场签约政校合作项目 1 个、柔性引才项目 9 个、校校合作项目 9 个、校企合作项目 30 个。据介绍，此次推介会上，云南省人力资源和社会保障厅与天津职业技术师范大学签订政校合作协议，双方将在人才培养、师资培养、创新创业、技能竞赛和支持云南园区建设等方面进行深度合作，为云南打造面向南亚东南亚技能人才新高地和区域性人才中心提供支持。云南技师学院、云南工业技师学院等 6 所技工院校分别与陈景毅、马小光等 9 名“大国工匠”进行签约，他们将在云南建立工作站，采取定期到云南进行研讨交流、技能培训、技术攻关、技艺传承、竞赛指导的方式，为云南高技能人才培养提供技术和智力支持。云南还与天津、广东、福建、江苏建立“7+9”校校合作模式，与广东省轻工业技师学院、江苏省常州技师学院、福建龙岩技师学院、武夷学院等 9 所院校围绕工学一体化教学实施、人才培养、师资建设、技能训练等方面签订合作协议。此外，云南交通技师学院、云南冶金高级技工学校等 14 家技工院校与 30 家企业进行校企合作签约。双方将通过共同确定培养目标、研讨课程开发、配置教师资源、建设实训基地、搭建管理平台、评价培养质量，构建多层次产教融合育人育才体系。①

此次推介会是云南加强新时代高技能人才队伍建设，推进产教融合的一次创新举措，云南将以此为契机，深化政校企合作，共同推进产教融合，在

① 《聚焦第二届全国技能大赛丨引进 9 名大国工匠！签约 40 个合作项目！云南打造产教融合培育高技能人才新样板》，“云南网”百家号，2023 年 9 月 18 日，https://baijiahao.baidu.com/s?id=1777367799703921311&wfr=spider&for=pc。

平台建设、师资培育、竞赛组织等方面加强交流合作、拓展合作领域、创新合作方式。①

（二）产业扶贫与消费扶贫双推进模式

在云南省保山市大田坝镇，有个名为文沧的村镇，它毗邻澜沧江，这条流经三省六国的世界第六长河为文沧村带来了得天独厚的种植业发展优势。长期以来，“两烟”和核桃种植是文沧村的“支柱产业”，承担了文沧村近七成的种植养殖收入。产业形式单一、产业技术落后、产业规模分散、产业效益较低是文沧村种植业面临的主要问题。2016 年，共青团云南省委与文沧村结成了挂钩帮扶对子，通过多年的摸索，逐渐探索出一条以团省委为桥梁，以省青联为主力，社会各界齐参与的产业扶贫和消费扶贫双推进模式。

2016 年，共青团云南省委和云南省青联组织省青联委员来到文沧村，发挥各行各业青年精英的信息、经验和资源优势，为文沧村的产业发展“现场号脉”“对症下药”。通过实地的调研和测量，形成了一系列的帮扶方案，在广泛讨论和征求群众意见的基础上，确定了葡萄种植和豪猪养殖 2 个产业扶贫项目。共青团云南省委以驻村扶贫工作队为主体，以相关产业以往经验和文沧村实际情况为出发点，制定了从产业发展到产品销售“一条龙”的帮扶措施，突出带动贫困户持续增收这一基本原则，明确时间节点和各方责任，为项目建设奠定基础。

共青团云南省委坚持以科技促产业，以科技促脱贫，引进的产业均使用目前较为先进的种植养殖技术。例如，葡萄种植产业在文沧村首次实现了“水肥一体”化，使浇水施肥成为“一键操作”，大大降低了人力成本；对全年温度、雨水、土质、光照、果粒甜度等数据进行实时监控，并根据监控结果及时调整种植方案。科学技术的应用，不但促进了脱贫产业的发展，也为传统产业技术升级提供了较好的可借鉴模板。

① 《聚焦第二届全国技能大赛！引进 9 名大国工匠！签约 40 个合作项目！云南打造产教融合培育高技能人才新样板》，“云南网”百家号，2023 年 9 月 18 日，https：//baijiahao. baidu. com/s?id=1777367799703921311&wfr=spider&for=pc。

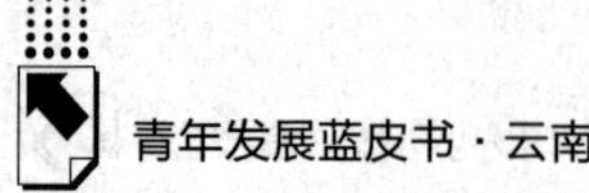

结合项目参与单位和个人较多、统筹协调难度较大、项目实施主体不清等困难和问题，共青团云南省委多次由党组成员带队，组织相关部门负责人深入文沧村，以协调会、调查走访等形式对相关情况进行了调研。最终形成了“党组织总揽全局，指导和把关合作社发展方向；团组织发挥优势，吸引社会力量支持，依托驻村扶贫工作队按照扶贫项目和资金管理规定做好项目监督；合作社负责产业的日常运转，居中协调股东关系，适时组织股东民主决策合作社重大事项，团总支书记任合作社理事长；企业把关产品质量，提供技术指导，负责后期销售；社员和贫困户主动参与到产业建设中，持股分红”的“党（团）组织+合作社+企业+社员（贫困户）”发展模式。

以葡萄种植项目为例，该项目由大理宾川华侨庄园农业科技开发有限公司负责结对，青联委员、华侨庄园董事长孙永斌为主要责任人，企业负责项目产地平整、基础设施建设、种苗栽种、种植管理、产品采收、产品销售等环节的运营和指导，把市场同等的产品标准落实到产业全过程，确保产品质量经得起市场检验。

共青团云南省委坚持把产品宣传贯穿于产业发展的始终，从葡萄幼苗和豪猪种苗到达文沧村开始，就邀请电视、纸媒等多家媒体实地采访报道产业发展，在宣传产业建设的同时，对产品进行宣传预热。在产品采摘、销售等重要环节，通过运营微信公众号、开直播、“拍抖音”等方式，进一步扩大产品的知名度和影响力。抢抓电商直播发展新机遇，举办“团播云南 DOU 有好物——首届云南抖音直播好物节”，邀请抖音头部主播和“云南小花”等本土青年主播一同推广以文沧香印青提葡萄为代表的扶贫产品，得到全省广大团员青年和社会各界的普遍关注。结合基层团组织规范化建设工作和省青联活动，把文沧村确定为基层团组织规范化建设示范点，组织和邀请全省 80 余名团干部和青联委员走进文沧村，通过实地感受，让团干部和青联委员成为文沧葡萄最好的“代言人”和“推广大使”。

在合作企业已有订单销售渠道的基础上，共青团云南省委积极鼓励以省青联委员、省青企协会员为主体的民营企业采取“以购代捐”“以买代帮”等方式采购文沧“阳光玫瑰”，发挥共青团社会化动员优势，组织动员爱心企业、爱心人士等社会力量参与消费扶贫。依托“青创云品商城”这一消费扶贫电商平台，采取直购直销、预约销售等方式，做好文沧“阳光玫瑰”的电商销售工作。①

四　云南青年投身科教兴滇面临的挑战

目前，支撑云南省高质量发展的基础还不牢固，科技、教育、人才对产业发展的支撑力相对不足，科教资源的潜力有待进一步挖掘。

一是科教资源转化为现实生产力仍不充分，特色学科资源潜力挖掘不够。云南省“双一流”学科建设与国内其他高校、国际一流水平高校相比还有明显差距，学科专业布局、科研能力与产业发展适应性不强，学位授权结构对紧缺人才的支撑力不足，科研与应用脱节的现象仍然明显。对生命科学、材料科学、基础医学等学科潜力的挖掘不够充分，学科资源特色文章没有做足，“长板”效应放大不够，引领新兴产业发展、助推换道超车的重大创新成果储备不足。虽然云南的创新基础设施综合指标排在全国第 6 位，但综合效用值和重大创新平台资源利用率不高。

二是人才资源短板仍然突出。2020 年，云南的科技人力资源指标排在全国第 25 位。“塔尖”人才欠缺，“两院”院士、国家杰青、国家优青等高层次人才总数低于全国平均水平。“塔基”人才整体素质有待提升，每万名职工拥有专业技术人员数、研发人员数、大专以上学历人数较少，每万人拥有高技能人才数低于全国平均水平，劳动年龄人口平均受教育年限低于全国平均水平。人才流失严重，部分全职引进的高层次人才和创新团队带头人流失到外省，在外省就读回滇就业的高校毕业生不多，还有一部分省内高校毕业生到外省就业。另外，科教资源过度集聚在省会城市，大部分州市的资源难以满足其发展需求。

---

① 《发起脱贫攻坚总攻战·扶贫印记　沧桑巨变文沧村》，云南省人民政府网站，2020 年 4 月 15 日，https://www.yn.gov.cn/ztgg/jjdytpgjz/xwjj/202004/t20200415_202488.html。

三是高校院所面向经济主战场服务还不够。企业和市场出题、高校和科研院所答题的产学研合作机制不健全，高校和科研院所“重研发、轻转化，重基础、轻应用”的问题长期存在。[①]“十三五”期间云南省专利申请量突破3.5万件，但具有转化价值的成果不多，更缺乏支撑产业转型升级、助推产业创新发展的标志性成果。校企、院企之间缺乏以技术为纽带的利益共享和风险共担机制，“十三五”期间云南省高校、科研院所R&D经费源于企业的资金占比分别为12.31%和4.28%，大部分经费还是源于政府资金。另外，一些成果应考核评价而生，转化机制存在障碍，部分科研人员宁愿将专利成果“束之高阁”也不愿拿来转化，云南省很多高校和科研院所没有开展成果转化活动，2019年签订技术转让合同数和成果转化收入金额仅为四川省同期的9.5%和1.5%。

五　云南青年投身科教兴滇的对策建议

（一）深化科教融合以加快实施科教兴滇战略

深化科教融合是加快实施科教兴滇战略的关键之举。建议推进科教领域的“五个深度融合”，充分激活科教资源潜力、活力和创造力，促进教育链、人才链与产业链、创新链有效衔接，把科教兴滇战略推向新的高潮。

推动“双一流”学科创建与创新平台载体建设深度融合。把创建国家实验室列为科教兴滇“一号工程”，支持省属重点高校整合全省科教资源，启动创建工作。充分利用中央驻滇科教资源，稳步构建生命科学领域的大科学设施集群。布局类脑智能、基因与干细胞等未来产业，开发重大战略产品，实施“未来产业孵化与加速计划”，建设基础科学研究中心、未来产业技术研究院和先导示范区，争取将一批学科纳入国家“高等学校基础研究

① 黎晟沅、汪燕、耿凯：《推进“科教融合” 加快实施科教兴滇战略》，《社会主义论坛》2023年第4期。

珠峰计划”，力争在10年左右建成生命科学基础研究高地和未来产业策源地。

推动大学科技园实现质量、数量“双提升”。着力打造一批学科特色鲜明、技术优势明显、创新要素集聚、服务功能完善的大学科技园，强化品牌效应和引领作用。按照国家级、省级两个梯次，布局建设“2+N”大学科技园体系（2个国家级、N个省级），实现质量、数量“双提升”，推动形成30个左右支撑云南现代产业体系建设的特色学科（群）。提升2个国家级大学科技园的发展能级，聚焦细分产业领域建设技术创新中心、制造业中心和加速器，打造高校科技成果转化“首站”和区域创新创业“核心孵化园”，孵化一批技术驱动型企业。推动高校与所在州（市）合作共建大学科技园，建设校企联合实验室、协同创新中心、共性技术创新平台等新型研发机构，积极争创国家级大学科技园。

（二）推动基础研究与产业强省深度融合

进一步完善基础研究组织方式。聚焦云南优势特色领域和经济社会发展需求，加强调研学习，发挥好中国科学院在滇院所、省内重点高校和相关重点企业的研究主力军作用，开展有组织的基础研究。

结合产业优势积极鼓励原创。结合云南经济社会发展对原创性研究的需求，支持和强调基础研究的新颖性和多样性，鼓励和支持高校、科研院所在创新药、疫苗、中医药、数字医疗新业态、氢能、先进储能、智慧能源、工业互联网等领域开展目标导向类和自由探索类的基础研究，输出高质量的基础研究成果，支撑云南重点产业发展。

实施“园区经济赋能行动”。支持高校、大院大所与产业园区结对，共建科教产融合联盟。在氢能、先进储能、智慧能源等领域开展减排降碳技术联合攻关，支持绿色低碳循环产业园区和零碳园区建设；在生命科学、生物医药领域加大基础研究力度，共建临床医学研究中心、新药研发孵化平台等，实施“云药”品牌培育行动和支持生物医药产业集聚区建设；支持工业互联网技术协同创新，推动数字经济产业园建设。

构建场景驱动的基础研究支撑体系。打造新技术全域应用场景，完善从基础前沿、重大关键共性技术到产业化的全链条设计、一体化实施的科研项目组织模式。建设公共卫生安全应用场景，建设应对重大传染病的快速反应体系、大型多重灾害模拟平台等。围绕碳中和绿色技术应用，建设大气污染防控、节水和水环境综合治理、现代化能源利用等专业化场景应用创新中心。打造智慧城市和城市大脑应用场景，提升水、电、油、气等系统智能化技术水平。推动文旅产业创新应用与场景落地，促进新一代信息技术在民族文化创作、新型旅游市场开发等环节的应用。

规划建设“科产教融合型城市”。以呈贡大学城为核心区域，深化大学校区、科技园区、城市社区联动，重点打造“环大学城知识经济圈”，辐射带动高校周边区域形成若干个产值规模达到千亿级的创新创业集群，推动科产教融合型城市建设。谋划新一批重大科技基础设施，规划智能制造、高端生物制品、前沿新材料等高端特色产业园区，打造人工智能小镇、创新小镇、科创走廊、大科学装置集中区、科技成果交易转化区等重要平台。加强“人才特区”建设，在人才引培、股权激励、成果转化、创业孵化、创业融资等方面开展先行先试。布局5G、高速Wi-Fi、智能传感器，建设智能安全电网、智能交通系统、智慧建筑等新型基础设施。①

（三）推动招才引智与招商引资深度融合

聚焦基础研究人才。完善基础研究人才稳定支持机制，探索开展“杰青”项目结题分级评价及延续资助工作，确定评价等级作为“杰青”项目负责人科研表现的评价参考，择优遴选不超过20%给予第二个五年滚动支持，构建对优秀人才的长周期稳定资助机制。② 打造基础研究青年人才方阵，培养敢于试错、具有原创能力的青年科技人才。加大对基础科学研究青

① 黎晟沅、汪燕、耿凯：《推进“科教融合” 加快实施科教兴滇战略》，《社会主义论坛》2023年第4期。

② 《【中国科学报】自然科学基金委公布多项改革措施》，高等教育领域数字化综合服务平台，2023年12月22日，https：//heec. cahe. edu. cn/news/kj-zxdt/18391. html。

年科技人才的培养支持力度，鼓励青年科技人才提出和研究解决制约云南省产业发展的源头性问题，产出云南省经济社会发展重大产业问题引导下的高水平基础研究成果。

聚焦核心技术领域研究型人才。围绕产业强链、补链、延链工作，制定重点产业紧缺人才（科技类）目录，将所列人才纳入优先支持和服务范围，发挥人才目录对高校学科设置、在职培训等的引导作用。大力挖掘使用“候鸟型”人才资源，用好西南联大宝贵财富，建设西南联合研究生院，支持云南省高校与北京大学、清华大学、南开大学等高校联合培养人才，建立与全国知名科学家柔性合作机制，加强人才互动交流，互派干部任职挂职。鼓励州（市）创设一批国际知名科学品牌活动和高端权威论坛，强化人才政策间的衔接配套，促进人才政策落实落地，开辟人才引进绿色通道。①

聚焦科技型企业家等复合型人才。围绕招商引资重点项目的人才需求，优化科技创业人才支持计划，培养引进一批具有标杆效应和高成长潜力的创新创业人才、科技型企业家。持续打造云南国际人才交流会、“智汇云南”计划等品牌，畅通人才引进渠道。发挥创业基金引导作用，鼓励金融机构开发符合创新创业人才需求的金融服务，对自主创业学生提供持续帮扶、全程指导、一站式服务。

聚焦复合型科技人才。围绕重大招商引资项目，依托科技创新孵化器、众创空间、大学科技园等创新创业载体，构建有梯度、多层次、专业化的创新创业人才培养体系。壮大科技人才队伍，支持科技咨询、技术标准研制与应用、知识产权服务与金融服务等领域的人才发展。

（四）推动职业教育与科技成果转化深度融合

启动校企合作“双百”计划。推广曲靖市校企互动模式，支持“订单式”人才培养，建立一批校企共建培训基地和实践基地。支持各类“双创”

① 黎晟沅、汪燕、耿凯：《推进“科教融合” 加快实施科教兴滇战略》，《社会主义论坛》2023年第4期。

平台为职业院校学生提供成果转化和孵化服务。支持职业院校聘请领军人才、高技能人才成立技能大师工作室，开展技术研修、技术攻关、技术技能创新和带徒传技，加速科技成果推广和应用。争取100家职业院校和企业进入国家职业教育“十百千”产教融合试点。[①]

建设“一主多元”农技推广体系。以农林类职业院校为主，与生物医药、高原特色农业、大健康等相关科研单位、企业合作，推进农业领域成果转化平台和技术转移体系建设。探索“地方政府+职业院校+行业企业+乡村农民”的全产业链技术服务模式，完善乡村产业振兴科技服务支撑体系。

打造面向南亚东南亚国家的技术转移学院。依托职业院校与国家技术转移机构（中心），与南亚东南亚国家合作建设一批技术转移学院，形成专业培训与学历教育齐头并进、人才培养与生态建设相辅相成、国内与国际融合互动的技术转移人才培养生态，打造面向南亚东南亚技术转移人才培养高地。[②]

（五）推动高等教育综合改革与科技体制改革深度融合

推动高校分类发展。支持创建“双一流”高校，建设高水平研究型大学，以改革用人制度为重点扩大高校办学自主权，建立与中央驻滇科研机构的长效合作机制，打通人才流动、交流使用的机制障碍，积极推动“科创教育”，聚焦前沿交叉和基础研究核心需求设置学科专业。支持特色鲜明的省属高校建设高水平特色型大学，围绕重点产业和新兴产业，推动学位点提质培优，强化科教融合和产教融合，根据产业需求提升人才供给数量和质量。支持地方高校推进高水平应用型大学建设，强化创新创业教育，完善科技成果转化和知识产权运营机制，支持高校教师在岗离岗创业，畅通高校教师与企业人才的双向交流渠道。

放活高校科研人才。对高校人才按教学型、科研型和工程技术型分类进

---

① 数据来源：《人民日报》2023年12月25日。

② 数据来源：中国科技网。

行评价，教学型更注重考核教学质量，科研型主要考核科研产出，工程技术型则主要考核社会服务。支持高校院所开展“双聘制”改革试点，允许和鼓励高水平的科技型企业家、省外拔尖科研人才与省内高校院所签订聘用协议，允许其分别在两个单位从事科研教学工作并领取薪酬，享受同等条件人才待遇，从而建立高层次人才编制“周转池”。借鉴四川经验，开展职务科技成果权属混合所有制改革，用关键招式解决成果转化难题。支持高校、科研事业单位探索试行更灵活的薪酬制度，稳定并强化从事基础性、前沿性、公益性研究的科技人才队伍。鼓励高校建设符合科学规律的管理体系，完善自由探索型和任务导向型科技项目分类评价制度，形成科学合理的组织架构。

B.20

昆明市青年发展型城市试点建设报告

中国共产主义青年团昆明市委员会课题组*

摘　要：　2022年4月，中央宣传部、住房和城乡建设部、共青团中央等十七部委联合印发《关于开展青年发展型城市建设试点的意见》，鲜明提出“城市对青年更友好，青年在城市更有为”的城市发展理念，初步构建“7+5”的青年发展型城市政策框架。自入选全国试点以来，昆明市把青年发展型城市建设试点放在推进“强省会”行动战略的基础性、先导性、战略性位置，紧扣培养担当民族复兴大任的时代新人的战略任务，坚持党管青年原则、倡导青年优先发展、激发青年担当作为、注重普惠均等导向，着力丰富青年友好政策、搭建青春建功平台，不断提升青年在城市生活的获得感、幸福感、安全感，同心合力共筑青年发展型城市，打造青春昆明，实现“昆明对青年发展更友好、青年在昆明更有为”的目标，推动城市与青年的双向奔赴、相互成就。

关键词：　青年发展型城市　昆明市青年　青年工作

---

* 课题组组长：林勤，中国共产主义青年团昆明市委员会书记，研究方向为青年发展、青年发展型城市建设、思想政治引领、高端装备及汽车制造产业、低空经济。课题组主要成员：肖禹，中国共产主义青年团昆明市委员会副书记，研究方向为青年发展、青年发展型城市建设、城市规划设计与更新改造、区域经济、边境团建、学校共青团工作；张杨，中国共产主义青年团昆明市委员会四级调研员，研究方向为青年发展、机关党建；赵松，中国共产主义青年团昆明市委员会青年发展部部长，研究方向为青年发展、青年政策、青年服务研究；马宇峰，中国共产主义青年团昆明市委员会青年发展部副部长，研究方向为青少年思想政治引领、青年发展。

一 昆明市青年发展型城市试点建设的政策体系梳理

自试点工作开展以来，昆明构建多层面、多维度的综合性政策框架，促进青年全面发展、提升青年素质、增强青年能力，为青年创造良好的成长环境，相继出台以青年为对象的普惠性、标志性政策40余项。

在教育体系政策方面，出台《昆明市“十四五”教育体育发展规划》《昆明市教育体育局等五部门关于实施民办学校分类登记管理的通知》《昆明市城乡义务教育阶段家庭经济困难学生生活补助资金管理办法》《昆明市家庭经济困难学生认定办法（修订）》《昆明市学前教育家庭经济困难儿童资助管理办法》《昆明市普惠性民办幼儿园管理办法》《昆明市中小学幼儿园教师职业道德评价办法（试行）》《昆明市中小学幼儿园招收和培养国际学生实施细则》《昆明市中小学教师全员培训学时登记管理办法》等文件，优化教育环境、深化教育帮扶、提高教育质量，为青年提供更多的学习机会和更好的学习条件，培养具有创新精神和实践能力的人才。

在就业创业政策方面，出台《关于进一步推动高校毕业生等青年就业创业21条措施》《昆明市人民政府办公室关于支持创新型产业用地发展的指导意见（试行）》《“春城计划”高层次人才引进实施办法》《“春城计划”高层次人才培养　春城青年拔尖人才专项实施细则（试行）》《昆明市“春城产业导师”引进工程实施办法（试行）》《昆明市优化营商环境办法》《昆明市创新驱动高质量发展17条措施》《昆明市加快人才集聚推动产业发展十条措施》《昆明市文化创意种子企业认定管理办法（试行）》《关于促进小微文化企业发展的实施意见》等文件，完善就业创业服务体系，促进青年就业、鼓励青年创业，提升育才、留才、引才、聚才能力，为青年创造更多的就业机会和更大的发展空间。

在文化体育政策方面，出台《昆明市全民健身实施计划（2021—2025年）》《昆明市人民政府关于推进健康昆明行动的实施意见》等文件，提升青年营养健康水平和体质健康水平；出台《中共昆明市委办公厅　昆明市人民政府办公厅关于加快昆明文化创意产业发展的意见》《关于推进中华优秀传统文化传承发展工程的实施意见》《关于加快建设区域性国际中心城市人文交流中心的实施意见》等文件，丰富青年文化生活，提升青年文化素养，提高青年身心健康水平，促进青年全面发展。

在社会保障政策方面，出台《昆明市开展加强婚姻管理引领婚育新风三年专项行动工作方案》《昆明妇女发展规划（2021—2030年）》等文件，引导青年树立文明、健康、理性的婚恋观念；出台《昆明市反对拐卖人口行动实施方案（2021—2030年）》等文件，健全青少年权益保护的工作体系和工作机制，切实维护青少年合法权益；出台《昆明市法治政府建设实施方案（2021—2025年）》《昆明市“法律六进”活动三年工作方案》《昆明市校园安全防范能力提升三年行动工作方案（2023—2025年）》等文件，推进青少年法治宣传教育常态化、全覆盖，进一步净化青少年成长环境；出台《昆明市加强新时代老龄工作实施方案》《关于贯彻落实残疾儿童康复救助定点服务机构协议管理工作的通知》《昆明市儿童友好城市建设实施方案》等文件，缓解青年养老育幼压力。

二　昆明市青年发展型城市试点建设的现状分析

青年因城市而聚，城市因青年而兴；只有赢得青年才能赢得未来，塑造青年才能塑造未来。自试点工作开展以来，昆明市高度重视青年发展型城市建设，以习近平新时代中国特色社会主义思想为指导，全面贯彻落实习近平总书记关于青年工作的重要思想和考察云南重要讲话精神，坚持党管青年原则和青年优先发展理念，把青年工作作为战略性工作来抓，出台落实一揽子青年友好政策，推动实施一大批青年实事项目，工作机制不断巩固优化，标志性政策持续出台，共青团组织积极作为，相关部门协同配合，社会氛围日益浓厚。《关于开展青年发展型城市建设试点的意见》和《昆明市青年发展型城市建设试点实施方案》中提出的阶段性目标见行见效，青年发展型城市建设试点已经成为推动昆明市中长期青年发展规划纵深实施、促进青年高质量发展的重要抓手，青年的获得感、幸福感、安全感显著增强，青年工作高质量发展迈出坚实步伐。昆明市在试点建设中期评估时获最高档次（A 档），“青年发展项目纳入政府民生实事项目清单，市财政投入 800 万元成立昆明市青少年心理健康服务中心”的经验做法被纳入《青年发展型城市建设首批典型经验和创新举措》清单，向全国推广。[①] 在2023 年世界青年发展论坛青年发展型城市主题论坛期间，昆明市应邀参加“青城市集”青年发展型城市交流展，全国多地党政领导走进“象”往昆明展厅参观试点建设成效。2024 年 4 月，共青团中央书记处第一书记阿东到云南昆明出席第三届全民阅读大会并调研共青团工作，调研组前往昆明老街，实地了解青年发展型城市试点建设相关工作，同创业青年进行交流。阿东表示，共青团要以青年发展型城市建设为载体，纵深推进中长期青年发展规划实施；把青年思想政治引领和为青年办实事结合起来，积极推动解决青年融入城市、就业创业等方面遇到的困难，让青年在城市更有为。

三　昆明市青年发展型城市试点建设的经验做法及典型案例

（一）实施青年友好行动

1. 优化城市青年发展规划环境

昆明市贯彻青年优先发展理念，落实中长期青年发展规划，深化青年工作联席会议制度。发挥党委领导、政府主导、社会协同作用，专题研究部署青年发展工作，建立跨部门、多领域、全社会共同参与、互通信息、互相支持的工作机制，汇聚政府、市场、社会等各方力量，打出服务青年发展的

① 数据来源：昆明市财政局。

"组合拳"。

2. 绘就青年满意教育新画卷

昆明市完善教育公共服务体系。入选国家义务教育教学改革实验区，省一级普通高中实现县域全覆盖，高中教育质量水平保持西部省会城市前列。持续加大教育投入，着力构建与高质量推进昆明区域性国际中心城市建设相匹配的教育体系，推动全市教育优质资源持续扩大、教育结构持续优化、教育质量持续提升。昆明市主城区的外来务工人员随迁子女入学全面实行网上预登记，确保符合条件的随迁子女100%享受公费学位；推进"一村一幼"、公办和普惠性民办幼儿园建设。先后引进清华附中等23所名校来昆合作办校30余所，累计组建43个基础教育集团，新增73所公办幼儿园，认定普惠性民办幼儿园189所，5所市属优质学校一对一帮扶磨憨中小学，昆明技师学院挂牌成立；成立3个产教联合体、7个产教融合共同体，帮助老挝铁道职业学院建立铁路专业教学体系，实现"职教出海"；新增和拓展优质学位29万余个，35所民办义务教育学校转为公办，民办义务教育在校生占比由19.69%降至7.54%，学前教育公费学位占比提升至54%以上。[①] 让每个孩子都能享有公平而有质量的教育，这一美好愿景，在昆明正加速变成现实。例如，出台《关于进一步减轻义务教育阶段学生作业负担和校外培训负担的实施方案》，按照"校外治理、校内保障、疏堵结合、标本兼治"的工作思路，推进"双减"；昆明全市义务教育学校实现100%开展课后服务，惠及75.06万名学生，青年教育满意度明显提升。

3. 逐步构建多层次青年住房保障体系

让青年人有房住、住得起、住得好，是保障美好生活的起点。昆明市积极构建多层次青年住房保障体系，打造"春城青居"保障性租赁住房品牌。建立人口净流入、人口总量和土地供应联动机制，按照政府扶持、金融助力、市场运作的方式，引导多主体投资、多渠道供给，主要利用市域内具备

① 数据来源：昆明市教育局。

发展保障性租赁住房条件的集体经营性建设用地、企事业单位自有存量土地、产业园区配套用地和存量闲置房屋进行新建、改建和改造，适当利用新供应国有建设用地，加快完善以公租房、保障性租赁住房和共有产权住房为主体的青年住房保障体系，多措并举促进房地产市场平稳健康发展，租购齐抓让青年人“有房住”。同时，制定出台《昆明市保障性租赁住房建设实施方案（试行）》《昆明市保障性租赁住房管理实施细则（试行）》，优化保障性租赁住房户型设计，以建筑面积不超过 70 平方米的小户型为主，定价方式按照不超过市场租赁住房租金的 85%确定，精准施策，让青年人“住得起”。全市通过以购代建市场化筹集、盘活存量房源和土地资源、新建等渠道筹集保租房项目 40 个，涉及 50175 套房，完善的配套让青年“住得好”。计划建设配售型保障性住房 5000 套，第一批项目共 9 个地块 4000 套，第二批申报建设 1000 套，已初步确定项目选址。到 2025 年，昆明市将筹集不少于 6 万套保障性租赁住房①，重点解决新市民、青年人等群体住房困难的问题，让更多青年能够在春城住有所居、安居乐业，满足青年对美好居住生活的需要。

（二）实施青年成才行动

1. 不断优化青年就业环境

推进就业领航行动。昆明市在全省率先出台《昆明市人民政府关于进一步做好当前和今后一个时期就业创业工作的实施意见》，在进一步优化新时期全市就业创业政策体系的基础上，首次将高校毕业生纳入人才范畴，发放 2023 届高校毕业生求职创业补贴 7382. 6 万元，惠及 73826 人；发放企业一次性扩岗补助 38. 1 万元，惠及 53 户；发放企业吸纳就业补贴 294. 24 万元，惠及 115 户，稳定就业岗位 0. 62 万个；“零就业家庭”保持动态清零，灵活就业人员参加住房公积金制度试点工作启动实施；加快构建引导创新、鼓励创业、高质量就业的政策服务体系。实施青年就业见习计划和创业孵化

① 数据来源：昆明市人民政府。

示范基地、创业园建设计划，打造科技企业孵化器 73 家，创业导师团队 896 个，在孵企业 4310 家；打造市级及以上众创空间 164 家，创业导师 1665 人，常驻创业团队数量 2467 个，鼓励社会力量参与就业服务，发展就业服务数字化平台，积极促进青年就业和成才发展。①

提升青年就业容量能级。昆明市聚焦高校毕业生、新生代农民工、失业青年等群体，制定《鼓励省外高校毕业生到昆就业创业实施办法（试行）》，开展线上线下招聘活动 128 场次，组织 5243 户企业提供岗位 11 万个，召开“政校企”人才资源对接座谈会 15 场。2022 年全市实名登记高校毕业生就业率 96.4%，连续多年保持在 90.0%以上。② 基本已实现人才落户政策“零门槛”，中专以上学历人员、技工院校毕业生，留学归国人员、具有初级以上专业技术职称或初级技工以上资格的人员均可在昆明先落户后择业，凭毕业证（或技能证书）就可以直接办理落户并可接迁家属，无任何年龄限制；具有博士学位或正高级专业技术职称的人员，可以自愿选择落户地址并接迁家属。

构建和谐劳动关系。在 2022 年中国年度最佳雇主线上颁奖典礼上，昆明荣获“2022 年中国年度最佳促进就业城市”，成为稳就业、促就业工作的城市样板之一。

2. 深化青年人才培育

昆明市连续举办 8 届“春城创业荟”创业创新大赛、5 届“春城名匠杯”职业技能大赛等人才活动，累计 30 余万人参加 4576 个项目。建设“中国·昆明国际人才资源产业园”、院士（专家）工作站等人才平台，目前建成省市级院士工作站 242 个、科技成果转化中心 31 个，新落地高新技术企业 488 家。全市人才总量达 126.7 万人，引育国内外院士、国家杰青等高层次人才 2600 余名、各领域高层次人才团队 116 个，入选“外籍人才眼中最具吸引力十大城市”。③

---

① 数据来源：昆明市人民政府。

② 数据来源：昆明市教育局。

③ 数据来源：昆明市人力资源和社会保障局。

3. 拓展昆明青年交流交往“朋友圈”

昆明市精心策划和设置对外传播议题，积极讲好中国故事、昆明故事、昆明青年故事，积极开展青年对外友好交流活动。依托实体化落地昆明的“中国—上合组织青年交流中心”，探索打造国际青年社区，搭建国际交流合作新平台、新模式。以中老铁路开通运营和磨憨国际口岸城市建设为重点，积极搭建昆明海外传播矩阵，上线试运行首个中老双语涉外宣传平台“萨拜迪”老挝语网站，构建以《看昆明》杂志和“InKunming”英文网站、“彩云桥”缅文网站等为涉外主平台的传播矩阵，“昆明信息港”TikTok 账号粉丝量 6.27 万人，年度观看数破亿次，单个视频最高播放量达 810 万次。[①] 以南博会、上合昆明马拉松等赛事活动强化南亚东南亚各国主题外宣，通过第七届聂耳音乐周、第五届澜湄国际电影周等活动，昆明的国际知名度、影响力持续攀升。讲好昆明扩大开放、加快发展和中老青年友谊民心相通的生动故事，加强春城青年与港澳台青年交流合作，注重根脉相连，共同画好“同心圆”。

（三）实施青年有爱行动

1. 缓解青年婚恋难题

昆明市充分发挥群团组织联系青年、服务青年的桥梁纽带作用，拓展婚恋咨询、婚恋调查、活动发布、活动报名的线上渠道，加大对适龄青年的婚育辅导力度，擦亮“青春有约·缘在昆明”青年联谊活动品牌，大力开展“陌生人饭局”“七夕”交友联谊等高品质联谊活动，搭建青年社交平台，丰富青年交友活动形式。

2. 推进特别关爱建设

昆明市积极构建多元的普惠托育服务网络，加大公办托育机构建设力度，支持企业创办普惠性托育机构，为青年职工提供福利性托育服务。昆明

① 数据来源：公开网络数据。

市共有托育机构 792 家，共提供托位数 26296 个，每千人口拥有托位数 3.05 个。[1] 实施积极生育支持政策，完善生育保险制度，率先使用“带量联动”模式开展药品集采，“出生即参保”政策获国家医保局表扬。持续推进妇幼保健机构标准化建设，85.71%的县级妇幼保健院达到二级妇幼保健院水平。建立较为完善的孕产妇和新生儿危重症救治网络，建成省市级危重孕产妇救治中心 3 个，省级危重新生儿救治中心 1 个，县级危重孕产妇救治中心 14 个，县级危重新生儿救治中心 10 个，提高优生优育服务水平。出台《昆明市加强新时代老龄工作实施方案》，加速推进老有所养，“15 分钟”居家养老服务圈逐步完善，2035 年将实现社区（村）养老服务设施全覆盖；持续完善老有所医，2025 年将实现养老机构和医疗机构 100%签约；逐步实现老有所为，到 2025 年，每个县区至少建有 1 所老年大学，70%以上的街道（乡镇）设有分校（学校）、50%以上的社区（村）设有学习点；构建老年友好型社会，到 2025 年全市将完成 5000 户以上家庭适老化改造，切实减轻青年育幼养老负担。开展特色志愿项目，印发《关于进一步做好昆明市残疾儿童康复救助定点服务机构协议管理工作的通知》，大力提升残疾儿童康复服务水平，规范残疾儿童定点服务机构监督管理，提升残疾儿童康复救助水平。常态化推行儿童关爱服务活动工作机制，通过开展“把爱带回家”关爱行动、“大手拉小手·点亮微心愿”以及暑期儿童关爱服务活动等，送去党和政府以及社会各界对广大儿童，特别是孤儿、留守儿童和困境儿童的关心关爱，帮助广大少年儿童拥有健康、安全、温暖、幸福、充满爱的童年。

（四）实施青年健康行动

1.深化全民健身行动

昆明市探索中小学体育场地设施向社会开放，争取中央和省级补助资金 500 余万元，推动体育场馆低免开放，新增全民健身路径 146 条，七彩云南

---

① 数据来源：2022 年度《云南省中长期青年发展规划（2018—2025 年）》统计监测报告。

全民健身基础设施村级项目36个，争取3个体育公园立项入库，不断满足青年群体的运动健身需求。[①] 线上线下举办春城体育节等全民健身活动100余场，顺利举办昆明高原半程马拉松、昆明网球公开赛、上合昆马、昆明滇池国际龙舟争霸赛等品牌赛事。发挥滇池高原湖滨低碳慢行系统的优势，以环滇池慢行带为核心，串联全市环绕滇池的公园、湿地、绿地、公共运动场所为一体的环滇池健康行动区。到2030年，经常参加体育锻炼人数占比将达到42%及以上，国家学生体质健康标准达标优良率将达到60%及以上；全市儿童青少年总体近视率力争每年降低0.5个百分点以上，新发近视率明显下降，进一步打造"高原训练胜地、户外运动天堂、四季赛事乐园"三大品牌，深入推进体育与文化旅游融合发展，优化全民健身活动供给的实际行动。

2. 推行控烟行动

昆明市出台《保护未成年人免受烟侵害"守护成长"专项行动实施方案》，开展控烟立法调研工作，严格把控专卖零售许可的"准入关"，开展校园及周边环境综合治理，清理校园周围持证户352户，开通昆明地铁1、2号线控烟专列，在3500辆公交车上进行戒烟门诊及二手烟公益宣传，实现校园周边烟草零售户的"零存在"。持续推进全市无烟党政机关、无烟医院、无烟学校创建和无吸烟先进单位创建，9家市级公立医院设立戒烟门诊，全市15岁以上人员吸烟率由2019年的37.13%下降至2021年的29.76%，营造无烟环境，护航青少年健康成长。[②]

3. 打造心理健康服务品牌

厚植青少年健康成长的肥沃土壤，就是播种城市的希望、耕耘春城的未来。昆明将青年发展项目纳入政府民生实事项目清单，市财政投入800万元创新建立全国首家全公益普惠、全链条服务、全资源整合的公益一类事业单位——昆明市青少年心理健康服务中心，构建市县乡三级联动机制，组建包

① 数据来源：昆明市人民政府。

② 数据来源：云南省统计局。

括管理团队、专家团队、社会心理咨询师、学校心理教师、心理科医生在内的服务队伍 317 人，为 9~18 岁青少年开展专业、规范、便捷的心理健康服务，来访者可以通过中心公众号或“滇医通官方号”进行预约，中心累计注册用户 4.8 万人，服务各类咨询 1.2 万余人次，现场调查或电话回访服务满意率达 95%以上。① 成立昆明青少年心理健康研究中心，不断深化“实体化开展心理干预、协调做好诊疗服务，组织开展教育培训、强化工作队伍建设，统筹整合全省资源、形成强大工作合力，开展前瞻性研究、科学提升服务水平，强化统筹协调服务、帮助解决有关问题”5 项工作职能，为青少年心理健康工作高质量发展持续保驾护航。

（五）实施青年安全行动

1. 加强法治宣传教育

平安昆明、法治昆明建设扎实推进，扫黑除恶斗争持续深化，创建为首批全国市域社会治理现代化试点合格城市、首批全国社会治安防控体系建设示范城市。印发《昆明市普法强基补短板专项行动宣传工作方案》，着力补齐法治宣传教育短板弱项，全面提升基层普法工作质效，创造良好法治环境。首创《少年警讯》期刊，将其作为法治进校园专项普法教育活动的重要阵地，选派 3682 名业务能力强、工作经验丰富的优秀民警兼任学校法治副校长、辅导员，常态化开展防溺水、防交通事故应急演练。创建市“平安校园”415 所，全市中小学封闭化管理，一键报警安装联网率、专职保安配备率、护学岗配备率、视频监控联网率基本达到 100%。

2. 实施清朗治网行动

开展“清朗网络环境整治”专项行动，建好用好 1000 余名青年网络文明志愿者队伍，组织“争做中国好网民”工程和“昆明好网民征集评选活动”，开展滇云网络文学大赛、“传承古滇文脉　寻找春城 IP”等 20 个系列主题活动，举办融媒体网评大赛和“网络名人说”等品牌活动，举办 2023

① 数据来源：2022 年度《云南省中长期青年发展规划（2018—2025 年）》统计监测报告。

年创意昆明系列主题活动暨创意云南文化产业博览会以及2023第六届中国昆明金茶花国际文创设计大赛，24款产品荣获2023商务部“中国好礼”，构建了清朗有序、健康向上的网络空间。

（六）实施青年建功行动

1.组织动员青年立足岗位建功立业

昆明市围绕经济社会发展需求，在全市重点地区、关键领域发挥“青年文明号”、青年突击队的示范作用，引领更多青年在重大工程建设中、“急难险重”任务前挺身而出、攻坚克难。开展职工“72行大练兵·360行出状元”技能竞赛活动，围绕建设“六个春城”“8+N”重点产业链组织开展32场次、涉及96个职业（工种）的市级职工职业技能竞赛，选树一批技术状元、优秀技术标兵、技术标兵，加快培育一支覆盖广泛、梯次衔接、上下联动的新时代工匠骨干队伍。大力推进“互联网+政务服务”，在全省率先开展营商环境5.0版改革，连续2年入选央视财经“营商环境创新城市”；开展“我陪群众走流程”“政务服务体验员”试点工作，并被列为试点示范城市；一体化政务服务能力、城市信用监测指数迈入全国第一梯队，政务服务事项网上可办率99.92%、全程网办率98.4%。“一件事一次办”“远程异地评标工位制”等试点工作成效显著。积极推进高频事项“一网通办、掌上通办、跨省通办”，与22个省的56个地级市，288个区县，共计345个地区建立“跨省通办”合作机制，为群众企业提供统一、高标准和无差别的“跨省通办”服务，打造近悦远来的青年创业营商环境。①

2.组织动员青年有序参与社会治理

昆明市围绕构建人人有责、人人尽责、人人享有的社会治理共同体，扎实开展平安昆明、法治昆明建设，深入开展普法强基补短板专项行动，稳步推进全国市域社会治理现代化试点城市建设和社会治安防控体系建设示范城市创建工作，7个案例入选全国社会治理创新案例，积极实施“社区青春行

① 数据来源：昆明市人民政府。

动”，打造开发社区服务项目，健全青年助推社会治理现代化工作的制度，完善社区青年协商联动机制。以“聚焦青少年特点、优化青年成长环境、服务青年紧迫需求、维护青年发展权益、促进青年全面发展”为出发点，引导广大青年增强社区活动参与意识、加强社区工作实践锻炼，促进自身本领与社区活力共提升。

（七）实施青年志愿行动

1. 推动社会化动员

昆明市构建“1+X+N+Z”的青年志愿服务工作动员体系，形成市、区、街道、社区四级青年志愿服务组织网络。累计注册青年志愿者63.9万余人，青年志愿服务团队615个，开展2万余次活动。拓展有形化阵地，培育团属青年社会组织86个，6家社区纳入团中央首批“社区青春行动”试点。50个学雷锋广场、2500余个学雷锋志愿服务站常态开展各类志愿服务。充分发挥“春城青年宣讲团”“春城百姓宣讲团”等基层大众宣讲团作用，变“固定宣讲”为“流动课堂”，横向到点、纵向到面，用群众喜闻乐见的花灯、滇剧、小品、小戏等“接地气”的形式，组织开展各级各类基层宣讲7800余场，受众超过70万人次。全市新时代文明实践中心（所、站）组织开展各类新时代文明实践志愿服务活动45500余场（次），累计服务时长超过350万小时，惠及群众450万余人（次）。①

2. 构建品牌化服务

“滇池卫士”“青蜗牛流动教室”“加油，女孩!”“54KM春城新能量”等一批优秀志愿服务项目斩获全国奖项，被人民网等多家主流媒体报道推广；建设“春城志愿行·滇池明珠清”“春城志愿行·关爱暖人心”“春城志愿行·文明添光彩”等春城志愿服务品牌，讲好春城志愿服务故事。围绕疫情防控、扶贫济困、公益创投、文明旅游等主题，月均开展500余场活动，让青年志愿服务日益融入社会治理。

---

① 数据来源：2022年度《云南省中长期青年发展规划（2018—2025年）》统计监测报告。

（八）实施青年活力行动

1. 打造国际人文交流中心

当前，昆明充分发挥区位优势，以中老铁路开通运营和磨憨国际口岸城市建设为契机，积极推进文化、教育、科技、卫生、体育、旅游、媒体等各领域的对外交流合作，入选中国外贸百强城市，推动中国金融服务走向南亚东南亚等3项经验获评全国服务贸易创新发展试点“最佳实践案例”。精心保障第三届全民阅读大会、首届昆明国际版权博览会、第七届聂耳音乐周、第6届南博会、第6届人才交流会、旅交会、首届云南昆明（国际）版权博览会等重大活动的开展；第五届世界媒体峰会（云南分会场）暨第二届大象国际传播论坛、第二届中国—印度洋地区发展合作论坛、第十二届中国—南亚国际文化论坛等在昆明成功举办；新缔结国际友城（国际友好交流城市）2座，国际友城增至52座，为青年交流交往提供了平台，进一步提高了青年人才集聚度，提升了城市影响力，助力区域性国际人文交流中心的建设。

2. 动员青年助推生活品质提升

发展以青年为主要生产者、消费者的青年经济，精心打造“吃、住、行、游、娱、购”品质消费体验场景，先后获得全国文明城市、全国首批13家国家文化出口基地、全国首批15家国家文化和旅游消费示范城市、国家文化和科技融合示范基地、全国十大最具文化影响力城市等荣誉，连续3年上榜中央电视台评选的“十大美好生活城市”；南屏步行街入选第三批“全国示范步行街”，斗南花市、昆明老街—南强街巷、官渡古镇等夜间文旅消费集聚区入列“国家队”，成功申报国家“一刻钟便民生活圈”试点城市；通过发放“彩云昆明消费券”和“绿色节能家电消费券”、实施购车补贴、举办“彩云购物节”、繁荣夜间经济、培育壮大电商平台等一系列促消费举措，拓展青年喜闻乐见的消费新模式新业态，发挥青年在提振消费水平和提升生活品质良性互动中的独特作用，不断释放社会消费潜力。发布《昆明市“十四五”文化和旅游发展规划》，优化布局、创新融合，构建“一核一圈四区五走廊”的全域旅游发展新格局，加快打造旅游精品景区、休闲度假产品、旅游新业态、智慧旅游等，不断完善市、县、乡、村四级公共文化设施网络，建成城区“一刻钟文化圈”，建设一批青年家门口的“文化客厅”和“城市书房”；编制完成《昆明市公园体系规划》，探索推进“公园+”发展模式，新打造500个“口袋公园”，打响“昆明只有一个公园，这个公园就叫春城”的金字招牌，建好魅力四射的锦绣春城、心之向往的高原明珠，不断增强昆明青年的自豪感。

3. 打造青年发展示范单元

经现场评估和综合评定，五华区文林街等11个单元被命名为昆明市青年发展型街区，五华区大观街道顺城社区等11个单元被命名为昆明市青年发展型社区，中国（云南）自由贸易试验区昆明片区人才公寓等2个单元被命名为昆明市青年发展型空间·春城青居示范点；组织动员被命名的单元充分发挥作用，不断提高运营管理水平，提升服务质量和品牌特色，为加快推进青年发展型城市建设试点工作做出贡献。建设与青年发展相适应的新型公共文化空间303个，提高青年群众享受丰富文化生活的“体验值”，增加青年人休闲旅游的好去处，丰富青年群体的业余生活，吸引更多的青年人到新空间打卡、拍照，将公共文化服务的“最后一公里”转变为“最美一公里”。

4. 上线“青春昆明”服务平台

“青春昆明”服务平台下设青志愿、青课堂、昆团就业帮、青活动等板块，全时段服务青年成长。建立用户大数据中心，分析广大青年现实需求，为更好地服务青年提供决策依据。自平台上线以来，实名注册会员达147万人，页面浏览量达2.3146亿人次，发起各类活动2347场，切实打造了“指尖可触的青年空间”，构建起了“学、聚、成长、玩在一起的青年社区”。①

① 数据来源：昆明市人民政府。

四　昆明市青年发展型城市试点建设存在的问题及困难

（一）教育体系发展不充分导致的青年宜学问题

在学校教育方面，教育资源分布不均导致生活在不同区域的青少年所能接受的教育差异较大；在社会教育方面，城市对青年的教育还没和学校教育形成有效协同，没有实现教育与生产、生活相融合。

（二）就业创业难导致的青年宜业问题

一是就业岗位供给与青年需求不匹配，优质岗位供给有限，就业空间容量相对较小，难以满足青年的就业需求。二是就业创业的配套服务与青年需求的匹配度较低，就业信息、就业培训、职业规划等方面的就业服务尚不健全，难以满足青年获取就业资讯、了解就业政策的需求。三是针对青年群体的就业创业补贴、创业贷款程序简化等配套性优惠政策支持不足。

（三）高房价导致的青年宜居问题

一是青年城市生活成本提高，一方面表现为部分低收入青年购买住房困难，另一方面表现为部分青年必须承担市场波动带来的风险。二是青年住房空间存在供需错位问题，城市土地资源有限，部分地区对商务楼、写字楼等商业空间供给相对过剩，而对住房空间规划又相对不足，导致城市的房价相对较高，难以满足青年群体的住房需求，增加了青年群体的城市生活成本。三是住房政策的支持力度相对不足，目前大部分城市的户籍优惠政策针对的仍然是高层次人才、特需人才等，普通大学生、外来务工青年、中低收入困难青年等群体难以享受到相关政策的保障。四是补助政策仍存在补贴较少、覆盖范围不足、申请门槛较高、宣传力度不足等问题，使得部分青年难以享受到相关的政策优惠。

（四）财政吃紧，缺乏配套资金

受诸多因素影响，各地政府债务负担普遍较重。青年发展型城市建设离不开配套资金支持，但是调研中各部门普遍反映财政紧张，无法完全保证其正常运行。

（五）青年发展型城市建设与其他已有或待出台的相关政策的衔接度不够

青年发展涉及就业、教育、婚育等领域，与其他专项规划有一定交集，调研中发现，青年发展型城市建设与其他已有或待出台的相关政策的衔接度不够，各政策相互独立，且建设目标及任务不够具体化。

五　昆明市推进青年发展型城市试点建设的对策建议

（一）加强领导、健全机制

持续坚持高位推进，巩固优化青年工作联席会议机制，进一步压紧压实成员单位责任，建立常态化沟通联络机制，不断深化信息互通、资源共享、政策集成的路径，明确重点任务的具体责任人、完成时限、工作标准等，拧紧各环节的责任链条。聚焦青年获取信息与办事服务分散化的难点与痛点，整合相关消息在统一平台发布，推进“一网式”服务，实现线上线下一体化，为青年办理业务提供便利。

（二）深化改革、完善配套

在城市规划、建设、管理全过程体现青春元素、照顾青年特点，贯通爱才、育才、用才工作链条，完善城市青年发展政策。进一步改善青年住房条件，精准识别青年居住需求，加强对城市空间的改造与再利用，合理开发青年保障性租赁住房、共有产权房、青年社区、青年驿站等青年居住空间，同步跟进交通、教育、医疗等基本生活配套设施的建设。深化教育领域改革，提升教育资源供给质量，增加公办学校（小学、幼儿园）的供给数量，完善基本公共教育服务体系。进一步改善城市医疗条件，加大财政投入力度，改善城市的公共卫生情况，提供基本医疗卫生服务。

（三）政策牵引、项目带动

相关部门要提高政策、规划等制定工作与青年发展型城市建设试点工作的融合度，找准青年关心的问题，有针对性地出台相关政策并抓好落实；聚焦小区、社区、街区、学区、厂区、园区、商圈等城市单元打造更多青年发展型示范单元，积极发展青年喜闻乐见的消费模式和业态，发挥青年在提振消费和城市生活品质方面的独特作用。

（四）整合资源、加大投入

要提高地方财政用于青年发展型城市建设项目的投入比例，推动青年发展型城市建设从活动化向项目化、政策化转变。完善配套政策，确保青年发展型城市建设的资金专款专用。拓宽建设资金筹集渠道，整合社会资源，鼓励社会力量参与青年发展型城市的具体项目建设。

（五）齐抓共管、共同缔造

充分动员社会力量，鼓励和引导不同利益主体参与城市的规划、建设和管理，联系凝聚一批城市规划、设计、建设、运营、治理领域的社会主体和市场主体，培养一批专业性强、影响力大的“城市合伙人”，形成共商、共建、共治、共享的城市基层治理格局。

青年发展型城市建设既关乎党的青年发展战略，又关乎新型城镇化发展战略，具有重大的时代意义。昆明市应进一步以推动青年发展型城市建设试

点工作为契机，不断夯实基础，充分挖掘好经验、好做法，打造昆明青年工作特色品牌，团结带领广大春城青年挺膺担当，踊跃投身“六个春城”建设，切实服务云南“3815”战略，当好全省经济社会发展排头兵，为谱写好中国式现代化的云南篇章贡献青春智慧和力量！

B.21

麒麟区青年发展型县域试点建设报告

中国共产主义青年团曲靖市麒麟区委员会课题组*

摘　要： 青年是城市的未来，青年兴则城市兴。习近平总书记在党的二十大报告中强调，“全党要把青年工作作为战略性工作来抓”，饱含着党对青年一代的亲切关怀和对青年工作的高度重视，吹响了推进青年事业蓬勃发展的新号角。自全国青年发展型城市（县域）试点建设工作启动以来，麒麟区坚持以习近平总书记关于青年工作的重要思想为指导，全面贯彻落实党中央决策部署和云南省委、曲靖市委的工作要求，深入推进全国青年发展型县域试点建设，着力打造“麒青并进”城市品牌，全力推动全区青年工作与经济社会发展互促共进、同频共振。

关键词： 青年发展型县域　志愿服务　便民生活圈

一　麒麟区青年发展型县域试点建设的政策体系梳理

（一）围绕“组织动员青年投身创新创业热潮”方面

麒麟区制定出台《麒麟区“麒麟英才育才计划”实施办法》和《麒麟区

* 课题组组长：罗智通，中国共产主义青年团曲靖市麒麟区委员会书记，研究方向为青年价值诉求、青年思想观念与行为特征、青年发展政策与社会保障、青年发展型县域建设的探索与实践。课题组主要成员：刘艺，中国共产主义青年团曲靖市麒麟区委员会副书记，研究方向为区域经济、青年教育、青年婚恋、志愿服务与青年发展；罗文仲，中国共产主义青年团曲靖市麒麟区委员会副书记，研究方向为青年就业创业、社会融入与社会参与、青年权益维护、预防青少年违法犯罪；周颖，中国共产主义青年团曲靖市麒麟区委员会办公室主任，研究方向为青年思想道德、青年文化、青年身心健康。

“麒麟英才育才计划”麒麟产业领军人才专项实施细则（试行）》，将青年人才的学习培训、项目倾斜、团队建设、职称评定等培养机制和生活补贴、成长激励、薪酬待遇等支持措施写入政策内容，着力优化青年人才发展环境。

（二）围绕“着力优化保障青年基本住房需求的青年发展型城市居住环境”方面

麒麟区制定印发《曲靖市麒麟区人民政府关于调整公共租赁住房（廉租对象）租赁补贴发放标准的通知》，将租赁补贴发放面积从人均享受15米^{2}提高至25米^2、发放标准从人均5.6元/（米^2·月）提高至6.4元/（米^2·月）。同时，印发《麒麟区2024年强化住房保障实施方案》，将“切实缓解新市民、青年人等群体的住房困难，着力保障群众住有所居”纳入方案，积极整合97套公租房资源用于缓解青年住房问题。

（三）围绕“着力优化青年优先发展的青年发展型城市规划环境”方面

麒麟区制定印发《关于建设麒麟区青年工作联席会议制度的通知》，建立麒麟区青年工作联席会议机制，出台《麒麟区贯彻落实〈曲靖市中长期青年发展规划（2019—2025年）〉实施方案》，制定“加强青年思想道德建设、强化青年教育、持续提升青年健康水平”等10项主要措施，实施“青年思想引领、青年素质提升、青年就业创业创新”等10项重点项目，推动将青年优先发展理念融入城市发展战略，打造富有青年特色的城市名片。

（四）围绕“着力优化促进青少年身心成长发展的青年发展型城市健康环境”和“着力优化有效保护青少年权益免受意外伤害和非法侵害的青年发展型城市安全环境”方面

麒麟区制定印发《麒麟区巩固提升全国文明城市创建工作领导小组未成年人思想道德建设工作组专项工作方案》和《麒麟区2024年优化提升“一老一小”服务实施方案》，通过加强青少年工作的领导体制和工作机制，健全完善学校、家庭、社会“三结合”教育网络，着力提高青少年思想道德教育工作水平和对留守儿童、孤儿等困难群体的帮扶力度，着力构建保护青少年身心健康成长的社会环境。

二　麒麟区青年发展型县域试点建设的现状分析

麒麟区委、区政府高度重视青年发展，抢抓青年发展型城市（县域）试点建设机遇，高位推动青年发展工作。一是高位推动。自麒麟区入选全国青年发展型县域试点以来，区委、区政府高度重视，成立了由党政主要领导担任组长的试点工作领导小组，区委常委会、区政府常务会专题研究青年发展工作，召开工作推进会、调度会4次，全力推动青年发展型县域试点建设走深走实。二是系统谋划。研究制定“麒麟区青年发展型县域建设试点实施方案”“麒麟区打造‘麒青并进’品牌高质量建设青年发展型县域试点工作方案”，擦亮“麒青友好”城市名片，优化青年赴麒居住、留麒生活、在麒成长、助麒发展的综合环境，努力满足青年所需所盼、激发青年创造活力。三是压实责任。协调联动，细化工作责任清单，推动试点建设工作项目化落地、清单化推进，实施5大工程、细化20项重点任务、开展58个具体项目，着力将麒麟建设成为青年乐享、乐居、乐活、乐业、乐为之城。[①] 2023年6月，团中央委托共青团云南省委赴麒开展青年发展型县域试点建设中期评估验收工作，麒麟区被评为“A档”。

三　麒麟区青年发展型县域试点建设的经验做法及典型案例

（一）经验做法

麒麟区聚焦青年“乐居乐享”“乐业乐创”“乐为乐融”，以“产业转

① 数据来源：《共青团麒麟区委员会2022年工作报告》。

型发展示范区、省域副中心城市核心区、商贸服务业聚集区”建设为牵引，深入推进全国青年发展型县域试点建设，实现“城市对青年更友好，青年在城市更有为”的目标。

1. 聚焦青年“乐居乐享”，夯实“因麒而聚”硬基础

一是提升城市功能品质。持续提升城市内涵，推动“麒青友好”公园、景点景区、图书馆、运动场馆等设施建设，让“麒青友好”城市名片越擦越亮。大力推进教育投入和资源供给，不断优化基层医疗卫生服务体系，麒麟区第八中学、南岸小学等改扩建项目加快实施，有效解决广大青年安家乐业的后顾之忧。二是拓宽适青消费空间。加快商业模式和消费业态升级，引进亚龙广场、麒麟国际中心等城市商业综合体，打造天池社区、国风市集等“麒青发展街区”，引进文化、休闲、娱乐、摄影、潮玩等新型业态，满足青年高品质、多样化的消费需求。三是优化便民功能布局。整合97套公租房缓解青年“住房难”问题，建设“15分钟便民生活圈”全国示范点4个，建立“青年共同体”网上塔群500余个、联系覆盖青年群体4万余人，为青年营造便捷舒适的生活环境。①

2. 聚焦青年“乐业乐创”，探索“因青而兴”新机遇

一是抓实人才引进培育。深入实施麒麟英才育才计划，引进培养医疗卫生人才142人，引进省内知名社会工作专家17人。大力开展电子商务、网络创业免费职业技能培训，培训青年3000余人。二是做实青年就业服务。建立人才工作站，搭建曲靖（麒麟）人力资源服务产业园，引进25家人力资源服务机构入驻，在潦浒建成3个首席技师工作室，推进“师带徒”技艺传承，培养40余名陶艺人才，新增本地就业岗位60余个。三是壮大青年成长舞台。依托麒麟区青企协实施中小企业扶植计划，与“大湾区”平台公司及省级龙头企业合作，为本土企业发展赋能。抓好创业青年扶持，发放“青创贷”1270万元，扶持82位青年创业，带动245人就业。② 引进信义集

① 数据来源：《共青团麒麟区委员会2022年工作报告》。

② 数据来源：《共青团麒麟区委员会2022年工作报告》。

团等行业龙头企业，让广大青年施展才干的舞台更加广阔，“产业集聚青年、青年赋能产业”逐步成为麒麟发展新模式。

3. 聚焦青年“乐为乐融”，激活“麒青并进”强动能

一是“麒青领潮”强思想。以加强新时代青年精神文明建设为抓手，吸纳74名优秀青年加入麒麟区“青年讲师团”，不断创新理论宣传形式。二是“麒青赋能”勇担当。累计发动青年志愿者5000余人投身人居环境提升、普法宣传、“清凉曲靖”系列志愿服务活动，“大城小爱”青年志愿服务品牌获评《中国青年报》“请党放心，强国有我”示范项目。三是“麒青建功”促发展。围绕青年助力经济社会发展的目标，引导青年参与基层治理、营商环境优化、普法强基等重点工作，打造“五四义警队”青年志愿服务品牌，建立青年突击队22支，深入开展助商兴商青春行动、“普法强基青蜂侠”法治宣传、“醉美麒麟青灿文旅”等活动，为麒麟区经济社会发展贡献青春力量。

（二）典型案例

1.“五四义警队”为基层治理注入青春动能

麒麟区将校园安全工作纳入平安单位考核的重要内容，在文华街道学苑社区（曲靖市职教园区）坚持治“安”先治“校”的工作思路，围绕矛盾纠纷多、打架斗殴多、诈骗案件多和思想排查难、教育管理难、动态管控难等问题，创新组建“五四义警队”，引导青年参与基层治理，实现涉校涉生刑事警情、治安警情、矛盾纠纷、安全事故、网络舆情“五下降”的目标，有效打造最安全的职教园区。一是组建千人义警队。深化警校共建，联动街道团工委及学校团委，充分发挥共青团组织堡垒作用，以“加入五四义警队，圆你一个警察梦”为主题，按照在校学生不低于50∶1的比例，组建7支“五四义警队”，总人数达1200余人，由派出所和学校共同管理，明确组织架构、职责分工、主要任务，统一服装、统一标识、统一训练、统一调度，协助开展巡逻防控、反诈宣传、信息收集等工作，将公安触角延伸至校园安全最前沿，实现共建共治共享。二是构建义警激励体系。以促进就业、

职业荣誉、物质奖励三个方面为着力点，建立长效机制，最大限度地激发“五四”义警活力。各级团组织每半年对优秀义警进行表彰，共上报表彰市、区级优秀团员、团干部10人；优先推荐义警就业，推荐参军入伍53人；“义警”通过“做任务”获得积分，70余人次兑换学习用具、生活物品、电子产品。三是共建校园安全区。“五四义警队”2023年配合采集更新“一标三实”信息5.8万余条，组织法制集中宣传35场次，发动5万余人次安装“国家反诈中心”App，3900人次参与护校安园巡逻，发现上报治安信息30余条。深入开展“净环境”“防侵害”专项行动，共帮助公安机关刑事立案21起、治安查处26起，刑事打处6人，行政处罚37人，涉校涉生案件大幅下降。[①]

2. 打造“大城小爱”志愿服务品牌彰显青春担当

麒麟区围绕促进“青年在城市更有为”的工作目标，成立“大城小爱”志愿服务队，自服务队成立以来，发动青年志愿者超5000人。一是深入弘扬志愿服务精神。“让志愿服务成为新时代青年的生活方式”是“大城小爱”志愿服务队成立的初衷，他们积极整合社会各界资源，联动政府各部委办，聚焦社区痛点问题，针对区域内青年群体开展城市融入、交友联谊、文体娱乐等活动，依托街道社区活动空间、公共文化活动设施和社区周边广场、学校等场地资源，发扬“奉献、友爱、互助、进步”的志愿服务精神，让“有时间做志愿者，有困难找志愿者”理念深入市民群众心中。二是持续彰显青春担当。在创建全国文明城市、创建青年发展型城市和开展城市综合治理等工作中，“大城小爱”志愿服务队积极引导广大青年参与志愿服务，充分发挥团员青年的生力军作用，使县域青年志愿力量融入社区综合治理格局，打造“溢彩童心”儿童阵地，被评为“2021—2022年度青年志愿服务社区行动‘七彩四点半志愿服务’项目示范团队”。推动打造的“青年志愿服务共同体”和“青年社会实践共同体”被写进《麒麟区打造“麒青并进”高质量建设青年发展型县域试点品牌工作方案》。

① 数据来源：《共青团麒麟区委员会2023年工作报告》。

2022年、2023年均被曲靖市民政局、曲靖市文明办评为“曲靖市最佳志愿服务组织”。

3.“麒青并进　护‘未’前行”用心用情用力呵护未成年人健康成长

麒麟区以维护未成年人合法权益、促进未成年人健康成长为目标，将未成年人普法宣传、司法保护、权益维护作为试点建设工作的重要抓手，聚力推动全区未成年人保护工作高质量发展。一是推行“3+”普法模式，打造麒麟“杜鹃花”工作品牌。麒麟区人民检察院积极发挥工作职能，创新打造“杜鹃花”工作品牌，采取“线上普法+线下体验”“聚焦重点+分类施策”“创新形式+检校共建”的普法新模式，通过网络直播、运营微信公众号、普法课堂录制、举办“模拟法庭”等方式，突破时空限制，让未成年人学习法律知识，引导未成年人学法、守法、尊法、用法。二是打造“微光护未”未成年人司法保护品牌。麒麟区法院聚焦普法教育、柔性司法、司法关爱等重点内容，将预防和减少青少年犯罪、维护涉诉青少年合法权益等工作落实到司法审判的各个环节，打造全市首家校园“微光·法治书屋”，切实为青少年健康成长营造良好的法治环境。

4.坚持以城留人，系统提升城市品质

麒麟区将青年优先发展理念融入城市发展战略，统筹资源、加大投入，持续优化青年教育、居住、生活环境，不断提升城市对广大青年的吸引力。一是推动教育高质量发展。麒麟区筹集资金12.22亿元，实施6所中小学、4所幼儿园新建和1所小学改扩建项目，加快推进湖畔小学、区七中金鳞学校、市二小金鳞学校等改扩建项目建设，新增学位7650个，有效解决中心城区学校布局、学位增量问题。二是提升住房保障水平。麒麟区积极应对新市民、青年人的住房需求，改造农村危房100户、城镇老旧小区1129户，惠及4000余名群众。[①] 创新打造“麒青驿站”，为来麒求职青年每年提供3~7天的免费住宿。探索推行“五星好房东”评选，助推“瓦片经济”向“吃住行游购娱一条龙”转型。三是推进“15分钟便民生活圈”建设。麒麟区在青年集中的社区开

① 数据来源：《共青团麒麟区委员会2023年工作报告》。

展“15分钟便民生活圈”全国示范点建设，辖区内龙潭、鼓楼、官坡、金江4个社区已成功申报为全国第二批城市一刻钟便民生活圈试点社区，满足青年出门仅需步行一刻钟即可“一站式”享受购物、社交、文化、休闲等便利服务。

5. 区青年企业家协会赋能麒麟经济社会高质量发展

麒麟区以全国青年发展型县域试点建设为工作契机，依托云南青瑞投资（集团）有限公司等58家会员企业，成立区青年企业家协会，团结凝聚青年企业家，发挥青年组织的平台优势，为麒麟区建设全国青年发展型县域试点贡献力量。一是“三项机制”夯基础，育强组织载体。坚持党建引领，协会围绕“以党建带团建、以党建促会建、以党建促企建”目标，定期开展青年大学习，党务、团务专题学习等活动，并通过会长办公会、秘书处办公月会等会议制度开展政策解读，开展形势分析、交流研讨、互动分享活动17场次。强化组织建设，协会内具备条件的会员企业、行业系统建立团组织15个，常态化组织开展主题团日、专题学习等团务活动；积极引导协会畅通团体会员、会员的推荐、发展渠道，坚持标准，保质保量地发展壮大会员队伍，持续夯实团组织网络建设。健全制度机制，充分发挥会员代表大会、会长办公会议、理事会议在代表会员制定决策、参与管理、执行决策等方面的积极作用，充分发挥副会长、理事在加强企业管理、履行社会职责、参与协会工作中的表率作用，建立会员代表大会制度、会长办公会议制度、理事会议制度和财务管理制度等规章制度。二是“三大平台”促成长，助力企业腾飞。搭建反馈心声、传达政策、建言献计的政企平台，深入组织开展区级领导对停产减产企业民情恳谈活动，区级领导和区直部门包联企业347户，做到联系企业常态化、对接工作具体化、解决问题高效化。定期举办民营企业家座谈会、政企会商会议、“梧桐树工程”聚智引才供需见面会，宣传政策措施，了解企业诉求，截至2023年12月全区召开政企会商会议7场，解决企业提出的涉及税收、土地、规划、资金等方面问题和企业实际困难108个。搭建群策群力、相互促进、共谋发展的互助平台。加强与“大湾区”平台公司及省级龙头企业的对接合作，为本土企业发展赋能，组织区青企协到曲靖市德方纳米科技股份有限公司、曲靖市兄弟实业有限公司等优质企业开展形势分析、交流研讨、互动分享活动20余场次，学习先进企业在生产经营、文化建设、品牌塑造等方面的优秀经验，为会员企业高质量发展蓄能。搭建产业扎根、资源整合、破茧发展的赋能平台。麒麟区成立青年招商专班，区青企协会长企业被云南省投资促进局委托为招商代理，组建"团干部+若干青年企业家"的招商引资队伍，建强青年企业家投身经济发展主战场的有效载体；组织青年企业家为区域经济发展提供项目、技术和人才支持，引导青年企业家增强创新意识，开展创新实践，提高自主创新能力，在会员企业中形成一批拥有自主知识产权和知名品牌的优势企业。三是"三大行动"勇担当，赋能经济发展。实施"青企建功"行动，凝聚经济共赢发展合力，举办经济形势报告会、经济政策研讨会、产业发展论坛、"公益服务企业行"等活动3场，搭建企业与高校院所的合作平台，畅通"引进来""走出去"双向交流，加强与曲靖师范学院、麒麟职业技术学校的沟通协作，组织参与曲靖"百校千企万岗"招聘活动2场，提供招聘岗位70余个，引领开展"青企协大湾区行"交流考察活动3次，实现资源共享、互学互促。实施"青企助农"行动，凝聚乡村振兴发展合力。围绕助力乡村旅游发展、农特产品品牌创建等领域，通过组建"青企服务团""政策讲师团"等方式，挖掘全区优秀传统文化资源，组织广告文化传媒类、电商类、餐饮类会员企业开展帮扶合作4次，在产业振兴、人才振兴、文化振兴、生态振兴、组织振兴方面补短板、强弱项，推动农业全面升级、乡村全面进步、群众全面发展，为全区加快实施乡村振兴战略注入青春动能。实施"青企助梦"行动，凝聚社会公益发展合力。引导青年企业家致富思源、富而思进，积极参与青年就业创业、环境保护、扶贫济困等社会公益活动；大力宣传青年企业家奉献社会的事迹，表彰树立青年企业家先进典型，形成鼓励青年企业家履行社会责任、热情参与社会事业的积极导向。截至2024年6月，区青企协共组织开展助力疫情防控、乡村振兴、关爱"一老一小"等公益活动7次，累计捐款捐物20余万元，用实际行动彰显青企担当。①

① 数据来源：《共青团麒麟区委员会2023年工作报告》。

四　麒麟区青年发展型县域试点建设存在的问题及困难

一是资源整合不到位。各项工作还存在“各自为政”“见子打子”的情况，资源整合力度不够。二是与本地特点结合不够。麒麟区作为云南省域副中心城市核心区，试点建设工作与麒麟发展定位结合度不高，在紧扣“产业转型发展示范区、省域副中心城市核心区、商贸服务业聚集区”发展定位、引导青年建功立业方面还有待提升。三是政策宣传不到位。在充分运用上级政策回应解决青年的需求方面，对政策的宣传和解读不深，进城务工青年、青年农民等群体还存在不知晓惠青政策的情况。

五　麒麟区推进青年发展型县域试点建设的建议

建议进一步加大政策支持力度。建议上级部门加强政策协调，确保各部门之间的政策能够有效衔接和协同推进，避免出现政策空白、重叠或冲突，为青年发展型县域试点建设提供统一的政策环境。同时，建议共青团中央和共青团云南省委制定出台激励政策，奖励在青年发展型县域试点建设中取得显著成绩的县区，鼓励其持续创新和改进。

建议进一步加强资源整合。建议上级单位促进各类资源的整合与共享，推动省级及以上人力、创业、科研等资源向基层倾斜，为县区一级提供更多的支持。在青年发展型县域试点建设工作中，鼓励县区一级与邻近地区进行跨区域合作，共同开展青年发展项目和活动，共享资源和经验，实现优势互补。

建议进一步完善评估机制。建议上级部门以第一批试点单位终期评估验收工作为契机，完善青年发展型城市（县域）建设的评估机制，根据城市试点和县域试点的区别，采取差异化评估。定期评估青年发展型县域试点建设的成效，及时发现问题并提出改进建议，确保工作的持续改进和有效提高。

青年因城市而聚，城市因青年而兴。麒麟区应始终把党的二十大精神和习近平总书记关于青年工作的重要思想作为行动指南，深入贯彻落实党中央、云南省委、曲靖市委的决策部署，把青年发展摆在更加突出的战略位置，以推进全国青年发展型县域试点建设为抓手，不断完善青年发展政策、优化青年发展环境、激发青年发展活力，为推动麒麟区高质量跨越式发展贡献青春力量。

B.22
蒙自市青年发展型县域试点建设报告

中国共产主义青年团蒙自市委员会课题组*

摘　要：　青年发展型城市是指扎实推进以人为核心的新型城镇化战略，积极践行青年优先发展理念，更好满足青年多样化、多层次发展需求的政策环境和社会环境，青年创新创造活力与城市创新创造活力相互激荡、青年高质量发展和城市高质量发展相互促进的城市发展方式。自 2022 年 6 月被确定为全国青年发展型县域试点以来，蒙自市在团中央、团云南省委和团红河州委的坚强领导下，各成员单位高度配合、共同发力，全力聚焦“城市对青年更友好，青年在城市更有为”目标，引导带动广大青年参与试点工作，扎实推进全国青年发展型县域试点建设。

关键词：　青年发展型县域　志愿服务　青年优先发展

一　蒙自市青年发展型县域试点建设政策体系梳理

作为云南省唯一一个集“全国中长期青年发展规划试点”“全国县域共青团基层组织改革试点”“全国青年发展型县域试点”三大全国试点于一地的县域城市，蒙自市大力践行青年优先发展理念，根据《红河州中长期青年发展规划（2019—2025 年）》，出台了《蒙自市落实〈中长期青年发展规划（2016—2025 年）〉实施方案》《蒙自市推进〈中长期青年发展规划（2016—

---

* 课题组组长：李毅，中国共产主义青年团蒙自市委员会书记，研究方向为青年发展。课题组主要成员：段霁娥，中国共产主义青年团蒙自市委员会副书记，研究方向为青年发展；李明波，中国共产主义青年团蒙自市委员会权益部部长，研究方向为青年发展。

2025年）〉试点工作实施方案》《蒙自市全国青年发展型县域试点实施方案》，重点围绕“城市对青年更友好”和“青年对城市更有为”两方面，推动落实“8个优化”和“5大行动”，共计13项重点任务，明确了拟实现的目标。同时，制定了《蒙自市实施“青凝蒙”工程　打造青年发展型县域示范区工作方案》，通过实施“青凝蒙”工程开展8个专项行动，聚焦29条具体举措，全力推进试点建设；市青年联席会议办公室统筹各成员部门，就青年急难愁盼问题出台了16项针对性政策。

在教育方面，制定出台了《蒙自市外来务工人员随迁子女义务教育阶段就学管理办法（试行）》，保障外来务工人员随迁子女义务教育阶段在蒙自的就学权利。

在住房方面，制定出台了《蒙自市人民政府办公室关于促进房地产业平稳健康发展措施（试行）的通知》《蒙自市促进房地产业转型升级15条措施》等，进一步整治租房乱象，让青年租住更安心，同时推动青年发展型城市建设，让居住环境满足青年抚老育幼和日常休闲的需求。

在生育方面，制定出台了《蒙自市关于优化生育政策促进人口长期均衡发展的实施方案》《促进3岁以下婴幼儿照护服务发展的实施方案》，从优化生育登记制度、加快构建生育友好环境、全面提高优生优育服务体系、积极探索托育服务、加大计划生育特殊家庭帮扶等方面明确工作任务，切实保障青年在生育、养育等方面的权利。

在就业创业方面，制定出台了《蒙自市2022年促进经济平稳健康发展10条措施》《蒙自市创新驱动高质量发展9条措施（试行）》《蒙自市进一步优化营商环境十条措施》《蒙自市支持大学生创新创业的若干措施》《蒙自市2023年助力高校毕业生等青年就业创业9条措施》，落实青年创业就业政策，优化营商环境；积极引导青年科技人才、高校毕业生投身科技创新行列，并推荐大学生、青年创业群体参加“市长创业之星”评选，将高校毕业生就业创业工作作为全市重要工作推进，确保毕业生稳妥、有序就业。同时，制定出台《蒙自市优化营商环境高质量推进“技能蒙自”建设实施方案》《蒙自市维护新就业形态劳动者劳动保障权

益工作方案》，推进“技能蒙自”建设，提升青年技能，引导企业建立工资集体协商机制和工资合理增长机制，提升青年劳动所得，增强青年获得感、幸福感。

在青年发展方面，制定出台了《蒙自市“一把手”抓人才工作责任制实施方案》《“智汇蒙自”青年人才行动计划》，切实加强党对人才工作的全面领导，全市上下形成“抓人才就是抓发展”的人才工作理念，打造新时代青年人才队伍，以高质量人才赋能高质量发展。

二 蒙自市青年发展型县域试点建设现状分析

蒙自市作为全国青年发展型县域试点之一，始终践行“青年优先发展”理念，注重挖掘和发挥青年的特点和潜力，通过制定相关政策和措施，营造适合青年教育、就业、创业、居住和生活的社会环境，从而吸引和保留青年人才，促进蒙自市经济社会的全面发展。

（一）顶层设计谋划，推动青年工作开展

蒙自市坚持把党的领导贯穿青年工作始终，坚持高位谋划推动，充分凝聚发展共识，完善相关机制和政策制度，不断推进试点建设工作。

1. 高位推动青年发展工作格局

就试点建设工作，时任共青团云南省委书记的唐源同志率团省委调研组一行专程到蒙自蹲点调研、把关定向，共青团红河州委常态化跟进并加强业务指导；蒙自市委书记李梅同志亲自推动部署，形成了市委“158”青年工作思路，让试点建设工作走深走实；市委常委会专题研究相关工作6次，市委领导批示试点建设工作3次，党政领导专题调研青年发展相关工作29次。州委常委、市委书记李梅同志在州委理论学习中心组集中学习时围绕建设全国青年发展型县域试点作专题发言。市委层面制定印发《蒙自市全国青年发展型县域试点实施方案》，成立由市委书记和市长任双组长、市委副书记任常务副组长、分管副市长任副组长、33家市级有

关单位主要负责人为成员的领导小组，成立试点建设工作专班，形成了“党委领导、政府主责、共青团协调、各方齐抓共管青年发展”的良好工作格局。

2. 顶层推动青年优先发展的城市规划环境

将青年优先发展相关内容纳入蒙自市“十四五”发展规划专节，纳入市政府工作报告以及《关于深入学习贯彻党的二十大精神在全面建设社会主义现代化国家新征程上奋力开创新时代蒙自高质量发展新局面的决定》，实现青年发展与蒙自发展的一体推进。打响蒙自“青凝蒙”品牌，市委层面制定印发《蒙自市实施“青凝蒙”工程　打造青年发展型县域示范区工作方案》，通过实施“青凝蒙”工程，开展 8 个专项行动，聚焦 29 条具体举措，全力推进试点建设。

（二）融合发展合力，提升青年获得感

蒙自市围绕“让城市对青年更友好”的目标，整合各方资源，出台系列青年友好政策，推进相关项目建设，不断提升青年获得感。

1. 厚植青春基因

一是团的基层组织坚强有力。全市团员数量达 1.42 万人，共青团蒙自市委在 2022 年建团百年之际被团中央授予“全国五四红旗团委”，是全省唯一获此殊荣的县域团组织；全国县域共青团基层组织改革试点工作被认定为优秀等级，全省该项工作现场会在蒙自召开；成立青年人才党工委，组建机关、教育、国企等领域青年人才党支部，把优秀青年人才聚集到青年党支部中进行重点培养；积极推进青年类社会组织建设，组建蒙自市青年创新创业协会、青年企业家商会等，使联系和服务青年朋友的平台更加广泛。二是青年优势明显。蒙自拥有青年人口 21 万人，14~35 周岁人群在全市常住人口中占比 35.8%，农村青年劳动力转移就业 4.52 万人，2023 年新增城镇就业 8568 人，其中青年 5907 人，约占 68.9%。[①] 三是青年人才作用显著。红

① 数据来源：《云南统计年鉴 2023》。

河学院、红河卫生职业学院、红河职业技术学院等院校坐落蒙自，约有5万余名学生，每年向社会输送各类技术人才约1.2万人，相当比例的毕业生留在蒙自就业创业；自2022年以来，通过公务员招录、事业单位招聘等方式引进青年人才900余名，为充实蒙自市各领域急需紧缺人才队伍和青年人才队伍提供了重要支撑；持续开展职业技能大赛，获奖选手中青年占比74%。[①]

2. 政策支持给力

聚焦青年发展需求，蒙自市上下联合发力。一是在住房租房方面，制定出台《蒙自市促进房地产业转型升级15条措施》《蒙自市人民政府办公室关于促进房地产业平稳健康发展措施（试行）的通知》《蒙自市支持购买商品住房实施细则（试行）》等政策文件，2022年，市房产处受理并审批了实际需补助995套房屋，市人民政府兑付购房补助资金共计1420万元，让青年在安居的基础上实现乐业。二是在青年创业就业方面，制定出台《蒙自市2022年促进经济平稳健康发展10条措施》《蒙自市2022年促进高校毕业生就业创业20条措施》《蒙自市"一把手"抓人才工作责任制实施方案》《蒙自市2023年助力高校毕业生等青年就业创业9条措施》《蒙自市维护新就业形态劳动者劳动保障权益工作方案》等文件，以真招实招硬招大力吸引青年人才来蒙自创业就业。三是在青年生活方面，州、市两级青年人才公寓投入使用，制定出台《蒙自市外来务工人员随迁子女义务教育阶段就学管理办法（试行）》，保障外来务工人员随迁子女义务教育阶段在蒙自的就学权利，解决外来务工青年后顾之忧。制定出台《促进3岁以下婴幼儿照护服务发展的实施方案》《蒙自市关于优化生育政策促进人口长期均衡发展的实施方案》，建立和完善婴幼儿照护服务发展管理体制机制，帮助青年解决婴幼儿照护难题。

3. 服务走心走新

蒙自市加速推进实事项目，多措并举为青年发展保驾护航。一是实施青

---

① 数据来源：红河哈尼族彝族自治州人民政府。

少年教育提升工程。新建幼儿园 2 所、小学 3 所、九年一贯制学校 2 所，增加学前教育公办学位 3800 个、中小学学位 9720 个，保障青少年公平就学。① 二是优化青年创业就业环境。将“建设者之家”品牌从市区延伸至乡镇，建成 11 处“建设者之家”（就业小站），为求职青年和企业搭建沟通桥梁。改造提升蒙自青年创业园，依托红河学院智库力量成立蒙自市青年创新创业发展研究中心，从全市各领域优秀青年企业家和红河学院各领域专家学者中聘请“青年创业导师”“特聘研究员”，为青年创新创业提供智力支持和服务支持，组织实施高素质农民培育暨乡村振兴青年先锋培育行动，助力青年服务乡村振兴。三是保障青年基本住房需求。在广仁嘉园、筑梦新城小区打造州、市两级青年人才公寓 324 套；依托民心家园二期公租房项目，建设“青凝蒙青年公寓”和“青凝蒙青年驿站”，为满足申请条件的青年群体提供保障性住房 800 套。四是缓解青年婚恋和生育养育难题。将婚嫁、生育、养育、教育一体化考虑，构建提升家庭发展能力的支撑体系，建立健全覆盖全生命周期的人口服务体系；全面落实生育支持政策和婴幼儿照护服务政策，不断增强妇幼健康保障能力，降低青年生育、养育、教育成本；常态化举办青年联谊活动，切实解决青年婚恋交友问题。五是大力促进青少年身心健康成长。承办全国少儿啦啦操精英赛、全国 U15 青少年篮球联赛女子组十六强决赛，推进“一校一品”或“一校多品”特色体育学校创建，创建省州级特色体育学校 20 所；依托“小候鸟暖窝窝”“守护朵朵花”“三点一刻心空间”等志愿服务项目开展活动，进一步加强青少年心理健康教育。六是切实维护青少年权益。组建“红色小蜜蜂”法治宣讲队，通过舞台剧和小品等形式在学校、社区宣传法律知识，增强青少年法治意识；在未成年人保护工作中引入社会组织专业力量，建成“一站式”取证与保护中心并有效运行，切实维护青少年合法权益。

① 数据来源：《红河州教育体育局 2023 年政府信息公开工作年度报告》。

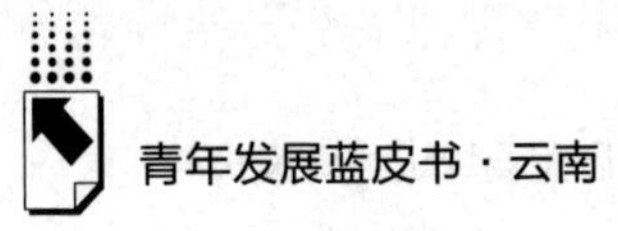

三　搭建青年发展“大舞台”，提升青年价值感

蒙自市充分发挥青年优势，为青年搭建更多符合其特点的青春建功平台，使其在融入城市发展的同时实现个人价值、满足精神追求。

（一）激发青年发展活力

一是实施“青年领潮”行动。打造“蒙小青”“文艺轻骑兵”等系列品牌，开展优秀青年评选、乡村振兴领头雁评选、“新时代蒙自好少年”评选和蒙自市优秀青年志愿者评选表彰活动，选树青少年榜样325人。二是引导广大青年投身创新创业热潮。整合校地企资源，举办青创大赛，为青年创新创业提供智力支持和服务支持，2023年认定市级“乡村工匠”25名，为乡村全面振兴提供人才保障。依托“蒙商服”小分队搭建政企沟通平台，倾听青年企业家心声，坚定青年发展信心；持续用好用活“青创贷”政策，共发放贷款1032份13697.8万元，助力青年创业就业。① 三是组织青年在岗位建功立业。近年来，全市新兴领域群体中青年占比达61%，有因自主研发制造直升机及配件而获得中央媒体关注的“90后”草根创业者，有获得第九届、第十届“云南省创业省长奖”提名奖的新青年②，还有被评为“全国乡村振兴青年先锋”称号的“新农人”。蒙自市青创协会作为省青创会副会长单位，积极联动全省各界优秀青年创业者，成员企业已达50余家，产值1000万元以上的有4家，其中1家产值达8000万元，覆盖现代农业、金融服务、教育、跨境电商等行业，为广大青年树立奋斗榜样。四是将青年组织建在各条产业链、创新链上。蒙自市数字互联网协会汇聚城市基层党建力量，有力促进以平台经济为代表的新业态企业和社会组织发展；以青年企业家为主的成达兴智能科技有限公司入选省级专精特新“小巨人”企业，实

① 数据来源：红河州共青团。

② 数据来源：红河哈尼族彝族自治州人民政府。

现了蒙自注册上市公司“零”的突破；“紫陶学院”“国际过桥米线产业学院”“跨境电子商务产业学院”等集聚各行业青年人才，全市电商行业中青年人才占比达87%以上。①

（二）激励青年积极参与社会治理

一是用好品牌志愿服务项目。加强共青团对青年志愿服务品牌的孵化作用，打造“一队一品牌”；引导广大青少年积极加入全国基层理论宣讲先进集体（“红色小蜜蜂”志愿宣讲队），用“宣讲+红色电影”“宣讲+文艺表演”“宣讲+志愿服务”等形式讲好家乡蒙自的红色故事；不断扩大志愿服务队伍，激励青少年关注并参与山区留守儿童关爱、应急救援、知识普及等工作。二是拓宽青年参与渠道。探索蒙自籍在校大学生担任“社区团支部兼职副书记”机制，聘请“青凝蒙青春大使”，组织开展“少年蒙自说·青年献金策”征集活动，挂牌一批“青年发展型社区”“青年友好单位”，引导青年积极参与社会事务，为社区治理、城市发展建言献策。

（三）不断提升青年生活品质

一是实施城市更新行动。打造“青年蒙自”城市名片，挖掘西南联大蒙自分校纪念馆、东大街历史文化街区等文化资源，打造“南湖青年”共享空间，组织青年开展探访西南联大学子在蒙自、重走西南联大西迁路等主题活动3场；打造“青年发展型街区”、大树寨夜市、“落日岛”、“格早寨”、新安所“窑房村”等网红打卡点，授牌一批“青年先锋门店”，不断拓展青年“身边的服务圈”；开展“回归线音乐节”、“青年街角音乐会”、“圆梦骑士”公益骑行、“过桥米线节”、国际马拉松赛等系列活动30余场，让城市更具现代感、更加时尚潮流。二是搭建青年交流交往平台。立足对外开放、枢纽门户、资源优势，发挥青年对外交流的带动作用，配合组织

① 数据来源：红河哈尼族彝族自治州人民政府。

“中国—东盟青年营”，促进青年在蒙自进行考察交流活动；在碧色寨滇越铁路历史文化公园挂牌全省首家“云南省青年外事交流活动基地”，为青年交流提供活动阵地，增强蒙自青年的国际交往交流能力；与共建“一带一路”国家开展青年合作交流，举办北大、清华、南开、云南师大青年实践活动暨首届西南联大青年科学家论坛等系列青年交流活动，以青年开放带动蒙自开放。

四　蒙自市青年发展型县域试点建设的经验做法及典型案例

（一）经验做法

突出青年优先导向，全方位迭代城市发展理念。蒙自市认真贯彻落实《红河州中长期青年发展规划（2019—2025年）》，制定出台《蒙自市推进〈中长期青年发展规划（2016—2025年）〉试点工作实施方案》，并不断完善青年发展政策，尤其是市“十四五”发展规划贯彻落实中长期青年发展规划，将推动青年工作高质量发展纳入专节，把青年工作提升到了新高度。蒙自市不仅将“青年优先发展”理念融入城市发展战略，在城市规划、建设、管理全过程中匹配青年的重点需求，还在青年的重大关注问题上对标对表中央精神，全力推进民生项目。例如，优化城市教育环境，保障进城务工青年随迁子女权利；保障青年基本住房需求，逐步实现租购同权；切实维护青年合法劳动权益，促进更多高校毕业生、技能型人才迈入中等收入群体行列。青年与城市的关系不是单向的“索取”，而是互相的“成就”，蒙自市进一步营造引才、留才、用才、聚才的氛围，鼓励广大青年立足岗位、拼搏奋斗，让青年个人圆梦与城市更高质量发展同频共振。

统筹“两个主体”，为青年和城市发展注入动能。青年因城市而聚，城市因青年而兴。在建设青年发展型城市的过程中，青年和城市都是贡献者和受益者。近年来，蒙自市充分认识到青年对城市发展的现实意义和长远意义，统筹把握青年和城市“两个主体”，在服务青年发展的基础上，动员青年立足岗位、拼搏奋斗，充分发挥自身活力和创造力，更好为城市发展提供动力、积蓄潜力。一是坚持为党育人，努力为党凝聚青年人心。从政治上着眼，常态化开展“青年大学习”网上主题团课，充分发挥青年讲师团、红色小蜜蜂宣讲队的作用，讲好马克思主义理论，讲好中国共产党的故事、讲好红河故事和蒙自故事。特别是发挥蒙自红色资源丰富、革命传统深厚的优势，把西南联大精神、蒙自精神用“青言青语”解读好、宣传好，教育引导全市青年爱党爱国爱家乡。二是自觉担当尽责，助推青年创新创业创造。蒙自紧紧抓住青年企业家、青年科技工作者等队伍，以“乡村振兴、青年先锋”行动，引领他们在乡村振兴、生态文明建设等领域创新创效，为蒙自发展贡献青春力量。同时，深入开展品牌项目的转型升级工作，着力提升“挑战杯”“创青春”等青年创新创业赛事的影响力，激发青年创新创造热情。三是心系广大青年，以服务助力青年更有为。切实倾听青年心声呼声、聚焦青年所忧所盼，进一步抓好《中长期青年发展规划（2016—2025年）》的纵深实施，围绕优化政策环境、社会环境，在青年所想所急的就业创业、子女教育、老人赡养、婚恋交友等烦心事操心事上持续发力。一方面，实施就业帮扶行动计划、希望工程圆梦行动、婚恋交友项目、关爱行动等青年民生实事。另一方面，充分发挥青年工作联席会议职责，推动落实《蒙自市全国青年发展型县域试点实施方案》中的“8个优化”和“5大行动”，出台更多普惠性青年发展政策，让青年生活得更安心、发展得更放心。四是优化组织动员，引导青年参与社会治理。聚焦各类以青年为主体的社会组织、社会机构、行业协会等，加强政治引领、组织建设、产业扶持、公益参与、品质生活等服务，帮助青年更好融入城市发展。广泛开展“蒙自因我文明”志愿服务活动，积极举办青年志愿服务项目大赛，发掘培育一批优质项目，增强城市服务功能。高标准建设一批“青年友好型社区”“青年发展型街区”，有力助推全国文明城市创建等重点工作。整合主流媒体与新兴媒体多元矩阵，打造具有青年亲和力的媒体品牌，持续推出青年关切的话题和内容，提升蒙自市在省内外的美誉度，增强城市对青年的吸引力。

（二）典型案例

蒙自市在推进全国青年发展型县域试点建设的过程中，通过政策和项目支持，着力解决青年群体面临的问题，促进青年在教育、居住、就业等方面发展，并形成了以下八大民生实事项目。

一是蒙自—东盟青年友好交流项目。以中国蒙自市与越南老街市缔结友好城市为抓手，以红河学院国际学院为切入点，建设国际学生实践实训基地、对外留学生实践实训基地。组织中越青年交流沙龙、中国东盟—青年营等国际交流项目。通过建立中国蒙自市越南老街市特色商品展示交易窗口暨红河学院国际学生实习实践基地、举办“同饮一江水　青年向未来”——中越边境青年友好交流活动开幕式及中越青年发展论坛、共植中越青年友谊林系列活动，为中越青年进行文化交流、创新创业、共叙友谊搭建广阔平台。

二是蒙自市跨境电商（数字经济产业）项目。依托电商产业园、青年创业园、国际学生创业孵化中心等，提供优惠入驻政策，实现了扶持不少于20家青年跨境电商实体、扶持不少于5家青年数字经济创业实体、带动年产值不低于1亿元的目标。与云南省跨境电子商务协会达成合作意向，在过桥米线小镇建设蒙自跨境电商产业园；与红河学院开展校地合作，共同成立蒙自市跨境电商实训基地（数字经济产业基地）。依托校地企资源，搭建电商平台、搭建算力服务平台、建设区块链溯源平台，启动17个创新创业训练项目和产学研用创一体化融合发展的合作项目，切实从政策、场地、资金、智力等方面支持、引导蒙自青年提高自身技能，投身跨境电商行业，充分发挥蒙自开放优势，推动形成跨境电商蒙自—河口—越南多点联动多模式并存、线上线下结合的跨境电商发展格局。

三是蒙自青年创业园2.0提升项目。改扩建占地50亩、建筑面积3.6万平方米、总投资500万元，建成以数字化为核心，集电商服务中心、创客中心、保鲜库、分拣包装车间及冷链仓储区等功能于一体的新一代青年创业园，进一步搭建青年数字人才、青年技能人才培训体系。[①] 依托蒙自市电子商务产业园，引进云南数蒙科技有限公司与阿里巴巴集团等25家企业，邀请多名淘宝大学认证讲师，围绕跨境电商、服务业电商、农村电商以及电子商务创业创新、对口合作等方面为青年技能人才提供综合类、专题类、现场类重点培训。同时，启动中国村播·蒙自领跑——“石榴籽计划”直播公益培训实训课程，组建全市村播队伍，推动广大青年返乡创业。

四是青少年教育提升项目。推进教育“213”工程，建成十二年一贯制学校2所、初中1所、小学3所；落实学前教育推进工程，在文澜、文萃街道各新建1所中心幼儿园，规划建筑面积25920平方米，规划投资8478万元。[②]

五是青年就业补短板服务项目。借助全国最美工会户外劳动者服务站点“建设者之家”的现有人力资源优势，将“建设者之家”品牌从市区延伸至乡镇，建成11处“建设者之家”，广泛收集就业岗位信息，做好岗位推荐和就业指导，经常性开展专场招聘会，为求职青年和企业搭建沟通桥梁。观澜街道、文萃街道的就业和社会保障公共服务设施业务用房改造分别新增208.98平方米、209.12平方米，完善基层就业和社会保险公共服务平台建设，提升就业、社保等方面的服务水平。[③]

六是青年人才公寓项目。依托民心家园二期公租房项目，建设“青凝蒙青年公寓”和“青凝蒙青年驿站”，总用地面积87.47亩，总建筑面积194182.37平方米，共有高层建筑15幢，总户数2190户，项目计划总投资52778.3万元。目前，在建800套保障性租赁住房主体已完工，480套装修施工工序已完成，剩余320套保障性租赁住房正在进行室内外装修，已完成屋顶防水，钢筋混凝土保护层施工工序。[④]

七是蒙自市各族青少年友好交流项目。建设3个“民族同心”校园活

① 数据来源：红河哈尼族彝族自治州教育局。

② 数据来源：红河哈尼族彝族自治州人民政府。

③ 数据来源：红河哈尼族彝族自治州人力资源和社会保障局。

④ 数据来源：红河哈尼族彝族自治州人民政府。

动室、2个民族团结实践教育基地、18个青年之家，并联合武汉大学、北京大学、云南大学等高校组建“种太阳”公益组织，团市委获得全国先进基层理论宣讲队荣誉的“红色小蜜蜂”志愿宣讲队开展“民族团结我来讲”文艺宣讲、冬夏令营、志愿服务、心理辅导等活动15余场。

八是蒙自市未成年人检察工作社会支持体系项目。探索建设未检社会化支持体系，市人民检察院与蒙自市青少年事务社会工作服务中心合作，开展未成年人社会背景调查、不起诉未成年人帮教等工作。建成全州首个针对未成年被害人取证与保护的“一站式”中心，针对性侵案件被害人，从第一次询问开始就系统性地提供心理疏导、心理评估、家长亲职教育、家庭矛盾化解、社会背景调查等个案服务。

五　蒙自市青年发展型县域试点建设存在的问题及困难

蒙自市在推进全国青年发展型县域试点建设的过程中，存在深入挖掘青年力量不够、探索青年工作缺乏创新的问题。

一方面，出现青年活力不足、青年力量较弱等现象，蒙自市青年工作联席会议办公室未充分调动各方力量做好青年工作，对全市青年组织的发动还局限于机关单位和企事业单位，社会青年组织发动不到位。

另一方面，缺乏亮点特色和创造力，组织青年、引导青年、服务青年的力度不够，产生的社会影响力不足，青年的参与感、获得感不强。同时，在整合资源、提高青年公共文化服务供给能力方面有待加强，适合青年发展的新业态、新空间探索不足，面向青年开展的主题活动较少。

六　蒙自市推进青年发展型县域试点建设的对策建议

推进青年发展型县域试点建设，要在聚焦解决青年急难愁盼问题的同时，重点保障青年住有所居、鼓励青年扎根立业、建设青年活力场景、发挥青年先锋作用，进而助推城市高质量发展和鼓励青年奋进有为。

保障青年住有所居，构筑青年乐居城市。青年在选择定居的城市时，会关注城市环境品质、公共服务供给等因素；房价与城市的落户政策、通勤压力也深刻影响着青年的选择。因此，在城市居住环境方面，蒙自市应当实施好“青年安居工程”，不断完善住房保障体系，建设完善青年人才公寓、青年驿站，每年为青年提供一定数量的保障性住房，同时通过提供租房和购房补助、明确住房产权归属等方式，帮助引进的青年人才解决住房问题。严格落实《住房租赁市场秩序不规范整治工作实施方案》，让青年租住安心，积极解决新市民、青年的住房困难问题。

鼓励青年扎根立业，营建青年立业城市。随着高校毕业生规模不断扩大，就业竞争更加激烈，贷款融资难、创新服务不完善等问题依然是亟须解决的问题。蒙自市在推进青年发展型县域试点建设的过程中，应当重点优化青年就业环境，每年定期开展青年技能人才培训，擦亮“技能蒙自”品牌。同时，加强公共就业服务体系基础设施建设，加快青年就业服务场地的改扩建工作，推动实施就业联络员制度，有针对性地为待业青年制定技能培训方案，提供就业帮扶、创业扶持等服务，通过“青年人才夜市”、“春风行动”专场招聘会、岗前实习等，提升青年职业技能，促进青年就业。此外，市级主管部门应当积极引导企业建立工资集体协商机制和工资合理增长机制，进一步维护青年合法权益。

在青年创新创业方面，要加快实施蒙自青年创业园 2.0 提升行动和青年助力蒙自跨境电商示范项目，依托蒙自电子商务产业园区、淘宝教育（红河）数字人才孵化基地、蒙自数字经济产业基地，为青年提供数字化营销、电子商务和现代物流等特色产业转型升级和发展的生态空间，形成专业化、创新型人才成长平台。同时，积极组织开展大众创业万众创新活动周，定期开展人才沙龙、行业论坛，丰富人才的文化生活，扩大新引进人才的“朋友圈”“社交圈”“兴趣圈”。

建设青年活力场景，塑造青年活力城市。蒙自市作为青年发展型县域试点城市，应当进一步擦亮“青年蒙自”城市名片，不断优化青年城市规划环境，将青年思维、青年元素、青年特点融入城市规划、建设、管理的全过程。要积极探索拓展青年喜闻乐见的消费新模式、新业态，围绕青年消费特点，打造“15 分钟休闲圈”，着力培育红色旅游、户外运动、文旅综合体、主题娱乐等新业态、新产品，用好以“七彩滇南—南湖荟—西南联大蒙自分校纪念馆—东大街—先锋书店”为主要聚集点的南湖片区 City Walk 线路、夜间文化、旅游消费集聚区及“青年发展型街区”；统筹旧厂房、旧街区、名人故居等公共闲置空间可用资源，因地制宜建设“文博艺术空间”“跨界文化空间”“城市书房”“文化驿站”等，面向青少年群体开展读书会、艺术沙龙等体验式、互动式的公共阅读和艺术普及活动，丰富青年文化生活，提升青年文化素养。要探索建立与青年发展相适应的城市公共服务空间与设施建设标准，加快实施城市更新行动，优化城市布局，完善城市功能。打造青年公园，投放智慧导览等互动设施和智慧服务设施，在公园内配备青年喜爱的运动操场、健康步道、野餐营地、网红打卡场景、青年文化墙等，全域覆盖无线网络，提供充电座椅；打造青年社区，采用智慧化物业管理系统，建设集信息查询、业务办理、休闲娱乐、趣味生活于一体的“15 分钟社区生活圈”；打造青年友好场馆，依托“活力蒙自”文化品牌，积极开展国际国内高端体育赛事及文化活动。

发挥青年先锋作用，建造青年有为城市。城市发展离不开青年志愿者，他们为城市文明注入蓬勃活力。蒙自市在推进青年发展型县域试点建设时应该关注如何发挥青年先锋示范作用，让广大青年引领城市文明风尚、有序参与社会治理。要大力实施“党建引领、团建共建，青年凝聚蒙自”项目，以项目化模式，每年组织动员辖区内一定数量高校大学生去社区、村委会报到，帮助建设家乡蒙自。要完善青年志愿者制度和加强体系建设，建立市级青年社工中心和不低于 500 人的青年社工队伍，通过志愿服务活动号召青年有序参与社区治理。以“今日蒙自”“融事通”等志愿服务平台为载体，用好“全民吹哨、多元响应”机制，开展“社区团支部兼职副书记”“青凝蒙青春大使”等活动，引导青年积极参与社会治理。发挥“共青团与人大代表、政协委员面对面”活动的载体作用，每年至少开展一次活动，从青年角度对全市工作提出建议，充分发挥青年在社会治理中的积极作用。

建设青年发展型县域，根本在青年，关键在发展。青年的高质量发展将促进城市发展，而城市的发展也将加快推进现代化进程。蒙自市将推进青年发展型县域建设作为蒙自高质量发展的重要抓手和重要载体，不断完善与青年发展相关的各领域保障，促进青年高质量发展，让蒙自对青年更友好，让青年在蒙自更有为。

B.23

临沧市临翔区青年发展型县域试点建设报告

中国共产主义青年团临沧市临翔区委员会课题组*

摘　要：　自开展全国青年发展型县域试点建设以来，临沧市临翔区认真贯彻落实习近平总书记关于青年工作的重要思想，始终坚持党管青年工作原则，践行青年优先发展理念，以“建设青年圆梦之城、向往之城、奋进之城、友好之城”为目标，突出中长期青年发展规划引领作用，围绕“7+5”政策领域，不断完善各项工作机制和政策体系，充分发挥边境城市和主城区、少先队员、志愿服务三个优势，因地制宜开展探索尝试，推动试点工作在临翔纵深实施，加快实现青年与城市的高质量互促发展，努力打造青年发展型县域“临翔样板”，实现城市与青年的双向奔赴。

关键词：　青年发展型县域　临沧青年　志愿服务

一　临沧市临翔区青年发展型县域试点建设的政策体系梳理

临沧市临翔区围绕“7+5”政策领域，在《中长期青年发展规划（2016—2025年）》等文件的基础上，推动有关部门出台普惠性、标志性的

* 课题组组长：吴凤辰，中国共产主义青年团临沧市临翔区委员会书记，研究方向为青年发展。课题组主要成员：王星星，中国共产主义青年团临沧市临翔区委员会副书记，研究方向为青年发展；罗应敏，中国共产主义青年团临沧市临翔区委员会青年发展办公室和志愿服务和社会联络办公室主任，研究方向为青年发展。

青年政策。在优化规划、教育、就业、居住、生活、健康、安全等方面，有针对性地出台《贯彻落实扎实稳住经济一揽子政策措施》《云南省义务教育控辍保学工作管理规定》《临沧市“金融支持青年创业就业”行动方案》《中共临沧市委组织部等八部门印发关于加快推进人才住房保障工作的实施方案的通知》《临沧市校园周边环境综合治理集中整治工作方案》等 92 项政策；在文明风尚、创新创业、建功立业、社会治理、生活品质提升 5 个方面，出台《边疆青年心向党“1+5”工程实施方案》《优化营商环境“暖心行动”工作清单》《贯彻落实〈云南省促消费稳增长三年行动计划（2022—2024 年）〉实施方案》等 89 项政策。

在着力优化青年优先发展的青年发展型城市规划环境方面，出台了《临翔区创建国家卫生城市实施方案（2022—2024 年）》等 7 项政策，通过“洁净临翔”、城乡人居环境提升行动、“数字化城管”和“智慧城市”建设等重大工程与专项行动，不断完善城市基础设施和市政环卫设施，于 2023 年通过国家卫生城市省级评估。将青年发展纳入《临沧市临翔区国民经济和社会发展第十四个五年规划和二〇三五年远景目标纲要》，推动将青年优先发展理念融入城市发展战略，在城市规划、建设、管理全过程体现青春元素。

在着力优化公平且有质量的青年发展型城市教育环境方面，出台了《临沧市临翔区义务教育优质均衡发展年度实施方案》等 11 项政策，加大基础教育投入力度，落实多方联控联保责任机制，控辍保学实现动态清零。强化学校常规管理，继续实施家庭经济困难学生资助政策和农村义务教育学生营养改善计划，共资助困难学生 11.27 万名，发放补助金及助学贷款 1.09 亿元。[①] 坚持教育公益属性，落实政府主体责任，强化学校主阵地作用，持续规范校外培训行为，进一步减轻义务教育阶段学生作业负担和校外培训负担，有效减轻和缓解青年家长的负担和焦虑。

在着力优化激励青年施展才华的青年发展型城市就业环境方面，出台了《开展“金融支持青年创业就业”行动方案》等 16 项政策，通过贷免扶补

① 数据来源：《共青团临沧市临翔区委员会 2023 年工作报告》。

平台，引导支持大学生等青年人才返乡创业就业，为658个初创企业提供创业贷款1.02亿元。搭建“金融服务+创业指导+交流互助”的青年创业综合服务平台，与各银行联合推出“青创贷”，支持833户创业青年。健全青年就业公共服务体系，聚焦高校毕业生、新生代农民工、失业青年等群体，组织召开线上招聘会4场次、线下招聘会51场次，共有1094人达成用工协议。①

在着力优化保障青年基本住房需求的青年发展型城市居住环境方面，出台了《关于加快推进人才住房保障工作的实施方案》等16项政策，加大人才安居保障力度，多渠道解决人才居住需求，加快构建多主体供给、多渠道保障、多品种供应、多群体覆盖、符合临翔本地实际的人才安居模式，目前共有公共租赁住房13129套，配租率100%。② 探索建立“临翔青年人才公寓”，提供短期居住服务，进一步促进人才集聚，为临翔实现高质量跨越式发展提供强有力的人才支撑和智力支持。

在着力优化缓解青年婚恋生育养育难题的青年发展型城市生活环境方面，出台了《临沧市临翔区“十四五”老龄事业发展和养老服务体系规划》《临翔儿童发展规划（2021—2030年）》等10项政策，倡导优生优育，开展婚前保健讲座13场次。完善普惠性学前教育保障机制，针对婴幼儿家庭开展科学育儿指导，缓解青年育幼后顾之忧。完善以居家养老为基础、社区服务为依托、机构养老为补充的社会福利服务体系，建成养老院3个、敬老院8个，开展养老志愿服务120余场次，营造爱老敬老的浓厚氛围。③

在着力优化促进青少年身心成长发展的青年发展型城市健康环境方面，出台了《临沧市临翔区关于加强困境儿童心理健康关爱服务工作的实施方案》等18项政策，围绕困境儿童身心健康发展需求，在做好基本生活保障、家庭监护、基本医疗、教育保障、康复救助等工作的基础上，组建青少年心理健康志愿服务队深入各乡（镇、街道）开展心理健康关爱服务220

---

① 数据来源：《共青团临沧市临翔区委员会2023年工作报告》。

② 数据来源：《共青团临沧市临翔区委员会2023年工作报告》。

③ 数据来源：临沧市人民政府。

场次。实施全民健身战略，推动市体育馆等公共体育设施向包括青少年在内的各类人群免费或低收费开放，开展专项赛事100余场次，帮助青少年培养体育爱好、发展运动技能、养成锻炼习惯。引导青年投身健康中国建设，积极参与爱国卫生运动和健康中国行动，开展志愿服务活动60余场次，3000余名青年参加。[①]

在着力优化有效保护青少年权益免受意外伤害和非法侵害的青年发展型城市安全环境，出台了《关于进一步加强新时代未成年人保护工作的行动方案》等14项政策，依法推进未成年人保护工作，组建38人的成年人队伍参与相关案件审理，切实维护青少年合法权益。开展青少年生命教育、法律教育、安全教育进校园活动200余场次，2万余名青少年参加，增强和提高青少年的自我保护意识和防灾避险能力，引导青少年珍视生命、热爱生活。重视网络安全，加强网络空间治理，清理不良信息。

在组织动员青年引领城市文明风尚方面，出台了《边疆青年心向党“1+5”工程实施方案》等14项政策，聚焦“3815”战略、“一廊一带一片一道”建设、文明城市创建等重点工作，大力弘扬“奉献、友爱、互助、进步”的志愿者服务精神，累计开展社区服务、环保活动、扶贫助残等各类活动150余场次，1.6万余名青年参与，营造“我为人人，人人为我”的社会风尚，引领城市文明风尚的形成和发展。[②]

在组织动员青年投身创新创业热潮方面，出台了《临翔区打造一流营商环境三年行动计划（2022—2024年）》《关于加强和改进新时代临翔人才工作的实施意见》《临翔区引进高层次人才绿色通道暂行办法》等30项政策，将紧缺型硕士学位研究生引进一次性奖励提高至每人50万元、研究与试验发展经费投入增加至1.16亿元，不断完善青年人才发现培养、评价使用、流动配置、激励保障机制，营造引才、留才、用才、聚才的城市氛围。健全完善营商环境体制机制，加大企业人才引育和服务力度，强化普惠

① 数据来源：《共青团临沧市临翔区委员会2023年工作报告》。

② 数据来源：《共青团临沧市临翔区委员会2023年工作报告》。

性政策支持，加快推进标准化现代园区、数字化智慧园区、集群化高端园区、低碳化绿色园区、科研型创新园区建设。

在组织动员青年立足岗位建功立业方面，围绕《云南省总工会深化产业工人队伍建设改革　提升职工素质　鼓励职工创新创造三年行动计划（2023—2025年）》等出台了15项政策，组织青年在重大工程建设中、“急难险重新”任务前挺身而出、攻坚克难。围绕深化供给侧结构性改革和推动产业转型升级，深入实施“科教兴临”战略、人才强区战略和创新驱动发展战略，为青年创新创效集聚资源、搭建载体、提供保障，充分调动青年的积极性、主动性、创造性，推动形成“人人皆可创新、全员开展创新、改善就是创新”的浓厚氛围。临翔各行各业涌现出全国五四红旗团支部2个，全国“青年文明号”1个，全国优秀辅导员1人，“全国最美志愿者”1人，全国优秀志愿者10人，省级优秀少工委1个，省级“青年文明号”1个，省级优秀志愿者9人。

在组织动员青年有序参与社会治理方面，出台了《在城区六小全面推行城市小主人制实施方案》等12项政策，发挥群团组织在社会治理中的作用，组织青少年参与社区志愿服务，共组织活动160余场次。畅通青年参与社会治理的渠道，依托“共青团与人大代表、政协委员面对面”工作机制，创造更多让青年直接向城市管理者建言献策的机会，增强青年在城市经济社会发展中的主人翁意识，共向人大、政协提交建议、提案8件。共青团临沧市临翔区委与滇西科技师范学院共同组织学生及各界青年多次参与社区治理活动。①

在组织动员青年助推生活品质提升方面，出台了《临沧市深入开展公共机构绿色低碳引领行动促进碳达峰实施方案》等18项政策，引导青年树立“绿水青山就是金山银山”理念，动员青年从我做起、从小事做起，倡导青年践行绿色出行、垃圾分类、节水节电等绿色生活方式。结合花园临翔建设要求，遵循减量化、资源化、无害化原则，构建法治为先、政府推动、

① 数据来源：《共青团临沧市临翔区委员会2023年工作报告》。

全民参与、城乡统筹、因地制宜的生活垃圾分类制度，组织青年参与相关活动 150 余场次，提升青年在城市建设中的参与感和贡献度。

二　临沧市临翔区青年发展型县域试点建设的现状分析

临翔区青年人口占比高，有 14~35 周岁青年 12.46 万人，约占总人口 36.98 万人的 33.7%，高于全国 6 个百分点，是一个年轻且极具活力的城市。[①]

临翔区青年发展型县域试点建设有以下三个工作基础。一是经济社会发展为青年发展搭建筑梦舞台。临翔区是临沧市委、市政府所在地，辖 10 个乡（镇、街道），105 个村（社区），总面积 2652 平方公里，2023 年，全区实现地区生产总值 209.19 亿元，总量居全市第一，在全省 129 个县排第 36 名。[②] 同时，临翔区是云南五出境连接南亚、东南亚通道的重要节点，是对缅开放的重要区域城市，是云南面向南亚、东南亚辐射中心的"前沿窗口"，先后荣获"中国象脚鼓文化之乡""中国碗窑土陶文化之乡"等称号，是"茶马古道"必经之地，是"中国最具茶文化魅力城市"，是亚洲微电影艺术节的永久举办地。独特的区位优势及强劲的发展潜能，不断吸引青年人才在这片热土筑梦。二是临翔区委、区政府重视为青年发展定锚稳舵。建立试点工作保障体系，成立由市委常委、区委书记和区长任"双组长"的领导小组；建立试点监测评估体系，将试点工作纳入区直部门年底绩效考核，连续三年召开青年工作联席会议部署推进试点工作，并定期调度工作进度。印发《临翔区全国青年发展型县域试点意见》和《临翔区关于开展全国青年发展型县域试点工作的实施方案》，确定"321"青年工作体系，共 14 项重点任务，按照两年推进周期，高标准、项目化推动试点工作各项任务落实落细，临翔区委常委会连续三年专题听取工作报告。三是制定制度为青年发

① 数据来源：临沧市统计局。

② 数据来源：《云南统计年鉴 2023》。

展保驾护航。将试点工作纳入《临沧市临翔区国民经济和社会发展第十四个五年规划和二〇三五年远景目标纲要》，纳入临翔区委、区政府工作报告及惠民实事，纳入区委深改委重点工作。

三　青年发展型县域试点建设主要成效

（一）服务青年，建设青年圆梦之城

一是一站式服务青年。建成总面积近 1 万平方米的临翔青年创业园，搭载 97 个 50~70 平方米“创住一体”的工作间，吸纳科技创新、电子商务、信息技术、文化创意和综合服务类创新项目和初创企业入驻，免费给创业青年提供场地，累计孵化企业 114 家（含园内在孵企业 75 家），扶持创业青年 400 余名，总营业收入累计突破 3 亿元，带动就业 3769 人；同时，整合青年之家、青年会客厅、青年夜校、创业咨询、贷款帮扶、婚恋交友等功能，帮助青年解决各方面难题。[①] 二是延伸式服务青年。滇西科技师范学院 32 名优秀学生到 16 个城市社区团组织兼任团支部副书记，开展青年参与社区治理等活动 16 场次，1000 余人次参与；联合相关部门举办“青马班”“青年企业家商会”“青年先锋”等培训 28 期，1200 余人次参与；与上海工艺美术学院、华中科技大学等 4 家单位达成战略合作协议，分批选派 209 名青年骨干人才外出学习先进经验。三是“投其所好”服务青年。[②] 打造青年专属“消费券”，傣历 1385 年泼水节期间，与临翔农商行合作推出文旅消费满减活动，激发青年消费热情，产生“优惠”40 余万元；同邮储银行等推出“青创贷”，针对农林优势特色产业、农业社会化服务、三次产业融合发展项目等为 18~45 周岁的青年提供 10 万~200 万元的创业贷款，累计发放贷款 1.26 亿元。

---

① 数据来源：《共青团临沧市临翔区委员会 2023 年工作报告》。

② 数据来源：滇西科技师范学院官网。

（二）吸引青年，建设青年向往之城

一是建强阵地吸引青年。建成“青年之家”117 个，涵盖科教文体娱等领域；充分挖掘本土竹编、茶艺、土陶文化，建成南美古村寨、中山竹艺馆、博尚碗窑土陶非遗文化村、昆赛村绿色露地蔬菜基地等一批具有教育意义的红领巾乡村振兴社会实践基地，开展丰富多彩的社会实践活动 30 余期；将玉龙、锦凤社区打造为青年发展型社区并建立“童心港湾”，多措并举优化青年服务；在玉龙社区建立智能音乐教室，丰富青少年文娱生活；建成青年友好足球场 2 个、篮球馆 1 个，助力青少年健康成长。① 二是解决“后顾之忧”吸引青年。常态化开展“一老一小”群体走访慰问活动，在重阳节等重要时间节点，组织青年志愿者到敬老院开展文艺演出、看望慰问老年人，营造敬老、爱老、助老的良好社会氛围；组织 100 余名留守儿童走进电影院观看《再见土拨鼠》，引导儿童从电影中感受温情；组织志愿者在春节期间开展“童心绘梦”活动，走访慰问留守儿童、开展心理健康团体辅导；为 545 名一年级女生申请“希望工程 1+1——幻方助学计划”助学金；与华科大同济医学院达成对口帮扶协定，区内各级医疗机构服务能力和医疗水平显著提升。② 三是用活动吸引青年。开展临翔文化旅游周系列活动，组织第五届女子象脚鼓舞大赛、无人机表演、民族歌舞秀、泼水活动、现代音乐会、美食街等系列活动 60 余场次，连续两年承办“临沧 · 百国华侨华人联谊会”，与 84 个国家和地区的青年对话交流，将开展华裔青少年文化交流纳入百侨会议题。③

（三）成就青年，建设青年奋进之城

一是让青年发声成就青年。围绕“当前青年生育问题、促进青年人才扎根乡村的现实路径、建设青年发展型城市的具体路径”等热点话题召开

① 数据来源：临沧市人民政府。

② 数据来源：《共青团临沧市临翔区委员会 2023 年工作报告》。

③ 数据来源：《共青团临沧市临翔区委员会 2023 年工作报告》。

"共青团与人大代表、政协委员面对面"等座谈会，畅通青年发声渠道，为青年成长"代言"、为青年发展"献策"，积极营造青年友好的社会氛围，活动共梳理意见和"金点子"187条。二是让青年参与家乡建设成就青年。组织志愿者开展"我是'河小青'，美丽河湖行"、创卫宣传、绿美建设、生态环保知识宣传等志愿服务活动140余场次，共8500余人次参与，旨在促进青年践行"两山"理念，积极参与家乡生态环境保护；组织广大青年志愿者参与"青春助春运"等重要活动，开展服务保障工作130余场次，不断提升青年的大局意识和服务意识。[①] 三是提供就业岗位成就青年。同云南省房地产开发经营（集团）有限公司团委开展企地共建，为临翔籍大学生提供就业岗位24个；开展"团团促就业"系列招聘活动，提供就业岗位30余个；联合知恩人力资源服务公司动态发布两期人才需求目录，帮助青年"寻位找位"，新引进大专及以上学历的青年人才120余人；同人社等部门共同成立"梦路"工作专班，针对企业的用工需求和青年务工人员的职业技能、工作经验、求职意向等进行双向调研，摸清需求、厘清供给，共在本地央企、国企、民营企业中摸排用工岗位需求2376个，递交求职简历2886份。[②]

（四）关心青年，建设青年友好之城

一是以解决婚恋难题关心青年。积极响应"促进临沧兵成为临沧人"号召，组织开展"会聚良缘·相约临翔"青年联谊活动，为100名驻临军警部队单身男青年和临翔单身女青年搭建交流交往平台；组织读书会、沙龙等各类青年联谊活动50余场次，帮助青年以书会友、以兴趣爱好交友，引导青年树立正确的婚恋观。二是以解决创业难题关心青年。大力推行"以赛引才"的方式，共举办四届"U创奖"评选活动，征集青年人才项目9个，选取4个优质初创项目给予扶持；开展2023年度全省乡村振兴青年先

---

① 数据来源：《共青团临沧市临翔区委员会2023年工作报告》。

② 数据来源：《共青团临沧市临翔区委员会2023年工作报告》。

锋、高素质青年农民培训需求摸底调研，积极推荐辖区企业成为第三届云南省青年创业致富带头人协会会员；组织开展“青年商业企业家培训”“专题研修班”等活动 28 期，共 1200 余人次参与。[①] 三是以营造青春氛围关心青年。突出青年特点，融入玉龙湖、南塘街、中山竹艺馆等地标元素，打造临翔团团表情包、临翔青年四件套等文创产品，提升临翔青年的向心力和凝聚力；采用线上线下相结合的方式，广泛宣传全国青年发展型县域试点建设工作的成效，共推送信息 446 条、视频 76 条；打造青年公交专线 1 条[②]，便利青年出行；在酒店、商场、车站、机场等人员密集场所滚动播放宣传标语，让试点工作深入人心，营造“城市对青年更友好，青年在城市更有为”的浓厚氛围。

四　临沧市临翔区青年发展型县域试点建设的经验做法及典型案例

发挥主城区优势，让各国、各民族、各行业青年在临翔交往交融。一是探索开展“青年才俊看临翔”活动。青年是城市经济建设发展的中坚力量，引导青年将个人理想融入城市发展大局，让青年认识家乡、热爱家乡、贡献家乡，与家乡建设同频共振是共青团的重要工作任务之一。立足本地中心工作，组织青年学子、非遗传承人、青年志愿者以及全网总粉丝量超过 1000 万人的云南小花和农大丁同学等青年实地观摩临翔区的重点项目、非遗技艺、绿美建设等，让青年在观摩中感受家乡的发展、文化的传承，学习在各个行业、各个岗位上创先争优的青年先锋，激发青年对家乡的归属感和责任感，在观摩学习中找志向、找项目、找发展，做自己家乡的“推荐官”。例如，联合共青团云南省房地产开发经营（集团）有限公司委员会开展企地共建活动，组织临翔青年代表、在校大学生实地观摩在建重大民生工程，为一线赋能；以“国际柴烧营”为媒，组织青年网红参观学习碗窑村制陶历

① 数据来源：《共青团临沧市临翔区委员会 2023 年工作报告》。

② 数据来源：《共青团临沧市临翔区委员会 2023 年工作报告》。

史，亲自体验土陶制作，并走进昔归村，通过互联网平台呈现深山中的古茶树和昔归茶的制作工艺，为乡村振兴赋能；组织青年团干部深入玉龙、锦凤等青年发展型社区参观，到社会治理的最基层学习“民生无小事”的实现路径，为社区治理赋能。组织“青年才俊看临翔”活动 7 期次，各界青年为临翔发展出谋划策 146 条，相关推广视频、信息点击量达 297 万余次。① 二是深化“澜湄”青年交流座谈活动。临沧位于云南省西南部，与缅甸接壤，地处澜沧江与怒江之间，因濒临澜沧江而得名，基于其得天独厚的地理优势，“澜湄”青年交流座谈会应运而生。该座谈会旨在搭建平台，促进各国青年交流交往，不断扩大青年“朋友圈”，开拓青年视野；组织来自中国、缅甸、柬埔寨等 3 国 6 省 11 个行业 9 个民族的青年代表围绕“生活在临沧挺好”“我心中的青年发展型城市”“我的家乡”等话题开展交流座谈及分享，用青年声音讲述临沧故事、介绍家乡的风土人情。各国各行业各民族青年在对话中碰撞思想的火花，在交流中增进情感的共鸣，进一步加深青年友谊，积极为临翔全国青年发展型县域试点工作建言献策，凝聚青年力量，畅谈青年发展，共绘发展蓝图。

发挥少先队员优势，“以小带大”参与试点创建。围绕试点建设重点工作，临翔区通过“以小带大”推进试点创建，在 16 个城市社区以“让青年与城市共未来、青少年权益保护、绿美建设”等为主题开展“临翔城市小主人”活动，1 万余名“城市小主人”带动 2 万名青年父母参与试点创建和社会治理。② 一是以少先队员为主体，带动青年家长参与试点建设。将开展“临翔城市小主人”活动放在建设全国青年发展型县域试点大局中统筹推进，活动内容关注当前试点建设短板和全区重点工作，让少先队员手持“通关护照”到所在地社区报到并参与活动，从而带动父母共同参与创文创卫、绿美建设、垃圾分类、宜居城市建设等“城市小主人”活动，通过“小手拉大手”“孩子带家长”的形式带动家长共同参与试点建设及市域社

① 数据来源：《共青团临沧市临翔区委员会 2023 年工作报告》。

② 数据来源：《共青团临沧市临翔区委员会 2023 年工作报告》。

会治理。二是充分激发青年家长动能，带动各行各业参与试点建设。将城市小主人活动纳入“红领巾奖章”特色章争章活动，并定期开展“金牌”“银牌”表彰，通过激发孩子的积极性来带动家长共同参与试点建设。充分发挥2万余名家长来自全国各地、从事各行各业的优势，以家长共同参与“城市小主人”活动的方式，调动了各部门、各行业的优质资源为试点建设服务，打通了试点建设的“绿色通道”，形成了全社会高度关注、共同推进试点建设的良好氛围。

发挥志愿服务优势，全力服务党政中心大局。志愿服务是社会文明进步的重要标志，临翔区紧紧围绕试点建设中心任务和临翔经济社会发展大局，坚持需求导向、目标导向、结果导向，准确把握群众急难愁盼，全力打造与青年生产生活密切相关的志愿服务品牌，不断增强城市吸引力，让青年切身感受到志愿服务的时代新魅力。一是开展“心能量关爱青少年心理健康志愿服务”项目，打造一支由10位国家级心理咨询师组成的“临翔心能量心理咨询志愿服务队”，针对青少年在成长过程中遇到的困难与障碍，开展各类志愿服务公益活动，实施“梦想陪伴计划”“从心开始　护青远航——临翔区青少年心理支持计划”“《临翔心安》电台心理健康栏目计划”，保护青少年心理健康，引导全社会共同参与青少年与社会心理服务体系建设，共开展心理健康活动100余场次，3000余名青少年参加，该项目荣获云南省第二届新时代文明实践志愿服务项目大赛优秀奖。[①] 二是打造预防未成年人违法犯罪“恒春未检”品牌。联合区检察院、区融媒体中心共同推出未成年人法治音频栏目“临翔青听FM之恒春未检”，由区检察院青年检察官与少先队员一起录制普法音频，通过青少年听得懂、感兴趣的方式进行普法宣传，引导青少年树立正确的法治观，争做知法懂法守法好公民，目前共出品节目26期，听众超20万人次，该项目负责人获“全国最美志愿者”表彰。三是打造“临燕归巢”大学生返家乡社会实践品牌。开展“临燕践学思”“临燕齐奉献”“临燕众参与”“临燕助振兴”实践活动，组织“返乡”大

① 数据来源：《共青团临沧市临翔区委员会2023年工作报告》。

学生们深入基层党政机关、事业单位和村（社区）一线，参与社会治理、志愿服务、乡村振兴，让广大临翔青年在基层一线感受家乡发展、在基层一线锤炼坚强意志、在基层一线贡献青春力量。“三下乡”“返家乡”社会实践调研报告《临翔区关于乡村振兴战略背景下返贫预警机制的研究——巩固脱贫攻坚成果开启乡村振兴新时代》获团中央表彰；“返家乡”社会实践2022年度工作获团中央通报表扬。四是打造“旗语志愿服务队”品牌。遴选出30名临翔优秀青年组成“旗语志愿服务队”，进行公众演讲、商务礼仪、茶道茶艺等方面的培训，承接亚洲微电影艺术节、国际柴烧节、百侨汇等大型活动的解说服务，引导青年在临翔的各大中心工作中不断锤炼政治三力，培养大局意识、服务意识。

五 临沧市临翔区青年发展型县域试点建设存在的问题及困难

在青年人口集聚方面，一是“引人”政策不充分。就现有的政策文本看，部分青年发展政策只关注少数高端人才（主要是重点产业急需紧缺人才目录内的人才，或者是有较高文凭和人才头衔的高层次人才），针对普通青年的政策较少，比如人才补助、购房补贴、租房补助等政策。政策力度对比昆明、曲靖等省内其他州市吸引力不强。二是“育人”体系不完善。从受教育程度上来看，临翔拥有大专及以上文化程度的人口为51229人，占总人口的13.9%，低于全国1.57个百分点。目前，临翔仅有1所高等院校，职业教育体系还不够完善，导致青年技能人才匮乏，青年就业还处于弱势地位。①

在青年就业创业方面，一是岗位供给不足。临翔山多地少，区域优势不明显，用地紧张和用地效率低下问题并存，企业规模普遍偏小，就业岗位匮乏，消化本地劳动力和吸纳农村剩余劳动力均存在困难，2023年临翔农村劳动力转移就业11.5万人，大量劳动力外流，也造成了留守儿童、留守老

① 数据来源：《共青团临沧市临翔区委员会2023年工作报告》。

人等问题。[1] 二是产业集群效应不明显。临翔本地产业结构不够合理，以传统产业为主，缺少青年项目和战略性新兴产业。在现有的49家规上企业中，专精特新企业、创新型企业仅有14家，而农产品加工占全区规上工业产值比重达到43.9%，企业普遍缺乏创新动能，对青年人才的吸引力不够。[2] 三是创业扶持力度不大。当前临翔在新型研发机构、科技孵化空间等公共平台建设方面相对滞后，部分青年因缺少创业平台、创业资金等原因而没有创业打算。

在青年城市生活方面，一是缺乏青春元素。当前临翔城市公共设施缺乏青春元素，青年生活空间的基础设施建设滞后，青年公共文化空间、青年运动公园、青年游学研学基地等面向青年开放的文体空间数量不足。二是缺乏青春潮玩活动。与昆明、大理等周边城市相比，临翔向青年提供的娱乐活动形式较为单一。三是缺乏青年消费业态。当前临翔消费业态的年轻化、活力范、时尚感不足，尚未融合数字科技和文化创意等新兴消费元素，文化艺术展、夜间文化、网红街区打造力度不够。

在青年服务保障方面，一是优质教育资源缺口较大。临翔地域范围大且山地较多，各乡（镇、街道）之间教育资源分布不平衡；庞大的就读需求与现有的教育承载能力之间的矛盾日益增加，主城区入学压力较大，子女“入学难”问题也在一定程度上影响了青年的就业选择。二是青年安居项目建设不足。临翔城市规模较小，发展空间狭窄、青年住房压力过大，青年人才公寓等建设缓慢。三是优质医疗服务供需失衡。临翔优质医疗卫生服务供给能力不足，服务质量较低，全区只有1家三甲医院，与青年的看病需求间仍有较大差距。

六　临沧市临翔区推进青年发展型县域试点建设的对策建议

持续完善青年普惠性政策体系，推动青年发展政策落实落地。围绕青少

---

① 数据来源：《共青团临沧市临翔区委员会2023年工作报告》。

② 数据来源：《共青团临沧市临翔区委员会2023年工作报告》。

年教育、健康、发展，青年择业、就业、创业、婚恋等方面，联合各级各部门，持续发挥资源优势、强化服务保障。一是持续完善青少年教育体系。落实政府主体责任，强化学校主阵地作用，继续加大基础教育投入力度，让义务教育阶段青少年获得公平的受教育机会。二是持续完善青年健康体系。实施全民健身战略，推动公共体育设施向包括青少年在内的各类人群免费或低收费开放，发展青少年体育俱乐部和专项赛事，完善青少年体质健康监测体系，引导青少年练就强壮健康的筋骨体魄；同时进一步加强青少年心理健康教育和服务，培养青少年心理健康领域专业人才，投身健康临翔建设。三是持续健全青年就业公共服务体系。聚焦高校毕业生、新生代农民工、失业青年等群体，扩大就业容量，加强就业指导和职业技能培训，为青年提供更多的高质量就业机会。四是持续加强青年婚育观引导。倡导优生优育，实施积极的婚育政策，发展成本可负担、方便可及的普惠托育和婴幼儿照护服务，完善普惠性学前教育保障机制，持续针对婴幼儿家庭开展科学育儿指导，缓解青年育幼后顾之忧。五是健全基本养老服务体系，鼓励开展养老志愿服务，减轻青年赡养老人压力。

健全青年"吃喝玩乐衣食住行"相关设施，营造青春活力的城市文化。牢固树立产城人融合发展理念，聚焦活力街区建设，科学布局生产、生活、生态空间，不断完善功能配套设施，满足年轻人的需求。一是打造富有青年特色的休闲娱乐区。充分尊重城市发展规律和区域发展特质，打造知青年、懂青年，有个性、有内核活力的商业街区、特色休闲景区、青年发展型特色街区。同时，围绕城市书房扩大城区阅读空间，打造青年创新创业"青年会客厅"，持续拓展青年生活交往"朋友圈"。二是打造便利青年出行的公交专线。立足青年新需求、新期待，结合城市功能区分布和青年人才办公、生活相对集中的场所，开通青年公交专线，打造青年专属大巴，不断提升公共交通与青年的契合度，最大程度满足青年人才工作、生活的需要，让更多青年感受城市温度。三是推进青年安居工程。强化政府在土地、财政、金融等方面的政策支持，充分发挥市场机制作用，因地制宜发展共有产权住房，聚力推进"青年人才公寓"建设，推广青年驿站等短期居住服务，进一步完善青年发展型社区建设。四是打造青年友好旅游业态。立足资源优势和特色民族文化，培育旅居、研学、红色、博物馆等青年友好旅游业态。突出“乡村、休闲、自驾、高端”的目标定位，开发推广旅游精品景区和路线，为青年提供多样化、高品质的旅游选择。

探索青年发展工作长效机制，以机制化、项目化、品牌化的方式巩固深化试点成果。以试点验收工作为契机，推动形成常效常治，把县域建设与中长期青年发展规划紧密结合起来，提炼总结试点建设中的好经验、好做法，各联席部门合力抓好落实，共同推动青年工作实现新发展。

青年有担当，民族有希望。青年是时代发展的晴雨表，也是引风气之先的社会力量。临翔区应继续以建设青年发展型县域试点为契机，顺青年之势、助青年之为、创青年之城，推动“青春临翔”与有为青年双向奔赴、共同成长。

后　记

本书依托于共青团云南省委员会和云南大学共建的“云南省青年发展研究中心”这个战略合作平台，由时任云南大学经济学院党委书记梁双陆同志组织实施，汇集了共青团云南省委员会、共青团云南大学委员会、云南大学经济学院、云南大学马克思主义学院等单位的精干力量共同完成。作为云南青年发展研究的第一本蓝皮书，本书对党的十八大以来云南青年工作成效、青年发展的十大重点领域以及青年参与“三个定位”建设、乡村振兴、科教兴滇等方面进行了详细梳理和系统化总结，并结合未来发展形势，提出了发展思路。

本书在编辑和调研过程中，得到了社会各界以及专家学者的大力支持。在设计阶段，充分吸纳了共青团云南省委员会、共青团云南大学委员会、云南大学经济学院等单位提出的意见和建议。在开展调研阶段，多次得到了各级共青团组织和各省级部门的大力支持和帮助，为编委会提供了便利的调研条件和大量的数据资料。在统稿过程中，杨孟禹同志付出了辛勤的劳动和智慧，出版过程中还得到了社会科学文献出版社罗卫平同志的大力协助。对上述给予本书成书帮助的单位和个人，我们谨此表达最诚挚的谢意！

由于时间仓促，书中难免存在错漏，请广大读者批评指正。

本书编委会

2024 年 8 月

Abstract

The *Yunnan Youth Development Report* is a blue book jointly compiled by the Yunnan Provincial Committee of the Communist Youth League and Yunnan University. It provides an overall reflection of the development trends and key progress in youth development in Yunnan under the leadership of the Yunnan Provincial Committee and the Central Committee of the Communist Youth League. The *Yunnan Youth Development Report (2024)* consists of four parts: The General Report, Sub-Reports, Thematic Reports, and an Appendix. The General Report reviews the background, achievements, and lessons learned in youth work in Yunnan since the 18th National Congress of the Communist Party of China, and proposes strategies for uniting and leading Yunnan's youth in the new era to forge ahead in response to new challenges and tasks. The Sub-Reports, centered around the *Yunnan Province Medium-and Long-Term Youth Development Plan (2018−2025)*, systematically analyze and summarize the characteristics and general patterns of youth development in Yunnan since the 18th National Congress through the use of methods such as surveys, departmental research, case studies, and statistical analysis. These analyses cover ten major areas: youth ideology and morality, education, health, marriage and relationships, employment and entrepreneurship, public cultural services, social integration and participation, protection of youth legal rights, prevention of youth crime, and social security. The reports, viewed through multidisciplinary lenses including economics, sociology, political science, and management, deeply analyze the achievements and insights gained, and examine the challenges and difficulties faced by youth development in Yunnan in the new stage, aiming to advance youth development with higher quality. The Thematic Reports focus on the three strategic positions set out by General Secretary Xi Jinping for Yunnan: establishing it as a national demonstration zone for ethnic unity and progress, a pioneer in ecological civilization construction, and a pivot of China's opening-up to South and Southeast Asia. The reports analyze and summarize the involvement of Yunnan's youth in these areas, including the construction of a modern industrial system, economic and social development in ethnic minority regions, high-level openness, the strategy of invigorating Yunnan through science and education, and rural revitalization, as well as the pilot construction of Youth Development-Oriented Cities (County-Level). They provide recommendations on how youth can participate more effectively in these efforts. The Appendix includes acknowledgments for the report.

The report asserts that the youth of Yunnan in the new era exhibit a strong sense of identification with and confidence in the Party and the nation. Their confidence in the path, theory, system, and culture of socialism with Chinese characteristics has been steadily strengthened, alongside a deepening awareness of the Chinese national community. The moral and ideological standards of the youth have consistently improved, the quality of education has been comprehensively enhanced, and their physical and mental health has been effectively promoted. Additionally, their views on marriage and relationships have become more civilized, healthy, and rational. The vitality of youth in employment and entrepreneurship has significantly increased, their cultural and spiritual lives have become richer, and they are more proactive in social integration and participation. Furthermore, their legal rights are being effectively protected, crime prevention efforts have yielded significant results, and the social security system has become more robust. The youth are increasingly active and engaged in the construction of the "Three Strategic Positions" and other key areas, with a substantial increase in both the scope and quality of their participation. As a result, Yunnan is experiencing a new era characterized by greater unity, beauty, and openness.

At this critical juncture of advancing the great cause of national rejuvenation and the construction of a strong country, Yunnan's youth should more consciously take on responsibility, enhance their awareness of the Chinese national community, and actively participate in the practice of Chinese-style modernization in

Yunnan. Through comprehensive youth development, they will achieve sustained future progress, advancing courageously in the ongoing deepening of reforms and the tide of Chinese-style modernization, striving to write a vibrant and flourishing chapter of youth.

Keywords: Yunnan Youth; Youth Development; Rural Revitalization

Contents

I General Report

Abstract: The new era of socialism with Chinese characteristics is the best era for Chinese youth to grow up and make contributions. This report aims to systematically review the remarkable achievements in the development of youth in Yunnan since the 18th National Congress of the Communist Party of China, under the strong leadership of the Party Central Committee with Comrade Xi Jinping at its core and the high attention of the Yunnan Provincial Party Committee and the Provincial Government. It covers areas such as ideological and moral development, education, health, marriage and romance, employment and entrepreneurship, culture, social integration and participation, legal rights protection, crime prevention, and social security. Moreover, it deeply summarizes valuable experiences and analyzes the current and future needs of Yunnan youth, considering the broader context of national and Yunnan development. The report highlights the increasingly diverse needs, dynamic ideologies, open development environment, enriched growth paths, and stronger policy demands of the youth. It proposes to strengthen top-level design, enhance coordination and cooperation, clarify work priorities, innovate work approaches, emphasize publicity and education, and utilize the indicator monitoring system. By doing so, it aims to unite and lead the youth of Yunnan in the new era to fully play their roles as vanguards and main forces, make achievements and continue striving at the forefront of reform, development, and stability, and contribute their youthful energy to writing the Yunnan chapter of Chinese-style modernization.

Keywords: Youth Development; High Quality Development; Yunnan

Ⅱ Sub-reports

B.2 Report on the Development of Ideological and Moral Education of Yunnan Youth

Abstract: Educating and assisting youth in forming correct ideological and moral views is a crucial step in ensuring that they become a strong force for regional and national development. In addressing the development of ideological and moral values among the youth in Yunnan, the Yunnan Provincial Committee of the Communist Youth League has collaborated with universities, secondary, and primary schools, recognizing and planning youth development issues from a national strategic perspective. They have actively established a "comprehensive ideological and political education" framework, focusing on youth ideological and moral construction to effectively enhance the synergy in collaborative education. Survey results indicate that the overall ideological and moral perspectives of Yunnan youth are positive and progressive, with firm political stances, scientific worldviews, positive life attitudes, strong legal consciousness, and high moral aspirations. Looking ahead, the ideological and moral development of Yunnan youth can be further strengthened through enhanced value education and guidance, improved systems and mechanisms for ideological and moral construction, increased capabilities and quality of the ideological and moral construction workforce, the establishment of practical platforms for youth ideological and moral construction, and the innovation of online methods and approaches for ideological and moral construction. These efforts aim to persistently support the growth and success of Yunnan youth.

Keywords: Ideological and Moral; Yunnan Youth; The Pattern of "Great Ideological and Political Education"

Abstract: The development of youth education plays a pivotal role in promoting regional economic, cultural, and social progress. This report systematically reviews the primary characteristics of youth development in China and provides a comprehensive and in-depth analysis of its current status and unique features. Additionally, it reviews and summarizes the significant achievements and valuable experiences in the field of youth education in Yunnan in recent years. The findings of this report indicate that with increased investment, Yunnan has made notable progress in optimizing educational resources, achieving significant results in educational reform and innovation, and deepening educational cooperation along its borders. Moving forward, it is necessary to continue increasing investment, deepening reforms, and promoting the sustainable and healthy development of youth education.

Keywords: Yunnan Youth; Youth Education; Youth Development

Abstract: As the future of the nation, the physical and mental health of youth is directly related to the sustainable development of the country. This report systematically evaluates the current state of youth health development in Yunnan

Province, covering two main aspects: physical health and mental health. By collecting and analyzing existing literature, relevant departmental research reports, and statistical data, the report summarizes the primary measures and outcomes in promoting youth health in Yunnan Province. In terms of physical health, Yunnan Province has significantly improved the nutritional status and physical fitness levels of the youth through strategies such as implementing nutrition improvement programs and enhancing sports infrastructure. Regarding mental health, the report highlights the progress made in building a mental health education and service system in Yunnan, particularly noting the reforms' effectiveness in areas like mental health monitoring, crisis intervention, and educational resource allocation. Additionally, the report identifies current challenges in youth health development, such as weak health awareness and prevalent psychological issues, and proposes corresponding policy recommendations. Based on a comprehensive analysis of the current situation, the report presents a strategic outlook for the future development of youth health in Yunnan Province. It aims to further refine the youth health development system and improve the overall health level of the youth, providing a scientific basis for achieving sustainable development goals.

Keywords: Youth Health; Physical Health; Mental Health; Yunnan Youth

Abstract: This report focuses on the study of love and marriage among youth in Yunnan, analyzing the current status and characteristics of their development, identifying existing issues, and proposing future directions. The research finds that the development of love and marriage among youth in Yunnan has achieved significant progress, with rational, civilized, and free views on love and marriage, diverse social activities, popular education on sexual health and eugenics, strong protection of marriage rights and responsibilities, a large population of marriageable youth, and a strong desire for marriage among them.

However, there are also issues such as the increasing average age of first marriage, prominent problems of late single youth, imbalanced gender and regional structure in love and marriage, and the impact of marital instability on youth's views on marriage. In the future, it is essential to strengthen targeted services for youth love and marriage, adhere to a systematic perspective to promote healthy development, and form a development approach that mutually enhances the high-quality development of youth and cities.

Keywords: Yunnan Youth; Youth's Views on Marriage and Love; Marriage and Dating Work

B.6 Yunnan Youth Employment and Entrepreneurship Development Report

Abstract: In recent years, with the continuous economic growth and optimization of the industrial structure in Yunnan Province, the youth employment market has shown a positive trend. Joint efforts by the government and various sectors of society have opened up more diversified employment paths for young people and created broader development opportunities. The overall employment situation remains stable, and the scale of employment continues to expand. However, issues such as the industrial structure and the continuous increase in the total number of youth employment present significant challenges to youth employment and entrepreneurship in Yunnan Province. Based on an analysis of the overall situation, main characteristics, and practical difficulties of youth employment and entrepreneurship in Yunnan Province, this report explores the development directions for promoting high-quality youth employment and entrepreneurship in light of current development trends in the province.

Keywords: Youth Employment; Youth Entrepreneurship; Youth Entrepreneurship Enterprise

Abstract: This report first reviews the development of policies and regulations related to public culture for youth in China and the evolution of the concept of public culture. It then retrospects the progress of youth public culture development in Yunnan Province over the past decade. From 2012 to 2013, Yunnan has actively integrated into national development strategies, fully utilized its geographical advantages, and promoted international communication and cultural exchange, showcasing the unique charm of Beautiful China and MultiColored Yunnan to the world. Next, the report analyzes the current challenges and future directions for the development of youth public culture in Yunnan. Finally, it proposes countermeasures such as establishing a diversified resource integration platform, expanding cultural heritage education and dissemination channels, and deepening social participation.

Keywords: Public Culture; Yunnan Youth; Innovative Culture

Abstract: This report thoroughly explores the issues of social integration and participation among youth in Yunnan Province, with a particular focus on the new generation of migrant workers, college students, and emerging youth groups. The analysis reveals that despite challenges in education, employment, housing, and social security, youth social integration is actively improving through policy support and the promotion of social practice activities. The report examines the current status and difficulties of youth social integration and participation and proposes optimization paths, such as implementing youth vocational skills enhancement programs and increasing opportunities for social practice and volunteer service. The report recommends implementing inclusive policies, improving education and public services, and optimizing the employment environment to enhance the social integration and quality of life of youth. These measures will help youth better integrate into society and promote sustained social development and progress.

Keywords: Social Integration; Social Participation; College Student Population

B.9 Report on Safeguarding the Legitimate Rights and Interests of Youth in Yunnan *Liu Xinghua* / 170

Abstract: Against the backdrop of the vigorous development of national youth Safeguarding rights and minor protection work, the protection of the legitimate rights and interests of youth in Yunnan Province is characterized by the gradual establishment and improvement of working systems and institutional frameworks, the enhancement of laws and policies, the establishment of diversified rights protection platforms integrating multiple channels, and the joint creation of brand projects. In the future, it is essential to further enhance resource integration capabilities, strengthen departmental collaboration and coordination, improve the specialization and refinement of services, cultivate brand-specific activities, enhance job security for youth social workers, reduce the instability of social work personnel, and meet the diverse development needs of youth by leveraging regional characteristics. These are crucial directions for the future protection of youth rights and interests in Yunnan Province.

Keywords: Yunnan Youth; Legitimate Rights and Interests; Protection of Minors; Youth Rights Protection; Social Work

B. 10 Report on Preventing Juvenile Delinquency in Yunnan

Abstract: Under the leadership of the Provincial Comprehensive Management Committee and with the support of its member units, our province has fully leveraged the functional role of the "Youth Crime Prevention" special task force office of the Provincial Comprehensive Management Committee. This effort has facilitated new breakthroughs and achievements in the work of preventing juvenile delinquency across the province. However, there are still certain obstacles in areas such as legal regulations, quality education, corruption, and social culture that hinder the prevention of juvenile delinquency. By analyzing two case studies-the effective work carried out by the Chuxiong Prefectural Committee of the Communist Youth League in preventing juvenile delinquency and the development of a juvenile crime prevention brand by the Wenshan Prefecture Care for the Next Generation Working Committee-this report summarizes valuable experiences. Considering the characteristics of Yunnan's border and ethnic minority regions, the report provides recommendations for preventing juvenile delinquency in Yunnan from four perspectives: self-governance, family governance, school governance, and social governance.

Keywords: Juvenile; Vice President of Rule of Law; Yunnan

B. 11 Yunnan Youth Social Security Development Report

Abstract: As an important province in Southwest China, Yunnan has achieved significant results in the construction of the youth social security system in recent years. This success is attributed to the high attention given by the The People's Government of Yunnan Province to youth social security work. By introducing a series of policy measures, Yunnan has gradually constructed and improved a youth social security system that includes social insurance, relief and welfare, and preferential treatment and resettlement. However, in the face of challenges such as an aging population, the increase in workers in new industries, and the high housing pressure on youth, Yunnan's youth social security system still faces many challenges. To further optimize the youth social security system, it is necessary to adopt strategies such as multi-party participation, orderly promotion of labor security in new industries, solidifying the foundation for youth housing, establishing a care system for left-behind children, and enhancing social security levels for people with disabilities. These measures aim to adapt to the changes in social development and youth needs, promoting the comprehensive development of youth and the stability and harmony of society.

Keywords: Yunnan Youth; Social Security; New Business Practitioners

Ⅲ Special Topic Reports

B.12 Report on the Construction of Yunnan Youth Service Ethnic Unity and Progress Demonstration Zone

Li Zhendong, Xu Yanhao / 218

Abstract: This report aims to conduct an in-depth analysis and systematic summary of the role played by Yunnan youth in promoting ethnic unity, participating in social services, and fostering regional development. It seeks to distill the positive image and active contributions of Yunnan youth in the construction of the Ethnic Unity and Progress Demonstration Zone. The insights gathered will provide reference and guidance for further unleashing the potential of Yunnan youth and optimizing the environment for youth development. The report asserts that, in the future, it is essential to strengthen the Party's comprehensive leadership over ethnic affairs, strengther the sense of community of the Chinese nation, improve the construction of demorstration zone for ethnic unity and progress, and build a shared spirtual home for the Chinese nation.

Keywords: Yunnan Youth; Youth Participation; Demonstration Zone for Ethnic Unity and Progress

B.13 Report on the Leading Construction of Yunnan Youth Service Ecological Civilization Construction

Xu Xiaoyong, Li Jialong, Jiang Jiakuai and Jiang Zhijuan / 232

Abstract: Youth are the backbone of advancing the leapfrog development of ecological civilization. They are not only the inheritors of traditional ecological culture but also the practitioners of modern ecological transformation. Over 14 million young people in Yunnan actively engage in ecological civilization practices through initiatives such as technology-assisted agriculture, environmental protection advocacy, and Green Creation, playing an irreplaceable role in enhancing the province's ecological civilization standards. In the forthcoming period, the construction of Yunnan's ecological civilization will enter a critical stage, urgently requiring Yunnan youth to engage with greater enthusiasm and higher service capabilities in the forefront of ecological civilization. To this end, society as a whole should create a conducive environment, further harnessing the role of youth in technology-assisted agriculture, and comprehensively enhancing their entrepreneurial capabilities. Additionally, various levels and types of youth environmental organizations need to innovate their environmental education and advocacy methods, establishing systematic and long-term activity mechanisms.

Keywords: Youth Development; Ecological Civilization; Yunnan Youth

B.14 Report on the Construction of Yunnan Youth Service Radiation Center for South Asia and Southeast Asia

Liang Shuanglu, Ye Qian, Zhang Jiaxin and Zhang Shuhao / 247

Abstract: The youth of Yunnan play an indispensable role in international cooperation as the region positions itself as Radiation Center Facing South and Southeast Asia. They are not only the drivers of regional cooperation and leaders in technological innovation, but also ambassadors of cultural exchange. Through their actions and efforts, they have actively contributed to enhancing the international image of both China, and to deepening international cooperation. However, several challenges remain in the process of advancement. Despite Yunnan's advantageous geographical location and abundant resources, there are still policy barriers and communication obstacles in cooperation with neighboring countries. These issues limit the activities of Yunnan youth in areas such as cross-border trade and affect the depth of regional cooperation. In the future, Yunnan youth will demonstrate a stronger sense of responsibility and mission with a more open mindset and pragmatic approach in economic and trade cooperation, technological exchange, and cultural interactions. Together, they will write a new chapter in regional cooperation and contribute their youthful vigor to building a community with a shared future for mankind.

Keywords: Yunnan Youth; Outreach Center; South Asia and Southeast Asia

Abstract: As the builders and successors of the Party and the nation's endeavors, youth are the main force driving the "3815" strategic development goals and constructing a modern industrial system with Yunnan characteristics. This report first summarizes the progress made in the development of Yunnan's modern industrial system. It then examines the active involvement of Yunnan youth in these efforts. Finally, considering future trends and policy orientations, the report proposes future development directions in three key areas: mobilizing the youthful energy of the Communist Youth League, optimizing the mechanisms for strategic scientific and technological talent, and adopting multiple measures to stabilize employment and promote entrepreneurship. The aim is to provide stronger youthful momentum for the construction of a modern industrial system in Yunnan Province.

Keywords: Modern Industrial System; Plateau Characteristic Agriculture; Youth Entrepreneurship

Abstract: Yunnan youth are becoming an important force in promoting rural development, playing a crucial, fundamental, and leading role in rural development, empowering agriculture with technology, strengthening rural education, and promoting organizational revitalization. Yunnan supports young people to participate in rural revitalization construction, starting from institutional design, development guarantee, and selection of typical trees, systematically and holistically constructing the "four beams and eight pillars" that support young people to participate in rural revitalization construction. This report further summarizes and analyzes the shortcomings and constraints of young people's participation in rural revitalization construction in Yunnan, and proposes development ideas and suggestions for young people's participation in rural revitalization construction based on this, including building a multi-level and diversified education support system, a modern characteristic agricultural industry system, a sustained high-quality financial support system, and a more inclusive financial support system.

Keywords: Rural Revitalization; Technology Empowers Agriculture; Yunnan Youth

Abstract: This report provides a comprehensive analysis and systematic summary of the involvement of Yunnan youth in the economic and social construction of ethnic minority regions, detailing the current situation, challenges faced, and proposed countermeasures. It begins by examining the present state of youth and economic and social development in Yun's ethnic minority regions, summarizing the distinctive characteristics of youth development and regional economic and social development in these areas. The report then outlines the typical practices and achievements of Yunnan youth in contributing to the economic and social construction of ethnic minority regions. Finally, the report identifies challenges in the policy framework, industrial support, and other areas that hinder the promotion of Yunnan youth's involvement in the economic and social development of ethnic minority regions. It provides corresponding countermeasures to better facilitate youth in contributing to the high-quality development of these regions. The report emphasizes that enhancing public service levels, improving policy frameworks, strengthening infrastructure construction, and fostering collaboration between developed and ethnic minority regions are critical measures. These steps are essential for increasing the motivation and sense of responsibility among youth to participate in the development of ethnic minority regions.

Keywords: Youth Development; Ethnic Minority Regions; Yunnan Youth

B.18 Yunnan Youth Investment Height Level Open Report

Cui Qingbo, *Yu Haoyang* / 318

Abstract: As an important gateway from China to South Asia and Southeast Asia, Yunnan Province has achieved significant success in promoting high-level opening-up in recent years, with young talents playing an active role in this process. This report focuses on analyzing the regional and industry distribution of youth participation in opening-up efforts, as well as the characteristics of enterprises where young individuals serve as legal representatives, using demographic data and data on youth serving as corporate legal representatives. It reveals the current situation, characteristics, and situation of their role in high-level opening up and investment, and points out countermeasures and suggestions for increasing education investment, optimizing regional business environment, exploring international cooperation opportunities, encouraging youth innovation and entrepreneurship, promoting the internationalization of cultural and tourism industry, and improving the mechanism of talent cultivation and retention.

Keywords: Youth Legal Person; Yunnan Youth; High-Level Opening-Up

Abstract: "Revitalizing the Province through Science and Education" and "Strengthening the Province through Talent" are significant strategies of the Yunnan Provincial Party Committee and Government, aimed at promoting economic and social progress in Yunnan through scientific and technological innovation and educational development. As the fresh blood and future hope of social development, Yunnan youth play a crucial role in the strategy of revitalizing Yunnan through science and education. Yunnan Province has gradually established a high-level youth talent construction system that is scientifically reasonable, orderly connected, and equipped in a hierarchical manner by increasing the cultivation of local talents and actively introducing high-end scientific and technological talents. It fully integrates the needs of industrial development with the transformation of scientific research achievements and the construction of talent teams, and a large number of young people have devoted themselves to the revitalization of Yunnan through science and education. This system effectively integrates the needs of industrial development with the transformation of scientific research achievements and the construction of talent teams, leading to a significant number of young people dedicating themselves to the strategy of revitalizing Yunnan through science and education. However, there are still certain issues in leading industrial development through scientific and technological innovation, including the inadequate transformation of innovation resources. In response to the existing problems, this report proposes corresponding countermeasures and suggestions from five aspects: the integration of science and education, the integration of basic research and industrial strength provinces, the integration of talent attraction and investment promotion, the integration of vocational education and the transformation of scientific and technological achievements, and the comprehensive reform of higher education and the reform of the scientific and technological system.

Keywords: Yunnan Youth; Revitalizing Yunnan Through Science and Education; Integration of Science and Education

B.20 Report on the Pilot Construction of Kunming Youth Development City

Research Group of Kunming Municipal Committee of the Communist Youth League of China / 356

Abstract: In April 2022, the Central Publicity Department, the Ministry of Housing and Urban-Rural Development, the Central Committee of the Communist Youth League, and seventeen other ministries jointly issued the "Opinions on Launching Pilot Projects for Youth Development-oriented Cities." This document distinctly proposed the urban development concept of "making cities more youth-friendly and enabling youth to achieve more in cities," and initially established a "7+5" policy framework for youth development-oriented cities. Since being selected as a national pilot city, Kunming has positioned the construction of a youth development-oriented city as a foundational, pioneering, and strategic initiative within the broader strategy of strengthening the provincial capital. Focused on the strategic task of cultivating a new generation responsible for national rejuvenation and aligned. Kunming adheres to the principles of Party leadership over youth, prioritizing youth development, encouraging youth responsibility, and promoting inclusive and equitable policies. The city is committed to enriching youth-friendly policies and building platforms for youth to make significant contributions, continuously enhancing the sense of fulfillment, happiness, and security among youth in urban life. Together, efforts are made to construct a youth development-oriented city, creating a vibrant Kunming that is more supportive of youth development and where youth contribute more to the city's construction, fostering mutual growth and achievement between the city and its youth.

Keywords: Youth Development-Oriented City; Kunming Youth; Work of Youths

Abstract: Youth are the future of cities, and the prosperity of youth ensures the prosperity of cities. General Secretary Xi Jinping emphasized in the report of the 20th National Congress of the Communist Party of China that "the entire Party must regard youth work as a strategic task," reflecting the Party's profound concern for the younger generation and its significant emphasis on youth work. This marks the beginning of a new era and a new journey to advance the flourishing development of youth initiatives. Since the launch of the National Youth Development-Oriented Cities (County-Level) Pilot Construction, Qilin District has been guided by General Secretary Xi Jinping's important thoughts on youth work. The district has fully implemented the decisions and deployments of the Central Committee as well as the work requirements of the Provincial and Municipal Committees. In deeply advancing the pilot construction of National Youth Development-Oriented County-Level areas, Qilin District has focused on establishing the "Qilin Youth Advancing Together" city brand, striving to promote the mutual reinforcement and harmonious development of youth work and economic and social progress across the district.

Keywords: Youth Development-Oriented County-Level Areas; Volunteer Services; Convenient Living Circle

Abstract: The construction of youth development-oriented cities is a strategy to advance human-centered new urbanization, embody the concept of prioritizing youth development, and continuously optimize the policy and social environments to better meet the diverse and multi-level development needs of youth. This approach fosters a dynamic interaction between youth innovation and urban innovation, and mutually promotes high-quality development for both youth and cities. In June 2022, Mengzi was designated as a national pilot for youth development-oriented county-level areas. Since the initiation of the pilot, under the strong leadership of the Central Committee of the Communist Youth League, the Provincial Committee of the Youth League, and the Prefecture Committee, all member units have closely collaborated and made concerted efforts. They have fully focused on the goal of making the city more youth-friendly and enabling youth to be more proactive in the city. This has involved actively guiding and mobilizing a broad spectrum of youth to participate in the pilot work and steadfastly advancing the construction of the national youth development-oriented county-level pilot.

Keywords: Youth Development-Oriented County-Level Areas; Volunteer Services; Youth Priority Development

Abstract: Since the commencement of the National Youth Development-Oriented County-Level Pilot Construction, Linxiang District has earnestly implemented General Secretary Xi Jinping's important thoughts on youth work. Adhering to the principle of Party leadership in youth work and prioritizing youth development, the district aims to build a city where youth can realize their dreams, feel a sense of belonging, strive for progress, and experience friendliness. Emphasizing the guiding role of the medium- and long-term youth development plan, Linxiang District focuses on the "7+5" policy areas, continuously improving various work mechanisms and policy systems. Leveraging its advantages as a border city and a main urban area, as well as its strengths in the Young Pioneers and volunteer services, the district has conducted explorative trials tailored to local conditions, promoting the in-depth implementation of pilot projects. This accelerates the high-quality, mutually reinforcing development of youth and the city, striving to establish the "Linxiang Model" of youth development-oriented counties, thereby achieving a dual advancement of the city and its youth.

Keywords: Youth Development-Oriented County-Level Areas; Lincang Youth; Volunteer Service

皮 书

智库成果出版与传播平台

❖ 皮书定义 ❖

皮书是对中国与世界发展状况和热点问题进行年度监测，以专业的角度、专家的视野和实证研究方法，针对某一领域或区域现状与发展态势展开分析和预测，具备前沿性、原创性、实证性、连续性、时效性等特点的公开出版物，由一系列权威研究报告组成。

❖ 皮书作者 ❖

皮书系列报告作者以国内外一流研究机构、知名高校等重点智库的研究人员为主，多为相关领域一流专家学者，他们的观点代表了当下学界对中国与世界的现实和未来最高水平的解读与分析。

❖ 皮书荣誉 ❖

皮书作为中国社会科学院基础理论研究与应用对策研究融合发展的代表性成果，不仅是哲学社会科学工作者服务中国特色社会主义现代化建设的重要成果，更是助力中国特色新型智库建设、构建中国特色哲学社会科学“三大体系”的重要平台。皮书系列先后被列入“十二五”“十三五”“十四五”时期国家重点出版物出版专项规划项目；自 2013 年起，重点皮书被列入中国社会科学院国家哲学社会科学创新工程项目。

皮书网

（网址：www.pishu.cn）

发布皮书研创资讯，传播皮书精彩内容
引领皮书出版潮流，打造皮书服务平台

栏目设置

◆ **关于皮书**

何谓皮书、皮书分类、皮书大事记、
皮书荣誉、皮书出版第一人、皮书编辑部

◆ **最新资讯**

通知公告、新闻动态、媒体聚焦、
网站专题、视频直播、下载专区

◆ **皮书研创**

皮书规范、皮书出版、
皮书研究、研创团队

◆ **皮书评奖评价**

指标体系、皮书评价、皮书评奖

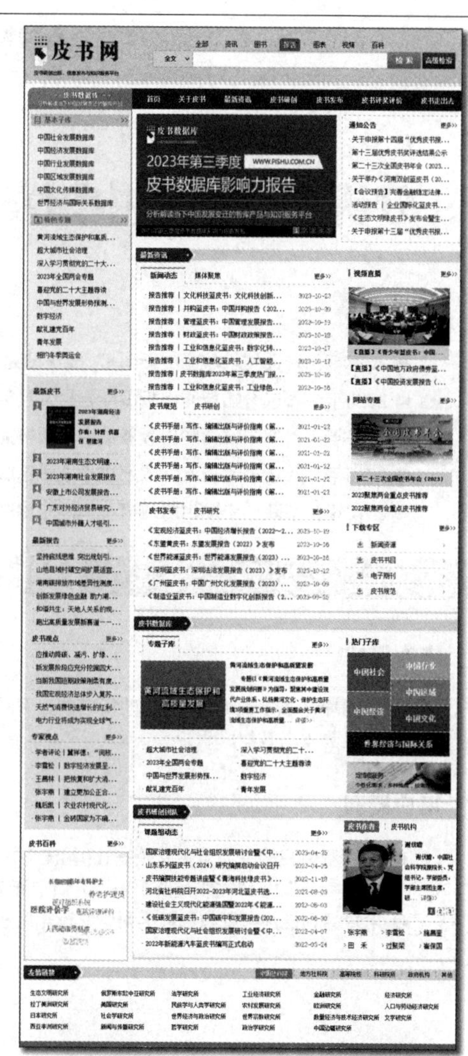

所获荣誉

◆ 2008 年、2011 年、2014 年，皮书网均在全国新闻出版业网站荣誉评选中获得“最具商业价值网站”称号；

◆ 2012 年，获得“出版业网站百强”称号。

网库合一

2014年，皮书网与皮书数据库端口合一，实现资源共享，搭建智库成果融合创新平台。

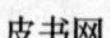

“皮书说”
微信公众号

权威报告·连续出版·独家资源

皮书数据库

ANNUAL REPORT(YEARBOOK) DATABASE

分析解读当下中国发展变迁的高端智库平台

所获荣誉

- 2022年，入选技术赋能“新闻+”推荐案例
- 2020年，入选全国新闻出版深度融合发展创新案例
- 2019年，入选国家新闻出版署数字出版精品遴选推荐计划
- 2016年，入选“十三五”国家重点电子出版物出版规划骨干工程
- 2013年，荣获“中国出版政府奖·网络出版物奖”提名奖

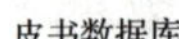

皮书数据库

“社科数托邦”
微信公众号

成为用户

登录网址www.pishu.com.cn访问皮书数据库网站或下载皮书数据库APP，通过手机号码验证或邮箱验证即可成为皮书数据库用户。

用户福利

- 已注册用户购书后可免费获赠100元皮书数据库充值卡。刮开充值卡涂层获取充值密码，登录并进入“会员中心”—“在线充值”—“充值卡充值”，充值成功即可购买和查看数据库内容。
- 用户福利最终解释权归社会科学文献出版社所有。

社会科学文献出版社 SOCIAL SCIENCES ACADEMIC PRESS (CHINA) 皮书系列

卡号：184876433969

密码：

数据库服务热线：010-59367265
数据库服务QQ：2475522410
数据库服务邮箱：database@ssap.cn
图书销售热线：010-59367070/7028
图书服务QQ：1265056568
图书服务邮箱：duzhe@ssap.cn

中国社会发展数据库（下设 12 个专题子库）

紧扣人口、政治、外交、法律、教育、医疗卫生、资源环境等 12 个社会发展领域的前沿和热点，全面整合专业著作、智库报告、学术资讯、调研数据等类型资源，帮助用户追踪中国社会发展动态、研究社会发展战略与政策、了解社会热点问题、分析社会发展趋势。

中国经济发展数据库（下设 12 专题子库）

内容涵盖宏观经济、产业经济、工业经济、农业经济、财政金融、房地产经济、城市经济、商业贸易等12个重点经济领域，为把握经济运行态势、洞察经济发展规律、研判经济发展趋势、进行经济调控决策提供参考和依据。

中国行业发展数据库（下设 17 个专题子库）

以中国国民经济行业分类为依据，覆盖金融业、旅游业、交通运输业、能源矿产业、制造业等 100 多个行业，跟踪分析国民经济相关行业市场运行状况和政策导向，汇集行业发展前沿资讯，为投资、从业及各种经济决策提供理论支撑和实践指导。

中国区域发展数据库（下设 4 个专题子库）

对中国特定区域内的经济、社会、文化等领域现状与发展情况进行深度分析和预测，涉及省级行政区、城市群、城市、农村等不同维度，研究层级至县及县以下行政区，为学者研究地方经济社会宏观态势、经验模式、发展案例提供支撑，为地方政府决策提供参考。

中国文化传媒数据库（下设 18 个专题子库）

内容覆盖文化产业、新闻传播、电影娱乐、文学艺术、群众文化、图书情报等 18 个重点研究领域，聚焦文化传媒领域发展前沿、热点话题、行业实践，服务用户的教学科研、文化投资、企业规划等需要。

世界经济与国际关系数据库（下设 6 个专题子库）

整合世界经济、国际政治、世界文化与科技、全球性问题、国际组织与国际法、区域研究 6 大领域研究成果，对世界经济形势、国际形势进行连续性深度分析，对年度热点问题进行专题解读，为研判全球发展趋势提供事实和数据支持。

法律声明